中国少数民族设计全集

The Design Collection of Chinese Ethnic Minorities

仫佬族

中国少数民族设计全集编纂委员会 编

图书在版编目（CIP）数据

中国少数民族设计全集. 仫佬族／中国少数民族设计全集编纂委员会编；郑静，银联健著. —太原：山西人民出版社，2019.8
ISBN 978-7-203-11019-4

Ⅰ. ①中… Ⅱ. ①中… ②郑… ③银… Ⅲ. ①仫佬族－民族文化－研究－中国 Ⅳ. ① K28

中国版本图书馆 CIP 数据核字（2019）第 154581 号

中国少数民族设计全集. 仫佬族

编　　者：	中国少数民族设计全集编纂委员会
著　　者：	郑　静　银联健
责任编辑：	刘小玲
复　　审：	吕绘元
终　　审：	阎卫斌
装帧设计：	谢　成

出 版 者：	山西人民出版社　人民美术出版社
地　　址：	太原市建设南路 21 号
邮　　编：	030012
发行营销：	0351－4922220　4955996　4956039　4922127（传真）
天猫官网：	https://sxrmcbs.tmall.com　电话：0351－4922159
E — mail：	sxskcb@163.com　发行部
	sxskcb@126.com　总编室
网　　址：	www.sxskcb.com

经 销 者：	山西出版传媒集团·山西人民出版社
承 印 者：	山西出版传媒集团·山西新华印业有限公司
开　　本：	889mm×1194mm　　1/16
印　　张：	29
字　　数：	345 千字
印　　数：	1—1 000 册
版　　次：	2019 年 8 月　第 1 版
印　　次：	2019 年 8 月　第 1 次印刷
书　　号：	ISBN 978-7-203-11019-4
定　　价：	350.00 元

如有印装质量问题请与本社联系调换

中国少数民族设计全集编纂委员会

总 主 编 （按年龄排序）
　　　　　　张夫也　王立端　戴晋明　廖　军　王　琥　李豫闽　过伟敏　顾　平
　　　　　　王　强　李　岗
执 行 主 编　王　琥
编 务 统 筹　张明山

中国少数民族设计全集编辑工作委员会

主　　　任　刘伟冬
编　　　委　（排名不分先后）
　　　　　　王　琥　王　峰　王　强　王立端　王浩滢　白　波　过伟敏　许　星
　　　　　　许边疆　李　岗　李　丽　李豫闽　成光虎　肖　飞　余　强　汪传跃
　　　　　　罗　力　杨明朗　陈　述　陈见东　邱　珂　胡万明　顾　平　郑　静
　　　　　　郭立忠　姬　莹　张夫也　张泽国　张明山　张秋平　张耀引　梁盛平
　　　　　　樊　进　谢　玮　熊　伟　熊　微　熊建新　蔡克中　葛　芳　鞠　斐
　　　　　　魏　洁　廖　军　戴晋明

中国少数民族设计全集出版工作委员会

主　　　任　胡彦威　周　伟
执 行 主 任　姚　军　欧京海
编 务 统 筹　阎卫斌　周小龙
编　　　辑　（排名不分先后）
　　　　　　王新斐　史美珍　冯　昭　冯灵芝　吉　昊　吕绘元　刘小玲　任秀芳
　　　　　　孙　琳　孙宇欣　李广洁　李建业　李　靖　员荣亮　张小芳　张志杰
　　　　　　张书剑　何赵云　陈俞江　吴春华　武　静　周小龙　柳承旭　郝文霞
　　　　　　赵　玉　赵晓丽　席　青　秦继华　高　雷　郭向南　阎卫斌　崔人杰
　　　　　　傅晓红　蔡咏卉　翟丽娟　樊　中　薛正存　魏　红　魏美荣
整 体 设 计　谢　成

中国少数民族设计全集·仫佬族

本册著者　　郑　静　银联健（仫佬族）
参 与 撰 写　　兰世专（瑶族）　李珊珊　李亭雨　杨宇飞
　　　　　　　　李庆庆　韦嘉慧（仫佬族）

求同存异　和合共荣

刘伟冬

中华民族，是一个由56个民族组成的大家庭。在漫长的文明发展史中，汉族和各少数民族都为中华文明的繁荣发展贡献了自己的聪明才智。纵观中华文明史，其实就是一部各族群之间"求同存异，和合共荣"的文化演进史。

从根子上讲，4000年前的"中国"，仅指北方中原地区，居住在这里的相传是上古时期黄帝部落和炎帝部落的后裔，故而自称"炎黄子孙"。其时的"中国"，不过是黄河中下游（西起陇山，东至泰山）区域。在千年发展与民族融合之后，尤其是晋末"衣冠南渡"，南迁的中原汉族与南方百越民族彻底融合，来自北方的鲜卑等民族融入汉族，使汉族前所未有地壮大发展，逐渐形成后来疆域辽阔、人口众多、物产繁盛、文化昌明的中华民族的主体族群。特别值得强调的是，自从作为一个民族整体之后，中华民族就从未中断过自己的民族发展史——这在世界历史上是硕果仅存、独一无二的。

中华民族具备兼容并蓄、虚心好学的民族天性。仅以设计学范畴的事例讲：在数千年文明发展历史中，中华民族在不断向外输出优秀的文明成果（如烧造之陶瓷砖瓦、营造之榫卯斗拱、织造之丝绸刺绣、锻造之"失蜡"分模等），影响全人类的日

常生活与生产方式的同时，也不断地吸纳域外各民族的优秀文明成果，如汉魏之印度佛教和西域音乐、隋唐之西亚服饰和家具、宋元之东洋印染和漆艺、明清之西洋机器与建筑……在中华民族内部，这样的文化交流更是从未停止过，而且是风生水起、枝繁叶茂，愈发流畅、深入，中华民族各族群之间"求同存异，和合共荣"的文化大演进，共同创造了中华民族极为灿烂辉煌的造物文明历史。仍以设计学范畴为例：原本是匈奴人发明的单足绳圈，被晋代的汉族人设计成铁质双镫；最早是鲜卑人原创的毡毯卷边，被晋代的汉族人改造成"高桥马鞍"，这宗中国式马具设计案例，被誉为"13世纪中国传入欧洲的最重要文化成果"（李约瑟语）。再如，西域（今新疆地区）是全世界最早的皮靴生产地，哈尼族为主的红河地区出现了全世界最早的梯田。再如，全世界最早的"干栏式建筑"和全世界最早的稻米人工育种、栽培，均起源于长江中下游的百越地区；全世界最早的竹藤编结器物起源于闽越地区……由中华民族共同创造、发明，后来又影响了全人类文明进程的优秀造物设计案例很多，不胜枚举。几千年中华民族的文明史，就是各种文化多元融合、共同发展的最好例证。不了解中华民族内部各族群的文明交流史，就无法真正理解中国文化史，也不能理解为什么中华民族总是能在逆境中成长强大。甚至可以说，能否完整地理解中华民族的文化史，是检验每一个当代中国知识分子（特别是文史哲专业的学者）文化立场的"试金石"。

随着改革开放的逐渐深入，各民族地区的经济与社会状态已发生了天翻地覆的变化。令人遗憾和担心的是，由于各地区政策执行力度不平衡，保护措施不得力，少数民族的文化特性正在逐步衰退，有些地区的少数民族文化特征甚至已经消失殆尽，仅仅存在于徒具形式，充满口号、标语的民族文化村旅游景点中。有学者预言，再不加快整理抢救工作，中国的少数民族可能在物质形态和文化内涵的特征上，若干年后将不复存在。

从少数民族地区反映古代中国社会某些面貌的文化遗存看，这些少数民族之所以一直与汉族地区差距巨大，存在多方面的原因，其中历代汉族统治者对少数民族的歧视政策是主要原因。此外这些地区本身就处于偏僻荒地，不是沙漠就是山区，自然条件远不及汉族聚集地区，社会发展水平滞后。20世纪50年代，有相当比例的少数民族在当时仍处于原始农耕社会或奴隶制社会，不要说通电、通水、通汽车，不少人一辈子连铁器长什么样都没见过。部分少数民族聚集地的各种自然条件也较差，缺肥少水，基本生活来源，一靠老天爷恩赐的"望天收"农作物；二靠家庭手工作坊制作些竹藤编结物和土织、土陶等土特产来换取粮食；三靠养猪、兔、羊和鸡、鸭、鹅等家禽来换取日用品，如灯油、农具、衣物和油盐酱醋等；四靠为土司、头人和大户们出卖劳力（社会底层奴隶身份），年老即被抛弃。中华人民共和国成立后，党和政府在这些地区实行社会主义改造，打倒以土司、巫师和头人为首的剥削阶级，将土地和生产资料一律收归集体所有，解放了全体少数民族民众，使他们历史上第一次有了自由劳作和生活的权利。

中华人民共和国成立之初，党和政府就高度关注民族事务问题，为如何保护、关心各少数民族制定了一系列方针、政策，也为当代中国社会处理民族问题、保护民族文化树立了光辉典范。中央人民政府政务院于20世纪50年代初发布了《关于民族事务的几项决定》，为新中国民族政策奠定了最初的思想基础，其主要内容是：一、各大行政区军政委员会（人民政府）须指导各有关

省、市、行署人民政府认真推行民族区域自治及民族民主联合政府的政策和制度，并随时向政务院报告推行经验，请示者须事前向政务院请示。二、各大行政区军政委员会（人民政府）须指导各有关省、市、行署人民政府认真并有计划地实行政务院在1950年颁发的《培养少数民族干部试行方案》，并将该项工作进行情况定期加以检查，每半年向政务院报告一次。中央民族学院及西北、西南、中南各军政委员会和新疆省人民政府的民族学院，必须依计划实行，并向政务院报告。三、政务院于1951年下半年适当时间将同时召开有关少数民族的卫生、教育及贸易三个专业会议，责成政务院文教委员会、中财委指导中央卫生部、教育部、贸易部开始筹备，并责成中央民族事务委员会协助进行。有关部门如农业部、文化部也须派人参加。四、责成中央人民政府各委、部、会、院、署、行注意建立有关民族事务的业务。五、在政务院文教委员会内设民族语言文字研究指导委员会，指导和组织少数民族语言文字的研究工作，帮助尚无文字的民族创立文字，帮助文字不完备的民族逐渐充实其文字。六、扩大中央民族事务委员会委员名额，责成中央民族事务委员会提出补充名单的建议，并于1951年下半年召开中央民族事务委员会扩大会议，检查与总结关于推行民族区域自治及民族民主联合政府的经验。

20世纪50年代，中央人民政府和政务院，曾多次组织"中央慰问团""土改工作队"和"普查工作队"等，花费大量人力和物力，深入各少数民族地区，进行了大量较为翔实的社会历史调查。50年代这轮由政府统筹、由中央民委组织行政领导和人类学、社会学专家学者以及民族同志组成工作队与考察队的少数民族大考察活动，1953年正式启动，1956年结束（个别地区延期至1958年才结束）。直接成果之一，就是为1956年国务院公布的55

个少数民族的正式定名和划分,提供了可靠的依据。

从当时考察的资料看,各少数民族的社会发展水平参差不齐,不少民族呈现类似汉族曾经历过的各种历史发展状况,为我们今天考察、了解并研究过去的历史以及各学术分支问题,提供了绝好的活体范本。比如以"设计发生学"研究为例,以山寨(村落)为主的初级社会组织形态,原始手工业在农耕环境中的地位,原始造物的手工技艺与设备、工具等,都是我们极感兴趣的研究对象。

在西北、西南和东北各少数民族聚集地区,有些古时流传下来的本民族手工造物技术,迄今仍保存良好。其吸收了汉族和其他兄弟民族的技术长处之后演变出来的各时段手工造物技术,则印证了各民族互相融合、取长补短的史实。更有些原始手工艺,特别具有艺术和历史研究价值。以维吾尔族人为例,本世纪初,笔者在新疆喀什城艾格孜艾日克老街看到几样手工艺绝活:其一是整条街的维吾尔族乐器店,除了热瓦普、曼陀林和冬不拉等少数维吾尔族知名乐器外,全是些笔者叫不上名来却似曾相识的弹拨乐器和拉弦乐器,于是从心里认可了"西域古乐成就了中国传统民乐"这句话所言不谬。其二是亲眼所见一个拖着鼻涕的不到10岁的维吾尔族小男孩,拿着电砂轮在铜壶上信手飞快地刻着精美细腻的图案,一不要底稿,二没有图纸,真是佩服得五体投地,也相信了"汉族人长于热铸,西域人长于冷锻"这个说法。其三是在喀什近郊著名的大巴扎"金器一条街"上看见近百家金店生意红火,家家门前毡毯上都围坐着一群金店伙计和顾客,正在热烈讨论、共同设计着花样繁多的未来金饰嫁妆,感受到了"中国传统样式的金银首饰工艺,最富有创意的设计和最先进的工艺制作,原来在维吾尔族人手里"这句大实话。还有,笔者

求同存异 和合共荣

在云南景洪县城集市上，曾亲眼见过景颇族老乡用古老的"焖烧法"烧出的红彤彤的土陶——跟笔者一知半解的仰韶彩陶的烧制工艺几乎一模一样。还有，笔者在大西北甘陕宁各省亲眼所见的回族、保安族、裕固族和东乡族老乡巧手做出的那些花样繁多、样式复杂的面塑造型，真是个个精妙绝伦。这方面的事例实在太多了。

50年代的少数民族地区社会大普查，以及半个多世纪以来社会各界对其丰富而珍贵的考察、研究，意义深远，价值极为重大。这些地区客观上保存的较为完整的、与数千年前中国原始社会最初形态近似的许多社会特征，为我们研究社会的最初形态形成和当时的经济、文化、政治的基本状况以及"设计发生学"的相关课题，提供了珍贵的类型学"活化石"范本，价值非凡。改革开放以来，这些少数民族地区也获得了前所未有的巨大发展，人民生活日新月异；但与此同时，少数民族地区的民族性在不可避免地愈发衰减、退化，甚至消失。如果我们再不采取保护措施，若干年后，各少数民族的许多宝贵民族文化遗产将无法挽救地彻底消亡，这部分同属于全人类精神财富和中华民族集体智慧的宝藏，我们将再也看不到了。

在"设计发生学"问题上，我们一向秉持文化多元论的观点，认为人类文明是全世界人民共同创造的，各国家、地区、民族均做出过大小不一、形态各异的贡献；同理，中华民族的灿烂文明是中国的各族人民共同创造的，每个民族都对中华传统文化做出过贡献，也都应当得到尊敬和肯定。中国的各少数民族在中华文明漫长的演化过程中，都曾经以自己独特而充满智慧的文明成果，补充、完善甚至改良着中华文明。比如，古代西域的龟兹古国各民族创造或引自西亚的弹拨乐器和拉弦乐器以及音律、曲

式，彻底改造了中国古代音乐，新创作出代表中国古乐精髓的江南丝竹；南疆的维吾尔族和北疆的哈萨克、塔塔尔、塔吉克等族首创了制革术，并引进古波斯革皮书籍装帧术和制靴术、制毡术、毛衣编结术；海南岛的黎族率先种植棉花并纺织棉布，传入内地后棉织业逐渐形成中国古代手工行业的"天下第一营生"……保护少数民族的民族文化特性，就是保护我们的历史遗产，就是传承我们的文明。我们应进一步发扬文化兼容的优良传统，把振兴中华的百年民族复兴梦，逐步落实为将大中华建设成为中国各民族共同拥有的美好家园。

由上千名来自全国各高等艺术院校的教授、研究生组成的55支团队参与编撰的《中国少数民族设计全集》（55卷），正是有识之士基于对各少数民族的民族文化特性正在快速衰减、消亡的严重现实问题的深切忧虑而进行的抢救、发掘、整理中国少数民族文化遗产的重要文化工程。经过两年精心筹划，六年努力写作，在国家出版基金管理部门的支持下，在山西人民出版社和人民美术出版社的策划和组织下，目前《中国少数民族设计全集》的书稿编撰工作已基本完成，即将付梓。在长达八年的漫长过程中，全国兄弟院校各团队涌现出的各种可歌可泣的事迹经常感动着笔者，并不时鞭策着全体作者克服千难万险，一路向前。有的分卷作者身患绝症仍不眠不休地忘我工作，有的分卷作者遭遇各种意外仍坚持工作。特别是，很多民族同志公而忘私、不计较个人得失，有人不惜将自己赚钱的企业关张歇业，全身心地投入各自所负责分卷的繁重编撰工作中；有人义无反顾地将自己珍藏多年的本民族实物、资料和研究成果无偿提供给相关分卷作者。大家万众一心，克服各种复杂得难以想象的困难，以确保这部凝聚了众人八年心血的巨著，能按计划如期完成。借此机会，笔者谨

代表本丛书编委会全体成员,向领导、编辑和作者们表示衷心的感谢!

作为一项文化创举,笔者深信《中国少数民族设计全集》必将在未来岁月的长期检验中,愈发显现其非凡的、独特的文化价值。

2017年夏季于南京

前言

仫佬族是我国西南少数民族的一支，是一个中等规模的民族，人口约有20.7万（据2000年第五次人口普查统计）。从种族血缘传承上，仫佬族是古代僚人的一支，与壮族同属于壮侗语系。其有着古老的民族渊源，可以追溯到距今3万到2万年前旧石器晚期我国南方古人类柳江人。柳江人是1958年9月在柳州东南的柳江县发现的，是我国乃至东南亚发现的最早的新人代表。魏晋以来史书上称其为"姆佬""木佬"，其民族自称为"伶""谨"，壮族人称他们为"布谨"，汉族人称他们为"姆佬"或"仫佬"。"仫佬"一词在其民族语言中，就是"母亲"的意思。根据历史记载和传说，仫佬族人最晚在元代或明初就定居在广西罗城一带。

广西罗城位于广西西北部，地处十万大山山脉的西部，是山区与平原的丘陵过渡带，也是汉族政治、经济、文化与西南少数民族特别是壮族的交汇之地，人员交流十分频繁。仫佬族的主要族系如罗、银、吴、谢、潘、覃等，其族谱上记录明代前后来自湖南、江西一带。这种交错综合的人文和地理环境，形成了独特的多元文化融合的仫佬族文化，也形成了独特的仫佬族传统手工艺特征。

仫佬族有着严密的家族宗祠系统"冬"，每"冬"十余户，有"冬头"，由大家推选，负责筹粮、收款等族内事务。仫佬族大部同姓聚族而居，因此"冬"以下又分"房"，实际上形成了类似于汉族的宗姓体系。每个"冬"都有自己的祠堂，祠堂的建筑格式与江西、湖南等地的汉族祠堂类似。不同的是仫佬族的祠堂门口卧着两只石雕的"狮子"狗，狗在仫佬族就是家家户户看门的

动物，仫佬族工匠巧妙地将汉族的狮子身体上的装饰纹饰置换在狗的相同部位，既体现着淳朴的民间生活气息，又包含着封建等级制度的观念。仫佬族的民居也类似于汉族南方民居的三合院，一般都为砖木结构。民居的平面布置为方形，正面为主屋，两侧是厨房和牲畜栏，主屋对面是院墙和院门，中间围合一个院子。主屋为三间两层，中间为堂屋，是家庭聚餐、祭祖、活动等的公共空间。堂屋正中是中堂，有祖宗牌位和供桌，供桌下是吃饭的小餐桌。一般来客人时大家才会上餐桌吃，平时家庭吃饭主要是围着大门右侧的地炉，边煮边吃。两边是厢房，主要是卧室功能，门都是朝向堂屋，却不是正相对，稍稍错开一点，据说是为了兄弟和睦、不相互冲撞。两侧厢房都有阁楼，楼梯在堂屋的后面，有些是木质楼梯，有些直接是活动梯子，节约的空间用于堆放杂物。二楼不是住人的，主要用来储藏稻谷和各种物资。主屋正面墙壁内缩形成的六个直角状态，称为"六神"。一般来说主屋的正面墙壁会缩进50厘米，形成一个窄廊，上方露出屋梁，被称为"挑手"，"挑手"上多数雕刻有吉祥纹饰，很有民族特色，既遮挡了风雨，也起着装饰美化作用。窄廊下面铺有青石地面。主屋的大门为木质，一般都有青石基座，为了防止腐烂。门槛也为青石做成的，高约10厘米。基座和门槛也都刻有吉祥纹饰。房屋的窗户为精美的木质镂空雕花窗，基本是固定在墙壁上的，不能开合，通过屋内的挡板来封闭。仫佬族民居特别重视房屋的装饰，不仅窗户、门槛、"挑手"上有纹饰，院门的门头、墙壁的顶端、室内的梁柱上都描绘和刻画着纹饰，纹饰的内容主要是花草、山水景物、人物故事、吉祥图案、书法等，主要表现家庭和睦、平安、富裕、长寿等美好愿望。从仫佬族的建筑布局和装饰上来看，其深受汉族文化的影响，但在一些功能和内容上又具有本民族的特色和壮族文化的影响，如堂屋的地炉火塘。

目录

第一章 仫佬族传统建筑

仫佬族民居　002
仫佬族民居·香火堂　009
仫佬族民居·院门　015
仫佬族民居·屋檐画　021
仫佬族民居·地炉　025
仫佬族双凤朝阳木雕　032
仫佬族盘龙木雕　036
仫佬族木雕昙花凤凰花窗　039
仫佬族梅花木雕花窗　044
仫佬族缠枝喜鹊木雕花窗　048
仫佬族凤栖牡丹木雕门楣　052
仫佬族花草龙木雕门楣　056

第二章 仫佬族传统服饰

仫佬族牡丹凤凰纹饰头巾　064
仫佬族蝶恋花绣花女帽　069
仫佬族绣花男童帽　075
仫佬族茶花刺绣女童帽　079
仫佬族猫头花帽　085
仫佬族花鸟蝴蝶纹刺绣女帽　091
仫佬族尖头船形绣花鞋　096
仫佬族圆头绣花鞋　099
仫佬族鱼头鞋　103
仫佬族草鞋　106
仫佬族女装　109
仫佬族男装　115

仫佬族拼布围兜　121
仫佬族盾头银簪　127
仫佬族花叶银簪　130
仫佬族盘丝花头银簪　134
仫佬族富字银配饰　139
仫佬族蝴蝶纹银配饰　143
仫佬族寿字风景纹手镯　147
仫佬族缠枝牡丹纹錾刻银手镯　151
仫佬族银珠粒菊花纹手镯　155
仫佬族富贵长寿纹银扁方　159
仫佬族银针筒　163
仫佬族龙首步摇银簪　167

第三章　仫佬族传统餐饮

仫佬族五色糯米饭　172
仫佬族斗糍粑　177
仫佬族菜包　181
仫佬族白糕　186
仫佬族米粉　190
仫佬族碗糕　194

第四章　仫佬族传统生活用具

仫佬族竹旱烟斗　198
仫佬族竹编米筛　202
仫佬族竹编饭盒　206
仫佬族竹编火炭篓　209
仫佬族竹编送饭篓　213
仫佬族龙云纹木雕大月饼模　216

　　仫佬族竹编吊篮　220
　　仫佬族竹编挑篓　224
　　仫佬族竹编油盐罐　229
　　仫佬族竹刀篓　232
　　仫佬族竹椅　236
　　仫佬族竹儿童车　242
　　仫佬族竹防蝇罩　248
　　仫佬族竹碗橱　252
　　仫佬族辣椒钵　256
　　仫佬族酸坛　260
　　仫佬族水罐　264
　　仫佬族饭甑罐　267
　　仫佬族壶罐　269
　　仫佬族箦耳罐　272
　　仫佬族横柄扁罐　275
　　仫佬族酒甑罐　278
　　仫佬族扶桑纹木雕春凳　280
　　仫佬族石雕狗　285
　　仫佬族石雕米臼　290
　　仫佬族导流式石磨　294
　　仫佬族圆形铆接石雕水缸　298
　　仫佬族方形拼接石雕水缸　302

第五章　仫佬族传统生产工具

　　仫佬族脚踩式米舂　308
　　仫佬族原木榨油机　313
　　仫佬族扒犁　318
　　仫佬族曲辕犁　323

仫佬族水车 326
仫佬族钱铲 329

第六章　仫佬族传统手工艺

仫佬族绣花荷包　334
仫佬族龙凤绣花包　338
仫佬族双龙纹打籽绣钱包　342
仫佬族并蒂石榴花打籽绣荷包　346
仫佬族富贵福禄刺绣背带　349
仫佬族花卉蝴蝶纹刺绣背带　353
仫佬族龙凤石榴刺绣背带　358
仫佬族并蒂莲纹刺绣勒子　362
仫佬族仙鹤腾云纹蓝印花布　366
仫佬族梅花纹扎染　371
仫佬族染布　376
仫佬族吉祥纹拼布门帘　380
仫佬族喜鹊登梅刺绣门头帘　385
仫佬族织布机　389
仫佬族蔺草席　395
仫佬族草编蒲扇　400
仫佬族草编花瓶　403
仫佬族草帽　407
仫佬族竹编斗笠　411
仫佬族竹编杨梅帽　414

第七章　仫佬族传统民俗和宗教造像

仫佬族依饭节　418

铺有青石地面。主屋的大门为木质,一般都有青石基座,为了防止腐烂。门槛也为青石做成的,高约10厘米。基座和门槛也都刻有吉祥纹饰。大门旁一般还开有一个小小的方孔,叫猫狗洞,用于猫狗进出。

仫佬族传统民居的结构类似于汉族民居的三合院,一般都为砖木结构,也有贫困地区采用泥质土墙。基本结构类似汉族南方民居,主屋正面墙壁内缩形成的六个直角状态,被称为"六神"。上方露出的屋梁"挑手"很有民族特色,既遮挡了风雨,也起着装饰美化作用。

图片来源

图一　郑静　摄影

图二至图七　郑静　制图

图八、图九　郑静　摄影、制图

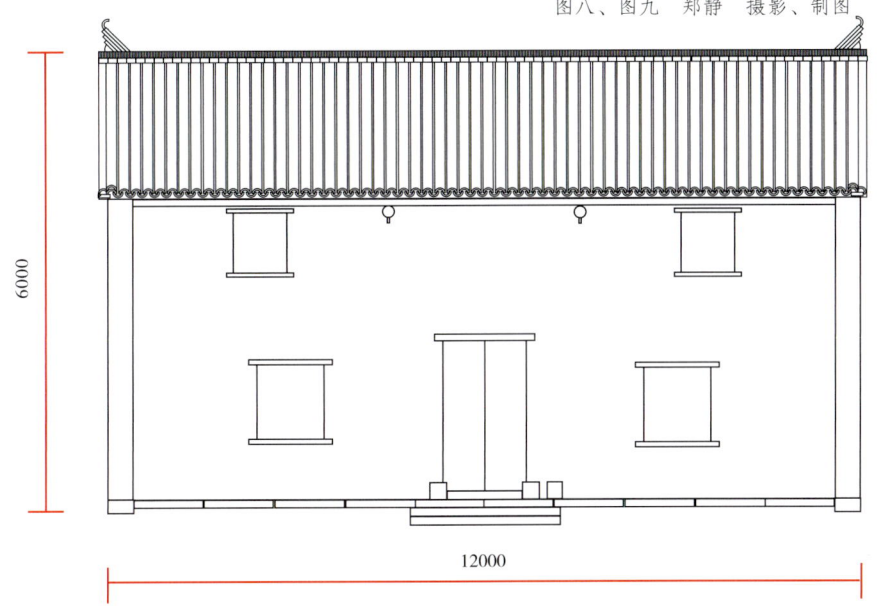

图二　仫佬族民居正面尺寸图(单位:mm)

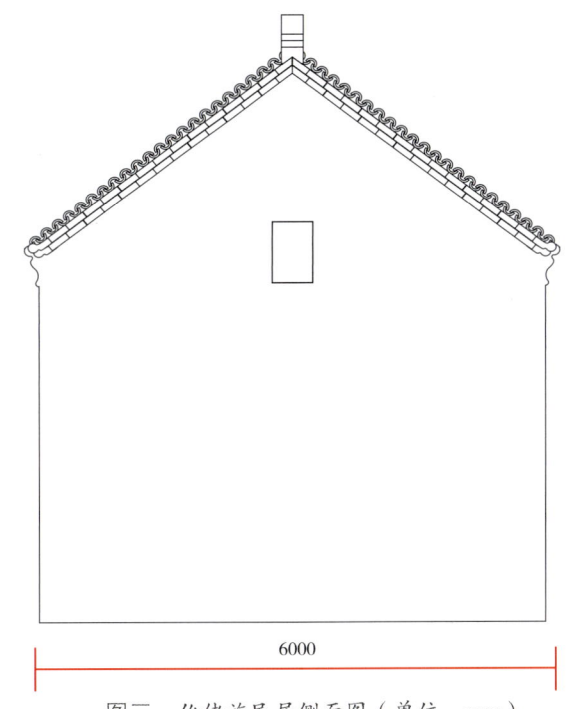

图三　仫佬族民居侧面图(单位:mm)

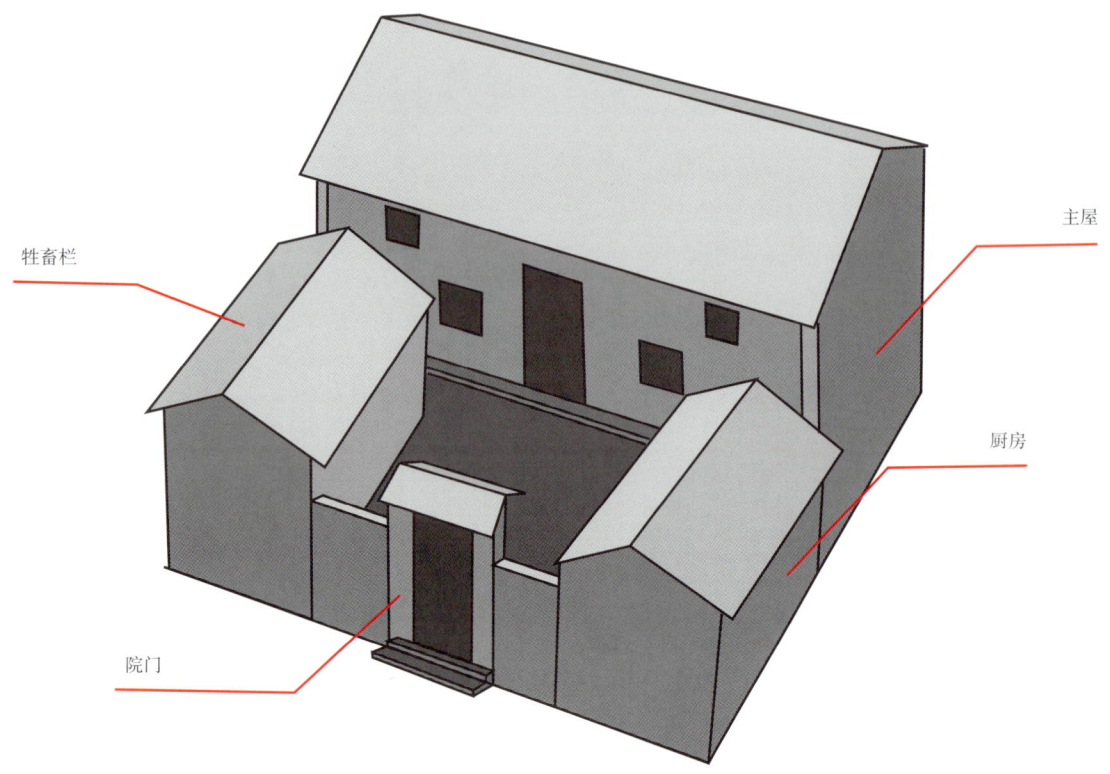

图四　仫佬族民居透视布局图

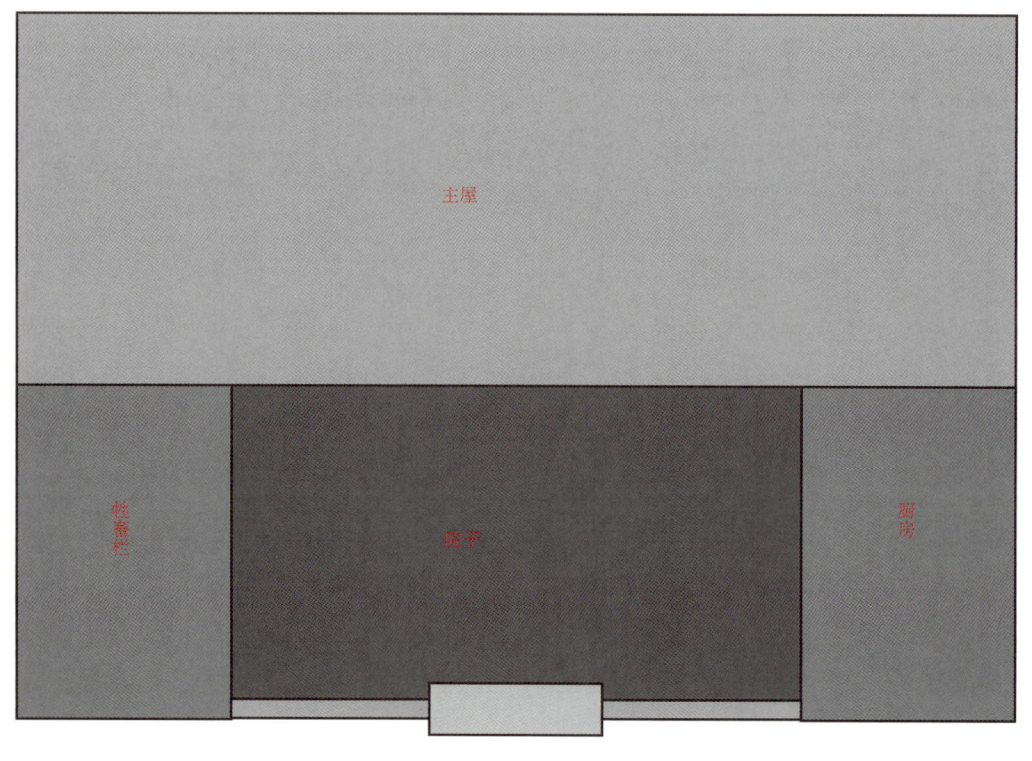

图五　仫佬族民居平面图

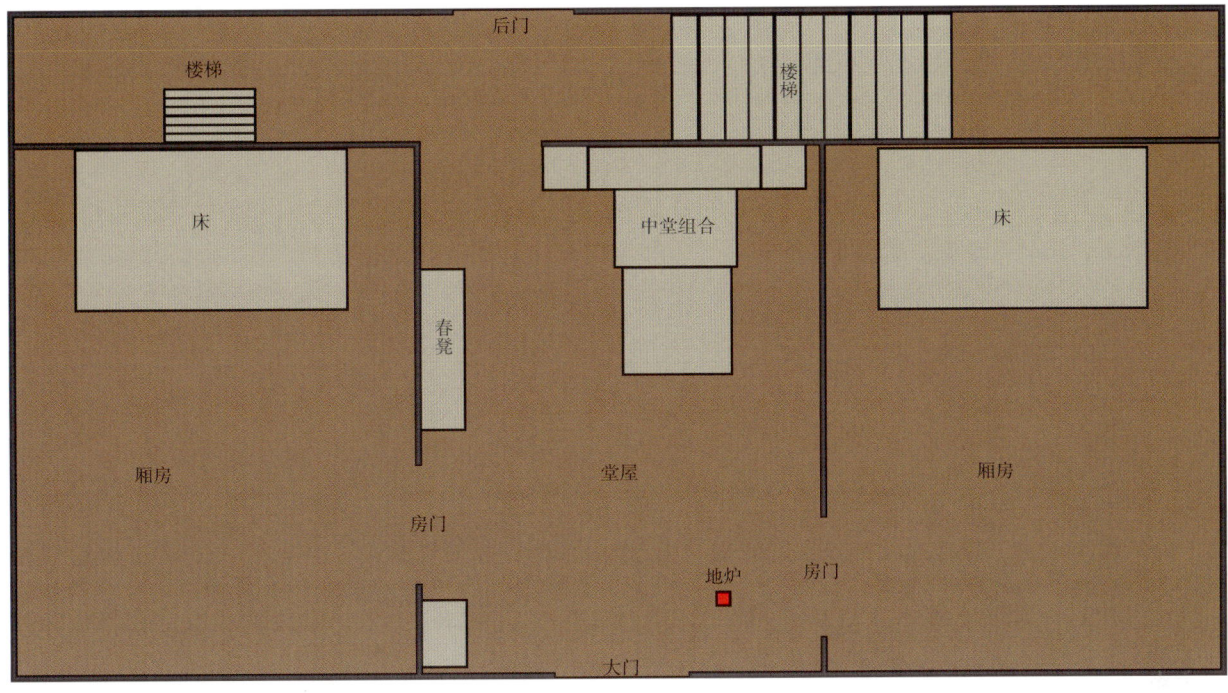

一楼平面图

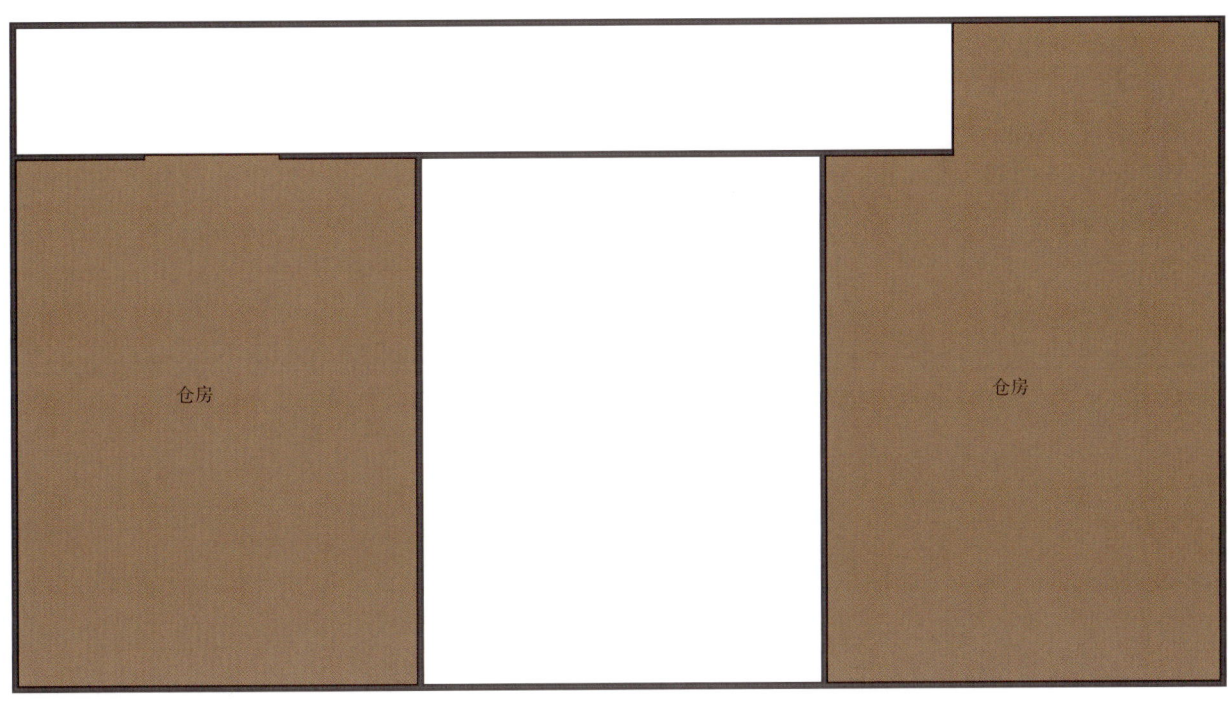

二楼平面图

图六 仫佬族民居主屋平面图

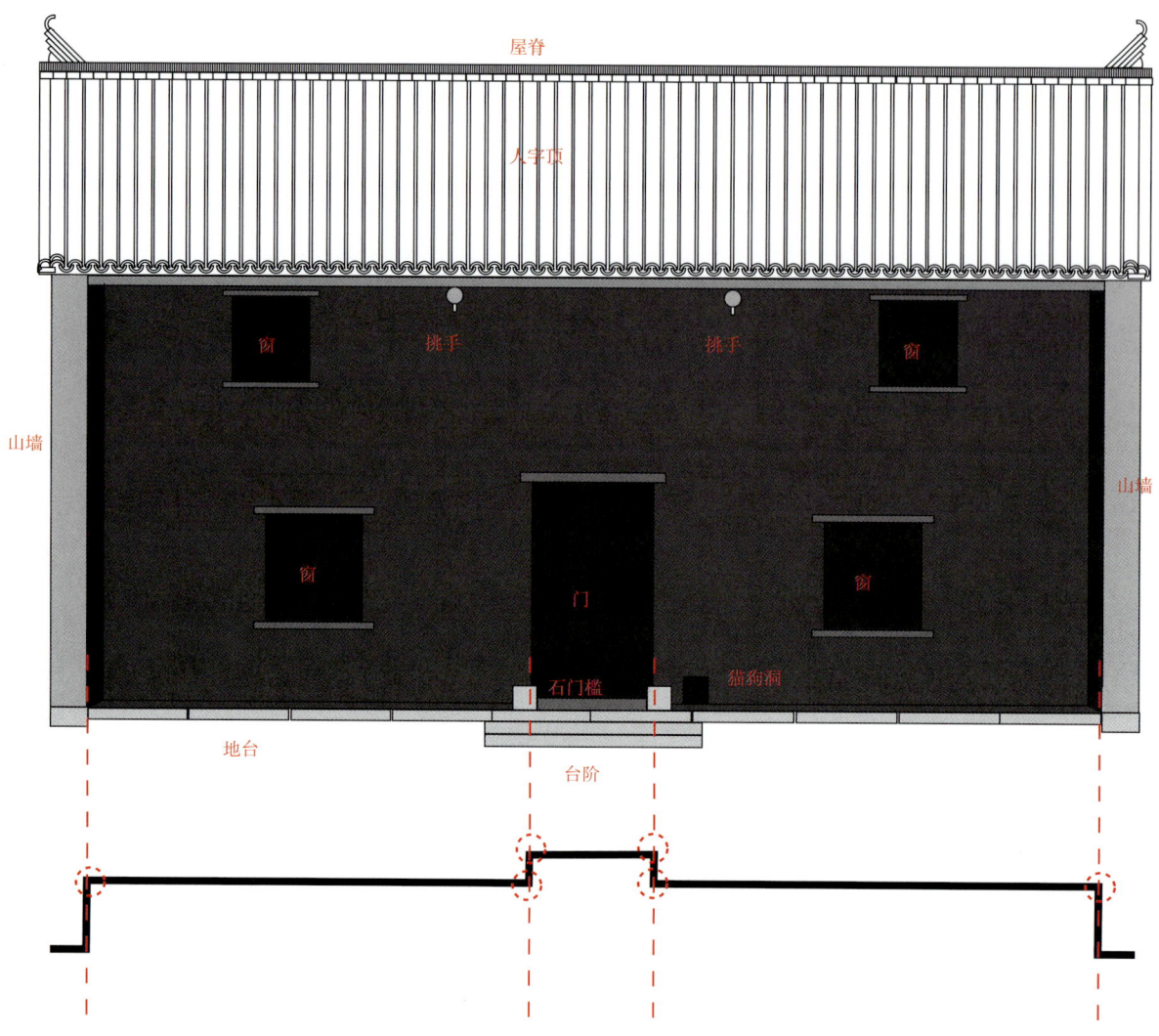

正面墙壁内缩一格,形成一个窄廊,正面墙壁形成六个直角状态,被称为"六神",极具民族特色

图七　仫佬族民居结构名称图

图八　仫佬族屋梁结构名称图

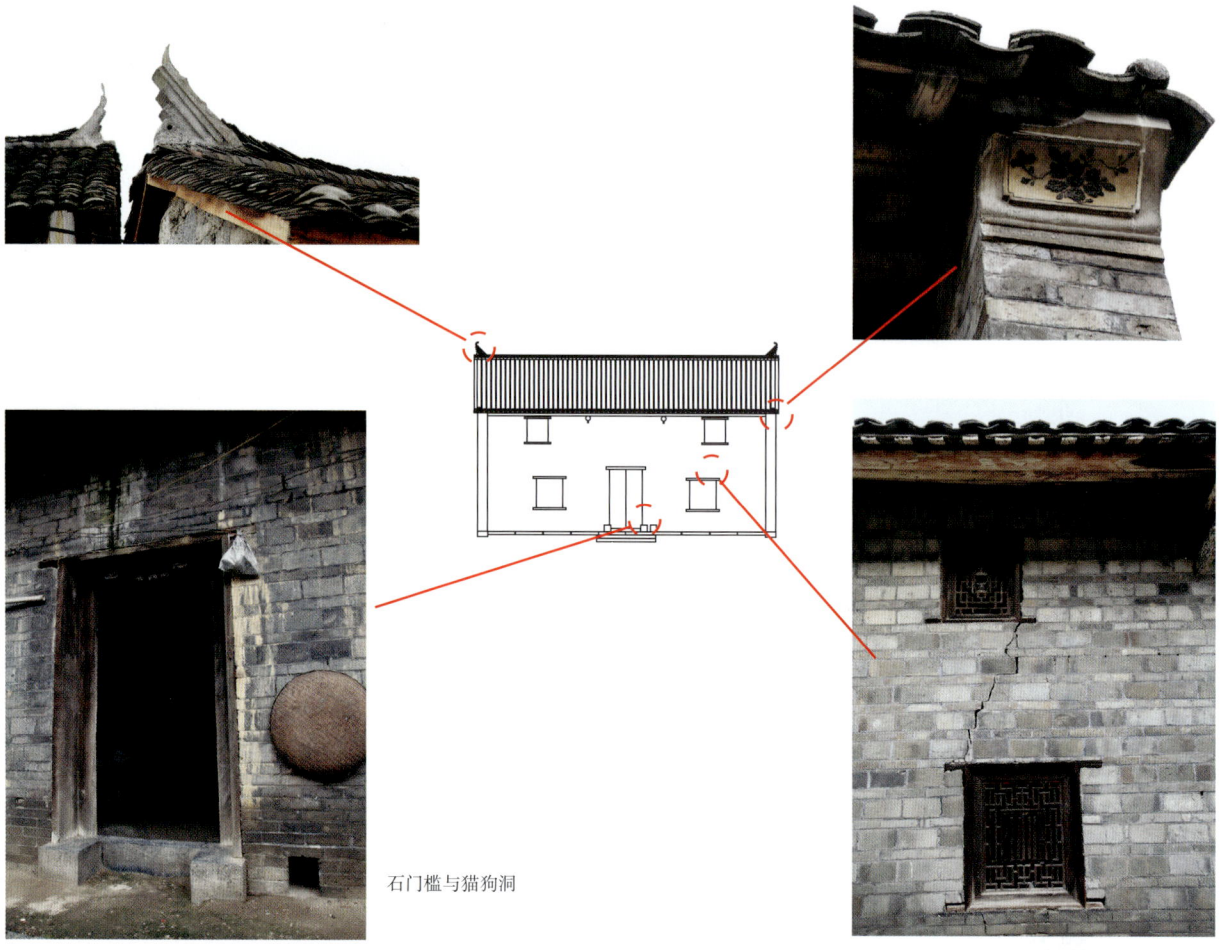

石门槛与猫狗洞

图九　仫佬族民居细节分析图

仫佬族民居·香火堂

图一　仫佬族民居·香火堂主图

本案例是仫佬族民居堂屋中的重要陈设，分为香火神龛、香几桌、高桌、矮方桌几个部分。香火神龛高280厘米、宽120厘米，香几桌高100厘米、宽30厘米，高桌高90厘米、宽100厘米，矮方桌高50厘米、宽80厘米。本案例采集于罗城仫佬族博物馆。

仫佬族民居的堂屋是重要的家庭公共活动空间，集节日祭祀、聚餐、待客交流等功能为一体。堂屋的摆设统称为"香火堂"，有着一定的规范和格式，十分讲究。堂屋正对大门的墙壁中间是香火神龛，一般供奉着祖先的牌位。两边空白的墙面则展示着家庭的照片、字画等。香火神龛下摆放着香几桌，桌面不宽，边缘环绕龙凤雕花裙板。桌面两端的几腿是两个雕花高柜，内部空间可以储物，有些会配抽屉。香几桌上主要摆放香烛油灯、茶具、座钟、花瓶等。香几桌边有两把太师椅，通常是家里的长辈坐的；香几桌下摆放的是高桌，也叫八仙桌。主要用于摆放祭祀祖先的贡品，如十分具有仫佬族特色的芋头、牛羊等。在婚丧嫁娶和节日团聚时，高桌也用来摆宴席，宴请嘉宾。高桌下是矮方桌，也叫"家餐桌"，是平常家里人聚餐用的桌子。本案例是仫佬族博物馆根据大户人家的香火堂恢复的样式，普通仫佬族家庭的香火堂结构和功能也一样，整个堂屋正面的墙壁布置成为一个神龛，四周有精美的雕花隔板。

仫佬族民居·香火堂和汉族堂屋的中堂在功能上类似，都具有祭祀和团聚的功能。仫佬族香火堂在结构上的分类更加细致明确，香几桌和高桌的高度恰好适合站立鞠躬祭拜和供献。矮方桌小巧方便，适合坐在小竹椅上就餐，高度上也和堂屋的地炉配套。

图片来源
图一　郑静　摄影
图二至图六　李庆庆　制图
图七　郑静　摄影　李庆庆　制图

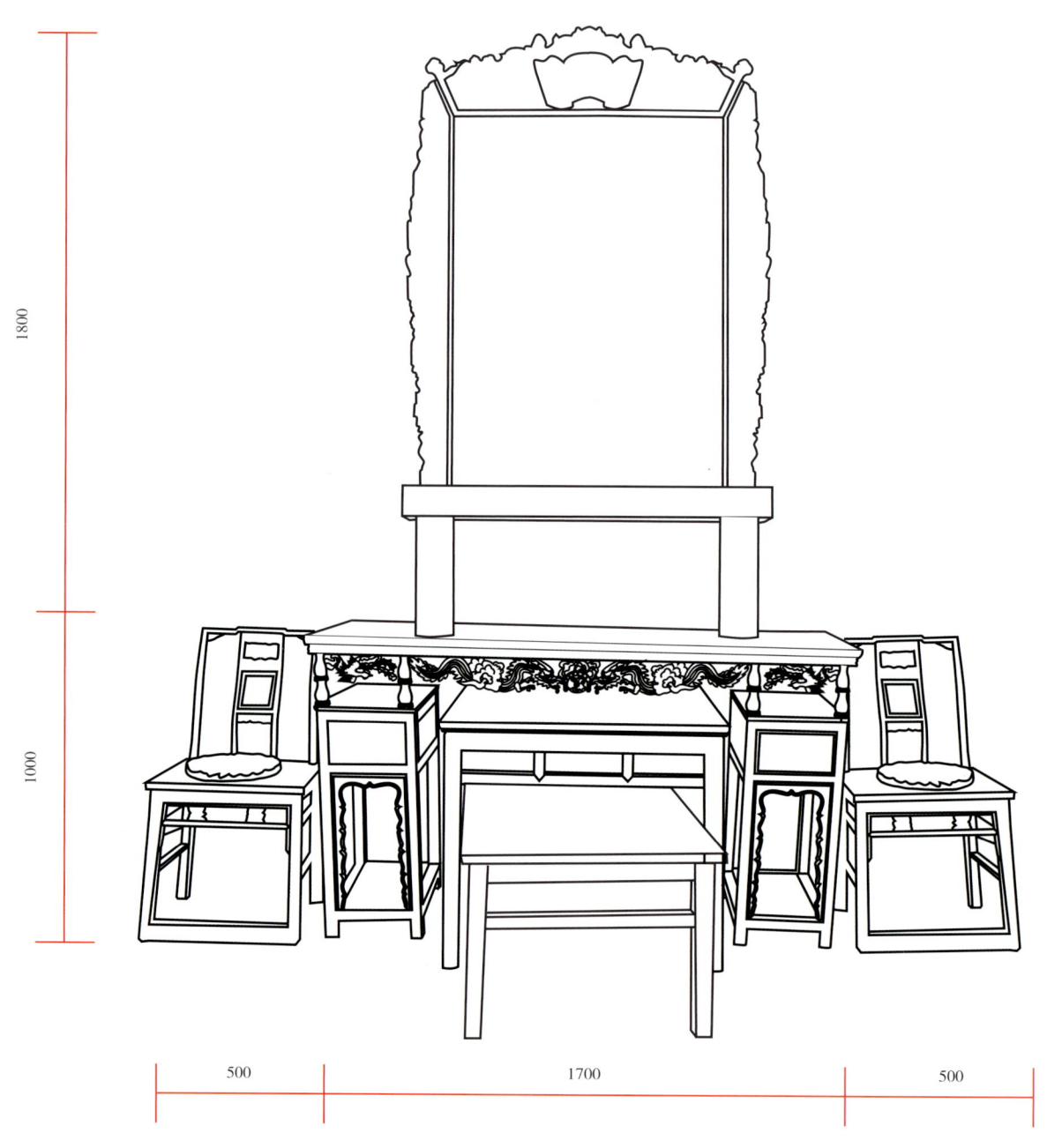

图二　仫佬族民居·香火堂尺寸图（单位：mm）

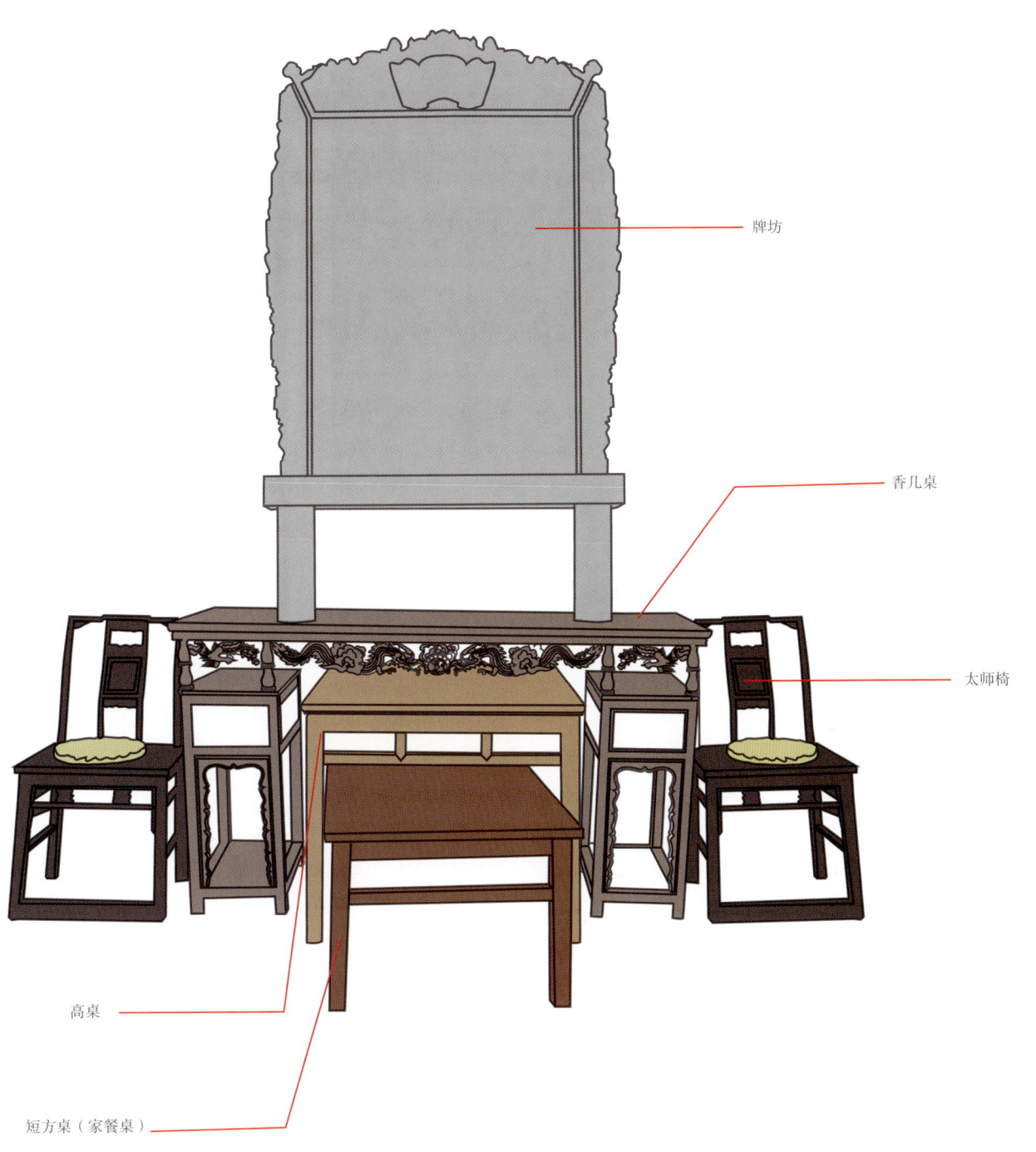

图三　仫佬族民居·香火堂结构名称图

三层桌套叠，功能各异，节约空间

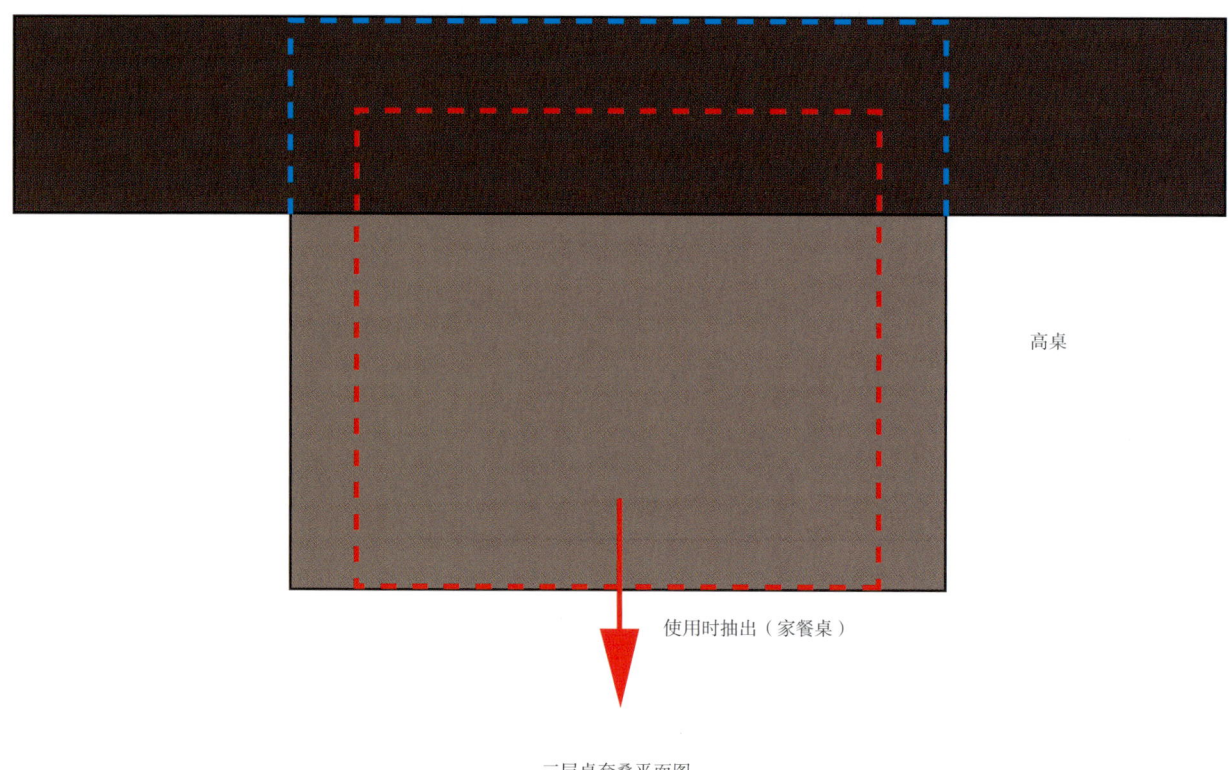

高桌

使用时抽出（家餐桌）

三层桌套叠平面图

图四　仫佬族民居·香火堂平面布局图

剖面位置

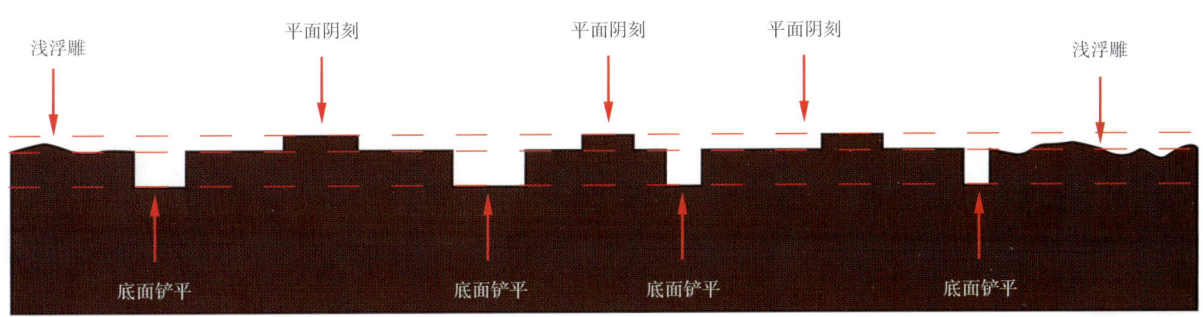

浅浮雕　　平面阴刻　　平面阴刻　　平面阴刻　　浅浮雕

底面铲平　　底面铲平　　底面铲平　　底面铲平

剖面

图七　仫佬族双凤朝阳木雕工艺细节分析图

仫佬族盘龙木雕

图一　仫佬族盘龙木雕主图

仫佬族盘龙木雕案例采集于广西罗城仫佬族自治县小长安镇，现藏于罗城仫佬族博物馆。木雕长124厘米、高23.5厘米、厚7厘米。受采访人银联健，仫佬族，52岁。

本案例是仫佬族民居正厅侧门上的雕板，木质材料，以浮雕形式雕刻了祥云盘龙的纹饰。盘龙纹饰采用"S"形构图，分为龙纹、云纹和底纹（水纹）三个层次。龙首以高浮雕手法雕琢，龙髯采用阴刻手法雕刻，十分精细。龙身没有雕琢常见的龙鳞，而是以流畅的线条代替，行云流水，极富装饰韵味。雕板还采用虚实对比的手法，镂空的虚空间使得实体造型更加突出。

仫佬族民居在结构形式上大量借鉴了汉族民居的形式，在房屋的正厅都有一个中堂，中堂为摆放祖宗牌位、家庭祭祀、凝聚家族血脉的重要场所。在中堂的两边各有一个侧面，通往后院。因为靠近中堂，所以门上的雕板装饰格外讲究。本案例龙的图腾形象传自汉族文化，包括底纹的云水纹饰也来源于汉族纹饰。但龙身的抽象线条表现得却极富个性，具有鲜明的仫佬族特色。本案例也从一个侧面反映了仫佬族文化的兼容性和独立性。

图片来源
图一、图六　郑静　摄影
图二至图五、图七　郑静　制图

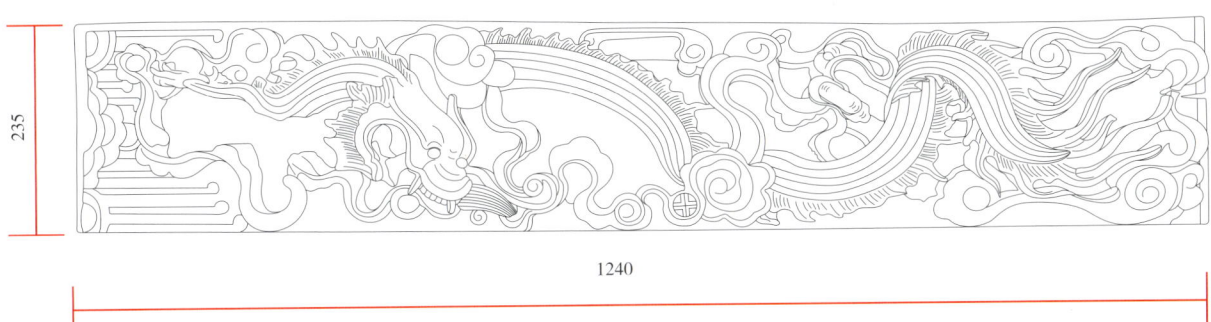

图二　仫佬族盘龙木雕尺寸图（单位：mm）

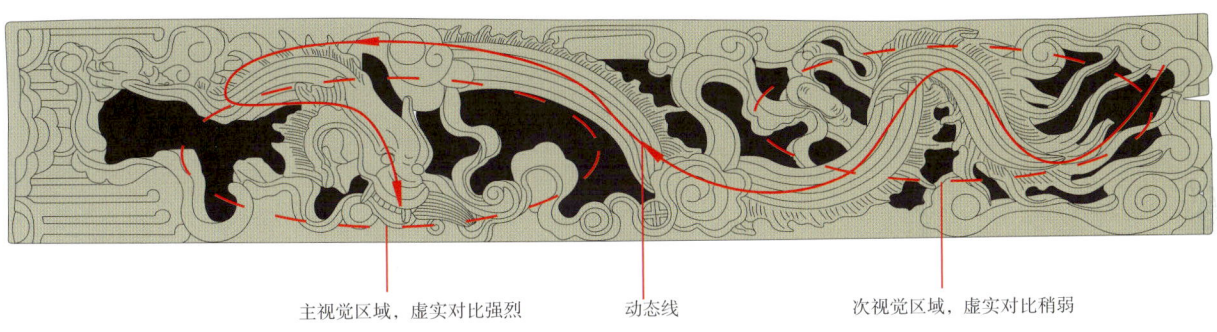

主视觉区域，虚实对比强烈　　动态线　　次视觉区域，虚实对比稍弱

图三　仫佬族盘龙木雕构图分析图

抽象的装饰线条，替代复杂的龙鳞；镂空的虚空间，衬托实体造型更加突出

70%　实　　30%　虚

图四　仫佬族盘龙木雕虚实分析图

第一章　仫佬族传统建筑

037

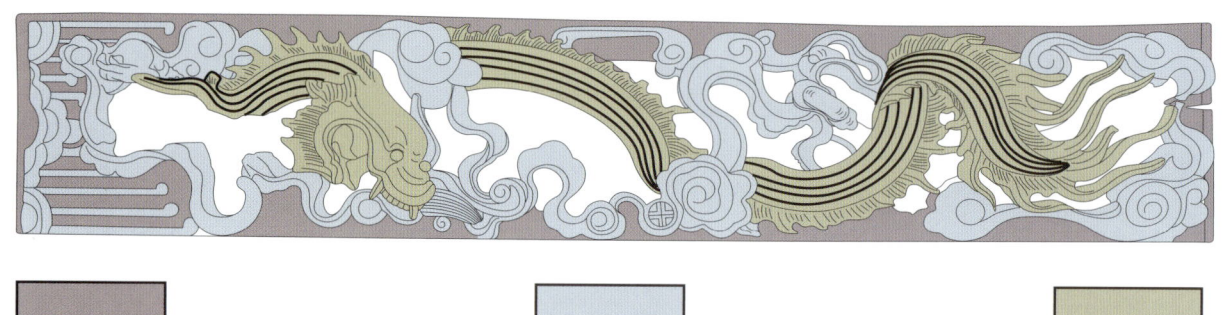

底板　　　　　　　装饰图案　　　　　　　主纹饰

图五　仫佬族盘龙木雕装饰层次分析图

浅浮雕　　镂空　　阳刻线条　　高浮雕　　阴刻

图六　仫佬族盘龙木雕工艺分析图

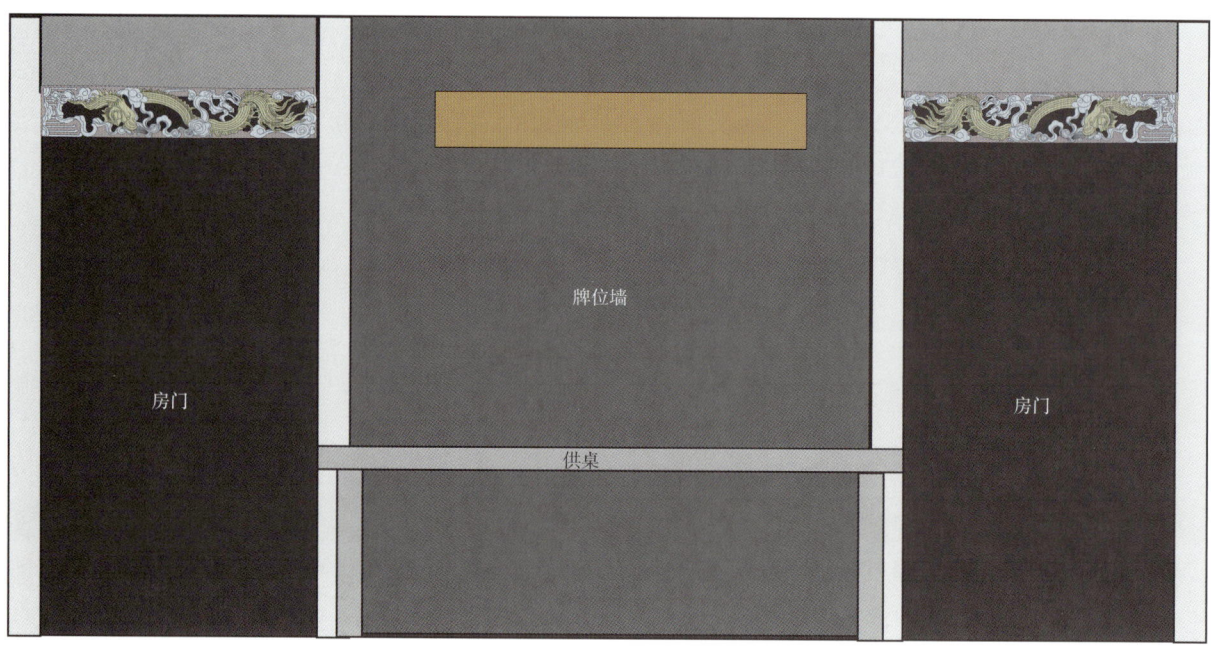

图七　仫佬族盘龙木雕功能分析图

仫佬族木雕昙花凤凰花窗

图一　仫佬族木雕昙花凤凰花窗主图

仫佬族木雕昙花凤凰花窗案例采集于广西罗城仫佬族自治县龙岸镇大梧村，现藏于罗城仫佬族博物馆。花窗高84厘米、宽53厘米。受采访人韦嘉慧，仫佬族，25岁。

本案例是仫佬族房屋的窗户，由"品"字形中心对称构图的方格组合，采用浮雕结合阴刻工艺制作。中心方格为主纹饰，为镂空雕的花鸟纹饰昙花凤凰。周边方格以一实一虚的间隔方式对称分布花果和走兽纹饰，有石榴、山羊、梅花等。纹饰是先雕刻好，然后拼装上窗户的。主图案的纹饰方格比较奇特，外形采用写实方格，内部的结构采用平面化的装饰方法表现，却能够相得益彰、和谐生动。

本案例的纹饰题材颇具地域特点，主纹饰的昙花凤凰，明显是参照汉族文化的牡丹凤凰纹饰而来的，由于广西地区没有牡丹花，仫佬族人便很聪明地用昙花来替代。如果说牡丹凤凰的组合是两者都很高贵，都是王者，那么昙花凤凰的组合代表的是难得一见的珍贵。本案例是一套两扇的窗格，可以通过轴来开合。仫佬族传统民居的窗户基本都采用木格加木雕纹饰的方式构成，既起着安全功能，又有着装饰功能。通透的窗格还可以使得空气流通顺畅，消解广西发热的气候。在窗户的里面配有直拉式的窗板，外出或下雨时，可以起到安全和遮挡的作用。

图片来源
图一　郑静　摄影
图二至图六　郑静　制图

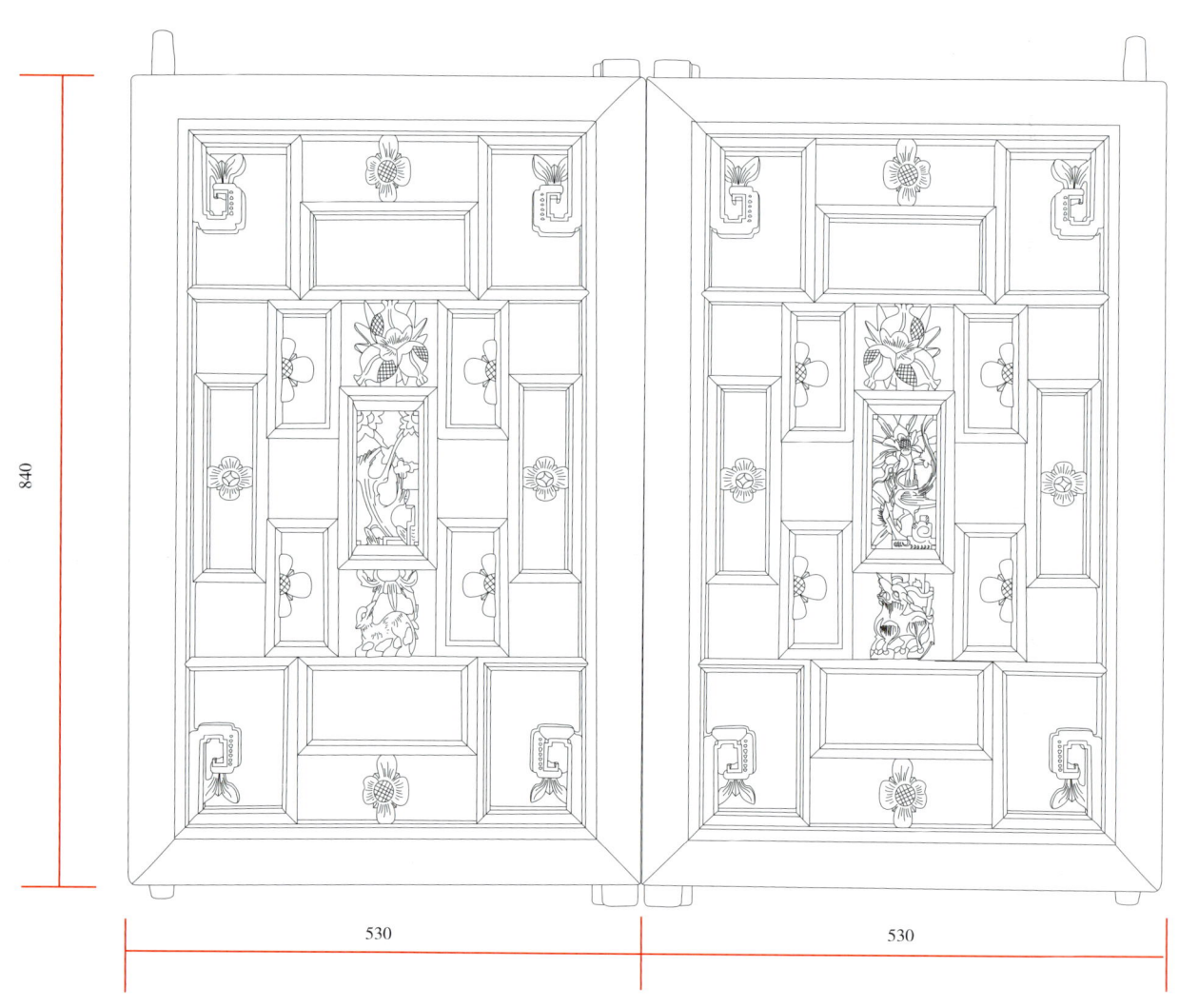

图二　仫佬族木雕昙花凤凰花窗尺寸图（单位：mm）

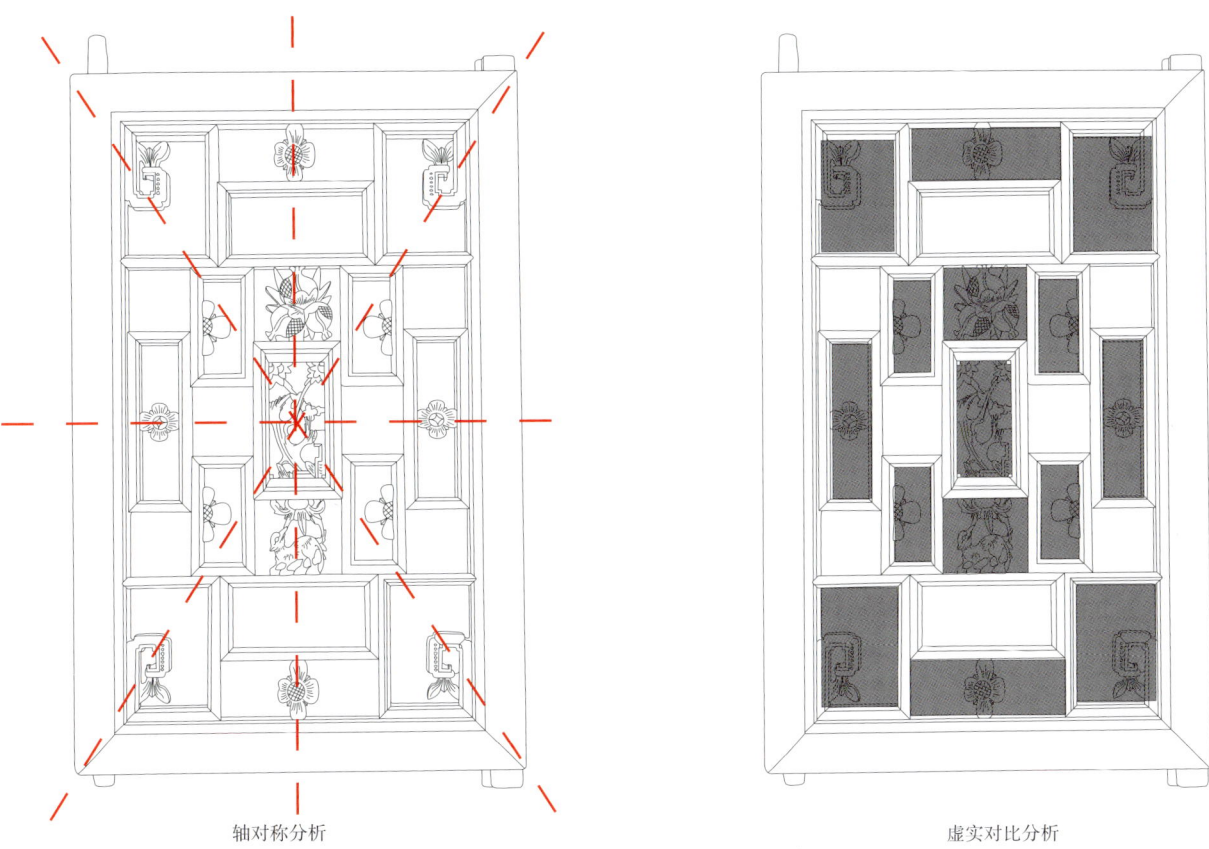

轴对称分析　　　　　　　　　　　　　　　　　　虚实对比分析

图三　仫佬族木雕昙花凤凰花窗构图分析图

图四　仫佬族木雕昙花凤凰花窗模拟还原分析图

第一章　仫佬族传统建筑

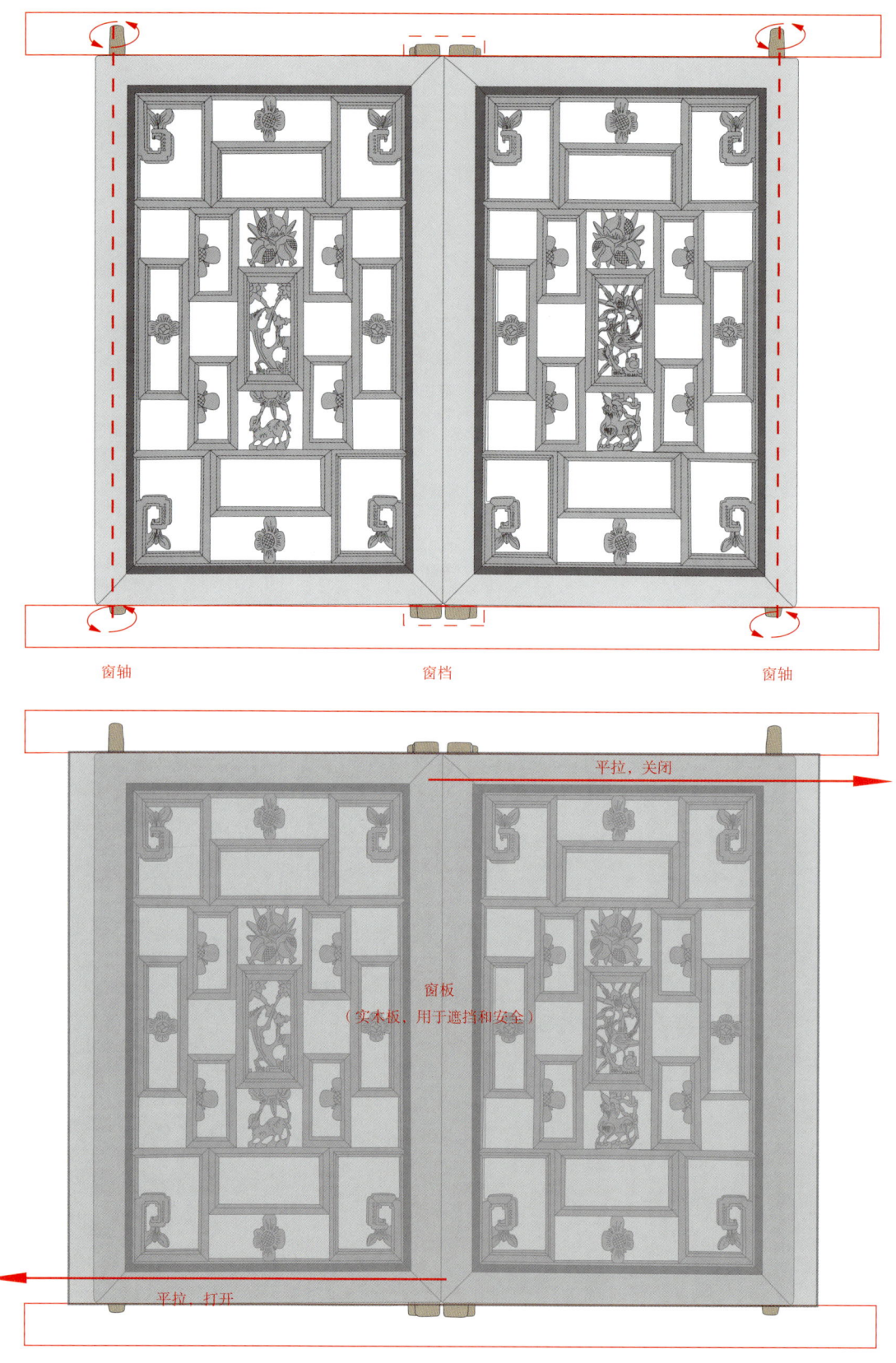

图五　仫佬族木雕昙花凤凰花窗综合分析图

图六 仫佬族木雕昙花凤凰花窗细节分析图

仫佬族梅花木雕花窗

图一　仫佬族梅花木雕花窗主图

仫佬族梅花木雕花窗案例采集于广西罗城仫佬族自治县东门镇石围村，现藏于罗城仫佬族博物馆。花窗高107厘米、宽108.5厘米。受采访人韦嘉慧，仫佬族，25岁。

本案例是仫佬族民居的窗户，木质，上层为花朵纹饰，下层为木板。花朵纹饰采用点状四方连续的格式排列，丰富而持续。每个花头都是由几个基本元素组合而成的，这样不仅便于批量生产，也可以使造型、规格统一。花头的背面都开有凹槽，这样就可以十分方便地嵌入十字交叉的骨架内。这样的规范性组合制作，使得看起来十分复杂的纹饰可以迅速地组装起来。

仫佬族民居的窗户一般安放在离地面90厘米处，前后房分别开有四扇窗户，窗户不装窗扇，而是在窗后安装窗板，用来遮风挡雨。几乎所有的窗户都要装饰各种纹饰，一般都采用吉祥纹饰，以几何形居多。

图片来源
图一　郑静　摄影
图二至图六　郑静　制图

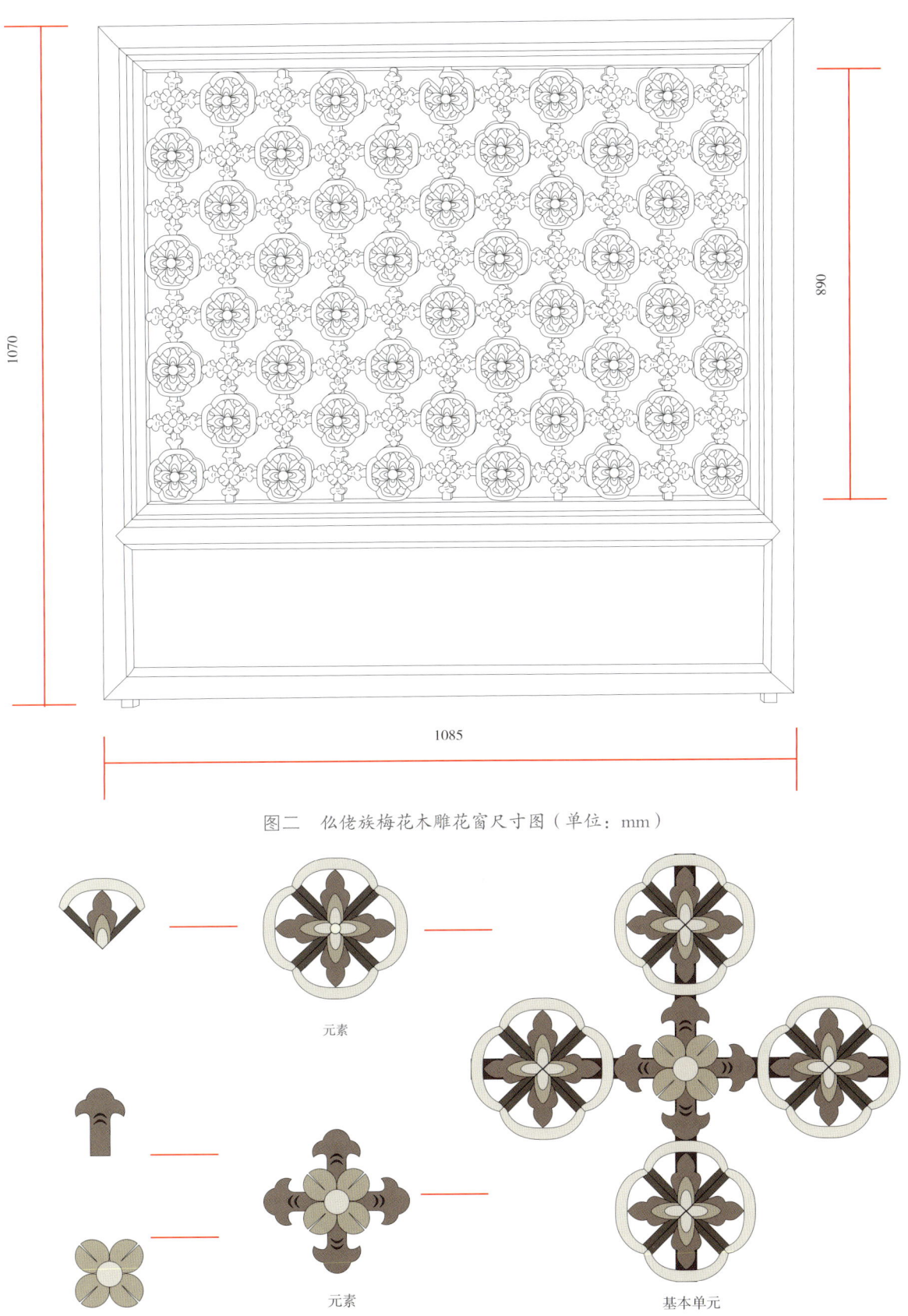

图二　仫佬族梅花木雕花窗尺寸图（单位：mm）

图三　仫佬族梅花木雕花窗纹饰单元分析图

图四　仫佬族梅花木雕花窗纹饰分析图

骨架　　　　　　　　　　正面单元　　　　　　　　　背面结构

图五　仫佬族梅花木雕花窗结构分析图

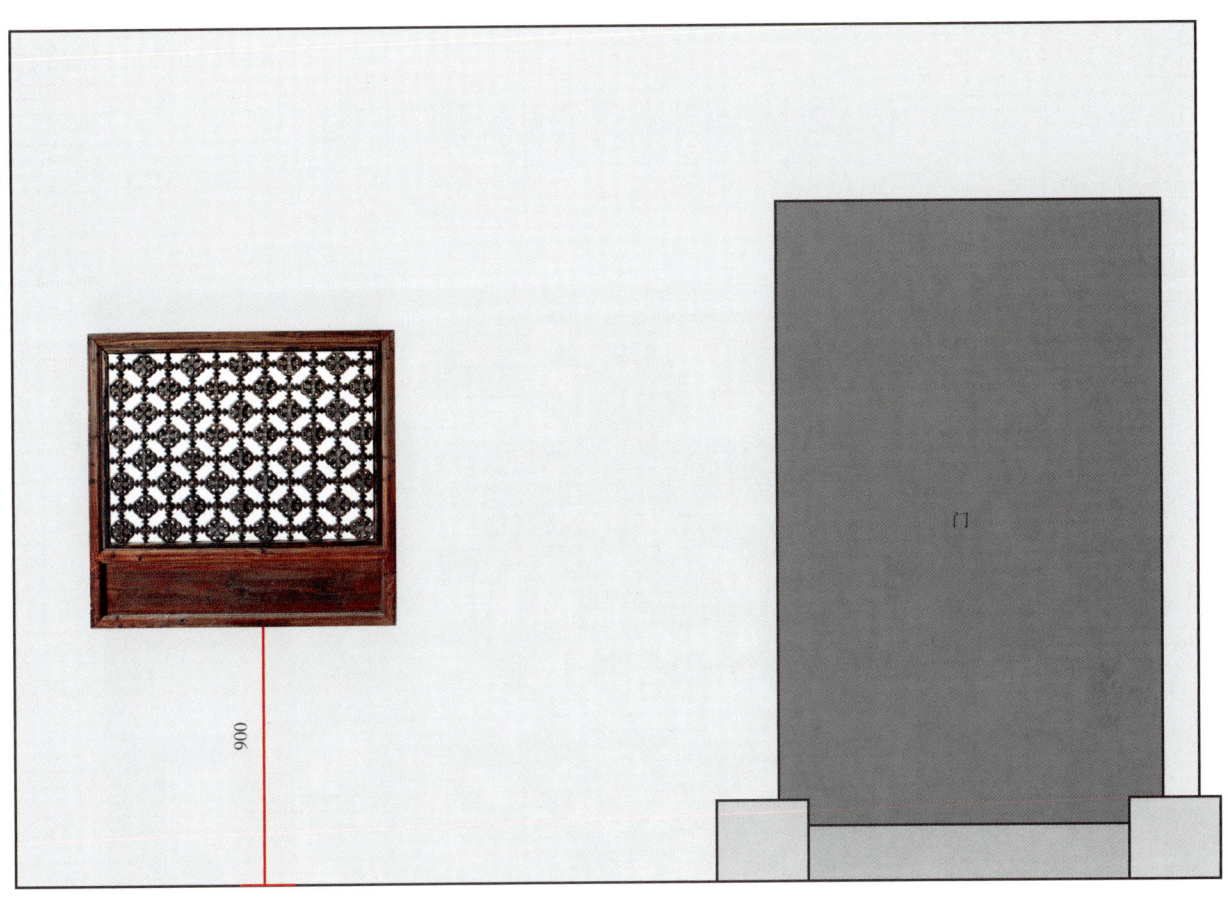

图六　仫佬族梅花木雕花窗使用情境图（单位：mm）

仫佬族缠枝喜鹊木雕花窗

图一 仫佬族缠枝喜鹊木雕花窗主图

仫佬族缠枝喜鹊木雕花窗案例采集于广西罗城仫佬族自治县龙岸镇大梧村，现藏于罗城仫佬族博物馆。花窗高50厘米、宽63厘米、厚2厘米。受采访人银联健，仫佬族，52岁。

本案例是仫佬族民居的外墙窗户，木质材料，由"品"字形中心对称构图的方格组合。方格中间的装饰纹饰，既起着美化作用，又加固了花窗的结构。装饰纹饰采用镂空浮雕结合阴刻工艺制作。中心方格为主纹饰缠枝喜鹊木雕，形成一个装饰面，外框纹饰以点的状态，对称刻有鹿和山雀、梅花等，雕琢精美。花窗的色彩依然是采用仫佬族对比用色的惯例，由大面积的红色和小面积的绿色组合，局部穿插黄色进行调和。

本案例的花窗固定式地镶嵌在墙壁上，不能打开，也不糊窗纸、不装玻璃，完全通透。因为广西气候炎热，需要通透的窗户来透气。在窗户的里面配有直拉式的窗板，外出或下雨时，可以起到安全和遮挡的作用。本案例的主纹饰缠枝喜鹊，表现的是喜鹊登在结着果实的大树上。树木的表现明显是参照了缠枝纹饰而来的，树叶的造型还保留着忍冬纹的痕迹。充满弧线的线条和展翅欲飞的喜鹊，使得整体纹饰动感十足。

图片来源
图一　郑静　摄影
图二至图五　郑静　制图

图二　仫佬族缠枝喜鹊木雕花窗尺寸图（单位：mm）

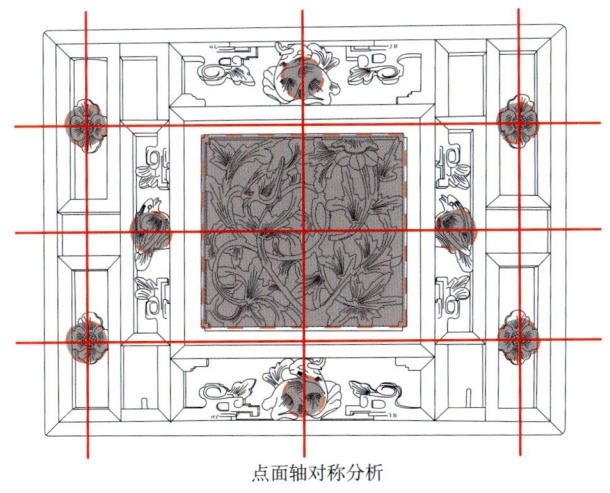

点面轴对称分析

虚实分析

图三　仫佬族缠枝喜鹊木雕花窗构图分析图

图四　仫佬族缠枝喜鹊木雕花窗虚实分析图

1. 在木板上起线稿

2. 镂空底板，做出大的起伏轮廓

3. 阴刻技法做出细节

图五　仫佬族缠枝喜鹊木雕花窗制作流程图

仫佬族凤栖牡丹木雕门楣

图一　仫佬族凤栖牡丹木雕门楣主图

仫佬族凤栖牡丹木雕门楣案例采集于广西罗城仫佬族自治县龙岸镇大梧村，现藏于罗城仫佬族博物馆。门楣长105厘米、宽30厘米。受采访人韦嘉慧，仫佬族，25岁。

本案例是仫佬族客厅中堂上的木雕，分为左右两块。左边S形构图雕有横向缠枝牡丹纹，枝头栖息凤凰，尾羽短小，回首凝望；右边也是采用S形构图雕有横向缠枝牡丹纹，枝头栖息凤凰展翅欲飞，与左边的凤凰相互应和。左右凤凰应该是一雄一雌，造型似乎参照了孔雀的形态，雌性孔雀羽毛较短小，而雄性孔雀羽毛丰满漂亮。制作工艺采用浮雕阴刻的方式，大的层次关系只有两层，底板和纹饰。但是纹饰造型细节丰富，雕琢清晰明快。

本案例来源于龙岸镇大梧村，相传这里有许多大梧桐树，引来凤凰栖息。凤凰是仫佬族的图腾形象，仫佬族人生活中大量使用凤凰纹饰作为装饰。案例中的浮雕阴刻木雕工艺，是仫佬族木雕中最常用的工艺表现形式，线面对比层次分明，装饰效果强烈。

图片来源
图一　郑静　摄影
图二至图六　郑静　制图

图二　仫佬族凤栖牡丹木雕门楣尺寸图（单位：mm）

构图"S"形对称　　　　中心图案的木雕缺失　　　　构图"S"形对称

图三　仫佬族凤栖牡丹木雕门楣构图分析图

阴刻　　　　　　　　阳雕

图四　仫佬族凤栖牡丹木雕门楣结构层次分析图

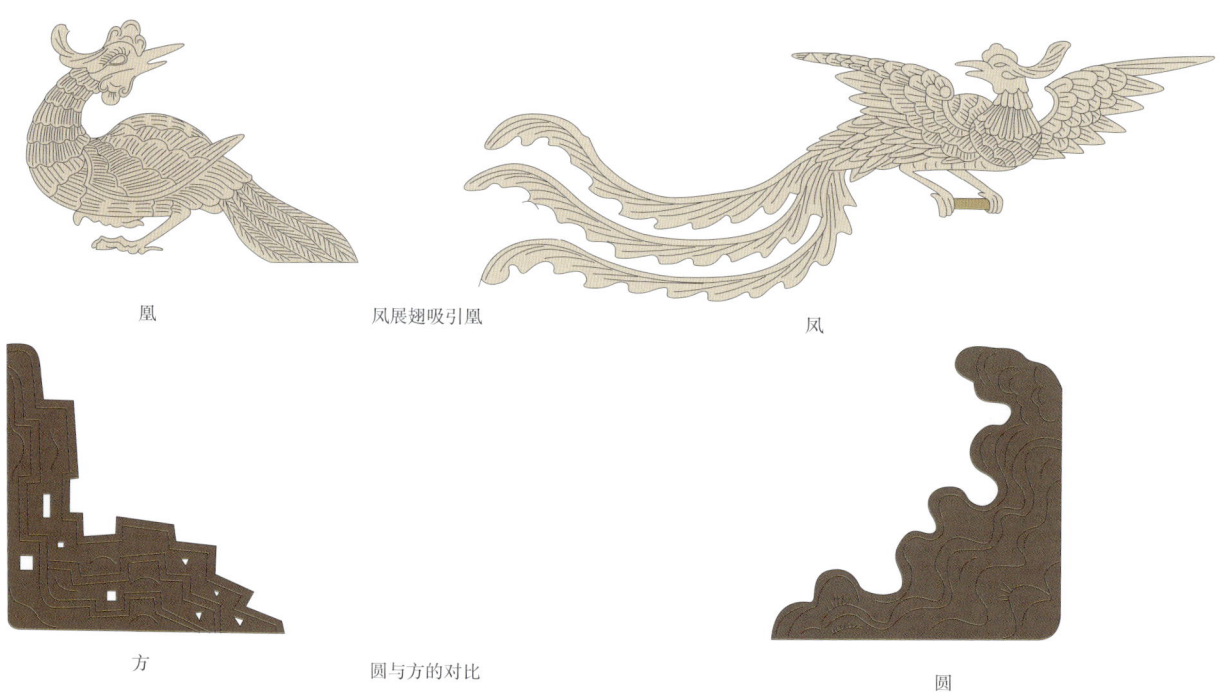

凰　　　凤展翅吸引凰　　　凤

方　　　圆与方的对比　　　圆

图五　仫佬族凤栖牡丹木雕门楣造型细节分析图

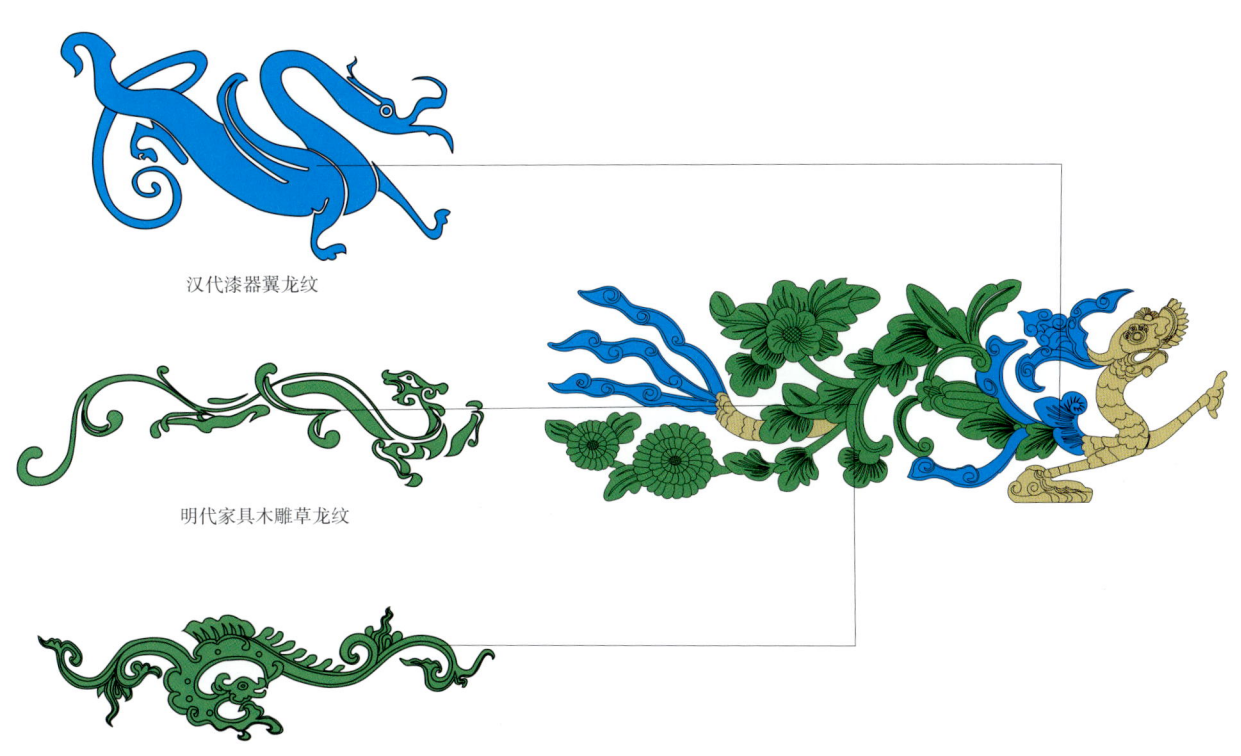

汉代漆器翼龙纹

明代家具木雕草龙纹

清代青花瓷器草龙纹

图六 仫佬族花草龙木雕门楣纹饰来源分析图

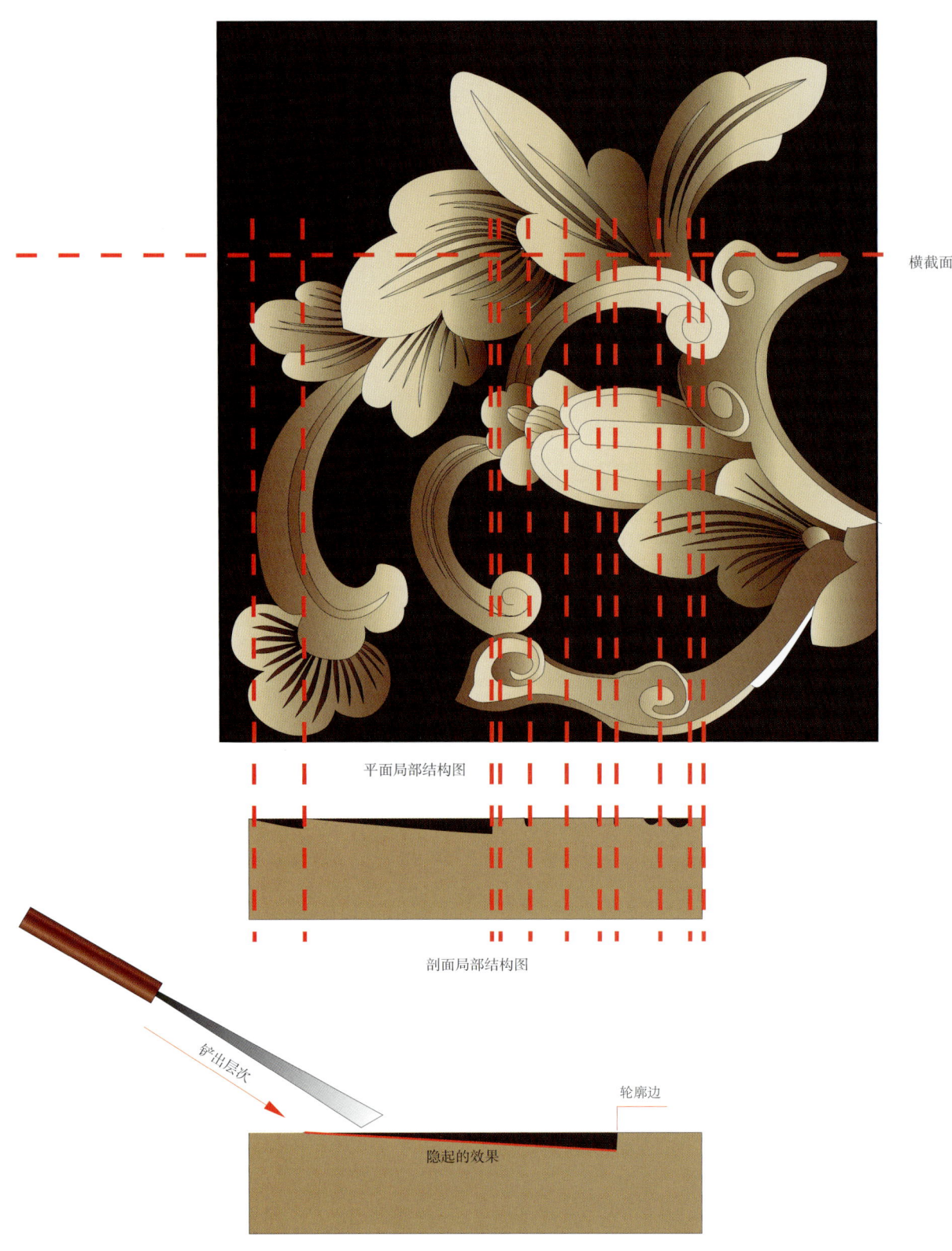

图七 仫佬族花草龙木雕门楣工艺分析图

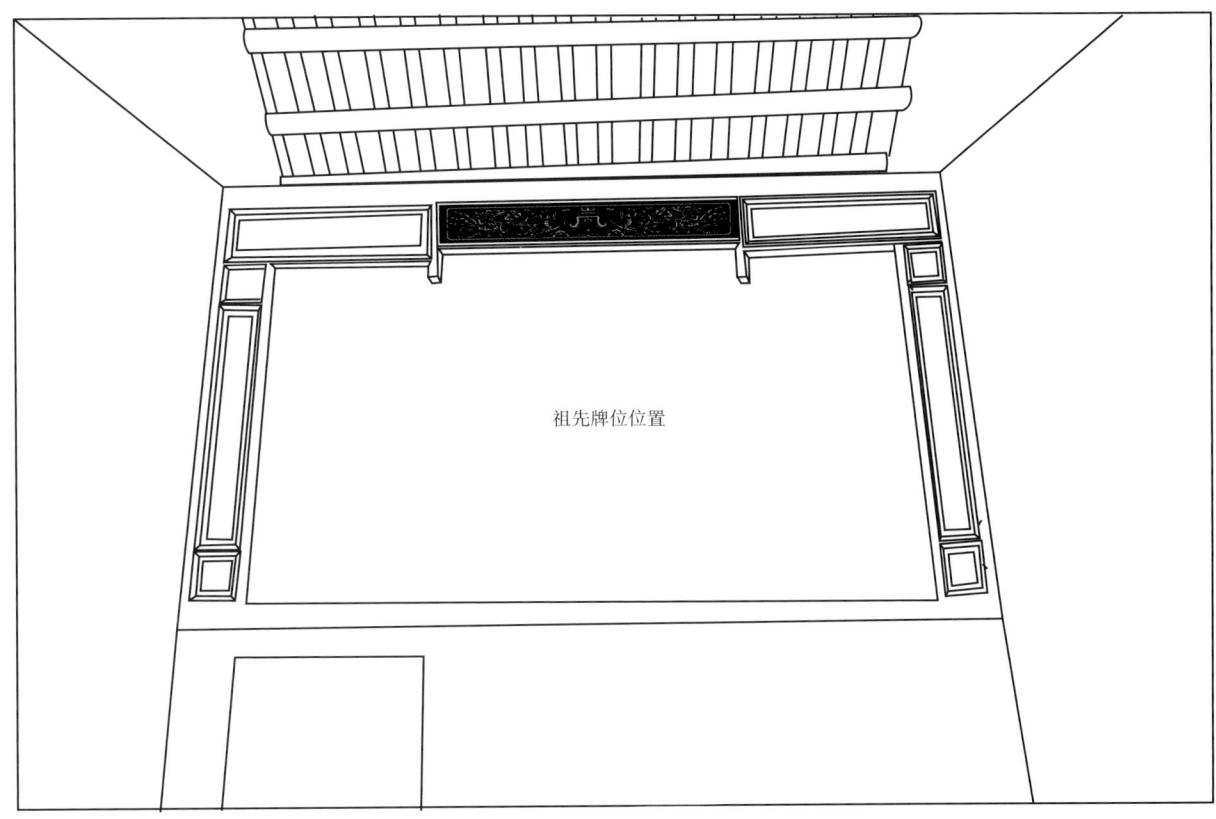

图八　仫佬族花草龙木雕门楣使用功能分析图

第二章 仫佬族传统服饰

仫佬族牡丹凤凰纹饰头巾

图一　仫佬族牡丹凤凰纹饰头巾主图

仫佬族牡丹凤凰纹饰头巾案例采集于广西罗城仫佬族自治县四把镇双寨村中寨屯。受采访人谢礼芳，女，56岁，仫佬族刺绣传承人。

本案例是仫佬族女性佩戴的三角头巾，长边包住头部至后脑下系住或用夹子夹住。头巾采用靛蓝染色的手工棉布制作，表面刺绣纹饰。根据三角巾的外轮廓，纹饰也采用对称的三角构图。主图是以花瓶、牡丹为主的平安富贵图，两翼对称分布凤凰纹饰。边框采用寿桃牡丹纹饰，尖角使用蝴蝶纹饰过渡。纹饰色彩鲜艳，对比强烈。色彩的过渡采用仫佬族典型的块面过渡方式，具有强烈的装饰性。

本案例以平针绣刺绣工艺为主要制作手法。上有凤鸟、牡丹、花瓶、蝴蝶、寿桃等纹样，每一个都寓意深厚。凤凰是仫佬族的图腾，有涅槃重生之意，几乎每一件绣品多多少少都会涉及这一题材。牡丹代表花开富贵，花瓶寓意平安如意，蝴蝶寓意甜蜜的爱情和美满的婚姻，寿桃则是希望幸福长寿。这些美好寓意的纹饰象征，与汉族文化十分接近。

图片来源

图一、图六　郑静　摄影
图二至图五　郑静　制图

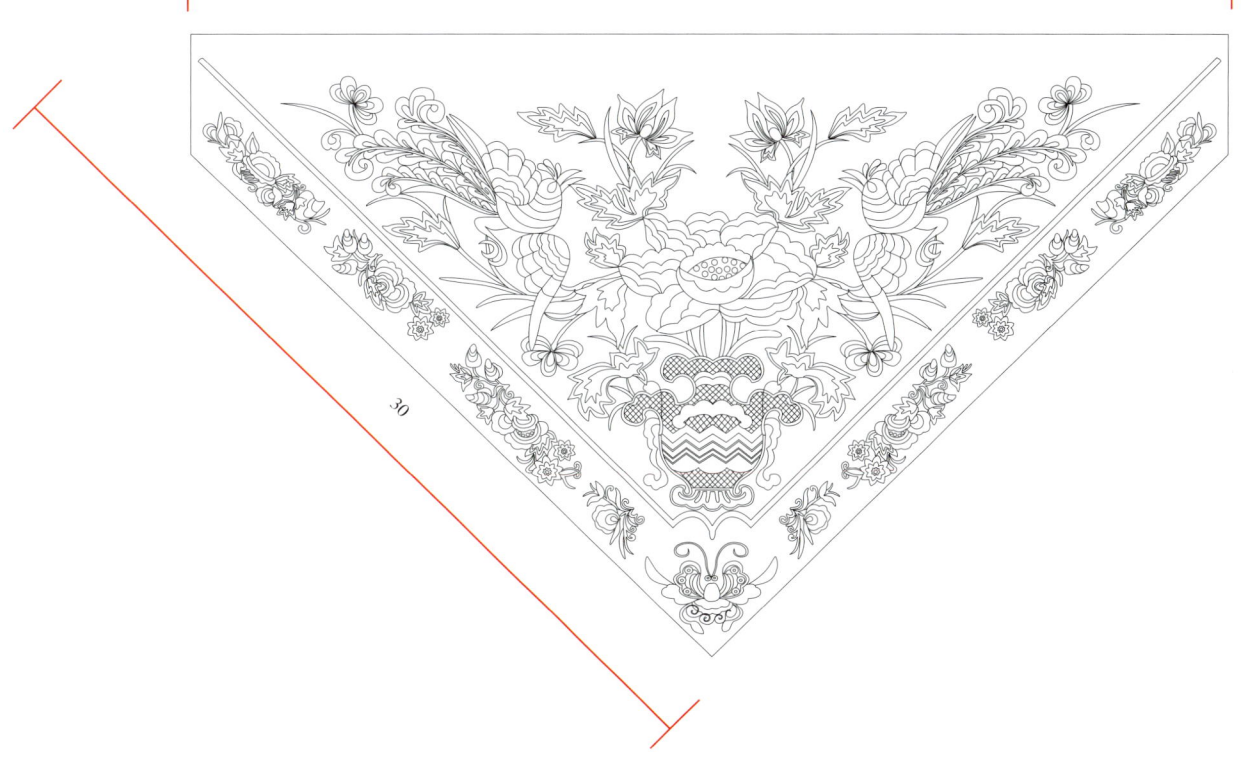

图二　仫佬族牡丹凤凰纹饰头巾尺寸图（单位：cm）

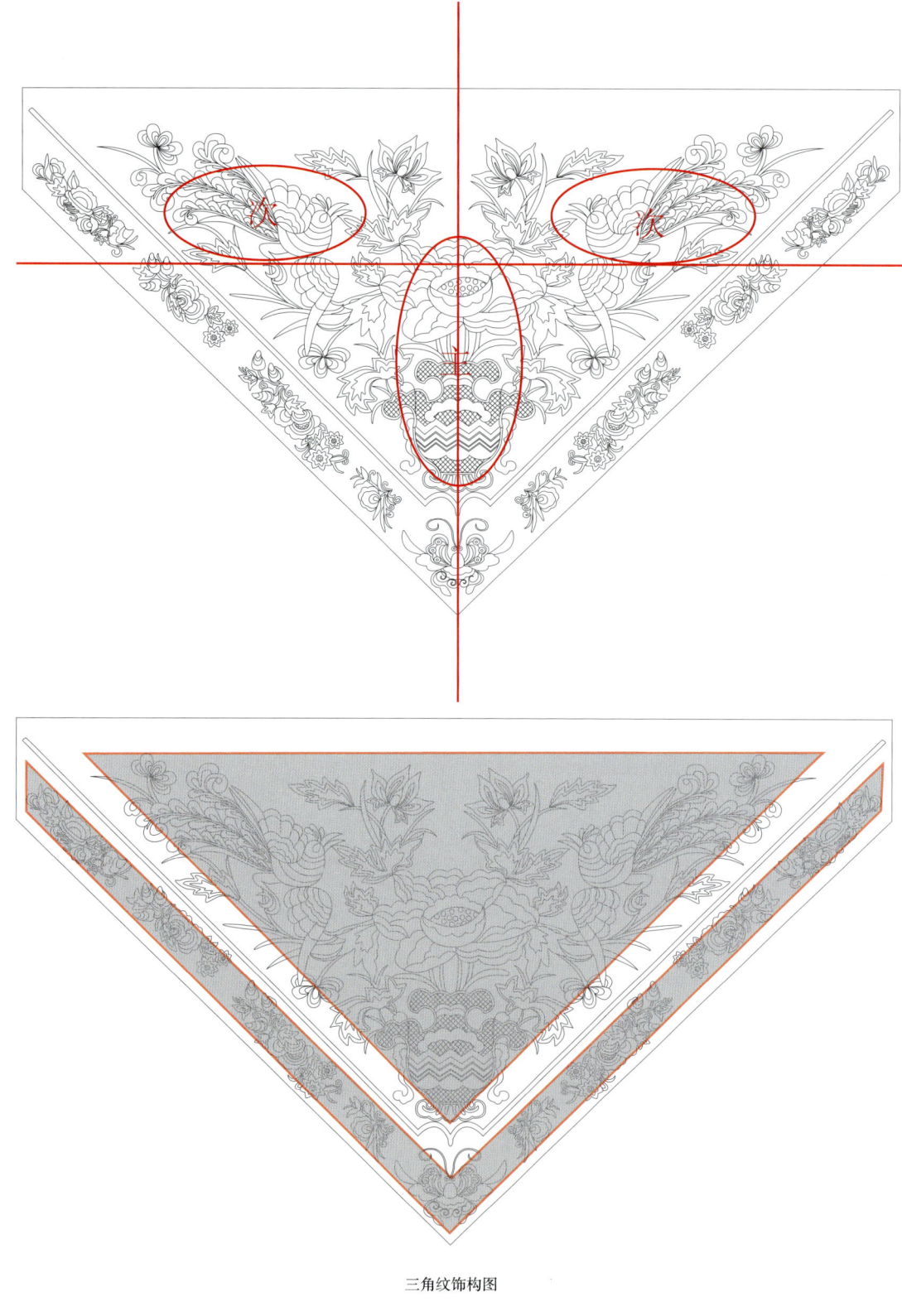

三角纹饰构图

图三 仫佬族牡丹凤凰纹饰头巾构图分析图

图四　仫佬族牡丹凤凰纹饰头巾细节分析图

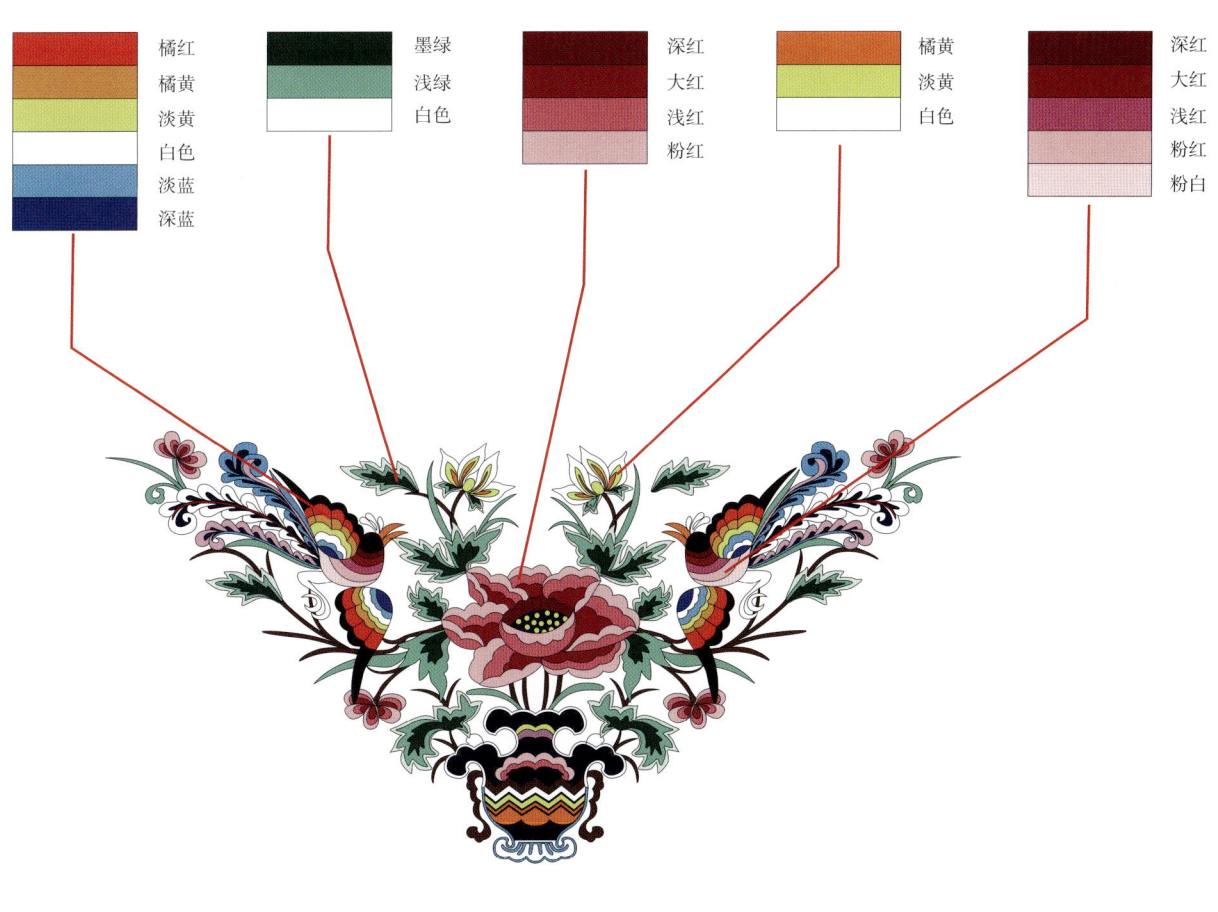

图五　仫佬族牡丹凤凰纹饰头巾色彩分析图

第二章　仫佬族传统服饰

067

图六　仫佬族牡丹凤凰纹饰头巾佩戴效果示意图

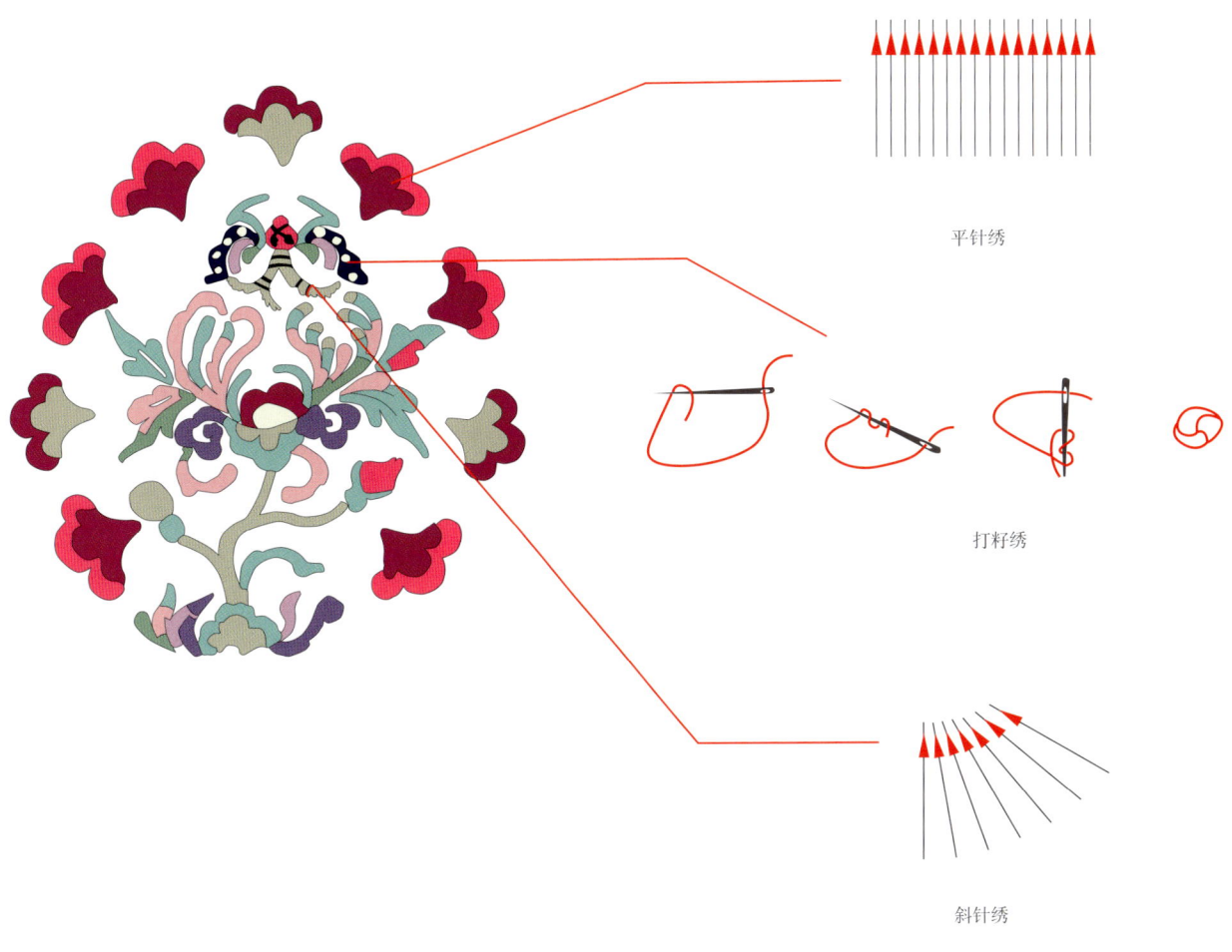

图七　仫佬族蝶恋花绣花女帽刺绣针法图

图案使用对比色进行大小块面的对比，这种间色对比使刺绣色彩艳丽，再配以黑色底色，使色彩浓烈而不火气

图八　仫佬族蝶恋花绣花女帽色彩分析图

图九 仫佬族蝶恋花绣花女帽佩戴效果示意图

仫佬族绣花男童帽

图一　仫佬族绣花男童帽主图

仫佬族绣花男童帽案例采集于广西罗城仫佬族自治县黄金镇，现藏于罗城仫佬族博物馆。帽子高10厘米、直径9.7厘米。受采访人韦嘉慧，仫佬族，25岁。

本案例是仫佬族男童春秋天戴的帽子，帽子采用上窄下宽的布条制作，有织锦镶边，上扣9个银质佛像，寓意佛祖保佑平安。帽子的正面和背面中间有狮子扣装饰，两侧有铃铛，可以随着儿童的走动发出声响，起着愉悦儿童和警示位置的作用。佛像和狮子装饰扣都是锻造技法制作，是在模具里批量制作的产品。帽子的蓝地梅花图案面料是工业印染面料，应该是根据喜好随机选择的。

本案例结构十分巧妙，帽子的上部有一个结构，内穿棉绳，收紧棉绳，扣上搭扣，就成为一个帽子。松开棉绳，帽子就平摊开，便于收藏和清洗。同时，活动的绳扣结构可以随儿童的头围大小调节，保证了佩戴的大小合适和舒适性，充分反映了仫佬族人民的智慧。

图片来源
图一、图六　郑静　摄影
图二至图五　郑静　制图

图二　仫佬族绣花男童帽尺寸图（单位：cm）

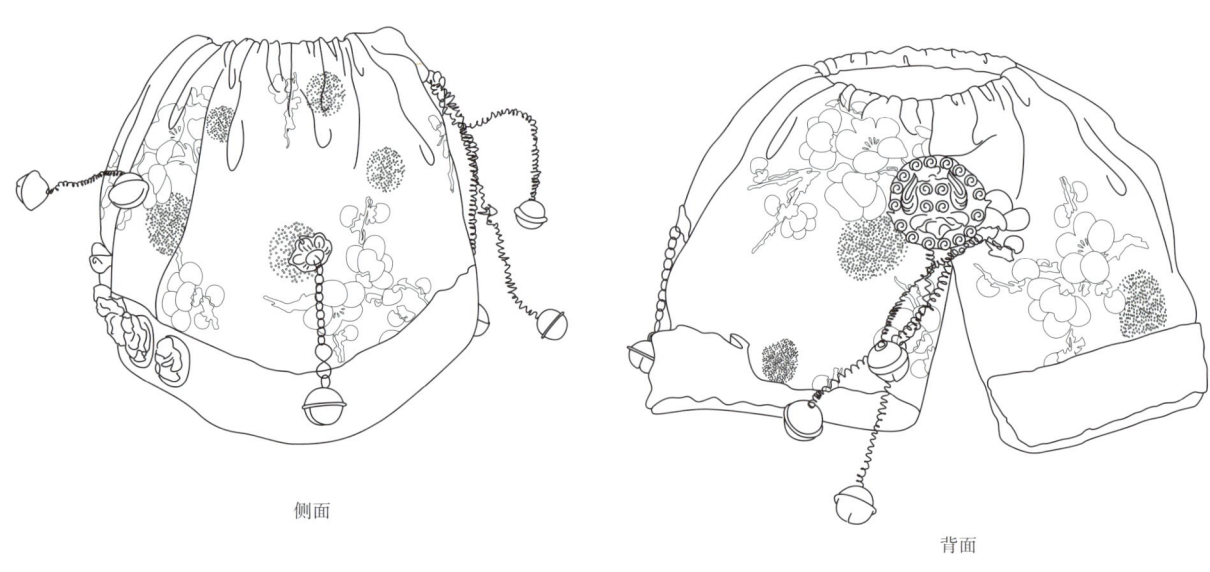

侧面　　　　　　　　　　　　　背面

图三　仫佬族绣花男童帽造型分析图

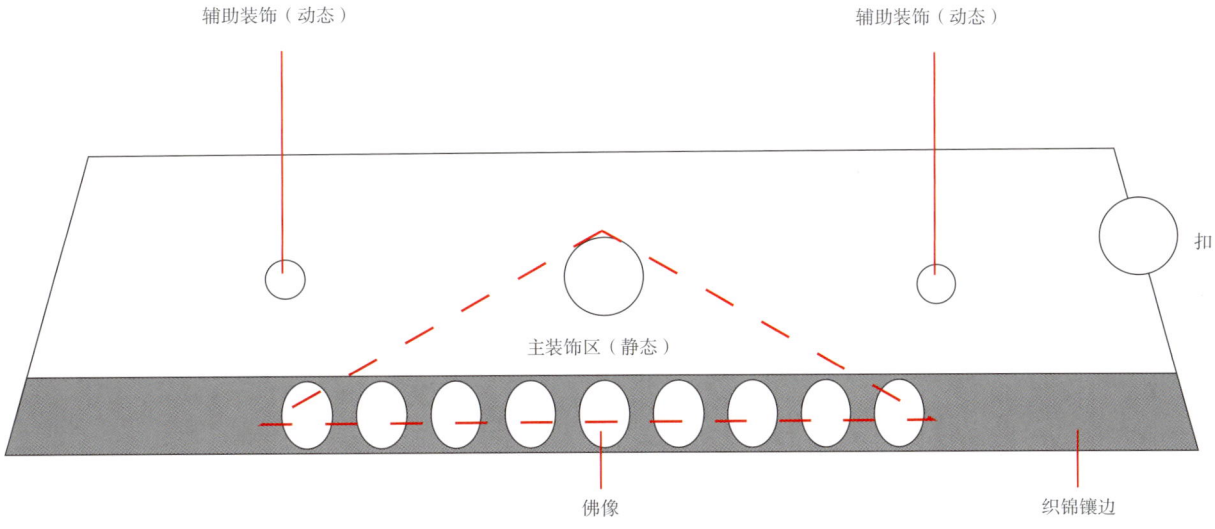

图四 仫佬族绣花男童帽构图分析图

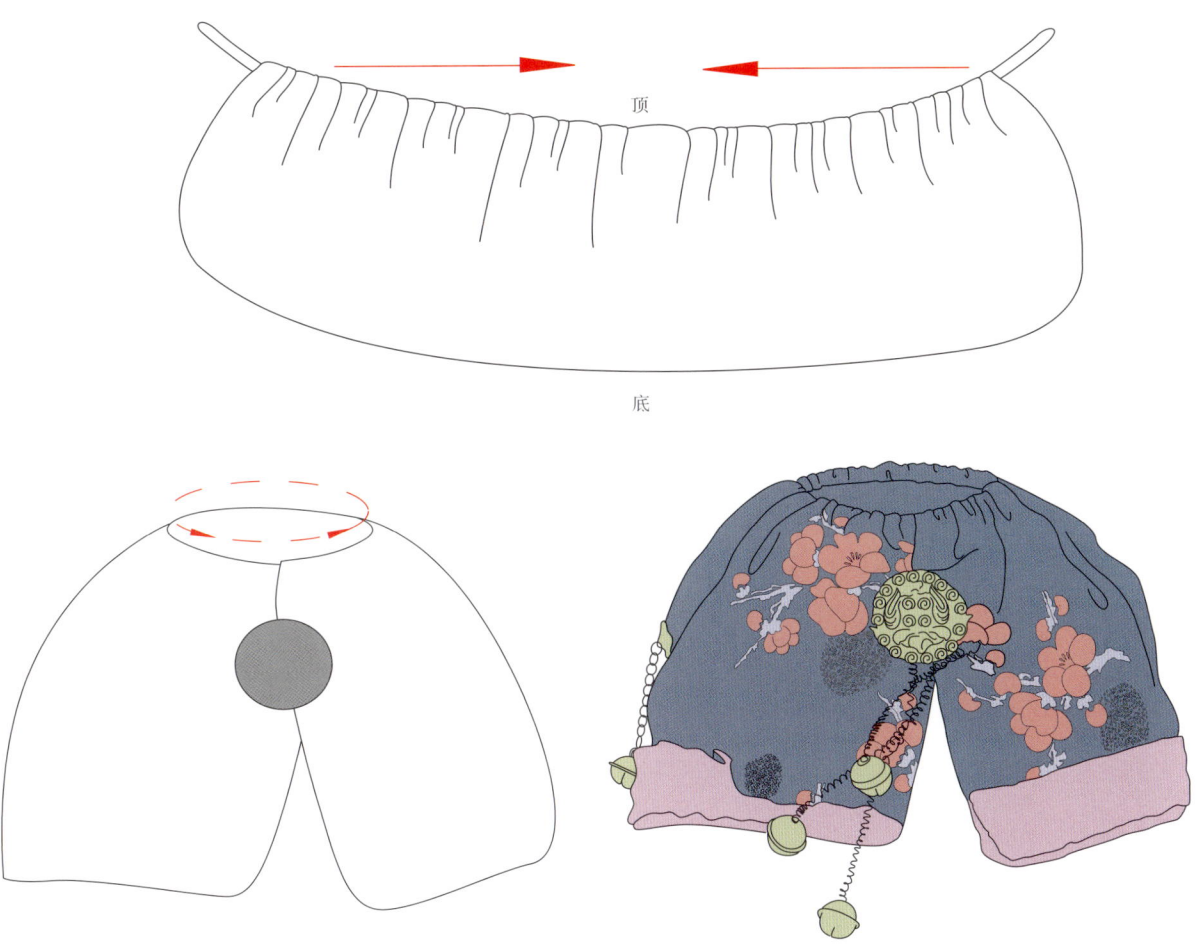

图五 仫佬族绣花男童帽结构功能解析图

第二章 仫佬族传统服饰

077

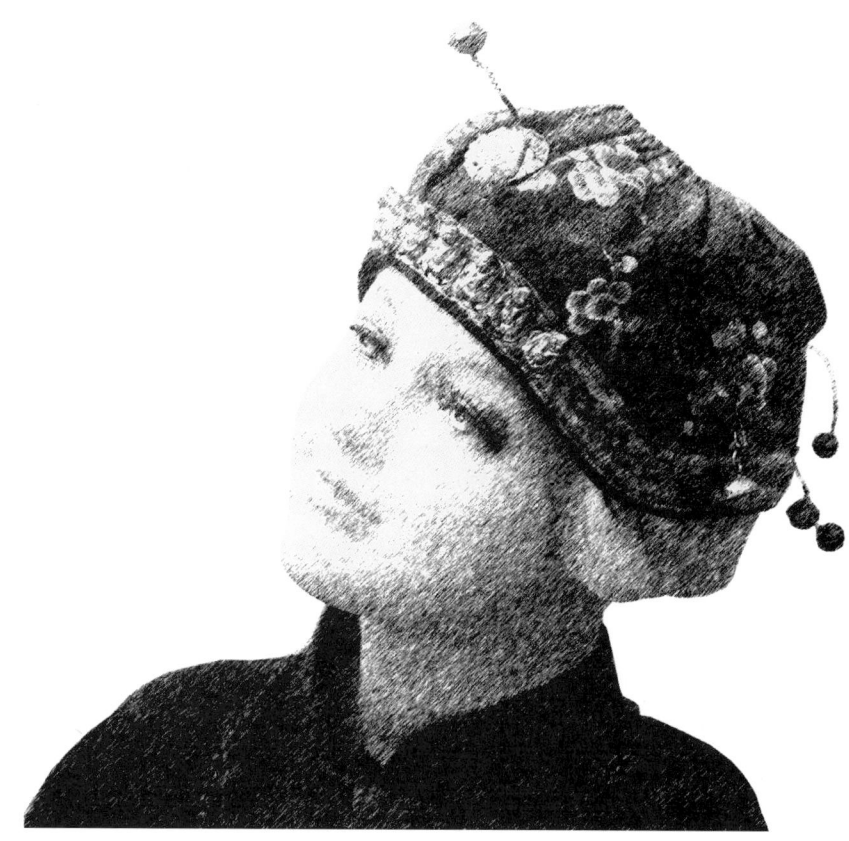

图六　仫佬族绣花男童帽佩戴效果示意图

仫佬族茶花刺绣女童帽

图一　仫佬族茶花刺绣女童帽正面主图

仫佬族茶花刺绣女童帽案例采集于广西罗城仫佬族自治县黄金镇，现藏于罗城仫佬族博物馆。帽子高12厘米、宽18厘米。受采访人韦嘉慧，仫佬族，25岁。

本案例是仫佬族女童佩戴的帽子，呈圆筒状，上不封顶。由一块绣花布片围合而成，在脑后缝合收口。帽子的前后各缀有两个彩色绒球，十分好看。左右两侧绣有花卉纹饰和蜜蜂采蜜的纹饰，采用仫佬族特有的平面色块分割的装饰手法造型，以平针绣技法绣制。色彩以红色为主，以小面积的绿色和蓝色进行对比，以花卉的紫色和枝干的黄色进行调和，使整体色调对比强烈，充满喜庆的感觉。帽子最精彩的部分在于后部接缝处的搭扣处理。为了遮盖拼接缝，仫佬族人特地设计一个以虫头为原型的平面造型作为装饰。在虫头上加了两个由弹簧相接的毛绒小球球，像蜜蜂的两只触角，可在孩子佩戴时上下窜动，十分有趣。也在外观上丰富了层次关系。

本案例和妇女戴的花帽很相似，但是要高出很多，主要是为了保护孩子的头部。帽子的结构十分符合人体工程学，上窄下宽，戴在头上不会滑落。两侧顺着头部曲线有弧线的护耳结构，起着保护太阳穴等重要部位的作用。活动绒球的设计，具有很强的趣味性，十分符合儿童的特征。

图片来源
图一、图二　郑静　摄影
图三至图十　郑静　制图

图二 仫佬族茶花刺绣女童帽背面主图

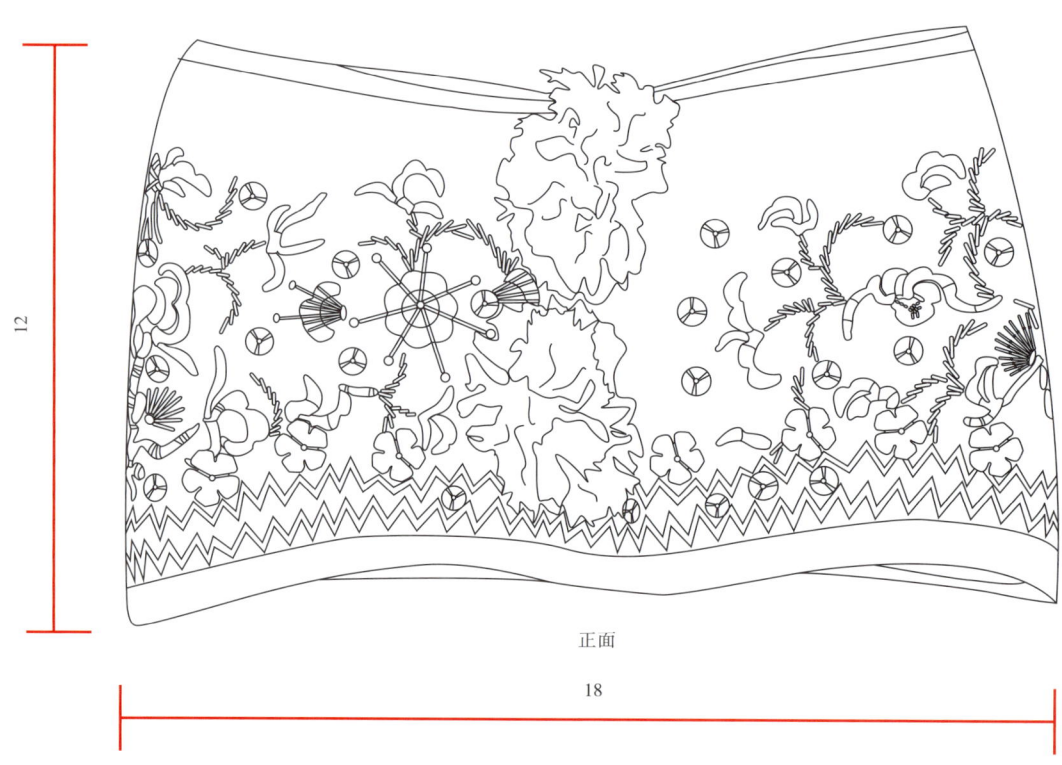

正面

图三 仫佬族茶花刺绣女童帽尺寸图（单位：cm）

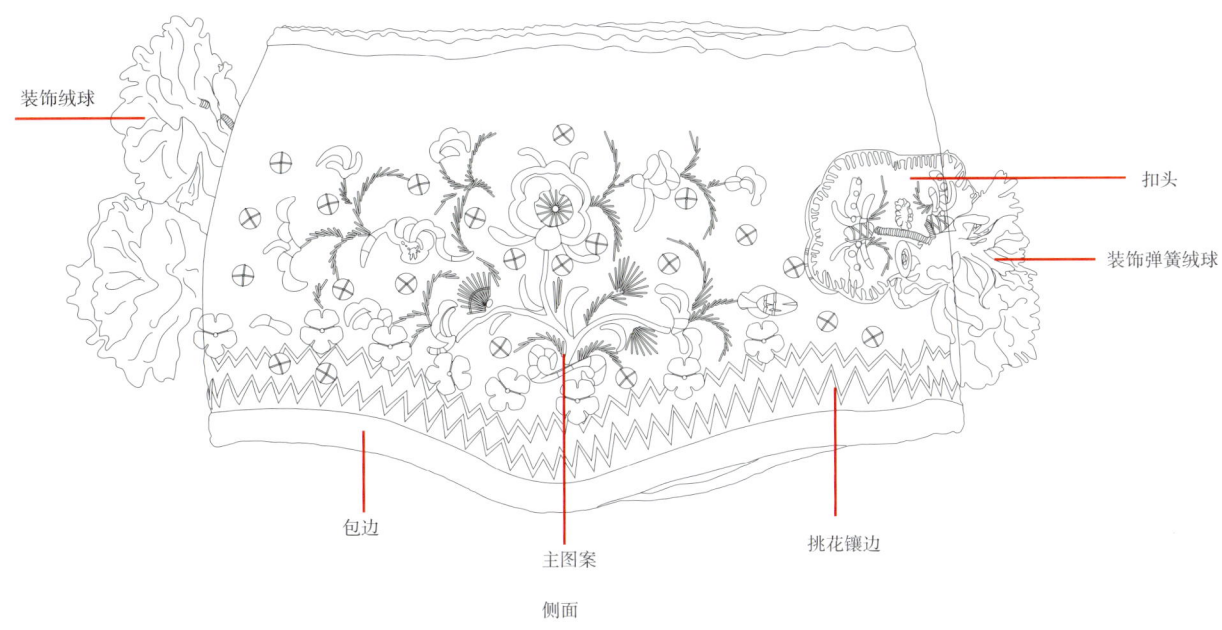

图四　仫佬族茶花刺绣女童帽结构名称图

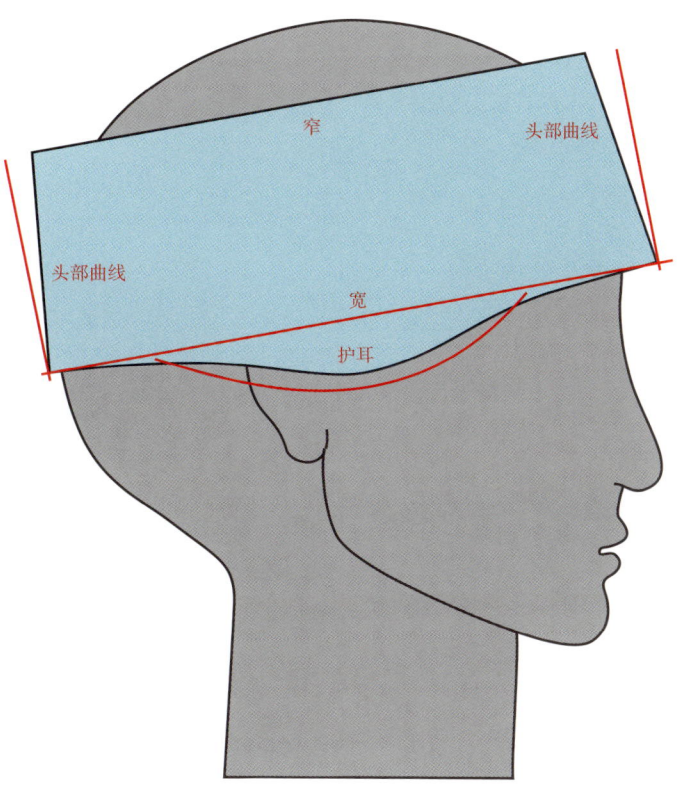

图五　仫佬族茶花刺绣女童帽结构分析图

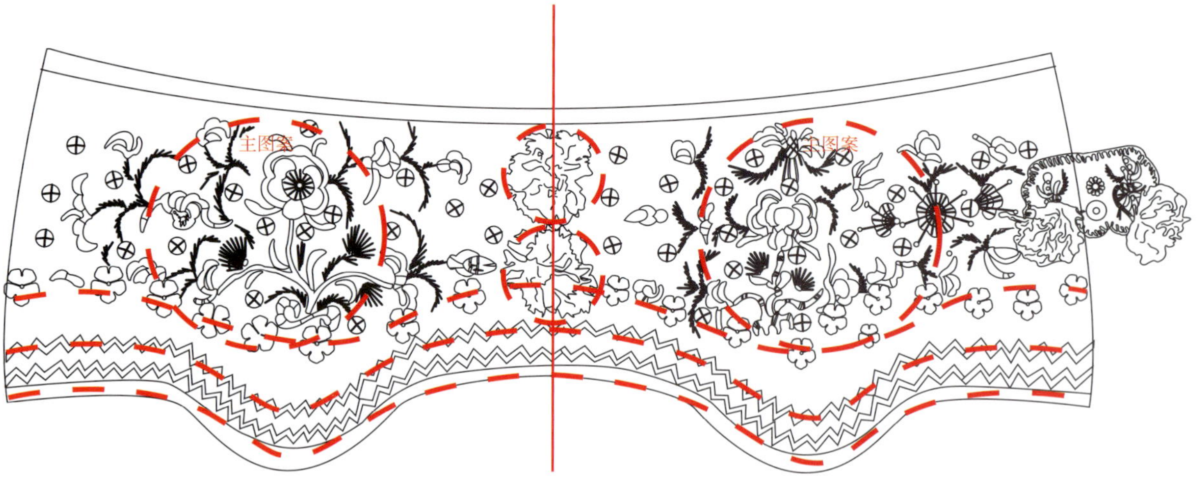

构图分析

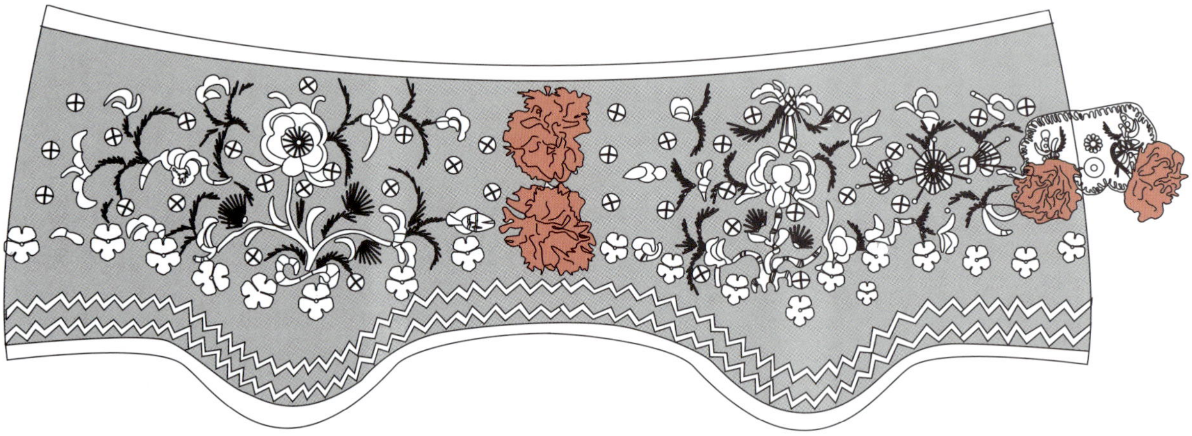

层次分析

图六　仫佬族茶花刺绣女童帽构图层次分析图

主色　　　　　　　　　　　　　对比色　对比色　调和色　调和色

图七　仫佬族茶花刺绣女童帽色彩分析图

图八　仫佬族茶花刺绣女童帽纹饰细节分析图

图九　仫佬族茶花刺绣女童帽佩戴效果示意图

第二章　仫佬族传统服饰

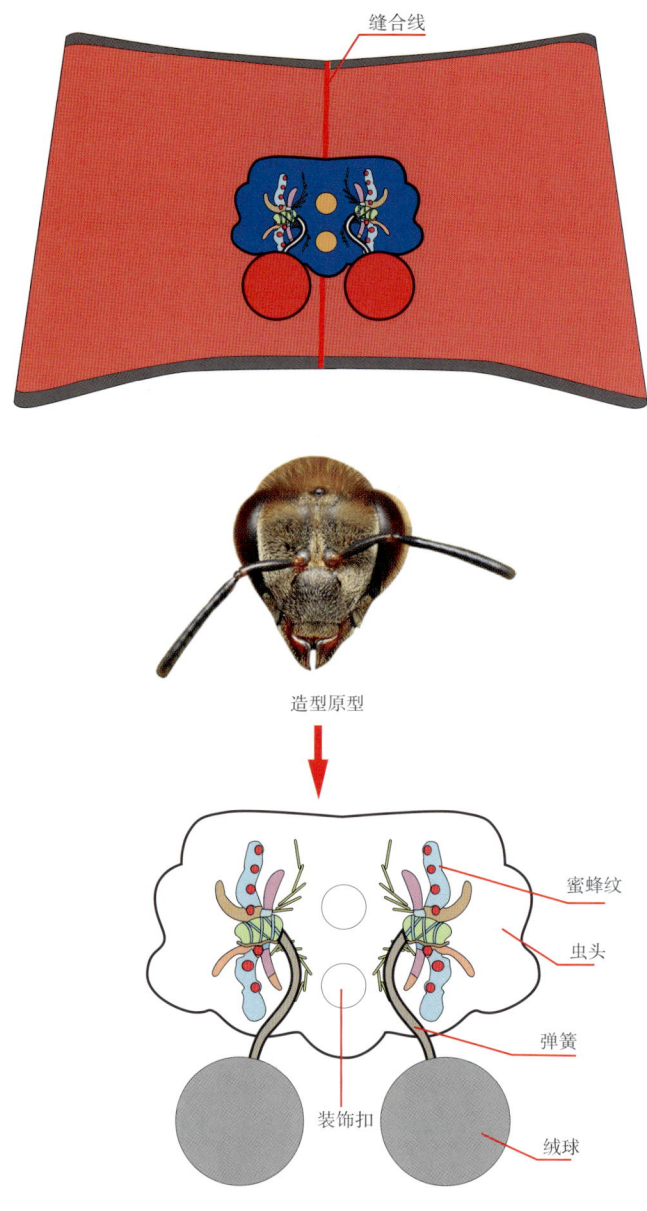

图十　仫佬族茶花刺绣女童帽细节分析图

仫佬族花鸟蝴蝶纹刺绣女帽

图一　仫佬族花鸟蝴蝶纹刺绣女帽主图

仫佬族花鸟蝴蝶纹刺绣女帽案例采集于广西罗城仫佬族自治县黄金镇，现藏于罗城仫佬族博物馆。帽子高10厘米、宽48厘米。受采访人韦嘉慧，仫佬族，25岁。

本案例是仫佬族女性佩戴的帽子，黑色的底上面绣着栩栩如生的藤蔓、颜色鲜艳的花卉，纹样中百花竞相开放，虫鸟自然也不会闲着，树下漫步，花间飞舞，好一派生机盎然的景象。仫佬族女帽的刺绣配色使用小色块纹样拼接，不仅没有琐碎感，反而增加了它的层次感，并且结合了多种刺绣针法的运用，使得这款帽子更有韵味。帽子的纹饰主要分布在正面和两侧，呈对称构图。侧面纹饰是一个完整的随帽子造型构图的适合图形，主造型在帽子的耳部位置。两个侧面的纹饰完全一样，对称。

由于仫佬族人有束发的习俗，所以帽子就成为不可或缺的生活必需品。当然，佩戴帽子，除了束发外，美观也必不可少。仫佬族妇女的帽子刺绣精致，纹饰多样，色彩丰富，十分靓丽。

图片来源
图一　郑静　摄影
图二至图七　郑静　制图

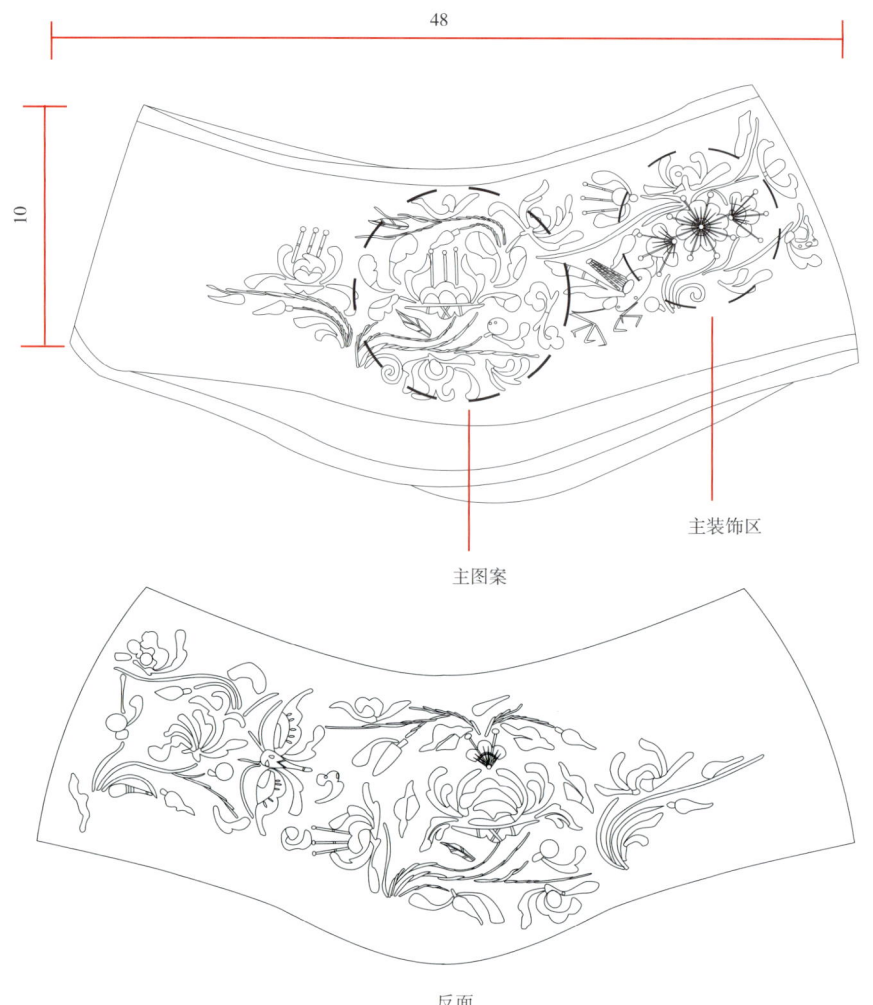

图二 仫佬族花鸟蝴蝶纹刺绣女帽尺寸图（单位：cm）

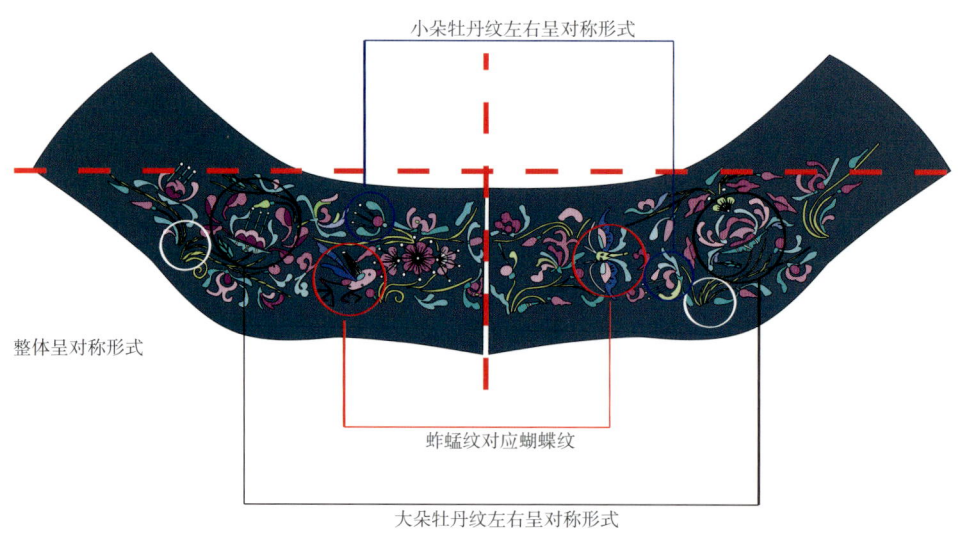

图三 仫佬族花鸟蝴蝶纹刺绣女帽构图分析图

花瓣部分

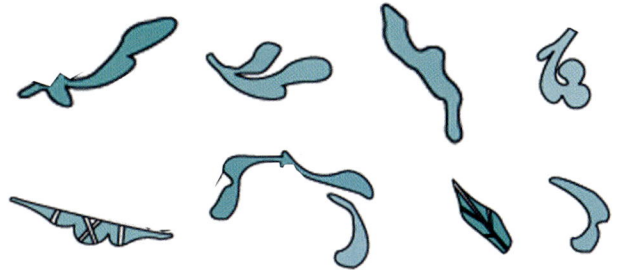
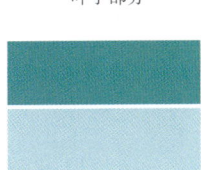

叶子部分

枝杈部分

图四　仫佬族花鸟蝴蝶纹刺绣女帽纹饰展开图

图五 仫佬族花鸟蝴蝶纹刺绣女帽结构分析图

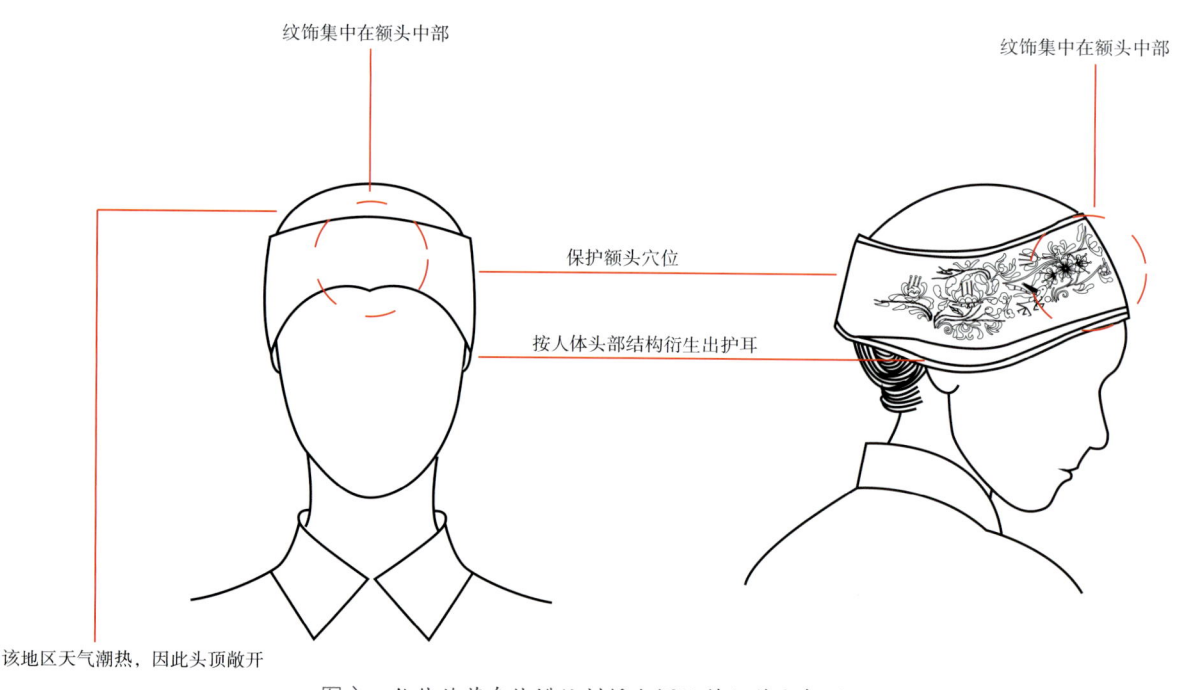

图六 仫佬族花鸟蝴蝶纹刺绣女帽纹饰细节分析图

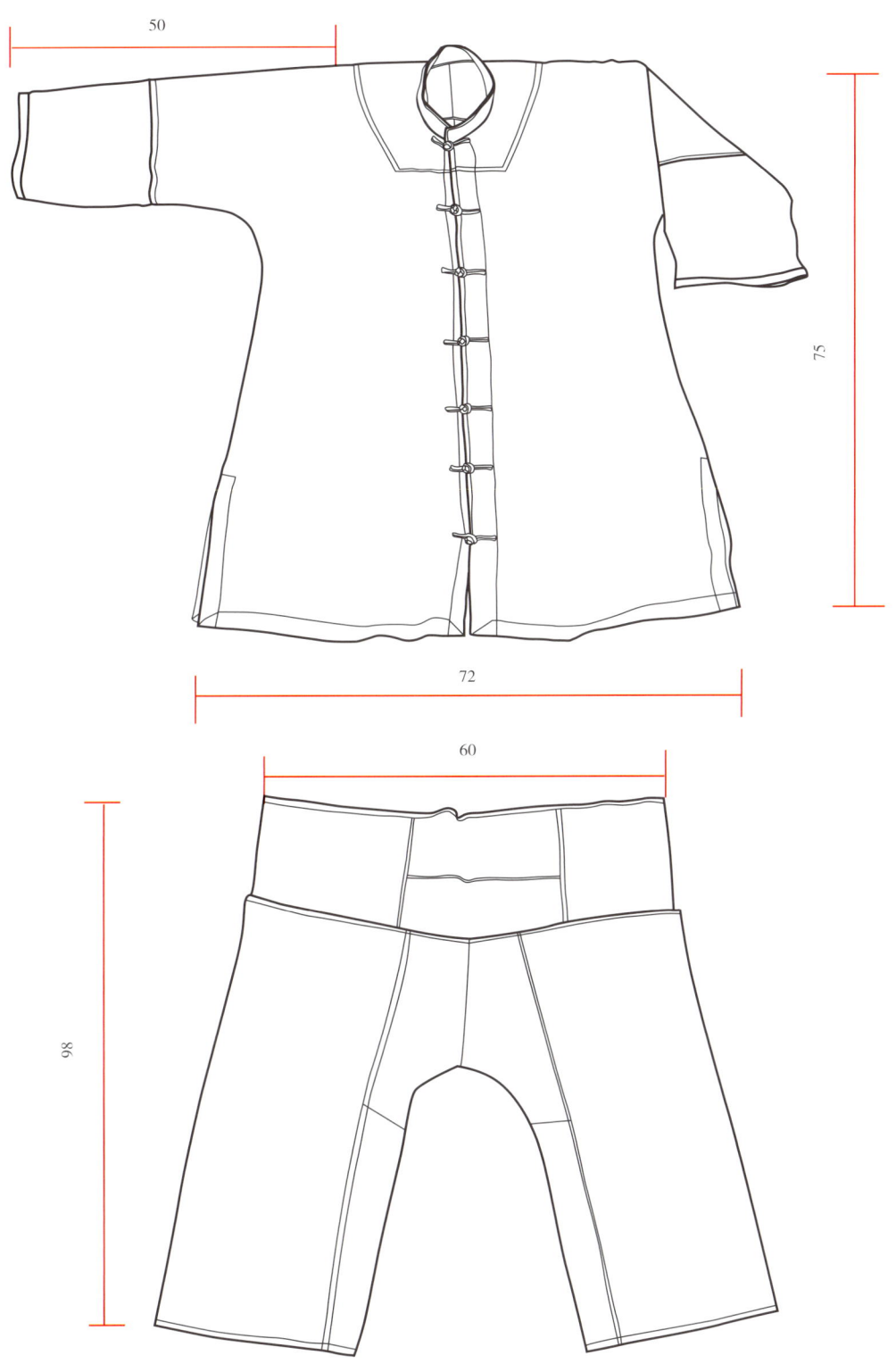

图三 仫佬族男装尺寸图（单位：cm）

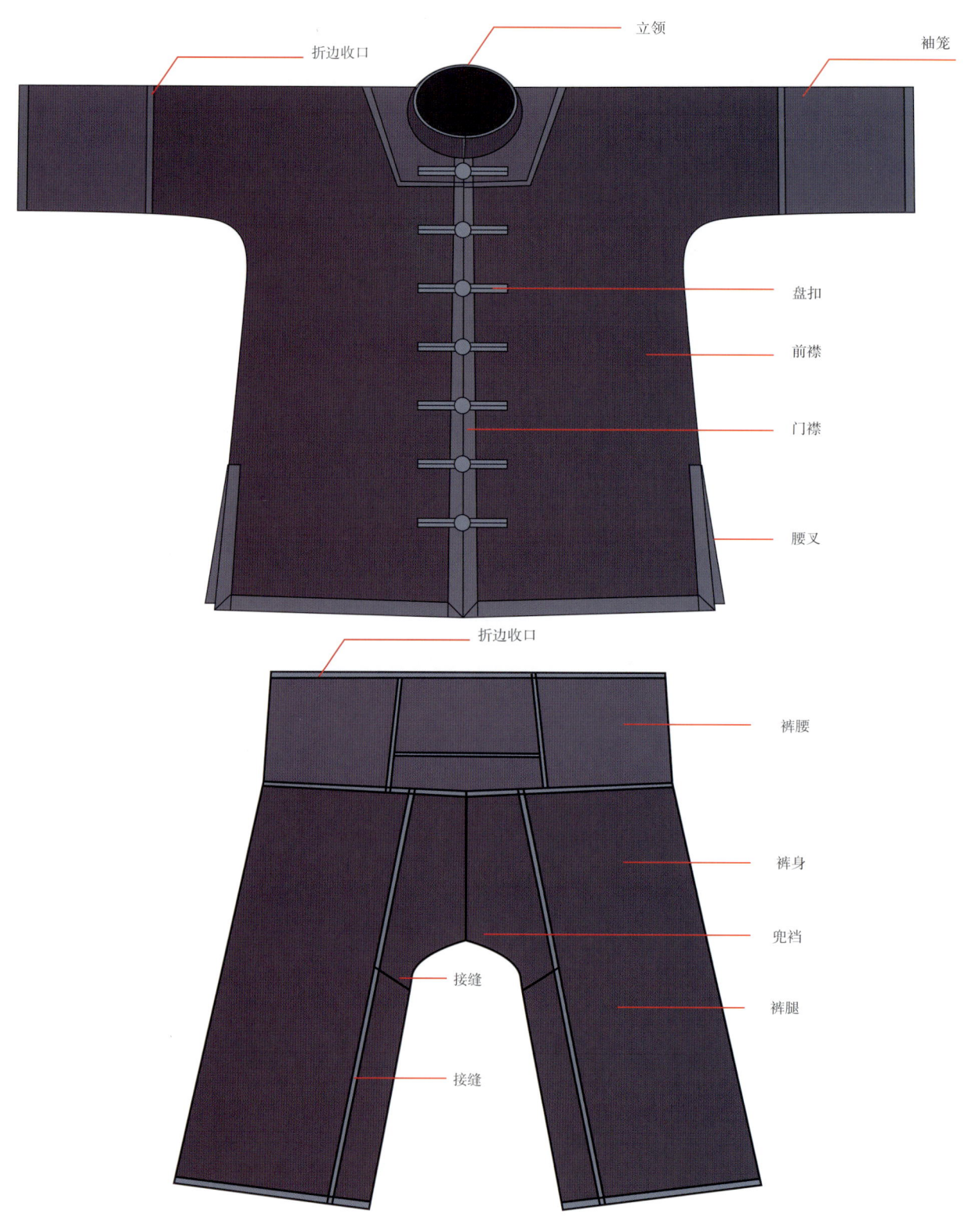

图四 仫佬族男装结构名称图

仫佬族盾头银簪

图一 仫佬族盾头银簪主图

仫佬族盾头银簪案例采集于广西罗城仫佬族自治县黄金镇，现藏于罗城仫佬族博物馆。簪长15厘米、簪首宽4厘米。受采访人韦嘉慧，仫佬族，25岁。

本案例是仫佬族妇女头部的发饰，发簪为银质，分三段构成：圆形盾状的簪首，拧曲的簪身，匕首状的簪针。主要功能是用来盘发髻。器形比例匀称，造型十分科学。扁平的簪针比较容易插入发髻，盾形的簪头可以阻挡头发脱落。两头宽、中间窄的造型，将头发紧紧掐在发簪中部，使得发簪牢牢固定在头上。簪针表面采用錾刻的工艺技法雕刻纹饰，自上而下为山纹饰、水纹饰、花草纹饰、水纹饰，这种构图方式与仫佬族被山水环绕的生活环境十分相似。

本案例是仫佬族经典的传统首饰，发簪整体造型如一柄短刃，与仫佬族的尚武传统有关，即使是妇女，也要随时准备与敌人斗争。此外，本案例还是仫佬族女性新婚必配的发簪，由于性教育的缺乏，青年男子在新婚时因劳累和兴奋易产生俗称"马上疯"的晕厥，尖锐的簪头可以用来刺入人中穴放血，起到急救的作用。

图片来源
图一　郑静　摄影
图二至图五　郑静　制图

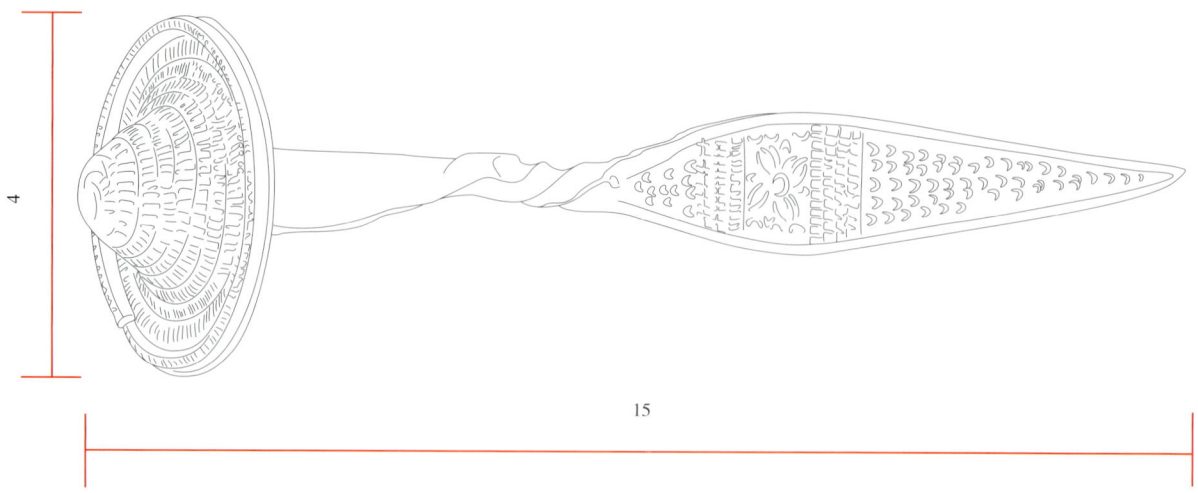

图二 仫佬族盾头银簪尺寸图（单位：cm）

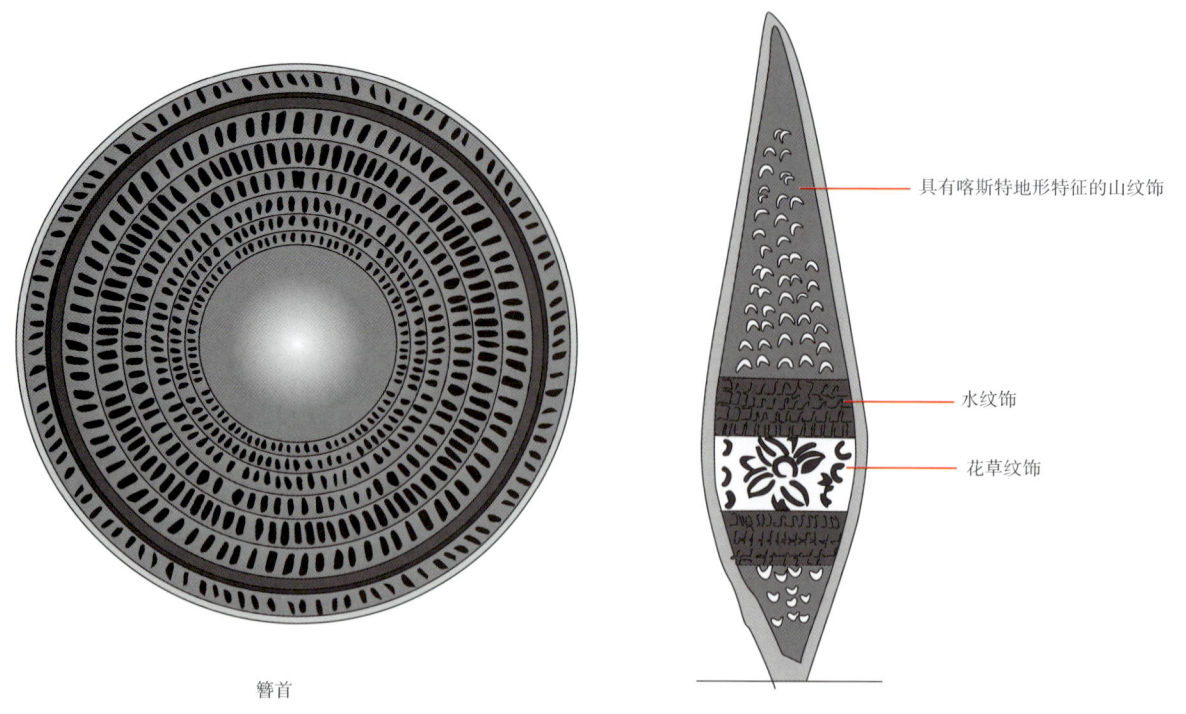

簪首

图三 仫佬族盾头银簪造型分析图

具有喀斯特地形特征的山纹饰

水纹饰

花草纹饰

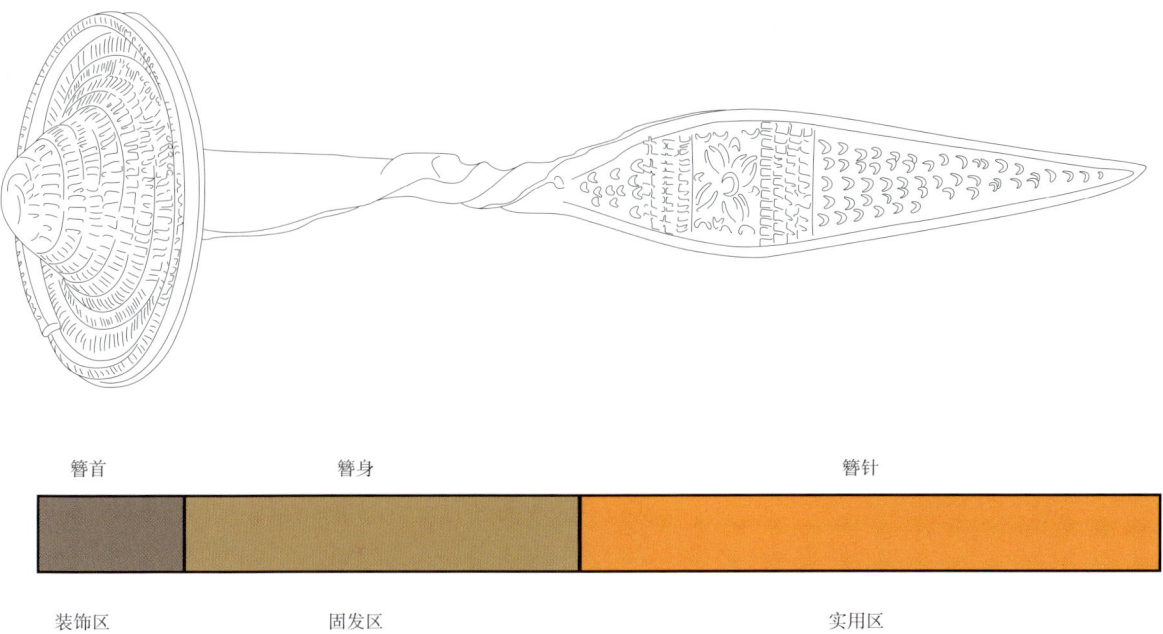

簪首	簪身	簪针
装饰区	固发区	实用区

图四　仫佬族盾头银簪结构名称图

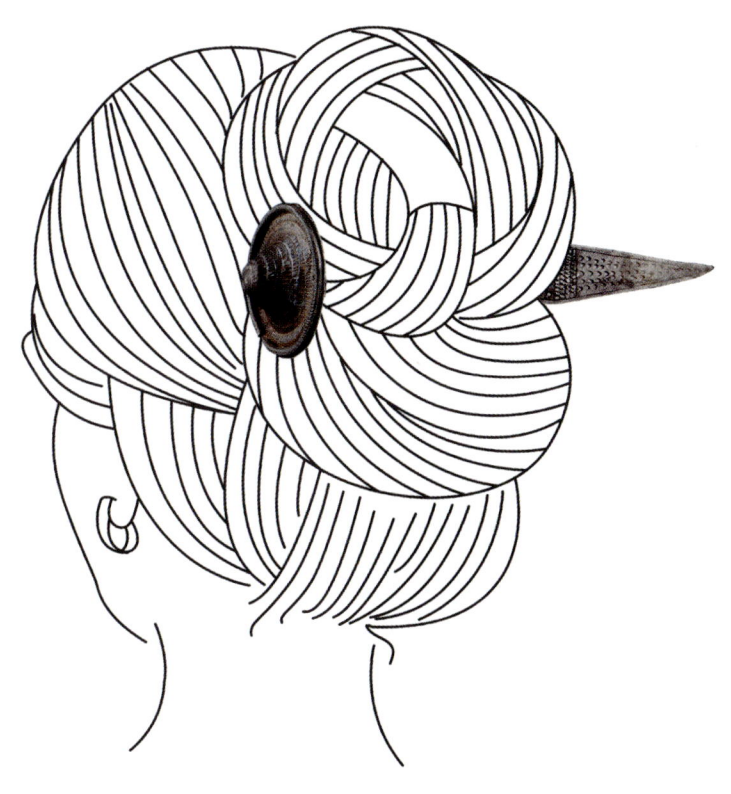

图五　仫佬族盾头银簪佩戴效果示意图

仫佬族花叶银簪

图一　仫佬族花叶银簪主图

仫佬族花叶银簪案例采集于广西罗城仫佬族自治县黄金镇，现藏于罗城仫佬族博物馆。簪长17厘米、簪首宽3厘米。受采访人韦嘉慧，仫佬族，25岁。

本案例是仫佬族妇女头部的发饰，发簪为银质，采用锻造工艺打造焊接成型。整体分三段构成：以细圆丝盘曲的花叶形的簪首，通过一根圆丝连接细长扁平的簪针，花叶上对称焊接花丝工艺制作的5朵花苞和2片茎蔓。本案例整体造型空灵通透，疏密恰当，层次分明，线条生动流畅。虽然是简单的几根线条的组合，却综合运用了锻造、花丝盘丝、累丝、金珠粒等多种工艺组合，技法娴熟。

仫佬族信奉多神，他们认为每个人在未出生前都是花婆山上的一朵花，通过花婆的接送来到人世间。本案例无疑具有强烈的祈福色彩，佩戴在头上，祈祷多子多福。

图片来源
图一　郑静　摄影
图二至图六　郑静　制图

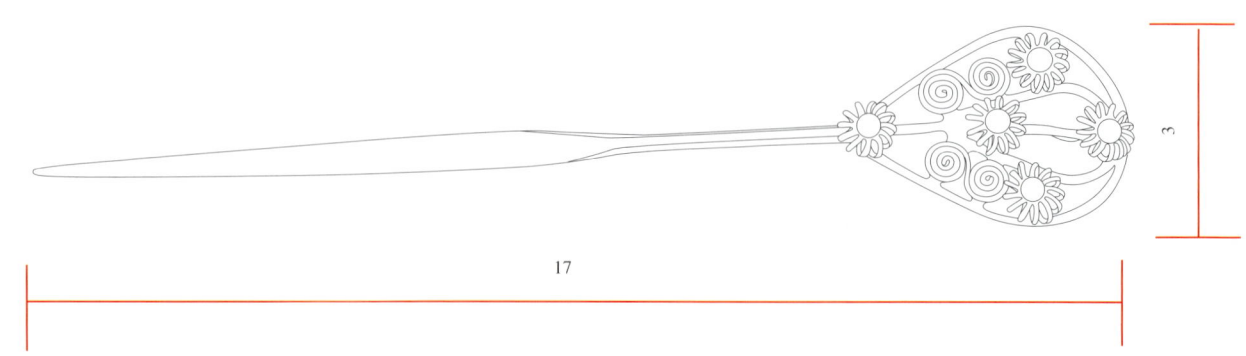

图二　仫佬族花叶银簪尺寸图（单位：cm）

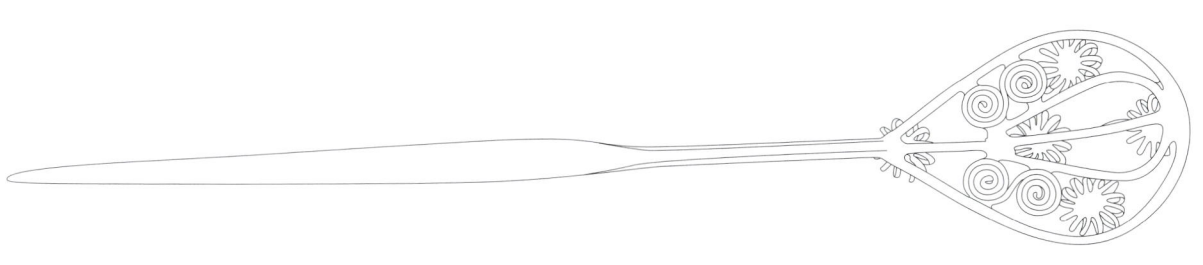

图三　仫佬族花叶银簪背面造型图

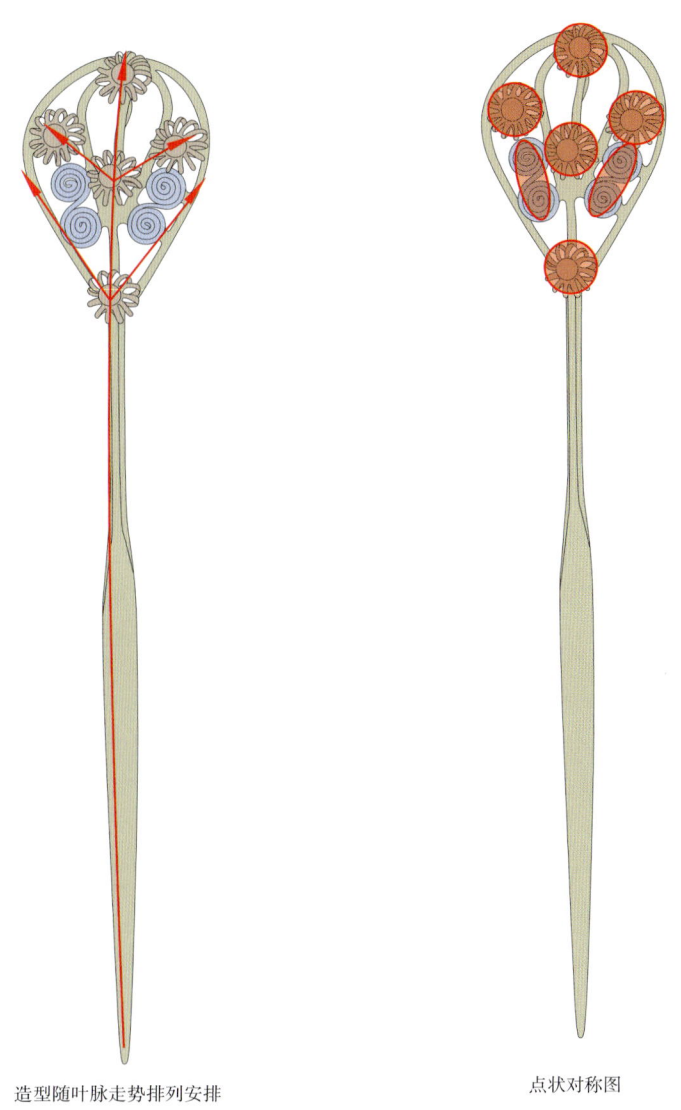

造型随叶脉走势排列安排　　　　　点状对称图

图四　仫佬族花叶银簪构图分析图

第二章　仫佬族传统服饰

131

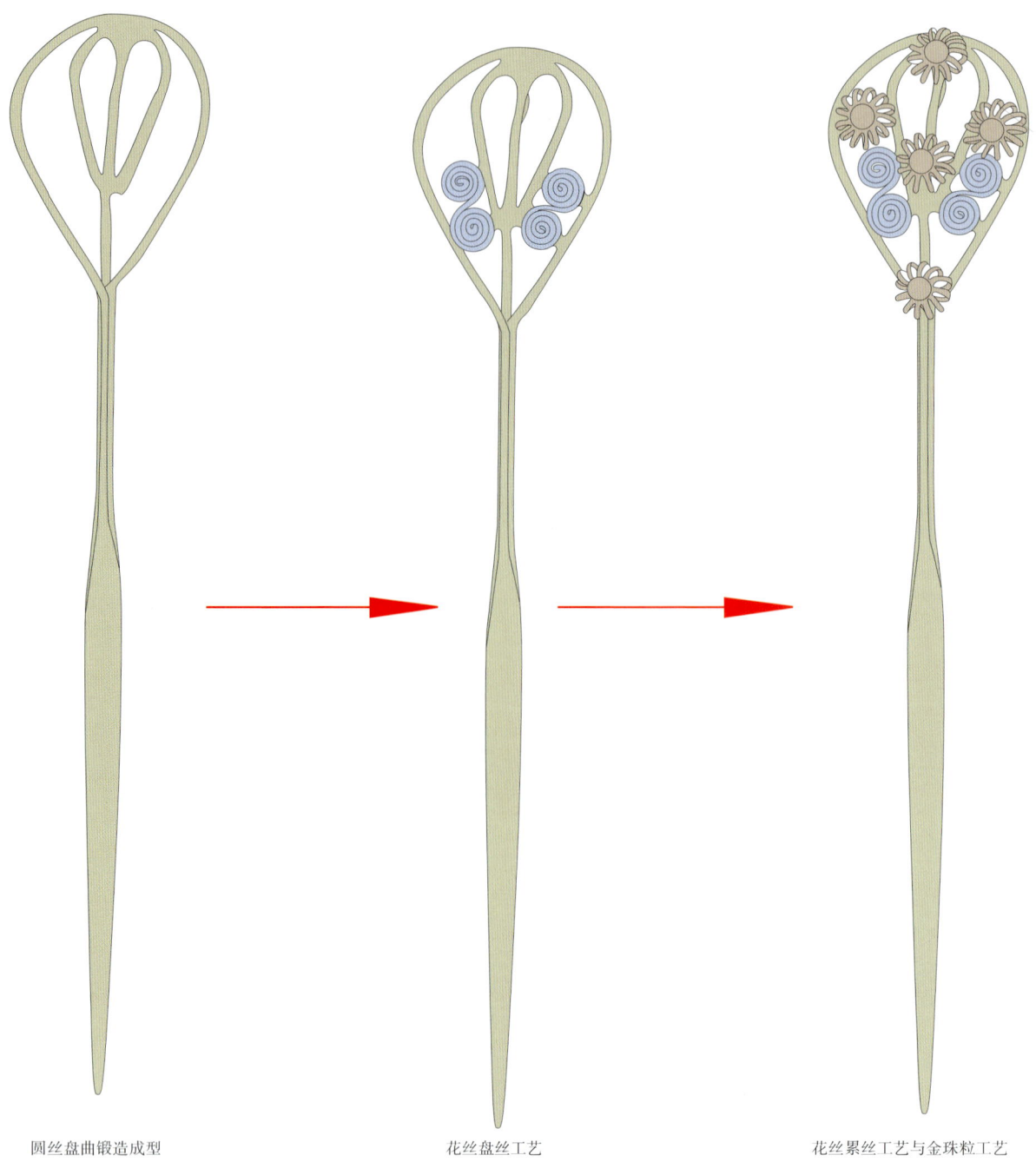

圆丝盘曲锻造成型　　　　　　花丝盘丝工艺　　　　　　花丝累丝工艺与金珠粒工艺

图五　仫佬族花叶银簪工艺分析图

仫佬族蝴蝶纹银配饰

图一 仫佬族蝴蝶纹银配饰主图

仫佬族蝴蝶纹银配饰案例采集于广西罗城仫佬族自治县黄金镇，现藏于罗城仫佬族博物馆。主体长18.5厘米、坠饰展开宽14.5厘米。受采访人韦嘉慧，仫佬族，25岁。

本案例是佩戴在腰间的配饰，银质材料，配饰主体为蝴蝶纹饰，分为正反两面，两面纹饰基本相同。蝴蝶纹饰采用锻造工艺成型，以花丝勾勒边缘轮廓和纹饰，以金珠粒工艺点缀蝴蝶的眼睛和双翅上的假眼。纹饰的下方悬挂着八个杂件，分别为镊子、小刀、卷线器、放血针、小铲子、掏耳勺、拆线刀等，都具有实用功能。

本案例与汉族的配饰金八件一脉相承，最早脱胎于唐代挂在鞶带上的小工具。后逐步演化为挂着针、剪刀、镊子、掏耳勺、小刀等小工具的挂饰，不仅具有实用功能，还具有装饰作用。本案例的装饰充满了祈福的美好寓意，从其形式特征看，也受到汉族文化很深的影响。

图片来源
图一　郑静　摄影
图二至图六　郑静　制图

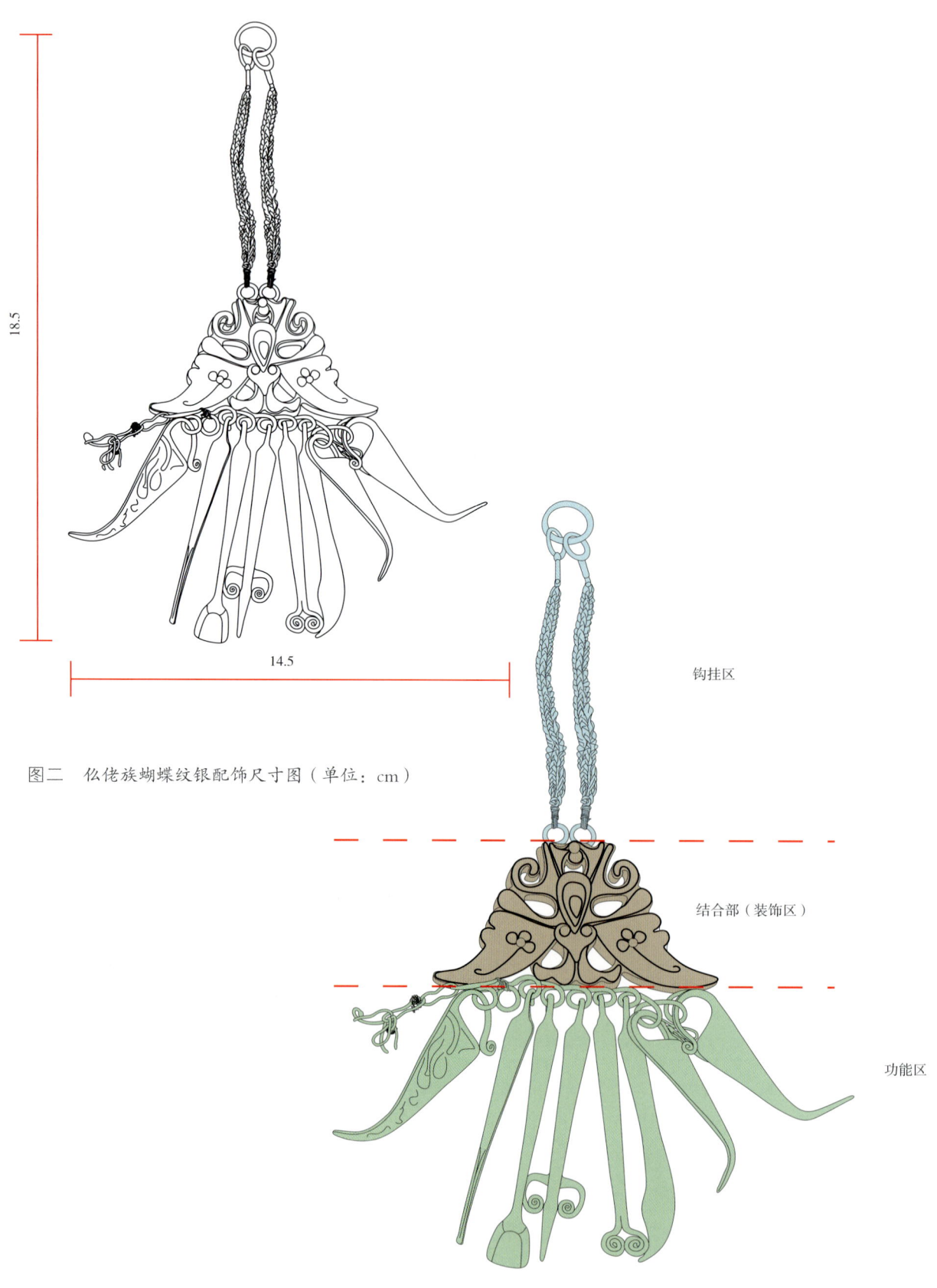

图二 仫佬族蝴蝶纹银配饰尺寸图（单位：cm）

图三 仫佬族蝴蝶纹银配饰结构分析图

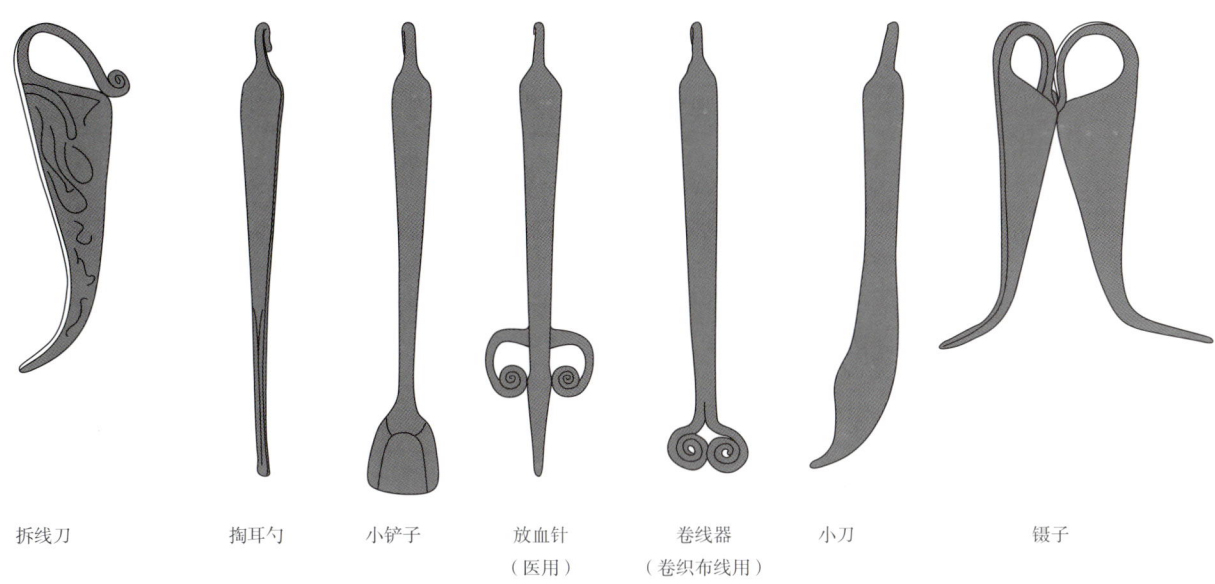

图四　仫佬族蝴蝶纹银配饰功能分析图

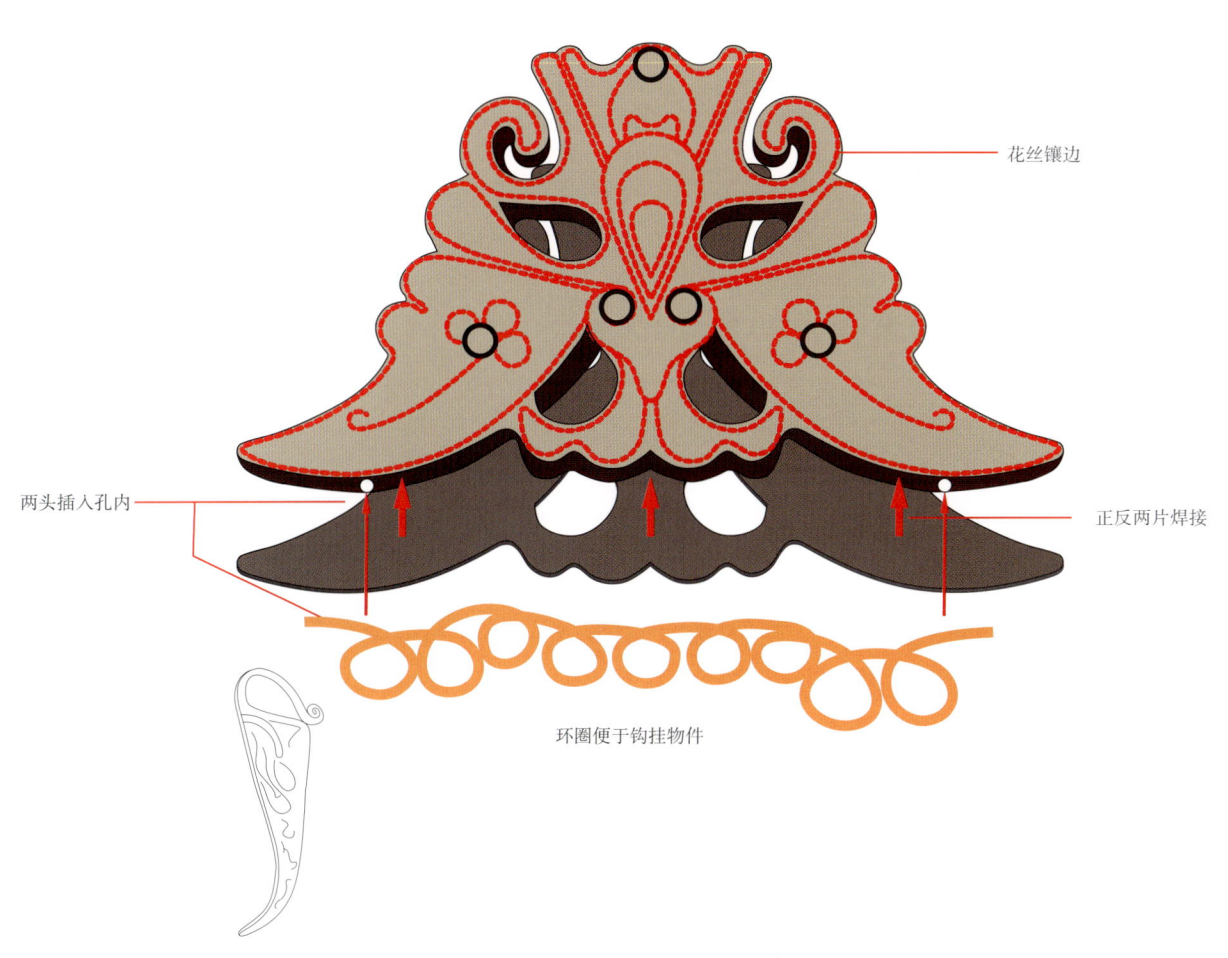

图五　仫佬族蝴蝶纹银配饰工艺分析图

145

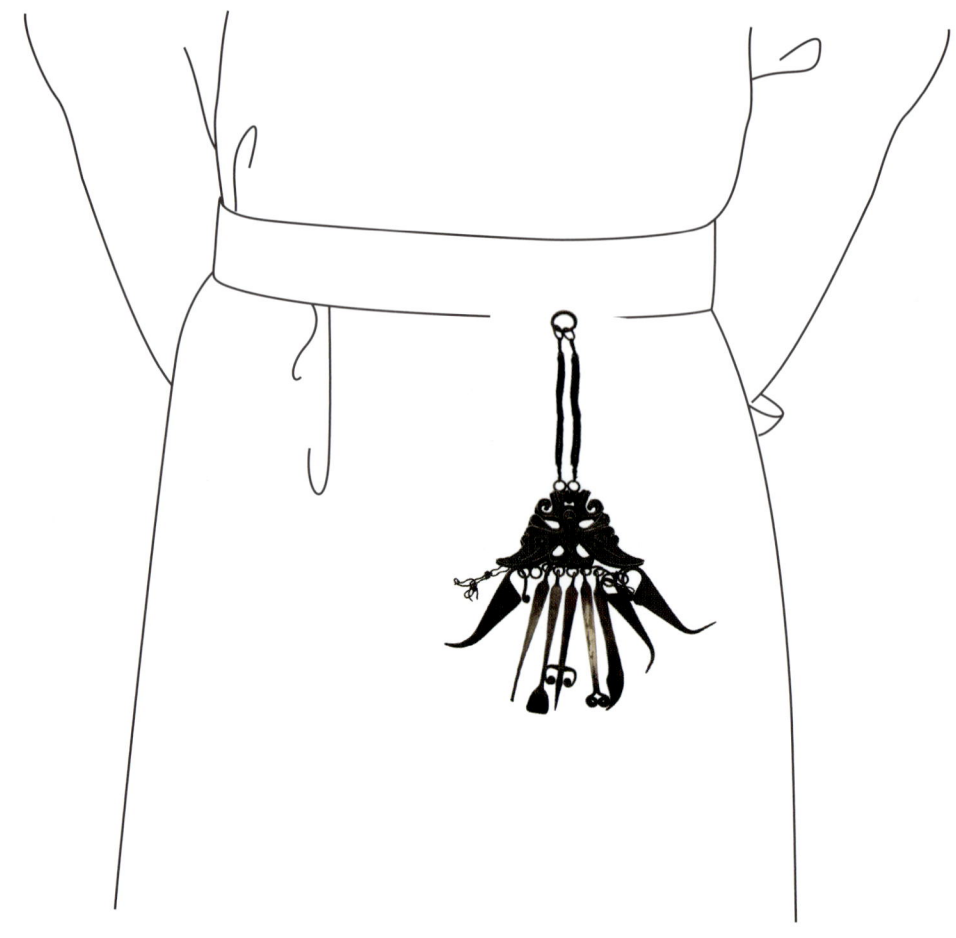

图六　仫佬族蝴蝶纹银配饰佩戴效果示意图

仫佬族寿字风景纹手镯

图一　仫佬族寿字风景纹手镯主图

仫佬族寿字风景纹手镯案例采集于广西罗城仫佬族自治县黄金镇，现藏于罗城仫佬族博物馆。手镯直径长7厘米、高1.8厘米。受采访人韦嘉慧，仫佬族，25岁。

本案例是仫佬族妇女手腕佩戴的首饰，银质材料制作。手镯为整圈半圆条样式，中间为"寿"字纹饰，以中心均衡的方式，表面装饰一圈为山水房屋的风景纹饰。使用了锻造工艺制作和花丝工艺制作。首先是将长条形银片镂空方框，然后镶入花丝边框，再将嵌好花丝的框架与底片焊接。这时将錾刻好的"寿"字风景纹填入方框内，焊接成整体，这样手镯的主要部分就完成了。最后，根据佩戴者的手腕粗细，用模具敲出椭圆形。

风景是仫佬族首饰一个特色表现题材，块面化的构图、简洁的阴刻线条造型细节、文字纹饰与风景纹饰穿插，十分具有现代装饰感。"寿"字、松树、亭台等纹饰表现出仫佬族人的价值观念，具有强烈的祈福色彩。

图片来源
图一　郑静　摄影
图二至图六　郑静　制图

图二　仫佬族寿字风景纹手镯尺寸图（单位：cm）

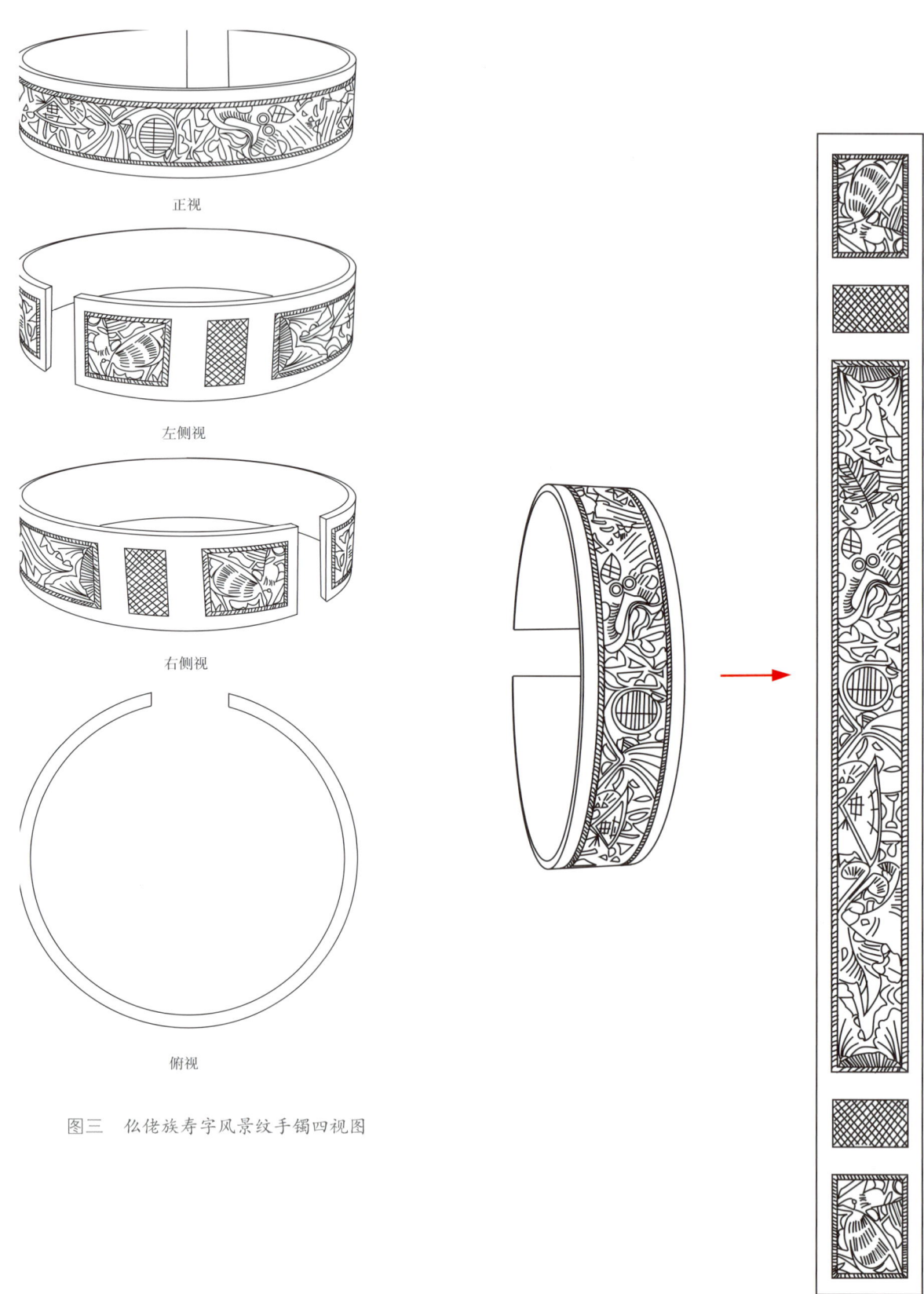

图三　仫佬族寿字风景纹手镯四视图

图四　仫佬族寿字风景纹手镯纹饰展开图

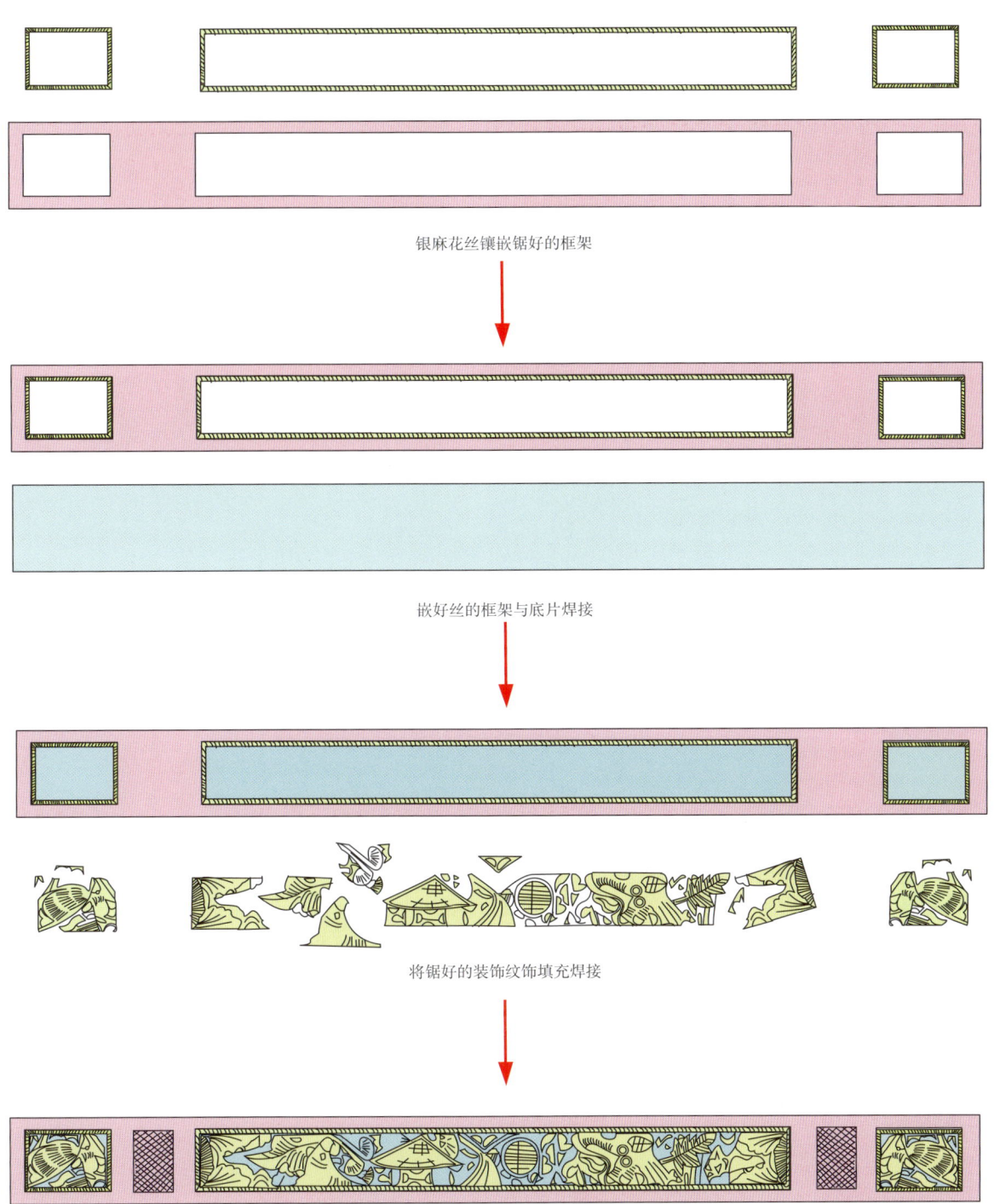

图五　仫佬族寿字风景纹手镯制作流程图

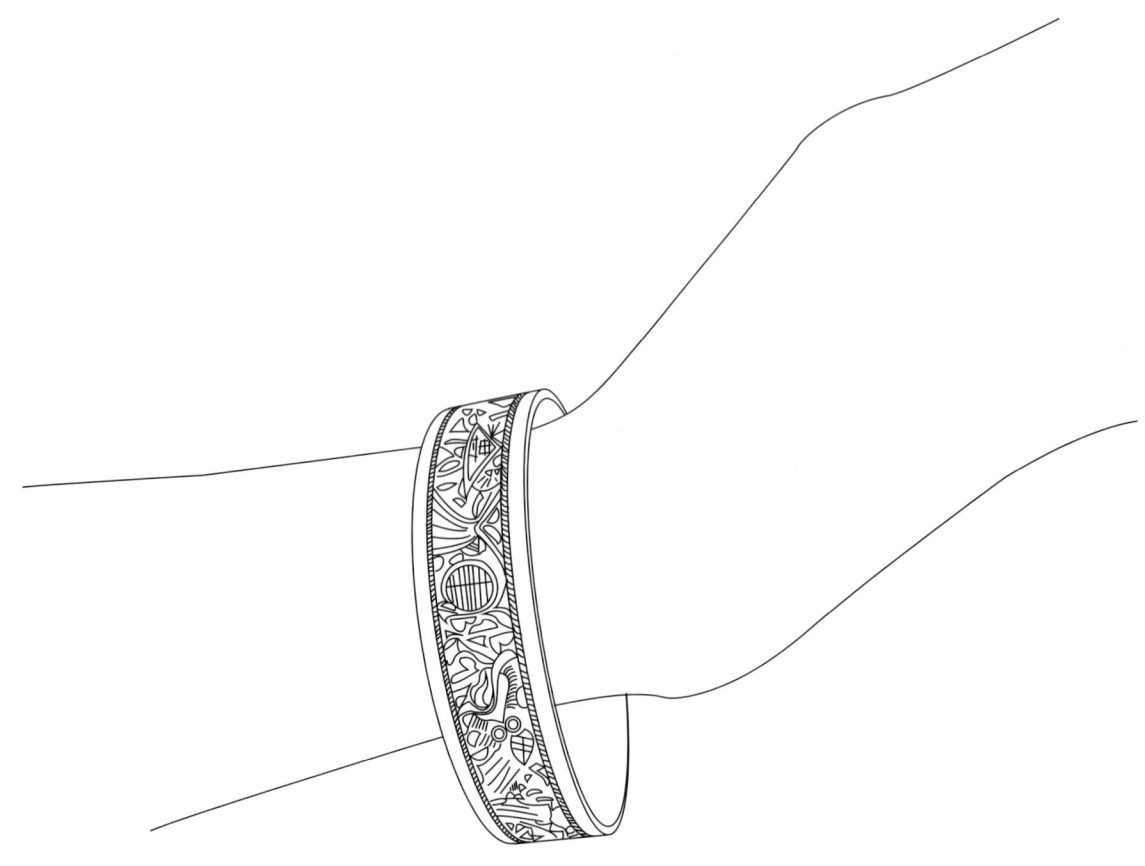

图六　仫佬族寿字风景纹手镯佩戴效果示意图

仫佬族缠枝牡丹纹錾刻银手镯

图一　仫佬族缠枝牡丹纹錾刻银手镯主图

仫佬族缠枝牡丹纹錾刻银手镯案例采集于广西罗城仫佬族自治县黄金镇，现藏于罗城仫佬族博物馆。手镯直径长7.6厘米。受采访人韦嘉慧，仫佬族，25岁。

本案例是仫佬族妇女手腕佩戴的首饰，银质材料制作。手镯为整圈半圆条样式，正面为半圆弧面，底面为平口封底，这种结构使佩戴的感觉十分舒适。表面一圈缠枝牡丹纹饰，纹饰复杂丰满，两边为花丝边框纹和三角水纹边框。手镯胎体的半圆条样式为锻造拼合而成，拼缝以花丝收口。缠枝牡丹纹饰采用浅浮雕阴刻形式制作，底面满錾鱼鳞纹，花瓣和叶片印刻纹饰清晰流畅。

本案例的纹饰十分复杂，锻造工艺十分精湛。从工艺特征分析，应该是使用锤碟法制作。锤碟法是源自宋代的加工工艺，先用木模锤出大的造型，然后上胶版精细加工。这种加工工艺特别适合小批量生产，可以很好地保证产品的品质一致。

图片来源
图一　郑静　摄影
图二至图六　郑静　制图

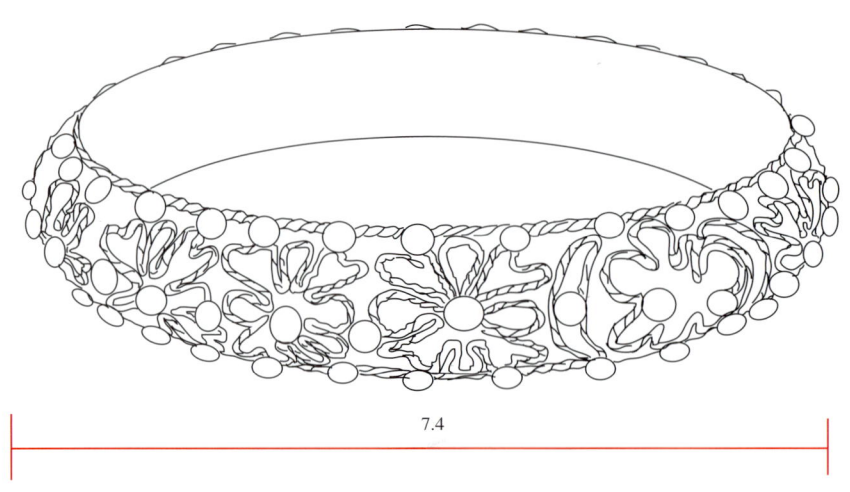

7.4

图二　仫佬族缠枝牡丹纹錾刻银手镯尺寸图（单位：cm）

左侧视

右侧视

正视

图三　仫佬族缠枝牡丹纹錾刻银手镯三视图

图四　仫佬族缠枝牡丹纹錾刻银手镯纹饰展开图

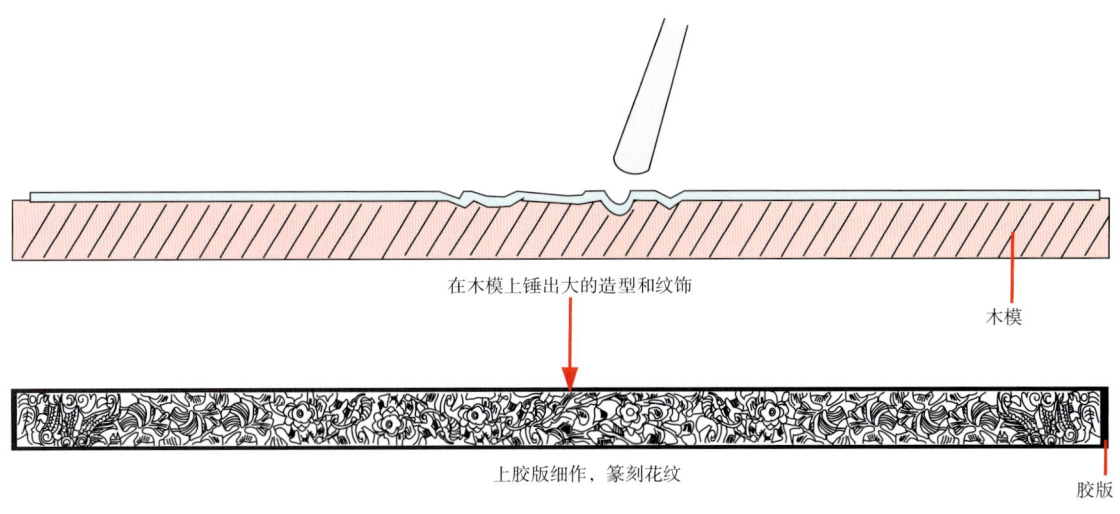
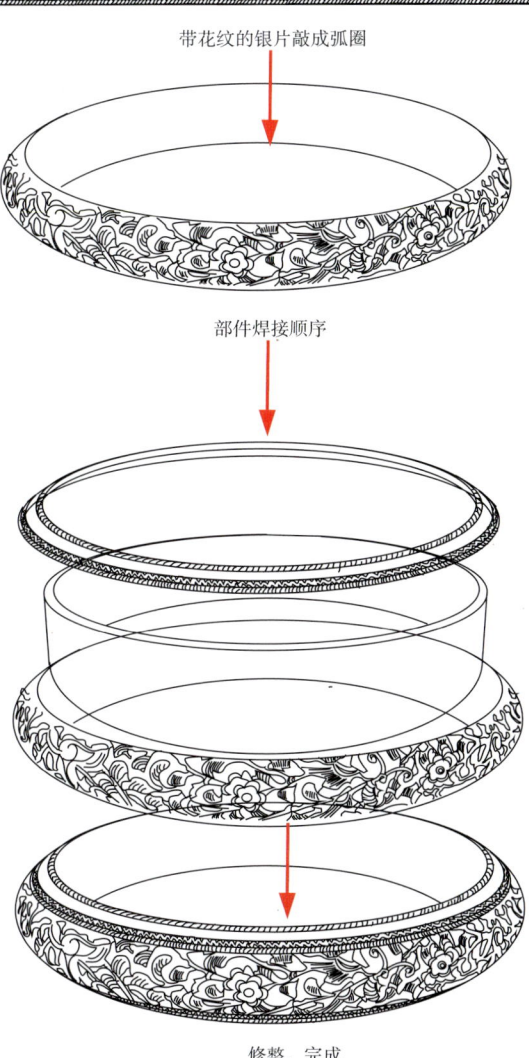

图五 仫佬族缠枝牡丹纹錾刻银手镯制作流程图

图六　仫佬族缠枝牡丹纹錾刻银手镯佩戴效果示意图

仫佬族银珠粒菊花纹手镯

图一　仫佬族银珠粒菊花纹手镯主图

仫佬族银珠粒菊花纹手镯案例采集于广西罗城仫佬族自治县黄金镇，现藏于罗城仫佬族博物馆。手镯直径长7.4厘米。受采访人韦嘉慧，仫佬族，25岁。

本案例是仫佬族妇女手腕佩戴的首饰，银质材料制作。手镯为整圈半圆条样式，表面一圈为菊花纹饰。使用了三种制作工艺，锻造、花丝和金珠粒工艺。手镯胎体为锻造工艺制作，由长条形银片锻造成半圆，再封底焊接拼合而成；菊花纹饰采用花丝工艺制作，在花丝拼接成型后，压平焊接在胎体上；三圈金珠粒均匀地分布在每朵菊花纹饰的中间和连接处，填补着构图的空白，也增加了空间的层次关系，中间的金珠粒有着球状花蕊的拟形感觉。点线面对比协调，造成了生动而丰富的立体空间关系，表现出仫佬族人精湛的造型掌控能力。

本案例运用了多种工艺技法，其中花丝和金珠粒工艺源自古代波斯地区，在汉代前后传入中原地区，在我国很多民族的金属工艺中都能看到这类工艺使用的案例。由此分析，仫佬族金属工艺一直和外界保持着密切的联系和交流。

图片来源
图一　郑静　摄影
图二至图六　郑静　制图

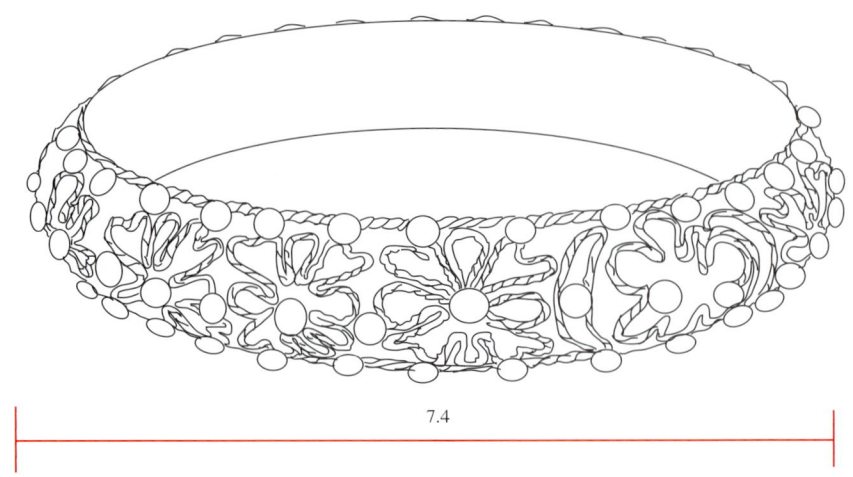

7.4

图二 仫佬族银珠粒菊花纹手镯尺寸图（单位：cm）

侧视

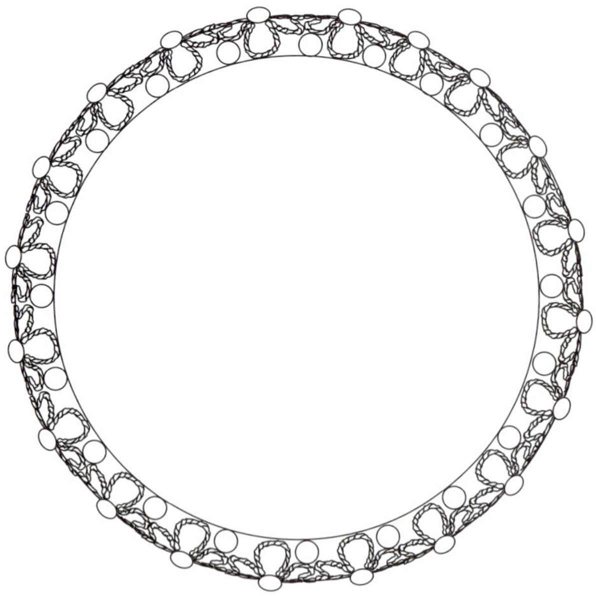

俯视

图三 仫佬族银珠粒菊花纹手镯视角图　　图四 仫佬族银珠粒菊花纹手镯纹饰展开图

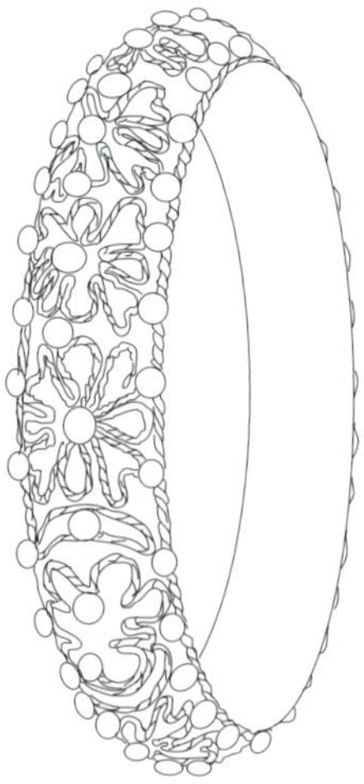

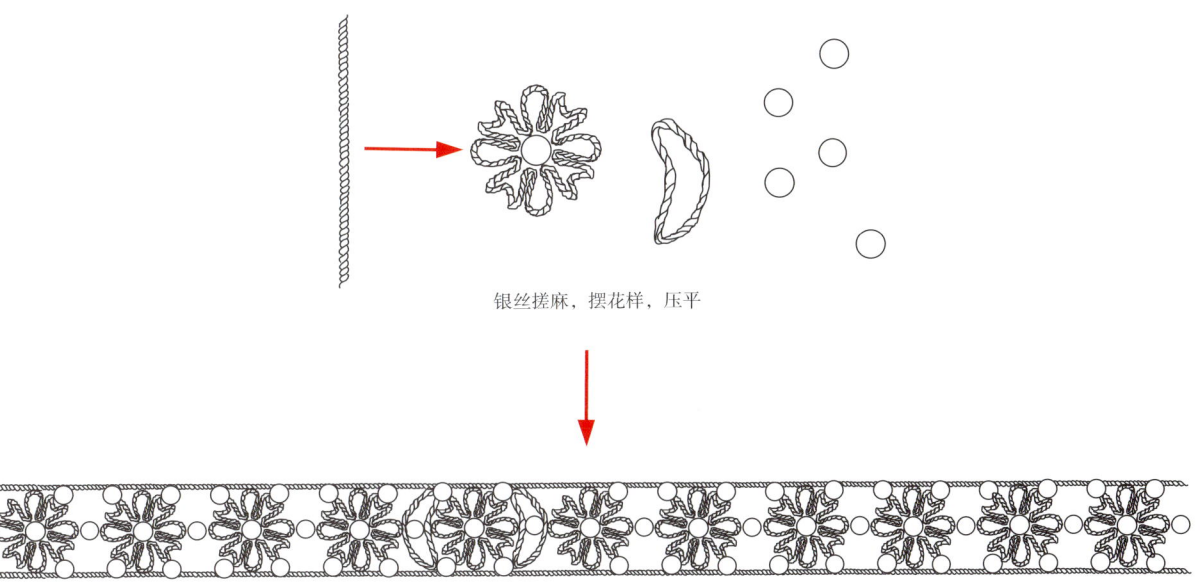

银丝搓麻，摆花样，压平

花样摆列焊接完整

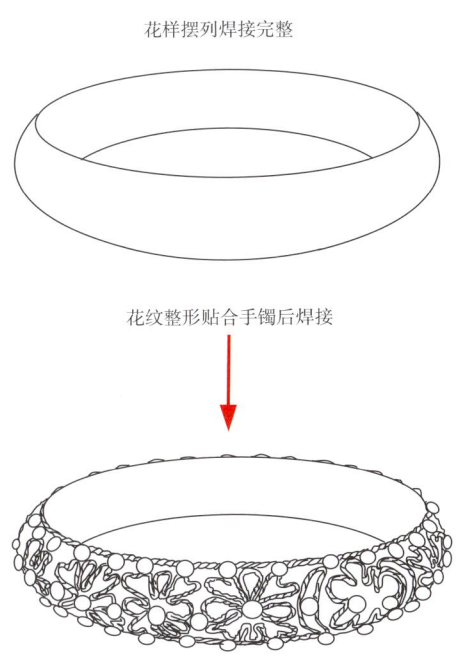

花纹整形贴合手镯后焊接

图五 仫佬族银珠粒菊花纹手镯制作流程图

第二章 仫佬族传统服饰

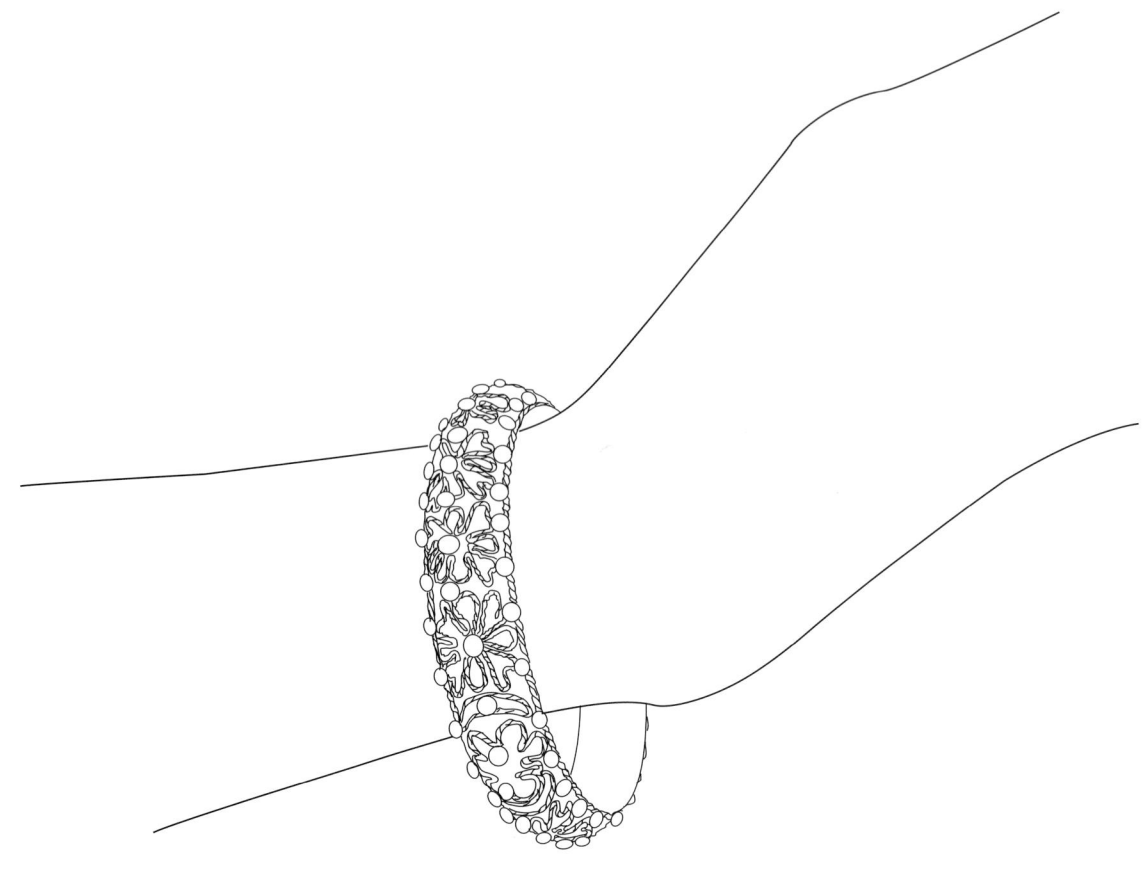

图六　仫佬族银珠粒菊花纹手镯佩戴效果示意图

仫佬族富贵长寿纹银扁方

图一　仫佬族富贵长寿纹银扁方主图

仫佬族富贵长寿纹银扁方案例为仫佬族妇女常用的发饰，采集于广西罗城仫佬族自治县黄金镇，现藏于罗城仫佬族博物馆。扁方长7.4厘米、宽1.2厘米。

本案例造型呈弓形，两边宽，中间窄，凸起部分似柳叶状。以吉祥纹饰作为装饰主题，一边饰纹为童子捧花瓶，花瓶内插牡丹花，象征平平安安和花开富贵；另一边纹饰为松下仙人伴梅花鹿，象征长寿安康。制作使用了錾花工艺技法，先用银料锻打出扁方的形状，上胶、刻线、錾花、退胶、锉边后完成。

本案例为小尺寸的扁方，扁方原为满族妇女梳旗头时所插饰的特殊大簪，约一尺长，均作扁平"一"字形。小尺寸的扁方是在丧事时期佩戴，后逐渐成为日常佩戴的首饰。本案例从形式特征看，深受汉族文化的影响。纹饰也具有汉族文化的吉祥纹饰特征，充满了祈福的美好寓意。

图片来源
图一　郑静　摄影
图二至图六　郑静　制图

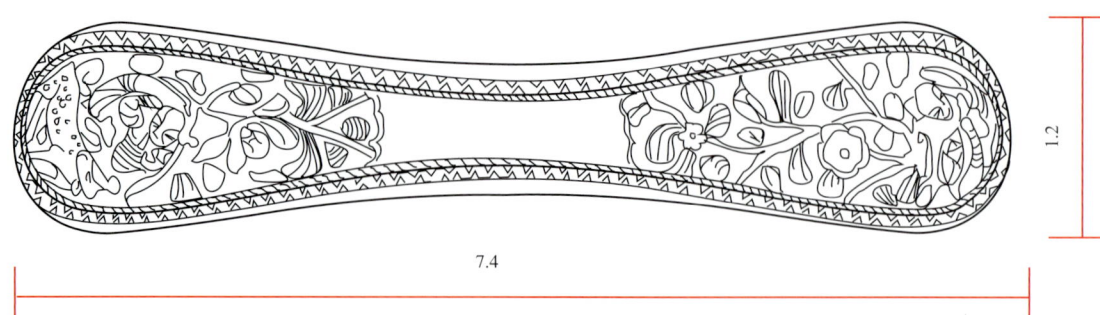

图二　仫佬族富贵长寿纹银扁方尺寸图（单位：cm）

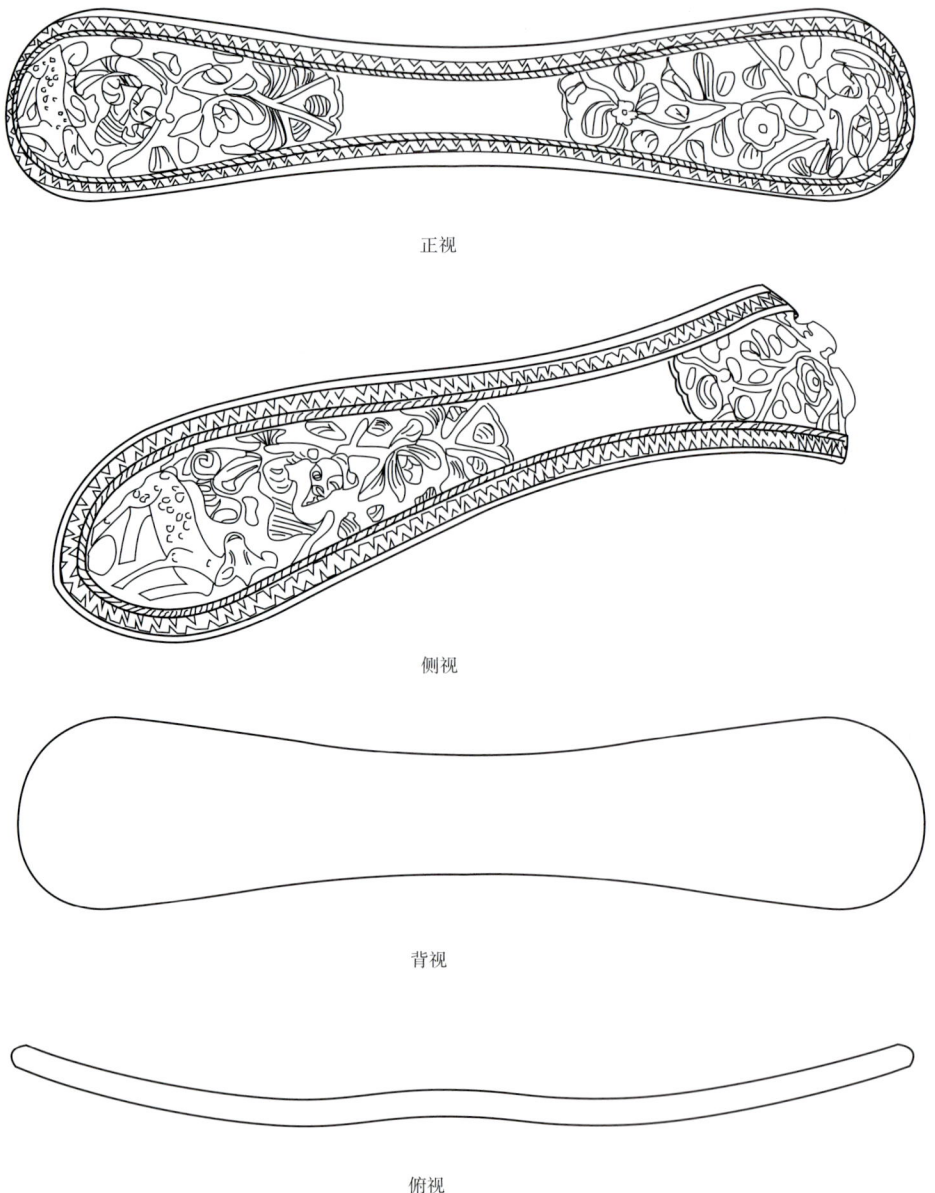

正视

侧视

背视

俯视

图三　仫佬族富贵长寿纹银扁方四视图

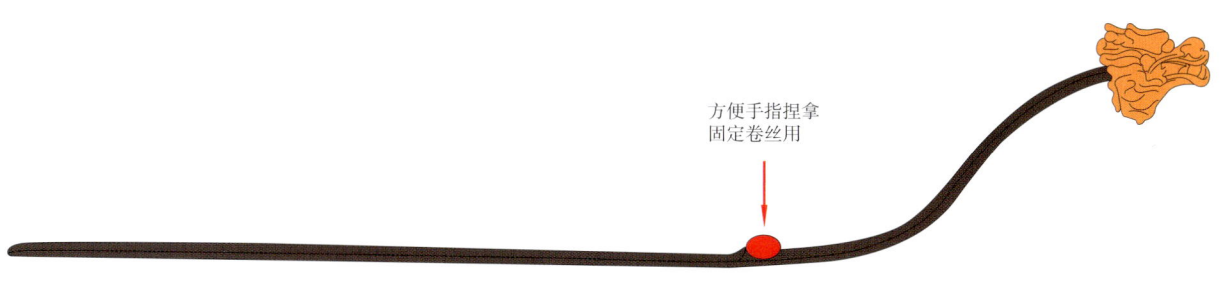

1. 骨架定型，焊接龙头，龙头为铸造方式批量制作

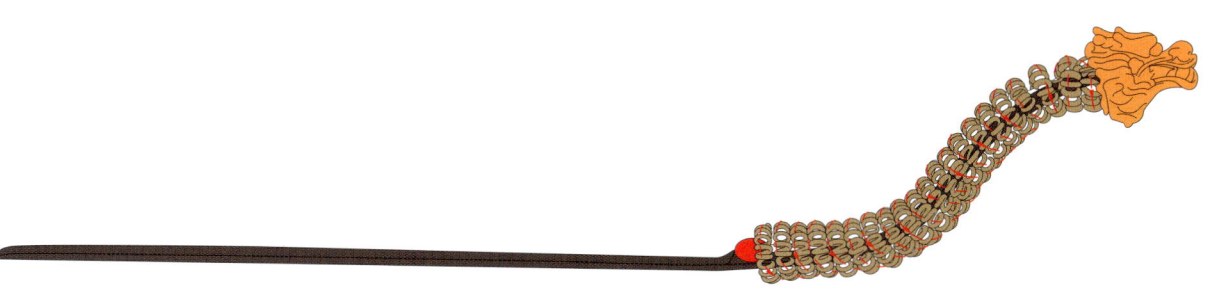

2. 将卷好的丝环绕在龙的骨架上部

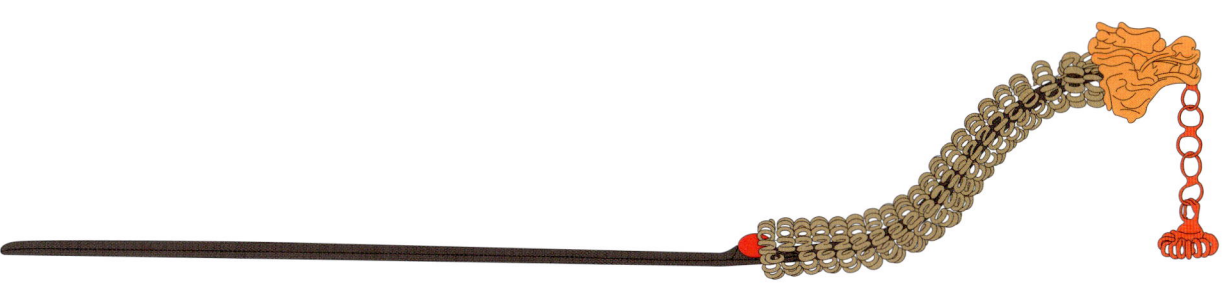

3. 安装活动的链坠，形成步摇簪，具有动感

图五　仫佬族龙首步摇银簪制作流程图

图六　仫佬族龙首步摇银簪佩戴效果示意图

第三章 仫佬族传统餐饮

仫佬族五色糯米饭

图一　仫佬族五色糯米饭主图

仫佬族五色糯米饭是仫佬族地区的传统风味小吃。本案例采集于广西罗城仫佬族自治县城。受采访人韦嘉慧，仫佬族，25岁。

五色糯米饭因糯米饭呈黑、红、黄、白、紫5种色彩而得名。每年三月三走坡、清明节、四月初八牛节等节日，家家户户都要做五色糯米饭，作为踏青对歌时的应景食物，以及招待宾客和祭祀祖先的食物。制作五色糯米饭要选择优质糯米，将糯米洗干净，然后从红蓝草、黄饭花、枫树叶、紫蕃藤提取彩色汁液，对糯米进行染色，再放入蒸笼中蒸熟，做成红、黑、黄、紫四色，加上糯米的白色合成五色。五色糯米饭不仅色彩艳丽，十分好看，而且带有植物的清香，是真正的色、香、味俱全的绿色食品。

五色糯米饭不仅仅是仫佬族的特色食品，整个广西各族人民都普遍制作五色糯米饭，并把它看作是吉祥如意、五谷丰登的象征。

图片来源
图一　李珊珊　摄影
图二至图三　李珊珊　制图

黑

黑色染料：绿色三叶枫

红

红色染料：叶子偏圆、
颜色较浅的红蓝草

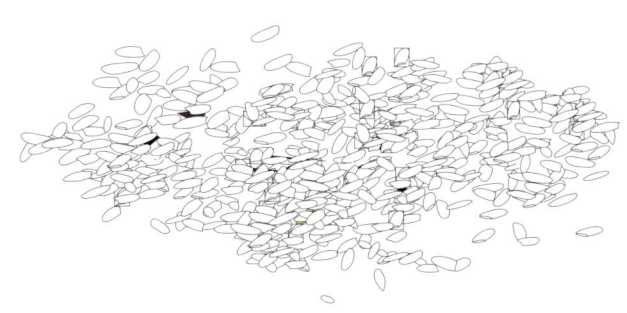
糯米

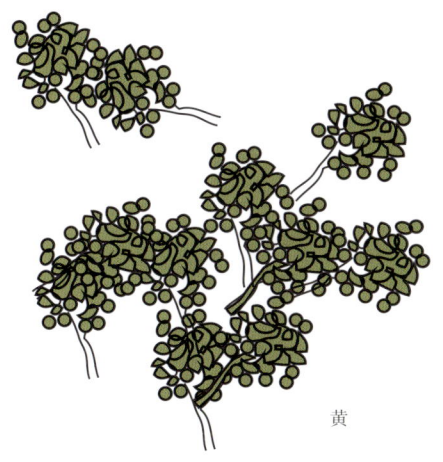
黄

黄色染料：黄饭花

紫

紫色染料：叶子偏长、
颜色较深的红蓝草

图二　仫佬族五色糯米饭制作材料分析图

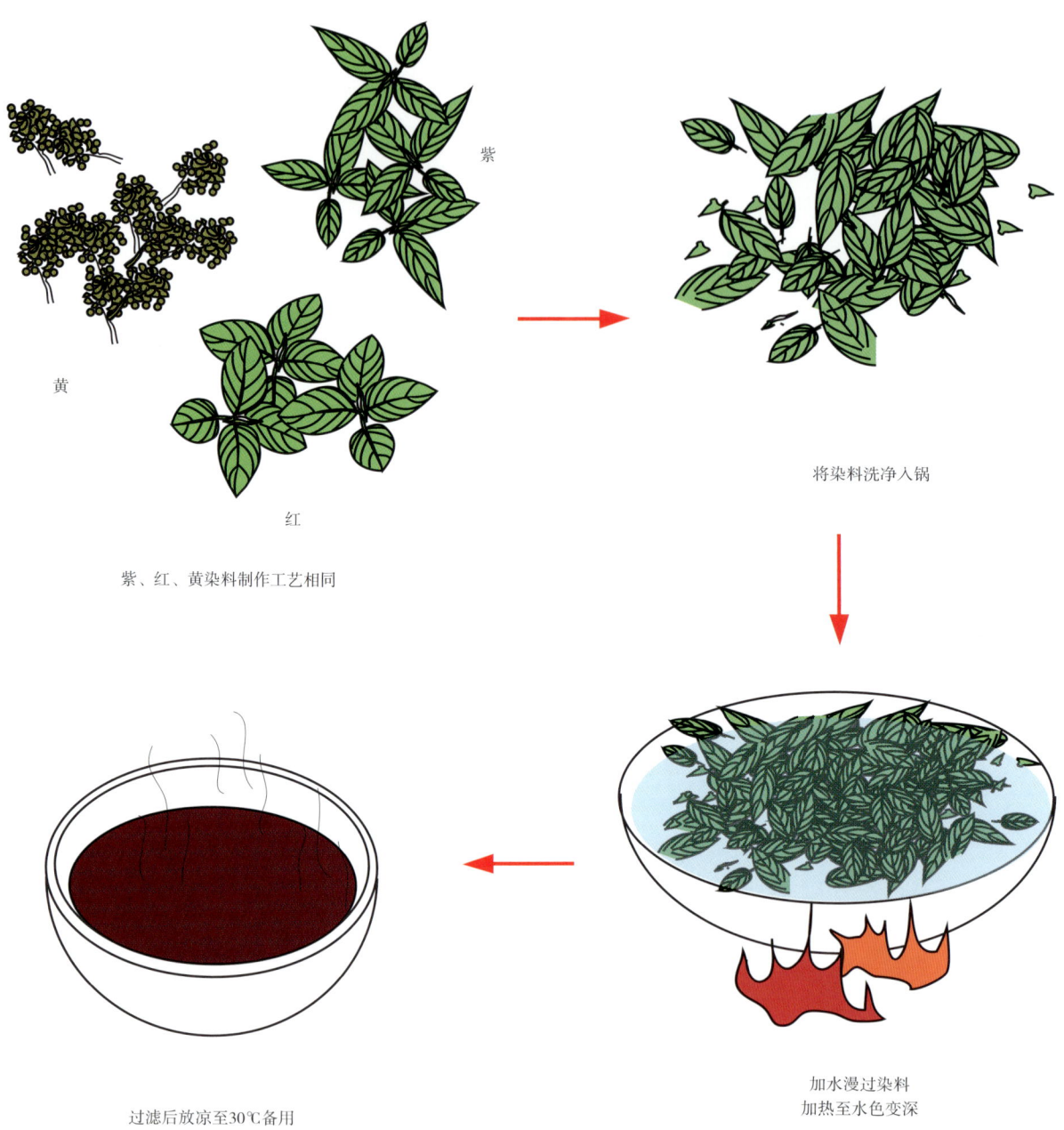

图三　仫佬族五色糯米饭制作流程图

包紧做成鸡蛋大小的方团状

制作完成　　　　　　　　　　　　　　将包好的菜包进行蒸煮

图三（续）　仫佬族菜包制作流程图

仫佬族白糕

图一　仫佬族白糕主图

仫佬族白糕是仫佬族人的传统食品之一。本案例采集于罗城仫佬族自治县。受采访人韦嘉慧，仫佬族，25岁。

白糕是一种大米食品，采用优质大米磨成米浆，接着将米浆均匀地洒在铺着白纱布的蒸笼里，然后蒸熟。一层米浆蒸15分钟，米浆厚度大约5毫米。然后用刷子均匀地在白糕表面刷上一层菜油，再洒一层米浆，如此反复至少五层。最后一层洒好米浆后在表面再洒一层红豆或核桃仁、葱花、花生米等配料。蒸熟后起锅，切成方块装碗食用。食用时可以素食，也可以拌上油、盐、辣椒等调料，闻之香味扑鼻，食之柔软有劲，口感细腻，味道鲜美。

白糕制作始于清代，在广西地区，逢年过节许多农户都爱蒸制白糕。白糕的最大特色是一层一层地互不粘连，口感每层都不一样。白糕一层一层蒸熟，熟了打开锅再放一层，制作的时间比较长，特别是那些专门制作白糕的店铺，往往要从半夜蒸到天亮，很辛苦。

图片来源
图一、图三　郑静　摄影
图二　郑静　摄影　杨宇飞　制图

调浆

洒浆

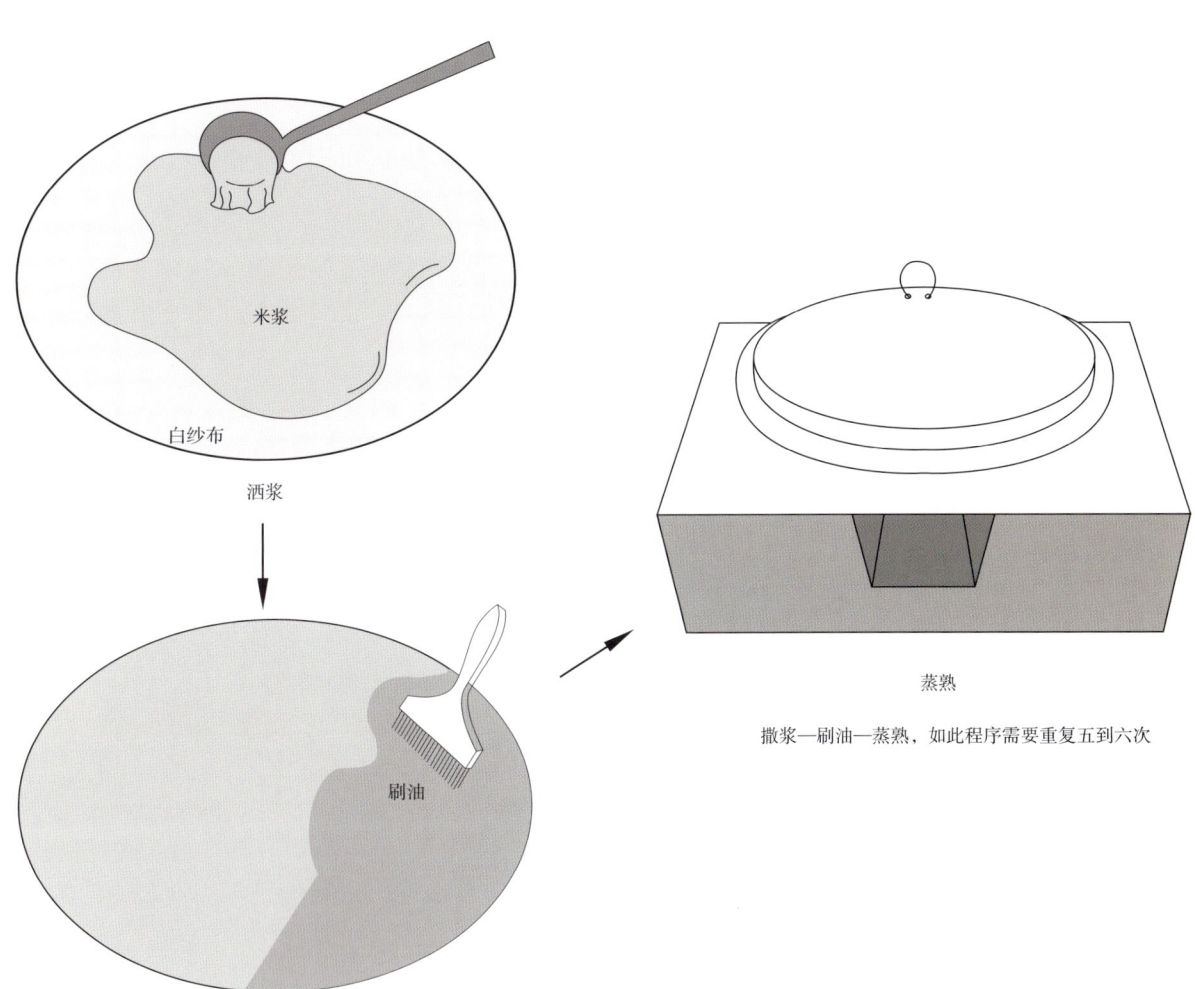

蒸熟

撒浆—刷油—蒸熟，如此程序需要重复五到六次

图二 仫佬族白糕制作流程图

五层白糕

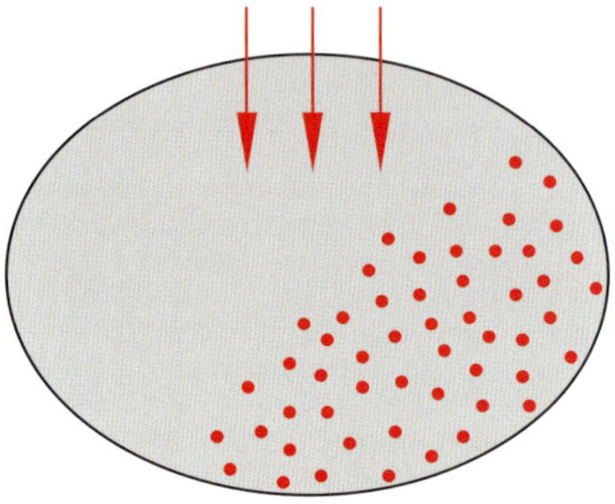

洒豆

上锅

最后一层洒红豆或核桃仁等配料

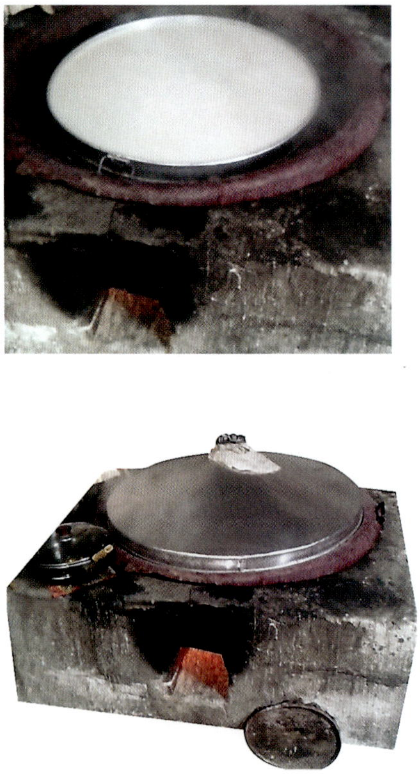

上灶蒸

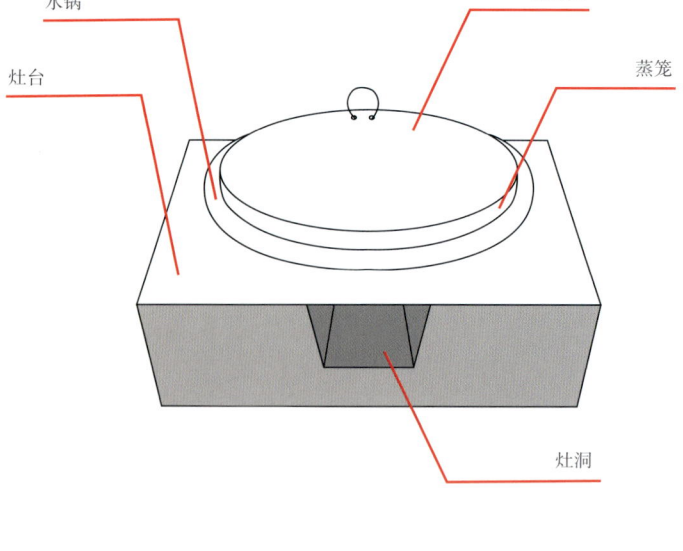

图二（续） 仫佬族白糕制作流程图

图三 仫佬族白糕食用情境图

仫佬族米粉

图一 仫佬族米粉主图

仫佬族米粉是仫佬族人的传统食品之一，是一种大米制成的食品，食用方法丰富多样，类似面条。本案例采集于罗城仫佬族自治县。受采访人银联健，仫佬族，52岁。

米粉以大米为原料，将大米浸泡后，把大米和水放入石磨，细细研磨成米浆，然后用裹了白布的簸箕将米浆中的多余水分过滤掉。慢慢晃动簸箕中的米浆，让米浆成片状。接着上蒸笼蒸熟，然后取出晾干。晾干后可以根据自己的喜好切成自己喜欢的形状储存待用，可以切成粗条、中条、细条等。米粉加工中用水量大，淀粉损失较多，出品率低，很费时，但其食用口感非常好。

米粉在我国长江以南很多地方都有，经过晾晒和切割后的米粉可以保存很长时间，而且食用起来非常方便。一般来说使用开水泡软就能食用，仫佬族人喜欢将牛肉或者猪内脏做成浇头，做成牛肉粉和大肠粉，十分美味。米粉还可以做火锅或干炒。总之，其食用方式很多。现在，传统手工制作的米粉越来越少，大多采用机制。机制的米粉晾晒时是方形的，大片大片地晾晒，白花花一片，成为仫佬族地区的一道景观。

图片来源
图一　郑静　摄影
图二至图六　郑静　制图
图七　郑静　摄影、制图

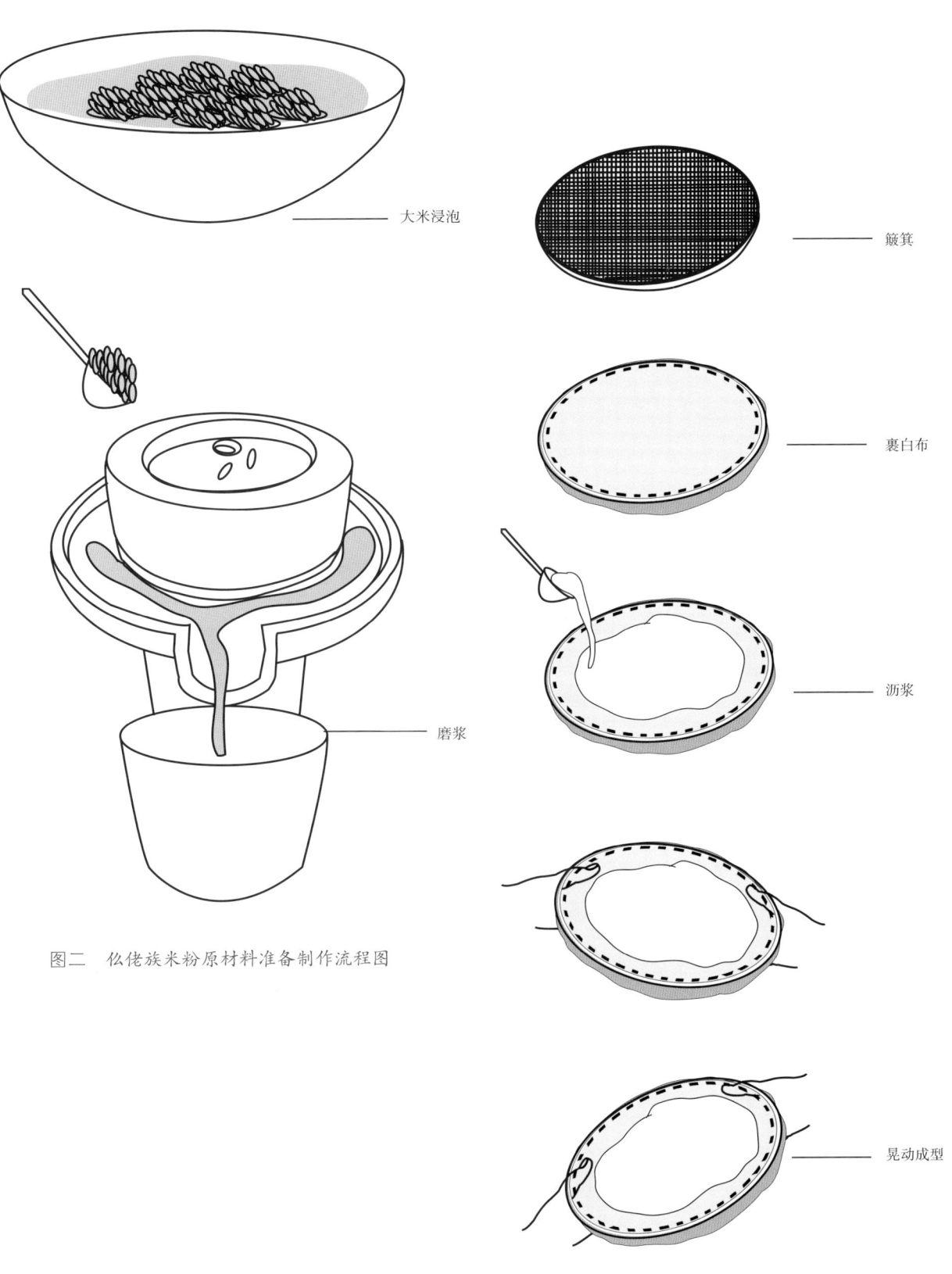

图二　仫佬族米粉原材料准备制作流程图

图三　仫佬族米粉沥浆摊片制作流程图

第三章　仫佬族传统餐饮

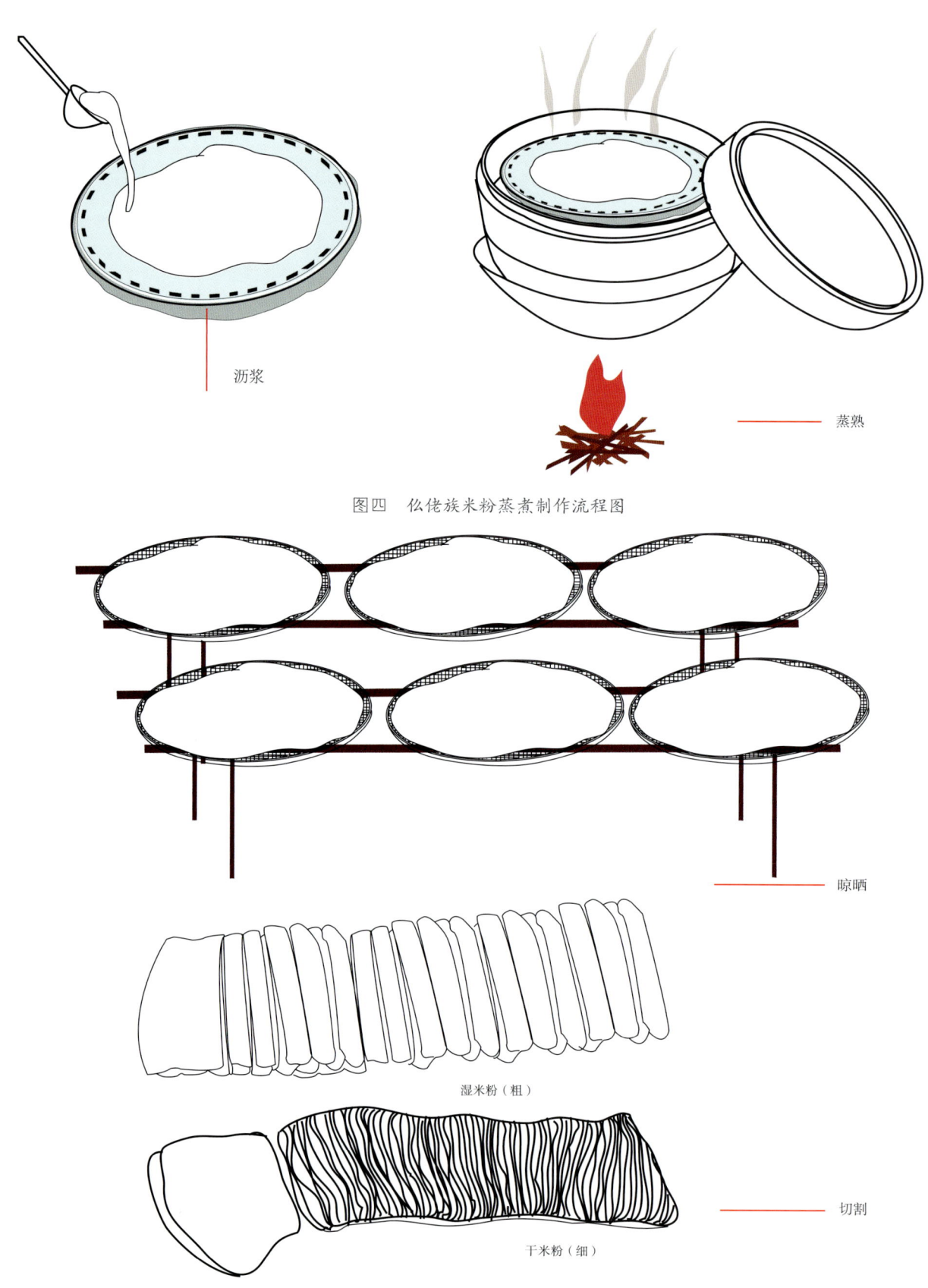

图四 仫佬族米粉蒸煮制作流程图

图五 仫佬族米粉成型制作流程图

图六 仫佬族机制米粉晾晒图

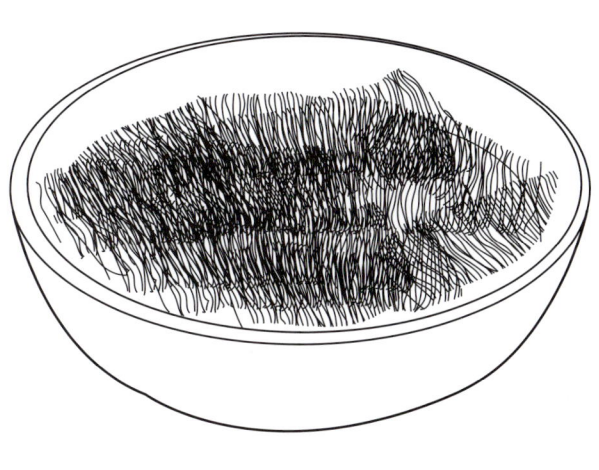

食用

图七 仫佬族米粉实物参考图

仫佬族碗糕

图一　仫佬族碗糕主图

碗糕是中国南方较为普及的小吃，各个地方的特色各有不同，仫佬族碗糕是装在由两个上下一致大小的小碗中。碗直径8厘米，高3.8厘米。本案例采集于罗城县城。

本案例是一种糯米食品，首先将糯米粉和适量淀粉加水并快速搅拌调成稠糊状，再加入适量的红糖，与米粉充分调匀。调匀好的米粉糊分别装入一个个精致的小瓷碗中，装入量大约占碗的80%。也有在米粉糊中加一些馅料，以增加口感变化。装好米粉的碗上再盖一个同样大小的碗，随后，装入蒸笼蒸熟。食用时用刀划成若干小块，用筷子夹出食用，口感十分香甜。

碗糕的特色在于盛放米糕的碗，碗的大小一致，这样在操作加工时，不用分底碗和盖碗，减少了劳动程序，加快了工作效率。粗瓷材质使得加温均匀，使米糕口感更好。碗糕在销售时是排成一排放置在木板上晾着，显得玲珑精致，十分好看。销售一个再从蒸笼里拿出一个，保证了食用时的温度和新鲜度。

图片来源
图一、图六　郑静　摄影
图二至图五　李庆庆　制图

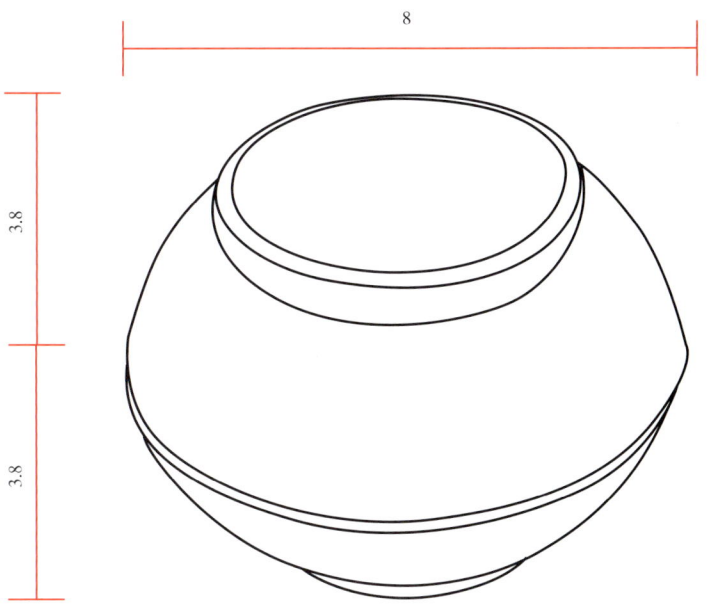

图二 仫佬族碗糕尺寸图（单位：cm）

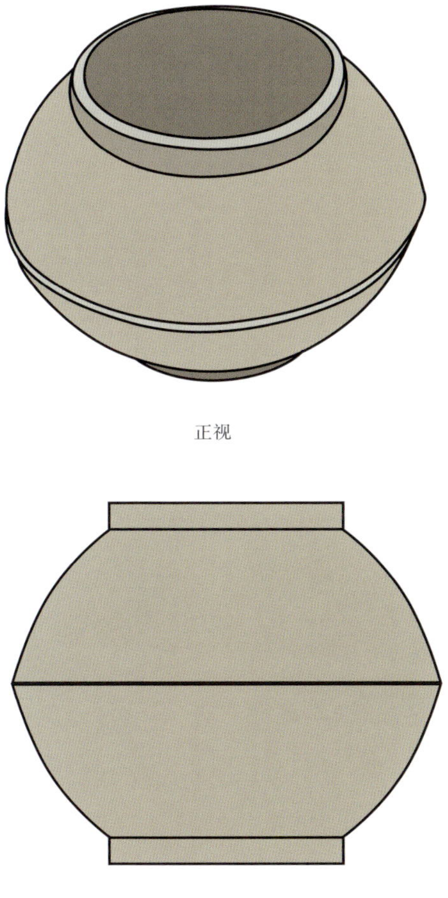

正视

平视

糕

侧视

盖
碗
糕

图三 仫佬族碗糕三视图

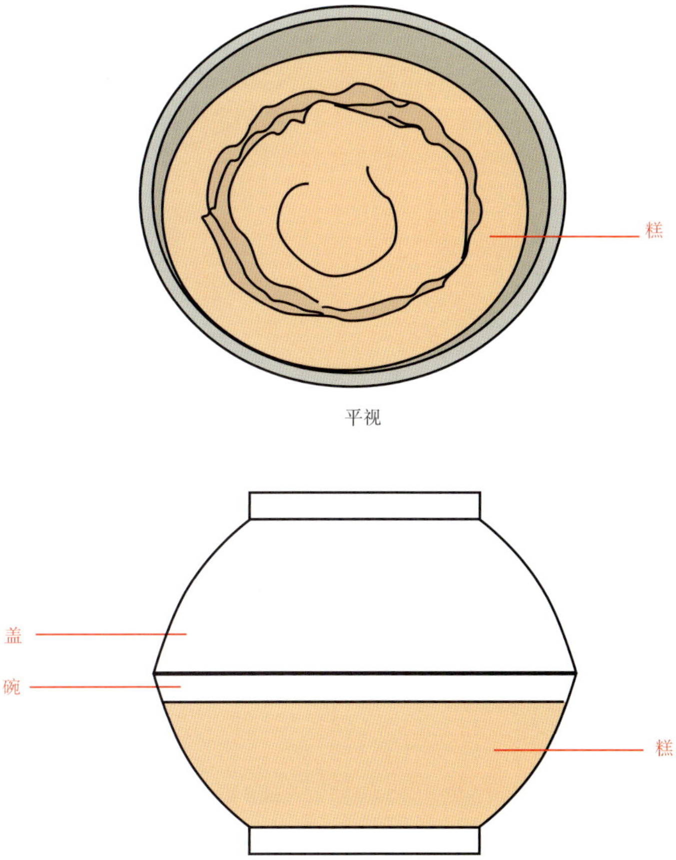

图四 仫佬族碗糕结构名称图

第三章 仫佬族传统餐饮

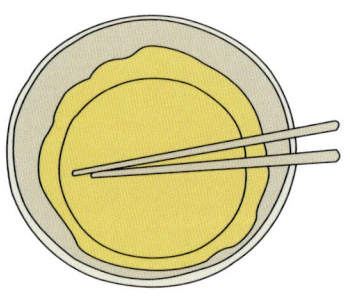 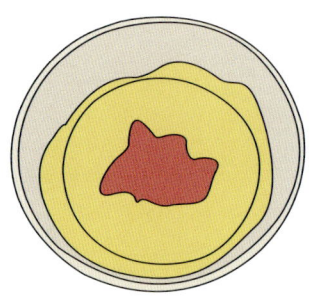 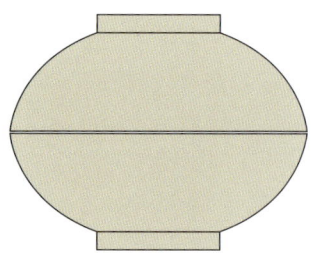

将糯米粉及淀粉用温水调匀，并快速搅拌成稠糊状　　加入红糖，与米粉充分搅拌　　将搅拌好的米粉糊分装至小碗，或在碗中可放入少许馅料

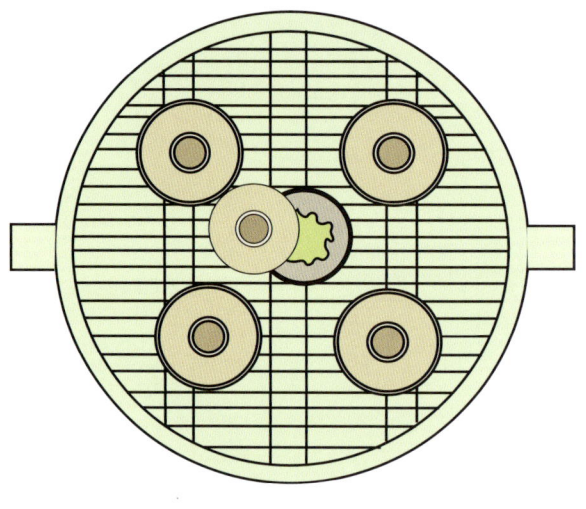

将装好的小碗放入蒸笼蒸熟

图五　仫佬族碗糕制作流程图

图六　仫佬族碗糕使用情境图

第四章 仫佬族传统生活用具

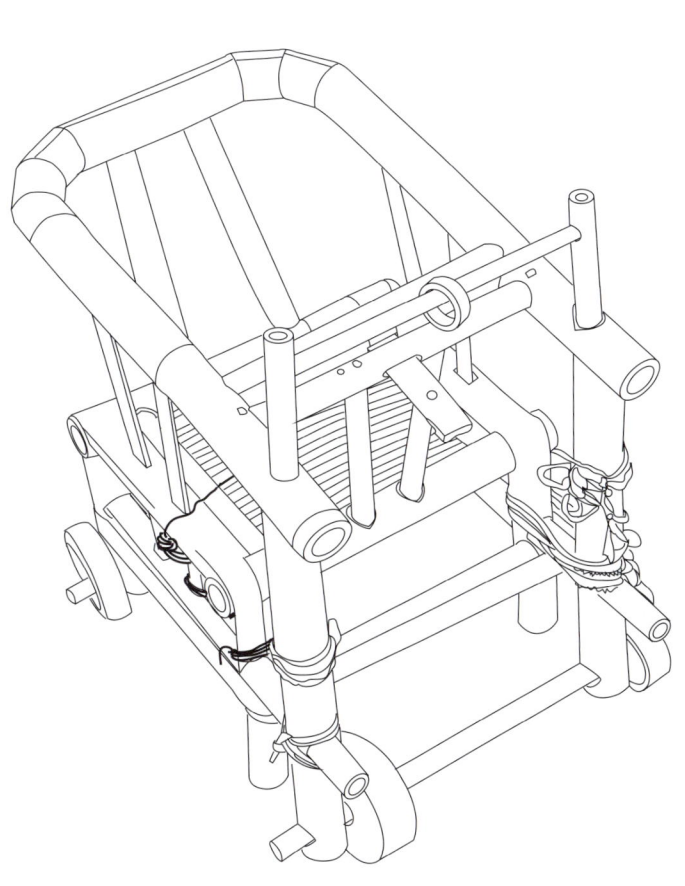

仫佬族竹旱烟斗

图一　仫佬族竹旱烟斗主图

仫佬族竹旱烟斗案例采集于广西罗城仫佬族自治县天河镇，现藏于罗城仫佬族博物馆。烟斗长44厘米，烟袋呈梯形，高8.3厘米、上宽5.4厘米、下宽4.8厘米。受采访人银联健，仫佬族，男，52岁。

本案例是仫佬族男子抽烟丝用的器具。旱烟斗是用竹子做的烟杆，在烟杆的两头安装烟锅和烟嘴，此外还要配一个装烟丝的烟袋，就形成一套完整的旱烟器具。本案例采用本地特产小楠竹的根茎，打通中间的竹节制作而成为旱烟杆。烟杆一端安装小喇叭口的铜制烟锅，另一端烟嘴已经脱落。烟杆上缠绕着深蓝色的丝绦，不仅十分美观，而且手感也十分好。丝绦下坠着烟袋，烟袋为木质，表面浅雕梅花纹饰。它采用上下盖的结构形式，中间用绳索控制开合。这种结构十分利于清理烟袋，不造成浪费，也保证了烟丝的品质。

据史料记载，烟叶原产于美洲，明朝万历年间从菲律宾传入福建等地种植，后逐步遍及全国各地。仫佬族人生活在亚热带地区，比较适宜种植烟叶。吸旱烟成了一些仫佬族人的消遣方式，他们把旱烟管插在衣襟里，在茶余饭后或劳作之余，吸上几口，解乏提神。从旱烟管的考究与否可分辨出吸烟者的身份和地位的高低。本案例制作精美，深蓝色的丝绦和雕花烟袋应该不是普通仫佬族人使用的。

图片来源

图一　郑静　摄影

图二至图七　郑静　制图

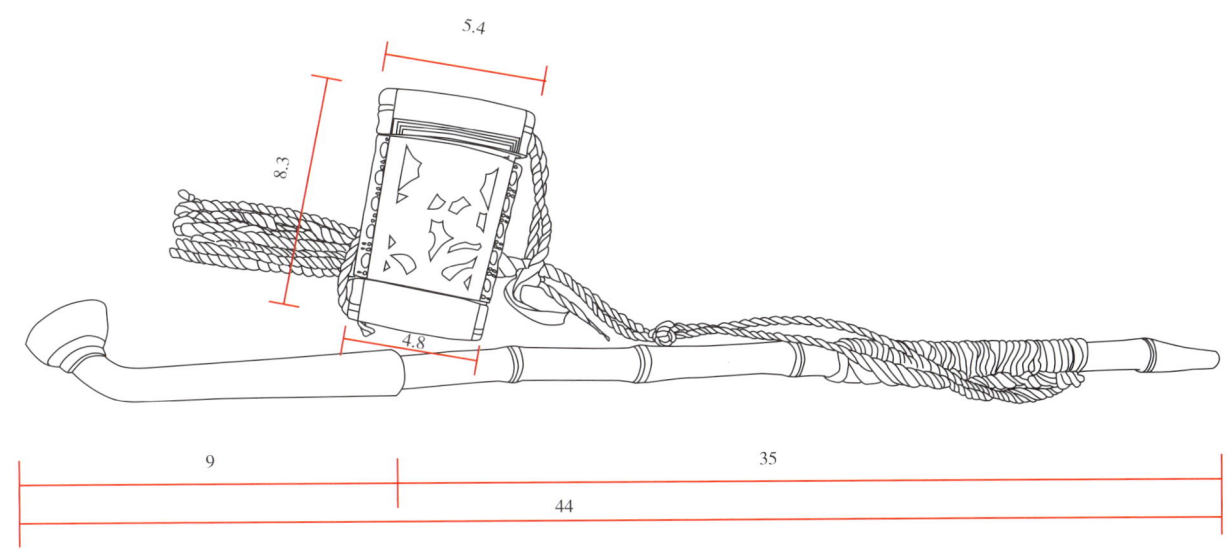

图二　仫佬族竹旱烟斗尺寸图（单位：cm）

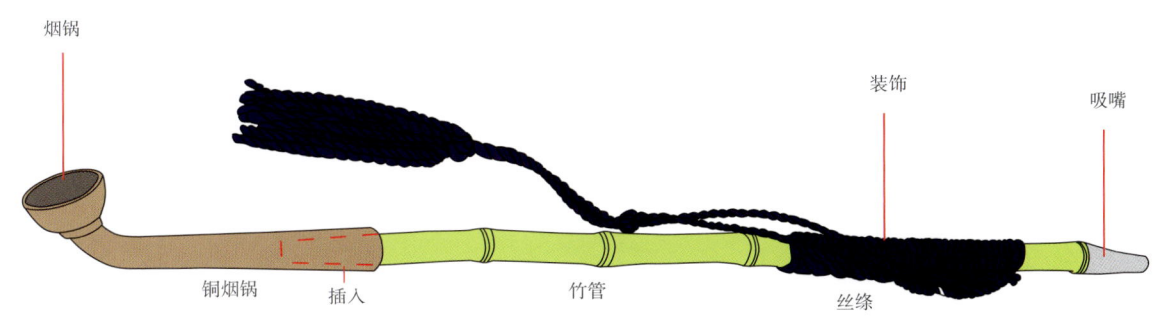

图三　仫佬族竹旱烟斗烟杆结构名称图

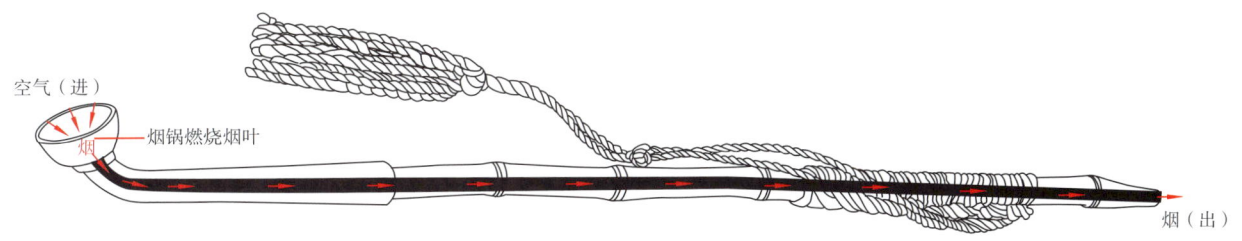

图四　仫佬族竹旱烟斗烟杆分析图

关闭状态　　　　　开启状态　　　　　清洁状态
　　　　　　　（拔起盖子，拿取烟丝）　（上下盖拔出，便于清洁）

图五　仫佬族竹旱烟斗烟袋功能分析图

图六　仫佬族竹旱烟斗烟袋纹饰分析图

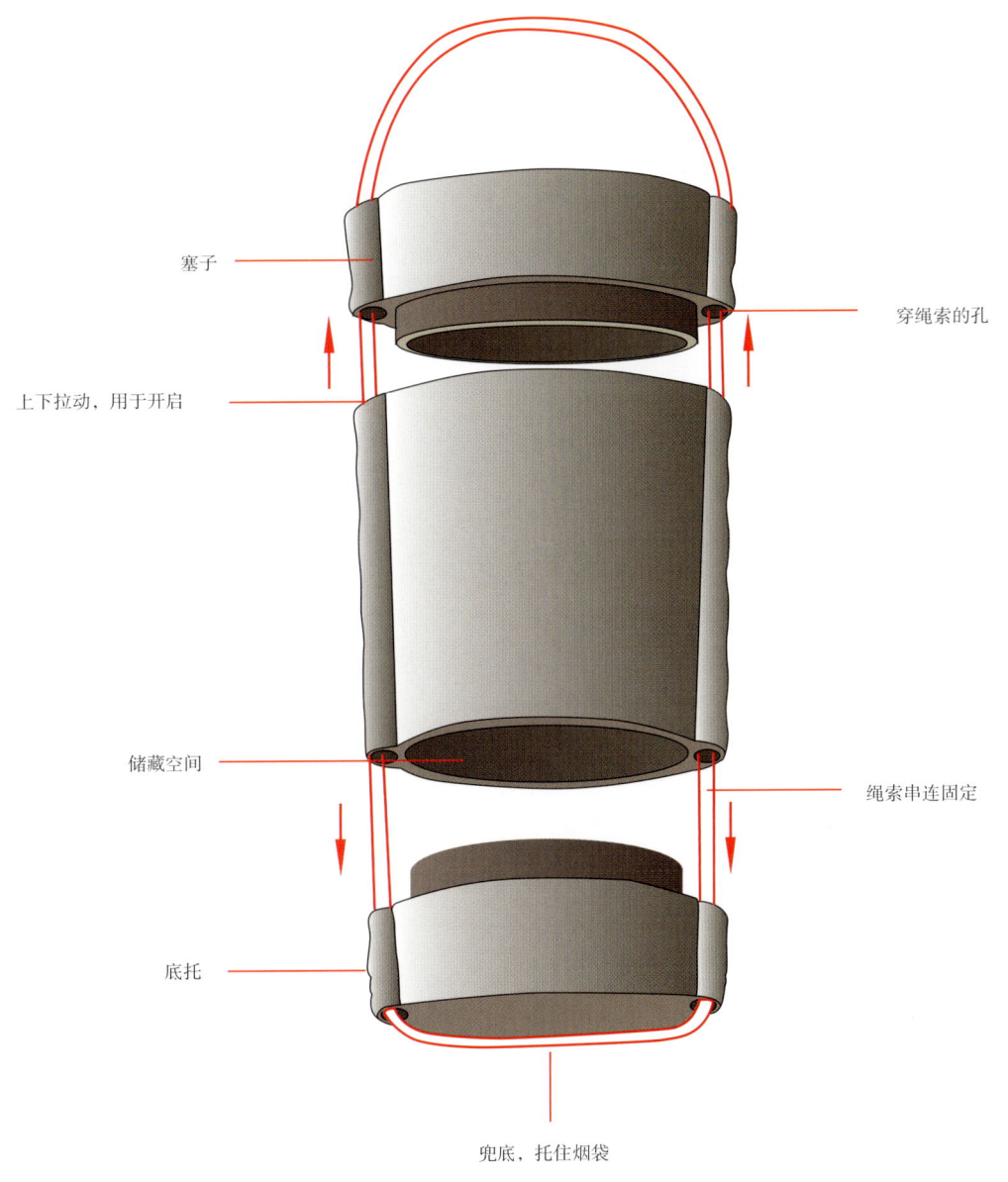

图七 仫佬族竹旱烟斗烟袋解析图

仫佬族竹编米筛

图一　仫佬族竹编米筛主图

　　仫佬族竹编米筛案例采集于广西罗城仫佬族自治县四把镇双寨村中寨屯。有各种尺寸的大小米筛，本案例选用的是最常用的一种，直径为54厘米。受采访人兰世礼，男，43岁。

　　本案例是用竹子编织成的筛状农用工具，常用于筛去谷物中的沙石和碎粒，也能盛物。其造型十分简洁，一片由细竹篾编制而成的带筛眼的圆底，一个4厘米宽度的竹片制作的用于收口定型的圆形硬边框，就组成一个方便实用的米筛。好的米筛底部的筛眼大小均匀。米筛根据需要有平底或弧底，底部的筛眼也有大小目数的不同。根据所要筛去物的大小而选择不同规格筛眼的筛子，筛眼较大用于筛土石的叫土筛，筛眼较小用于筛去谷物中杂质的叫米筛。

　　本案例中的竹编米筛为传统纯手工编制的米筛，是民间常用的生活用具。通过筛眼筛去小于其直径的杂质颗粒，保留需要的谷物，方便实用，充满了生活智慧。在选材方面充分利用了仫佬族生活地区的自然资源竹子，经济、耐用、环保；工艺是当地熟练的竹编手工艺，易操作，质量可保证；造型上充分考虑结构的特点和功能，这些都体现了仫佬族人在造物过程中的智慧。

图片来源
图一　郑静　摄影
图二至图六　李珊珊　制图

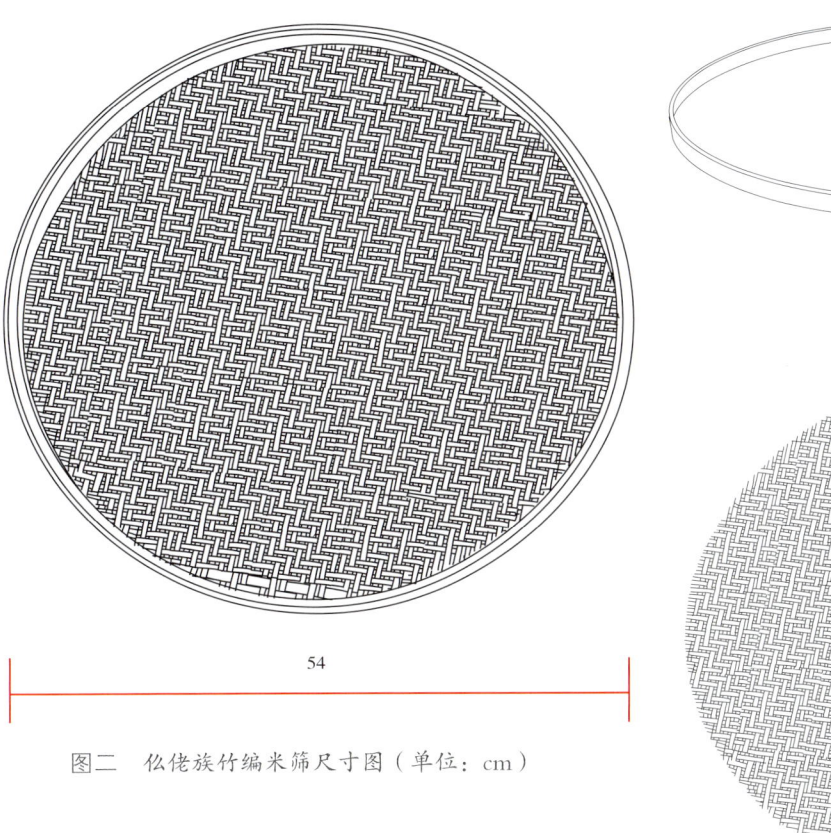

图二 仫佬族竹编米筛尺寸图（单位：cm）

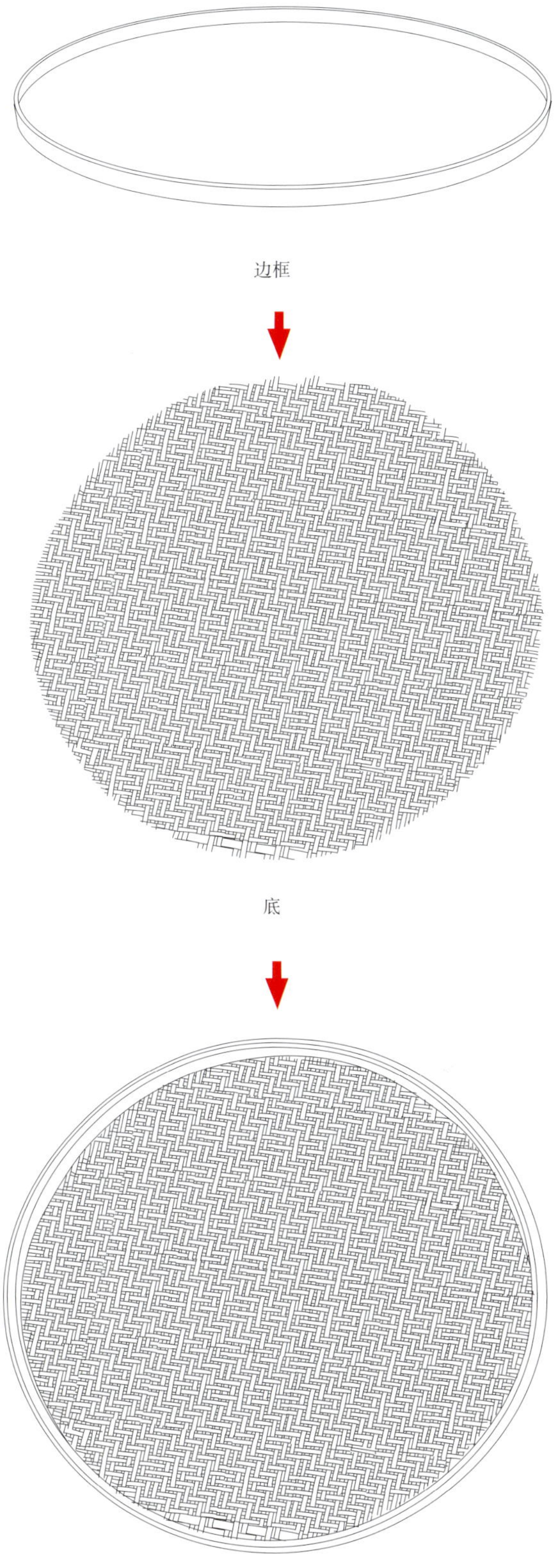

边框

底

图三 仫佬族竹编米筛解析图

第四章 仫佬族传统生活用具

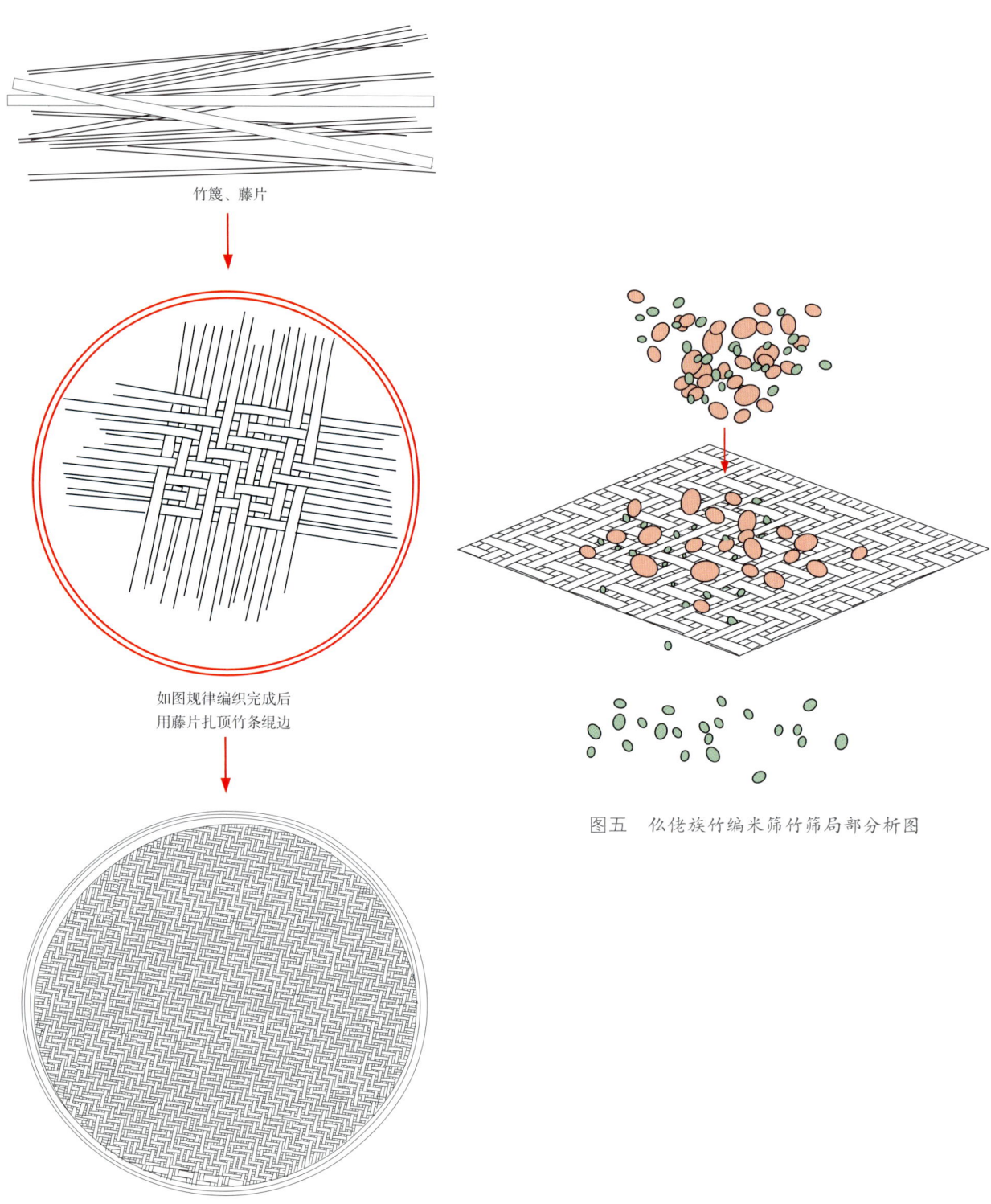

图四　仫佬族竹编米筛制作流程图

图五　仫佬族竹编米筛竹筛局部分析图

图六 仫佬族竹编米筛操作示意图

仫佬族竹编饭盒

图一　仫佬族竹编饭盒主图

仫佬族竹编饭盒案例采集于广西罗城仫佬族自治县东门镇石围屯，现藏于罗城仫佬族博物馆。饭盒高27厘米、宽22厘米、厚12厘米。受采访人银联健，仫佬族，男，52岁。

本案例是仫佬族出门时自带的餐食饭盒。饭盒大小适中，可携带2块糍粑等食物，满足一个人一顿饭的食用。饭盒采用竹编工艺制作，分为盒体和盒盖两个部分，饭盒的侧面有扣，用以系绳，方便携带。饭盒主体采用2进2的斜纹编织法编织，盒口采用横纹编织法编织，为了使饭盒坚固耐用，在饭盒的侧面采用竹片加固，表面穿孔，以竹条连接。

仫佬族人生活在亚热带地区，高温潮湿的气候使得完全封闭环境下的食物极易腐坏变质。在多山的喀斯特地形，人们劳作要翻山越岭，要求携带的物品尽量轻便。竹编饭盒既重量轻、结实耐用，又通风透气，对食物起到保鲜的作用。仫佬族地区盛产竹子，竹编饭盒是仫佬族人因地制宜选材，因环境而进行产品大小、功能设计的优秀范例。

图片来源
图一　郑静　摄影
图二至图五　郑静　制图

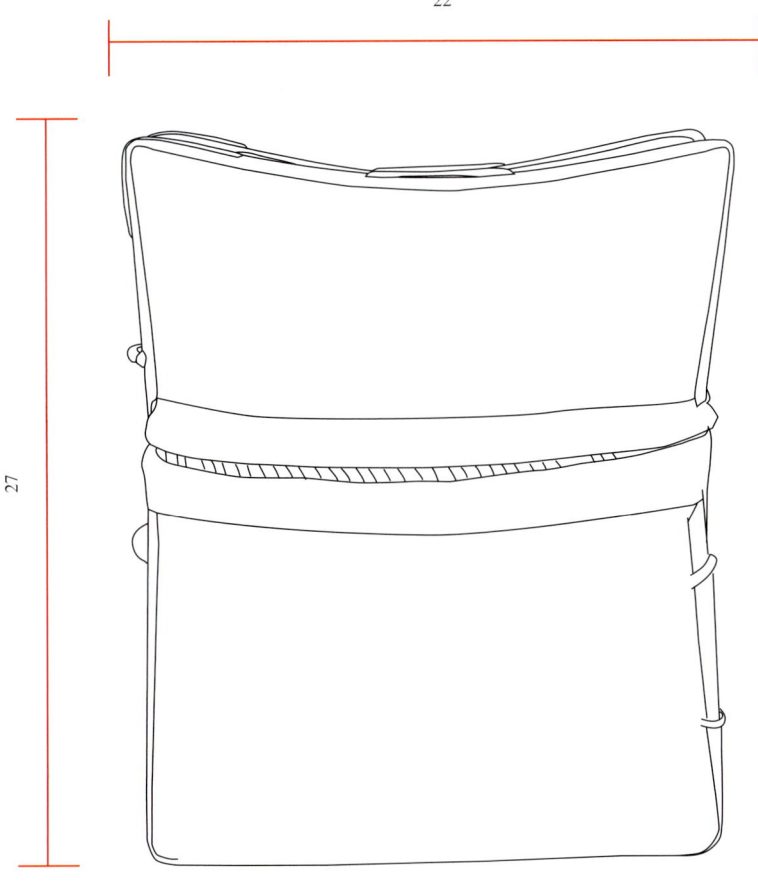

图二　仫佬族竹编饭盒尺寸图（单位：cm）

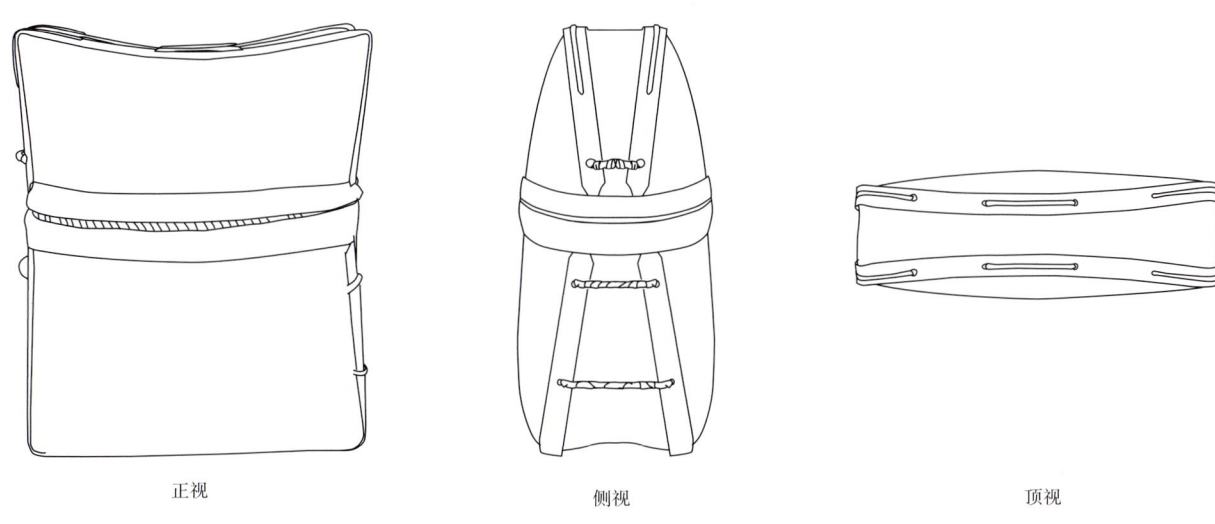

正视　　　　　　　　　侧视　　　　　　　　　顶视

图三　仫佬族竹编饭盒三视图

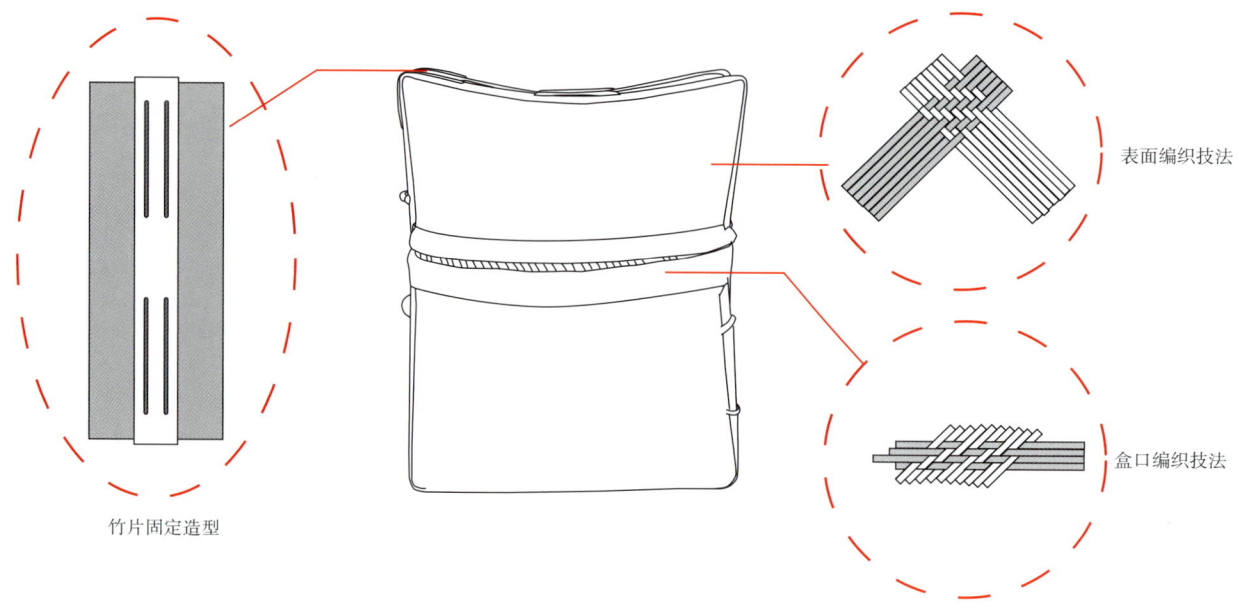

图四 仫佬族竹编饭盒工艺分析图

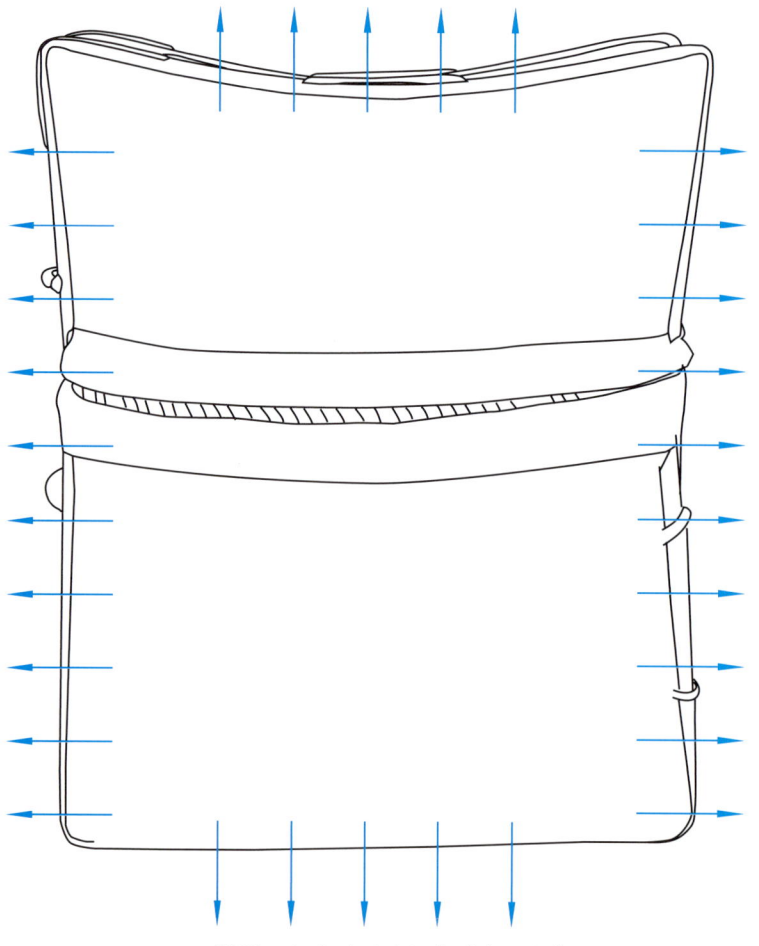

图五 仫佬族竹编饭盒透气性分析图

仫佬族竹编送饭篓

图一　仫佬族竹编送饭篓主图

仫佬族竹编送饭篓案例采集于广西罗城仫佬族自治县东门镇石围屯，现藏于罗城仫佬族博物馆。篓高31厘米、直径12厘米。受采访人银联健，仫佬族，男，52岁。

本案例为送饭的用具，米饭装在陶罐内，陶罐口刚好可以放一只碗，碗内装菜肴，陶罐外罩竹编的提篓。提篓的功能主要是方便携带和对陶罐起保护作用。提篓的提手是从底部穿插上来的竹条，使受力均匀，结构牢固；提手和篓身的比例，使得重心偏下。加之提篓的高度适宜，手拎着达到膝盖部位，行走起来比较舒适方便。边框编织结构松散，空隙大而疏，既起着保护和固定内部陶罐的作用，也减轻了重量。篓底采用圆饼状的密实交叉编织，增加了承重能力，扩大了与地面的接触面积，增加了稳定性。

本案例是仫佬族去田间劳作时带饭或者家

人送饭的用具。陶罐加竹篓的方式不仅解决了陶罐不宜携带运输的问题，还解决了陶瓷易碎的安全问题。仫佬族地区盛产竹子，竹编工艺发达，编织一个竹篓十分方便，而制作一个陶罐无疑要花费更高的成本，所以用竹篓包裹陶罐是一个十分经济方便的设计。

图片来源
图一　郑静　摄影
图二至图五　郑静　制图

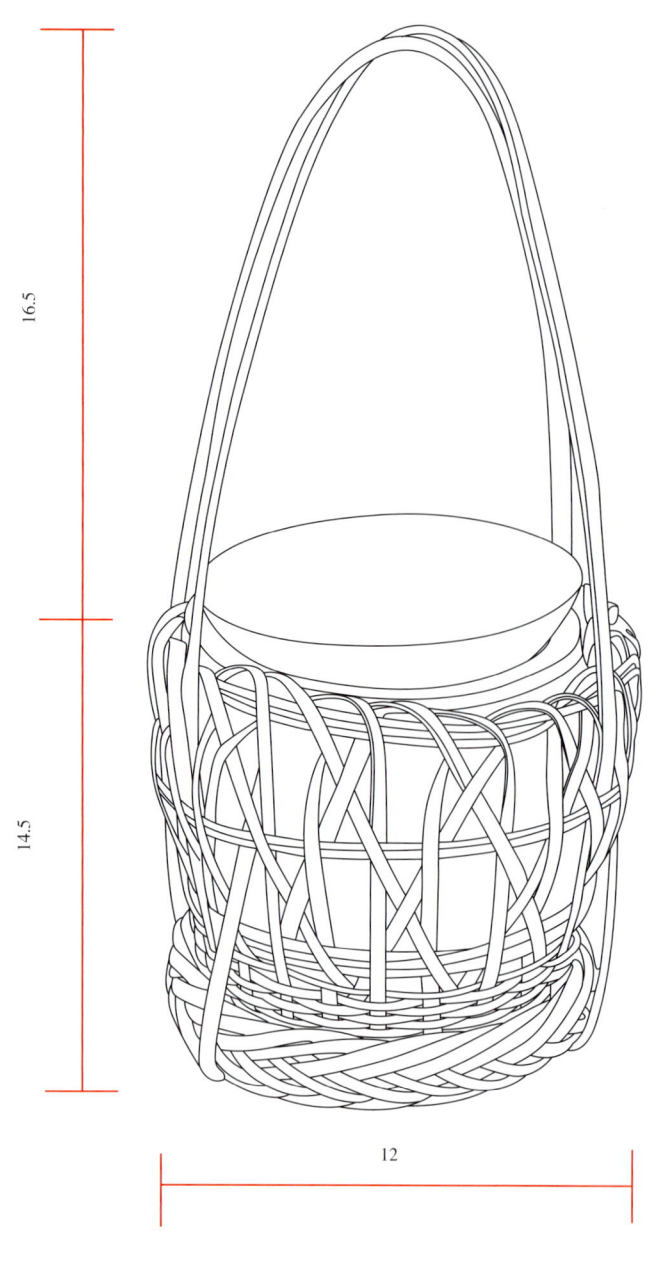

图二　仫佬族竹编送饭篓尺寸图（单位：cm）

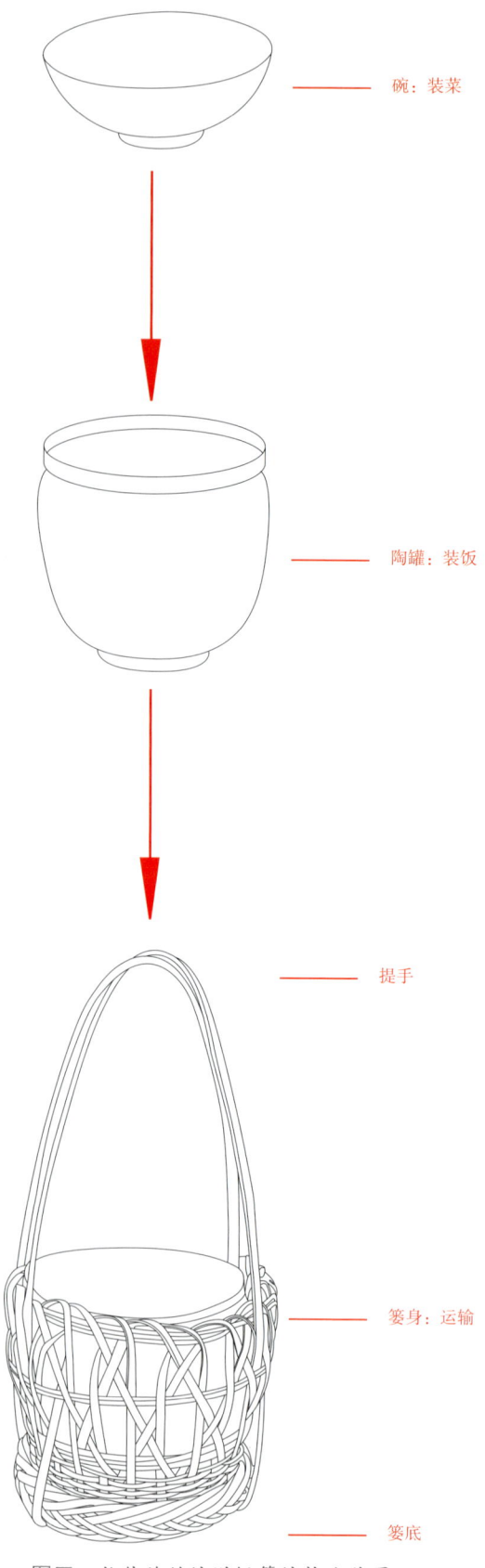

图三　仫佬族竹编送饭篓结构名称图

图五　仫佬族龙云纹木雕大月饼模纹饰示意图

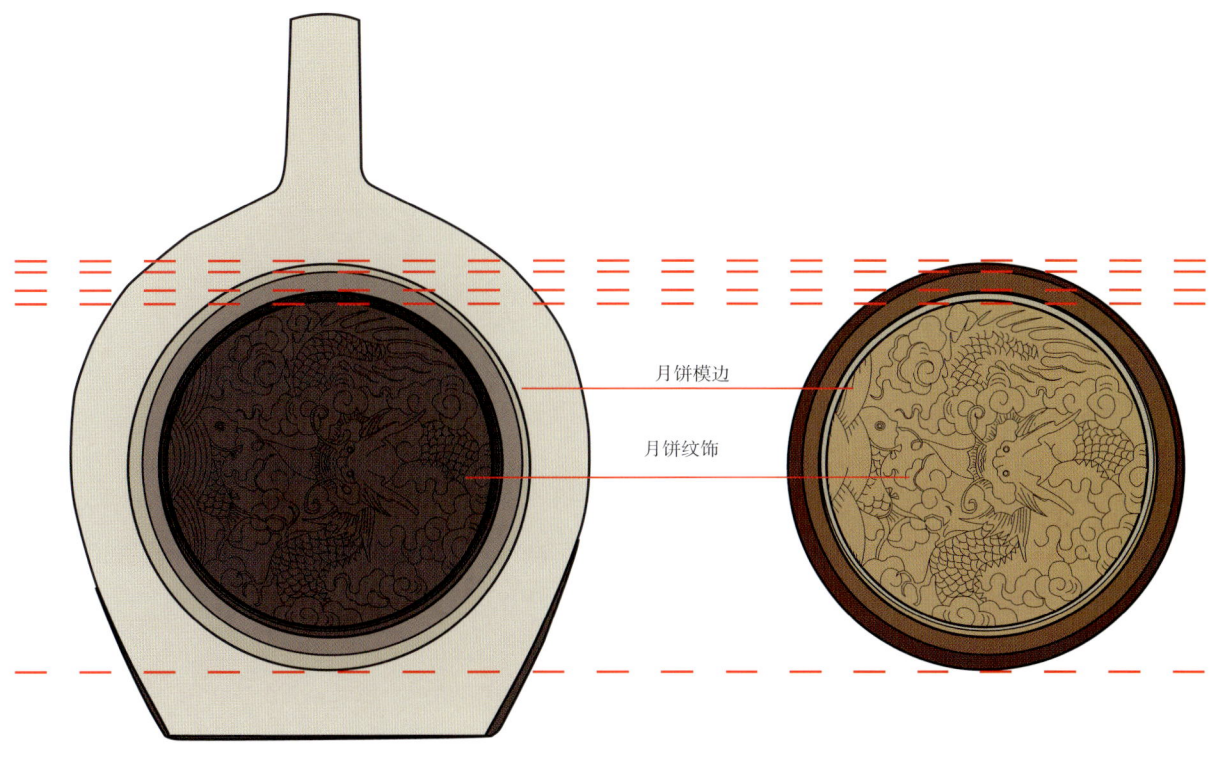

月饼模边

月饼纹饰

图六　仫佬族龙云纹木雕大月饼模纹饰细节图

第四章　仫佬族传统生活用具

219

仫佬族竹编吊篮

图一　仫佬族竹编吊篮主图

仫佬族竹编吊篮案例采集于广西罗城仫佬族自治县东门镇石围屯，现藏于罗城仫佬族博物馆。吊篮高40厘米、直径30厘米。受采访人银联健，仫佬族，男，52岁。

本案例是仫佬族专门陈放糕点、糖果的盒子。采用竹编工艺制作，分为盒体和盒盖两个部分，吊篮的侧面有提手，用以提携和钩挂。盒体的下面有十字交叉托，接四只脚，用于承重。脚托举盒底离地面3厘米，可以隔绝地面的潮湿。吊篮主体采用2进2的斜纹编织法编织，上下盒口采用竹片环绕收口，结构坚固耐用。提手以竹钉固定在脚上，连接承重梁，使受力均匀、结构牢固。

本案例一般是挂在梁柱上，客人来了取下待客。高高的提手除了方便提携，也便于钩挂。吊篮采用全封闭结构，主要是为了隔绝灰尘和防止飞虫、老鼠等的进入。

图片来源
图一　郑静　摄影
图二至图六　郑静　制图

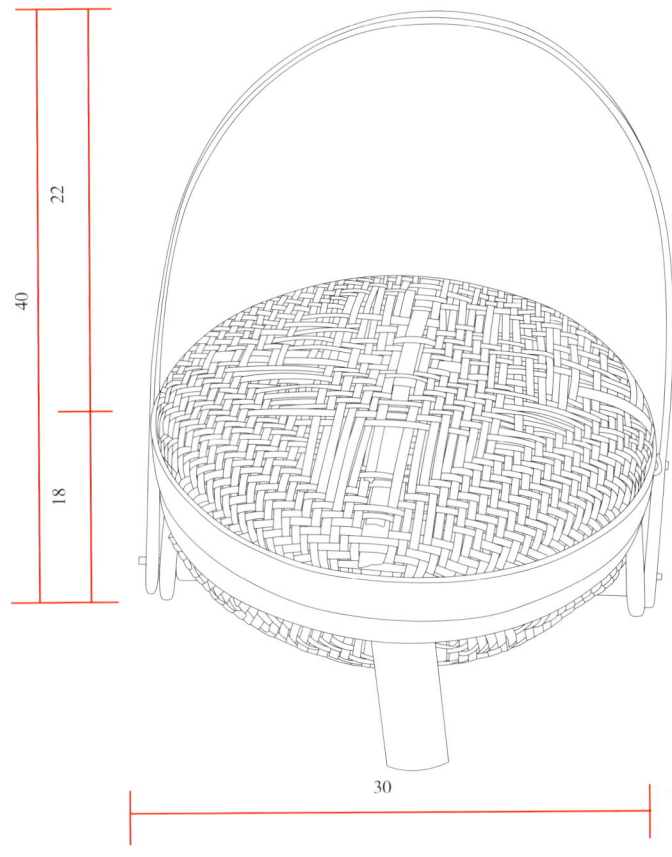

图二 仫佬族竹编吊篮尺寸图（单位：cm）

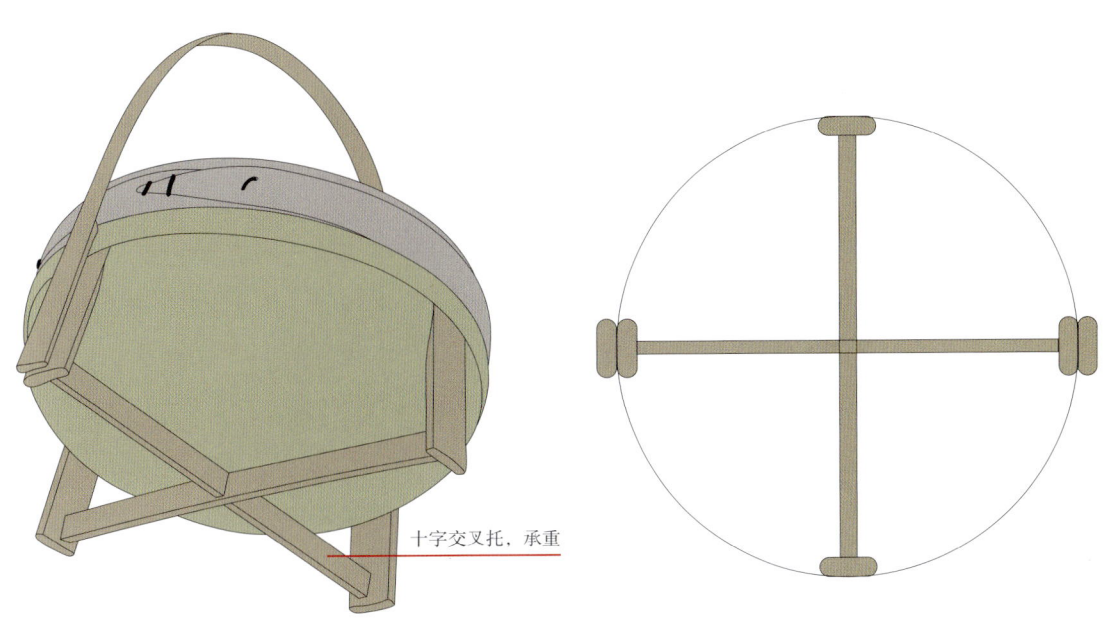

图三 仫佬族竹编吊篮十字交叉托示意图

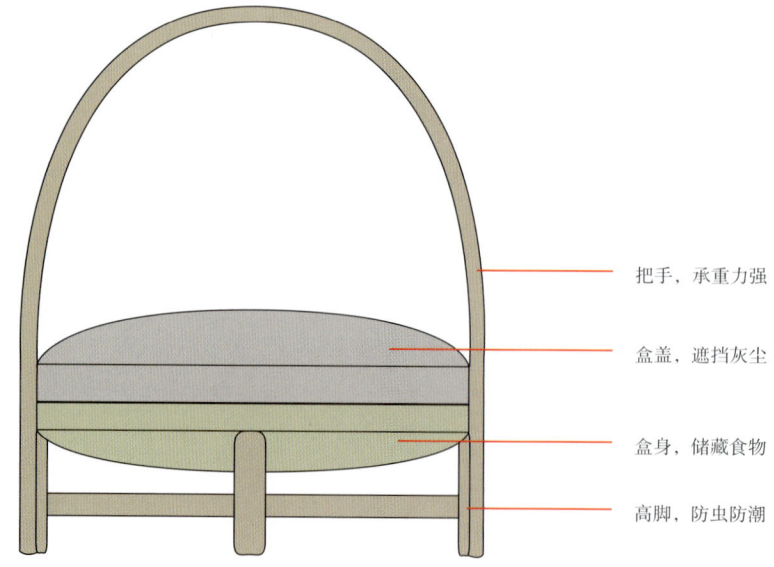

图四 仫佬族竹编吊篮功能解析图

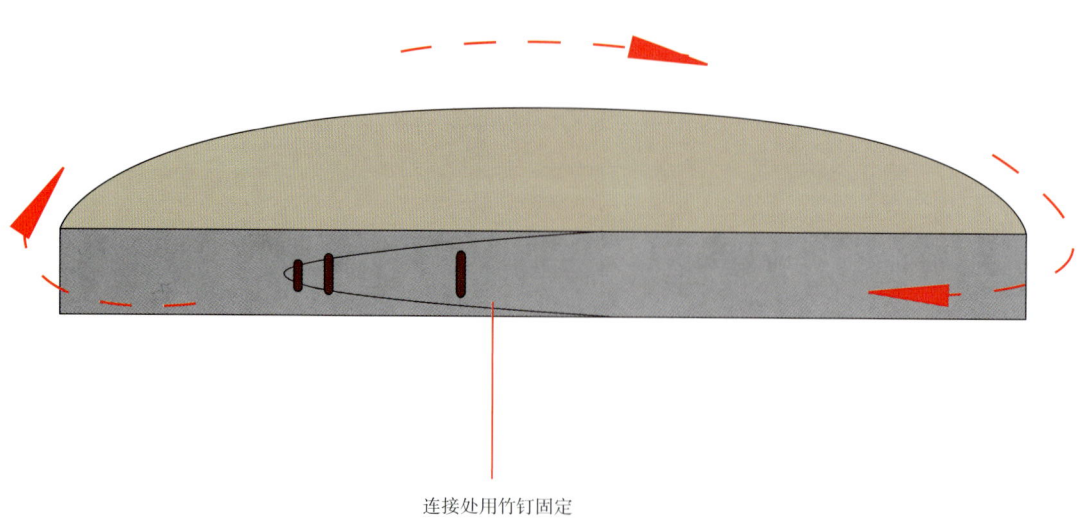

图五 仫佬族竹编吊篮细节分析图

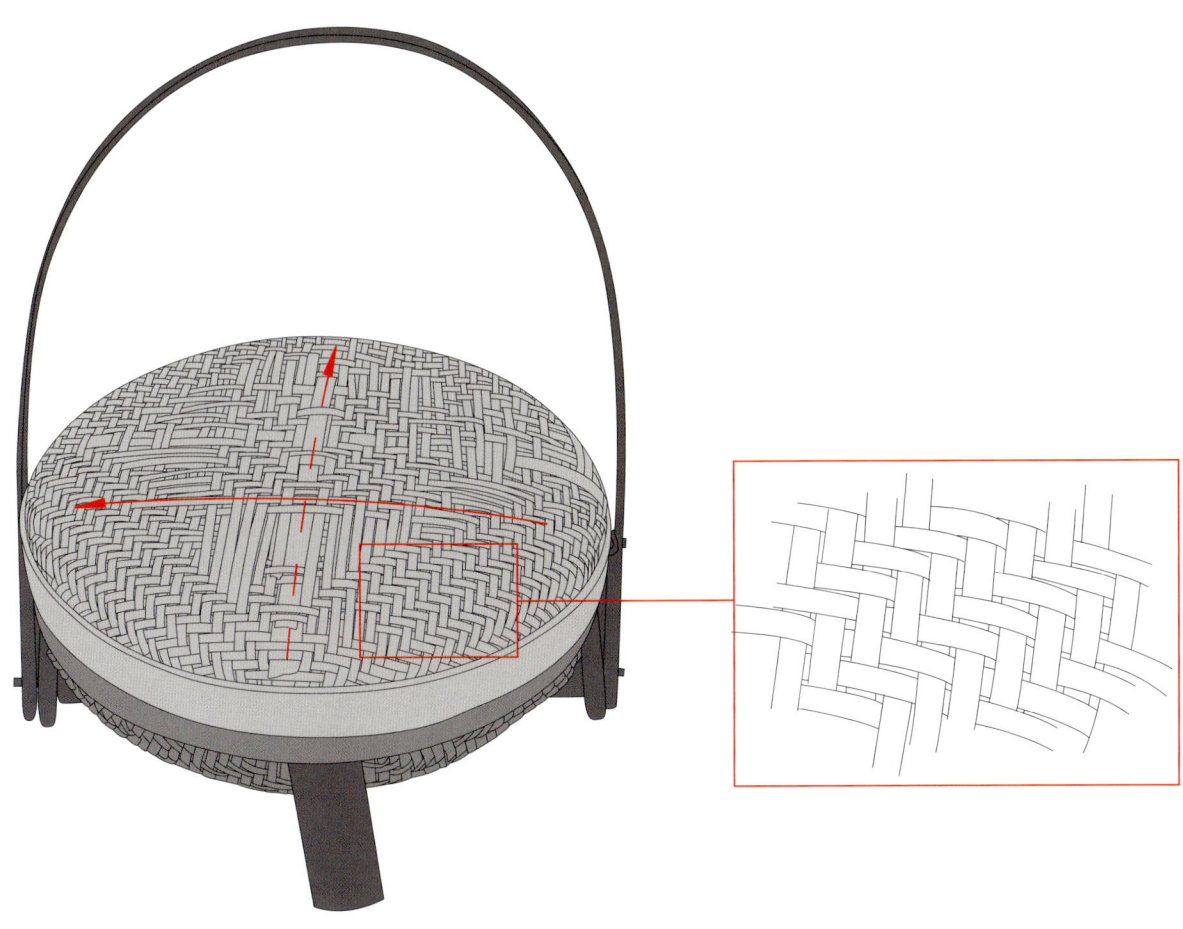

倒口上编织法

图六 仫佬族竹编吊篮工艺分析图

仫佬族竹编挑篓

图一　仫佬族竹编挑篓主图

仫佬族竹编挑篓案例采集于广西罗城仫佬族自治县东门镇石围屯，现藏于罗城仫佬族博物馆。竹编挑篓高51厘米、直径19厘米。受采访人莫振良，仫佬族，男，50岁。

本案例是仫佬族外出走亲戚盛放物品的竹篓。分为提梁、篓身、底座三个部分。挑篓的提梁很长，占整体高度的3/5，由两根竹片从篮子底部兜出，使提升的受力重心下移、挑篓的结构十分牢固。提梁中间位置缠有竹丝做的勒条，连接两股提梁，使其更为牢固，增加承重能力。提梁顶部包裹竹片，以增加摩擦力和受力面积。篓身由宽大的竹片做纵向基础结构，再用细篾条横向穿插编织。篓身下部为单层编织，上部为双层编织。篓底是上窄下宽的结构，将重力分散，稳定性好，可以放置在崎岖的山路上而不会翻倒。这种力臂长、重心低、稳定性好的挑篓，适宜以挑和抬的方式移动，高高的提梁使挑篓可以放置那些又高又长的物品，适用面很宽。

仫佬族人生活在多山的喀斯特地貌地区，人们外出要翻山越岭，携带的物品要么肩挑要么背扛。肩挑箩筐是最方便的运输方式，竹编挑篓高高的提梁用扁担一穿就可以挑走，稍微弯腰就可以卸下休息。两个箩筐盛重约40斤，人挑起走山路不会显得太吃力。无论从人体工学还是结构力学的角度看，竹编挑篓无疑都是十分经典的设计。

图片来源
图一　郑静　摄影
图二至图六　郑静　制图

图二　仫佬族竹编挑篓尺寸图（单位：cm）

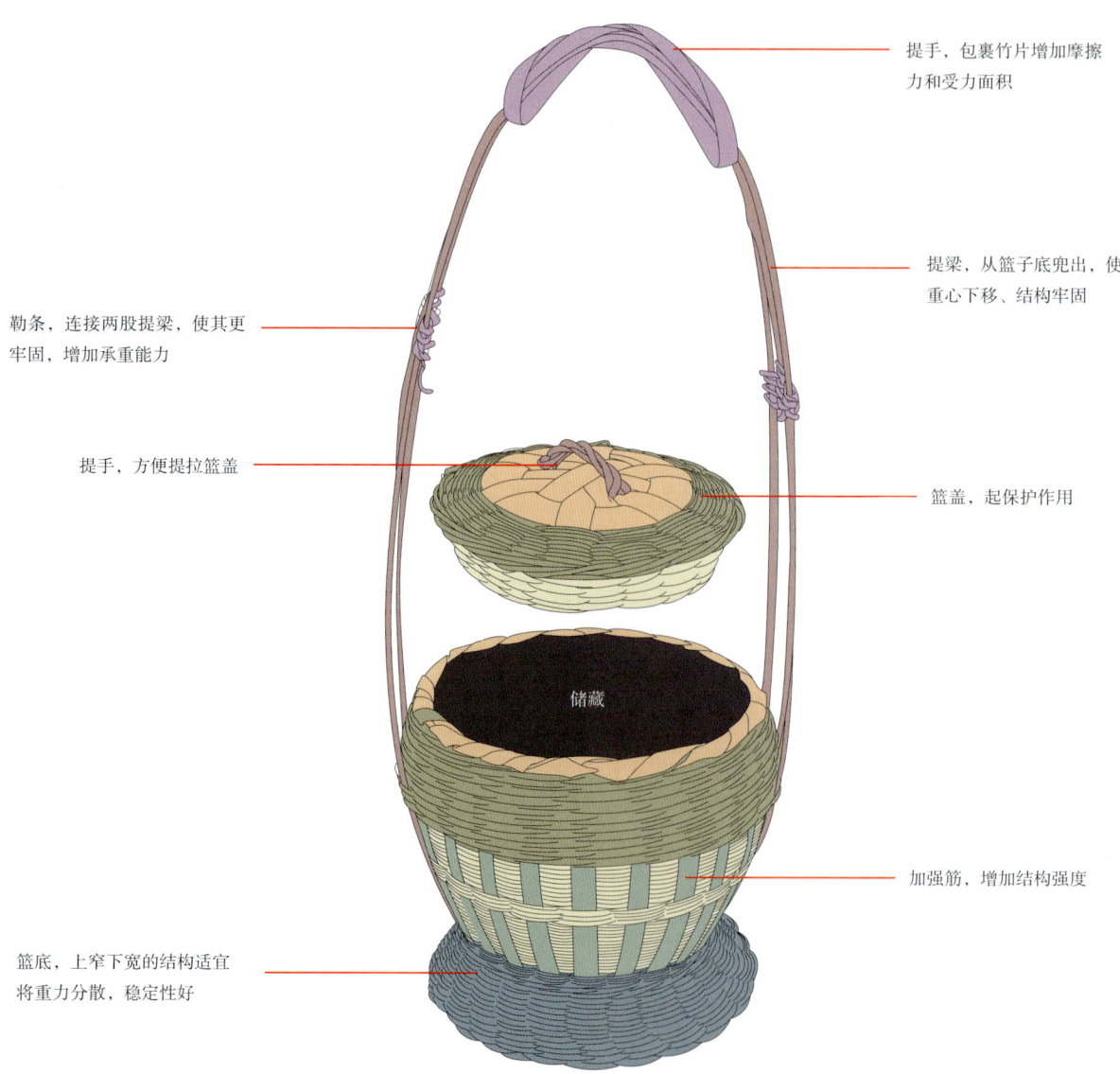

图三　仫佬族竹编挑篓功能解析图

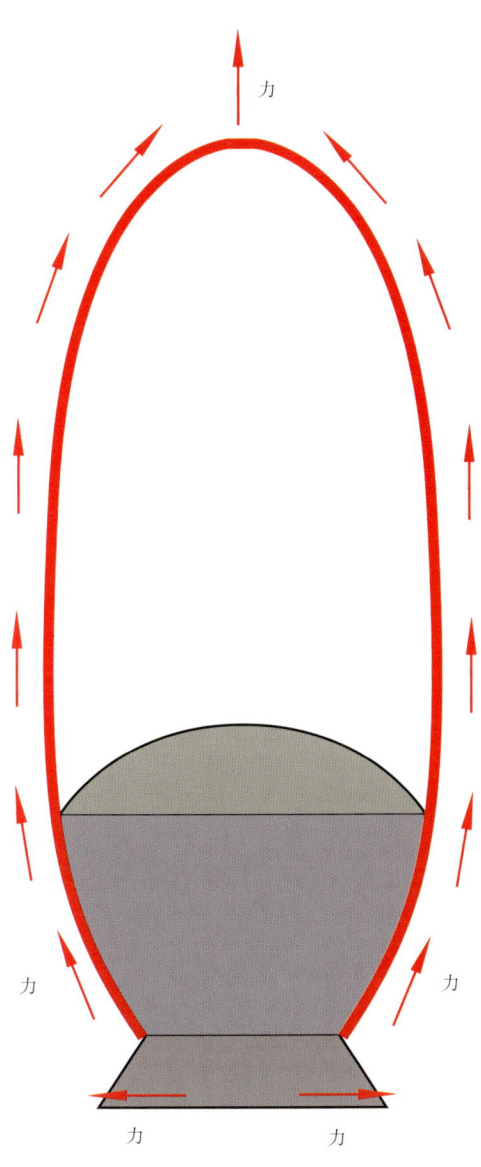
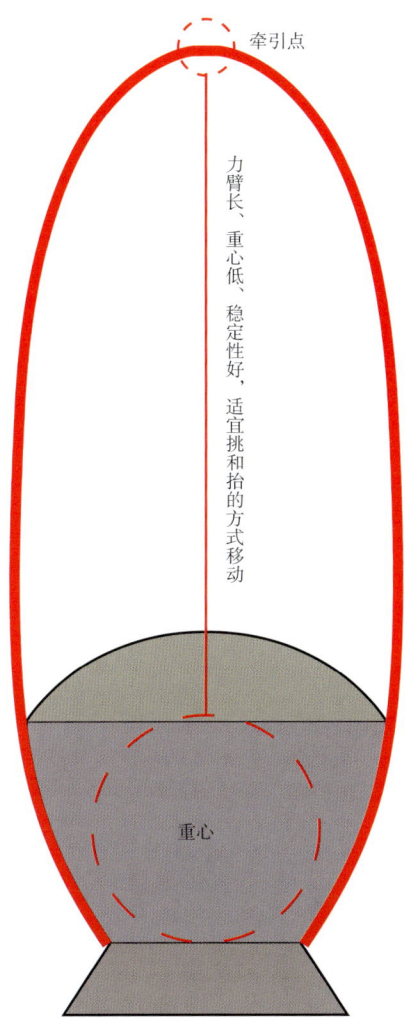

图四 仫佬族竹编挑篓受力结构分析图

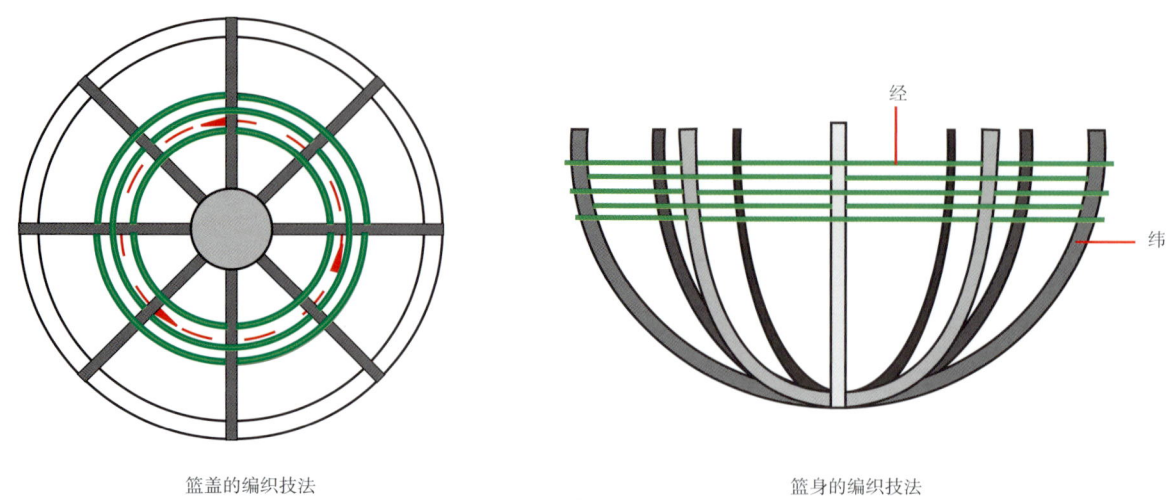

篮盖的编织技法　　　　　　　　篮身的编织技法

图五　仫佬族竹编挑篓编织技法示意图

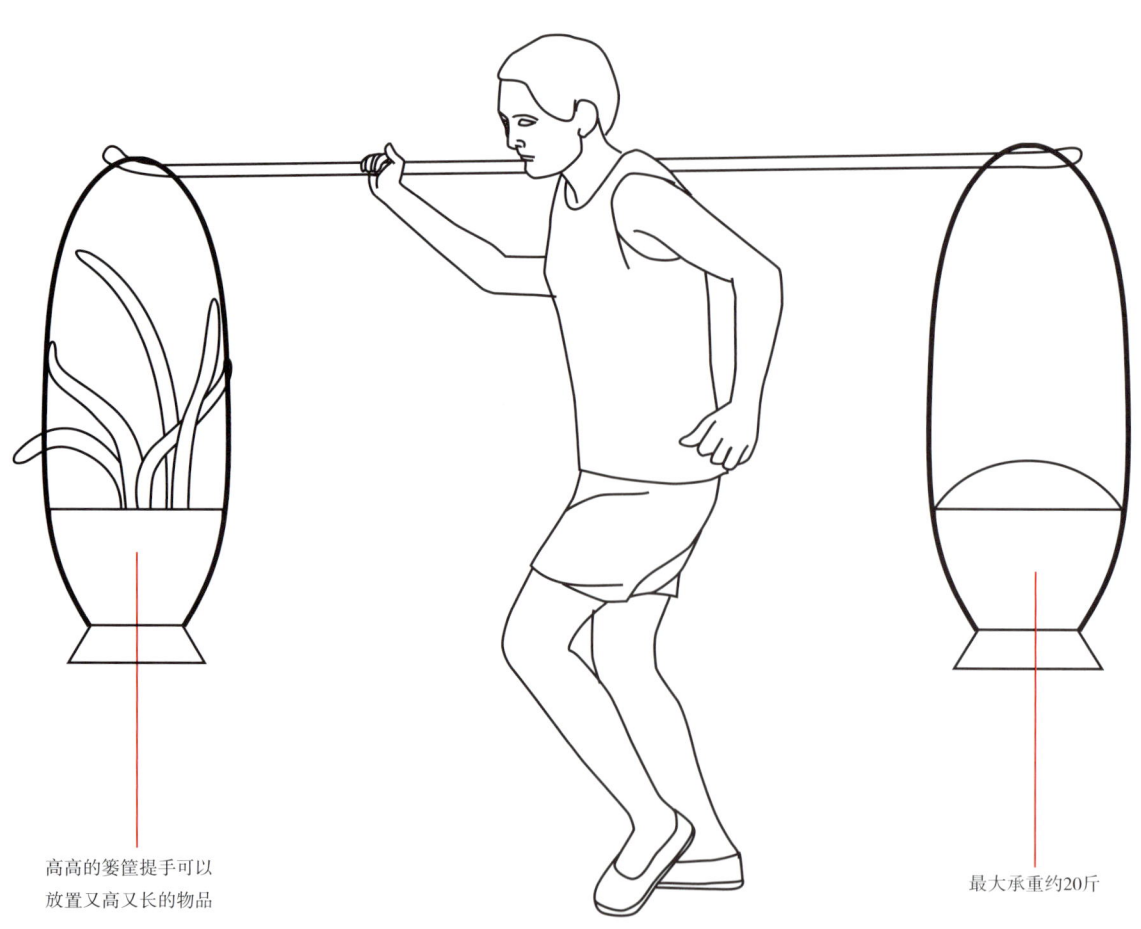

高高的篓筐提手可以放置又高又长的物品

最大承重约20斤

图六　仫佬族竹编挑篓使用情境图

仫佬族竹编油盐罐

图一　仫佬族竹编油盐罐主图

仫佬族竹编油盐罐案例采集于广西罗城仫佬族自治县龙岸镇良泗村，现藏于罗城仫佬族博物馆。罐高26厘米、宽25厘米，直径8.5厘米。受采访人银联健，仫佬族，男，52岁。

本案例是仫佬族家居中装油盐或辣椒、白糖等调味品的容器。容器本身为有两个独立的单元连体的陶罐，外罩竹编提篮。制作时，先根据陶罐的大小编织出适合的篮体，然后放入陶罐，收口。篮体的编织结构松散，空隙大而疏，既起着保护和固定内部陶罐的作用，也减轻了重量。篓底采用密实的交叉编织，增加了承重能力，增强了稳定性。提篮的提手是从底部穿插上来的竹条，使受力均匀，结构牢固。

仫佬族人烧饭都是用地炉，地炉的位置在正厅的左角，除了烧饭外还有烧水、取暖等其他功能，因此油盐罐在烧好菜之后就要挪开。仫佬族地区盛产竹子，竹编的材料十分丰富，价格比较便宜。相对来说，一件陶器的价值要大得多。而且陶器易碎、沉重，用竹编来包裹既起着保护作用，也方便携带和挪移。因此，本案例虽然普通，却包含着仫佬族人对器物的功能、材料、经济等方面的设计思想。

图片来源
图一　郑静　摄影
图二至图五　郑静　制图

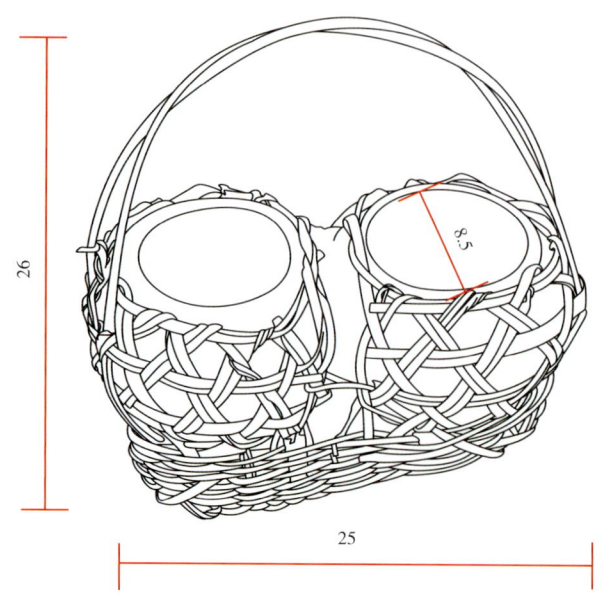

图二　仫佬族竹编油盐罐尺寸图（单位：cm）

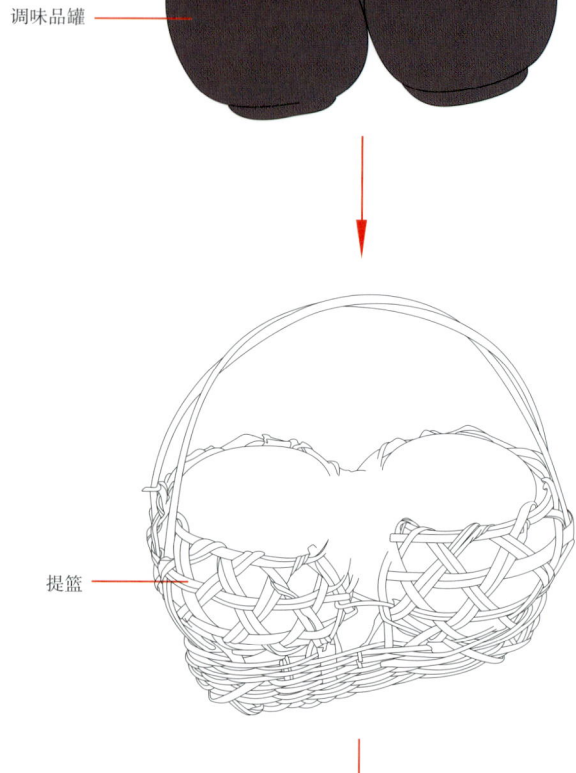

调味品罐

提篮

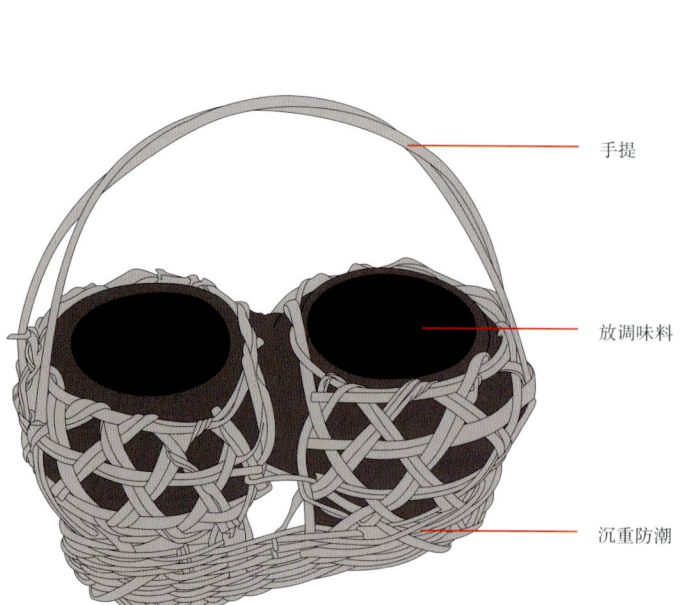

手提

放调味料

沉重防潮

图四　仫佬族竹编油盐罐功能分析图

图三　仫佬族竹编油盐罐制作流程图

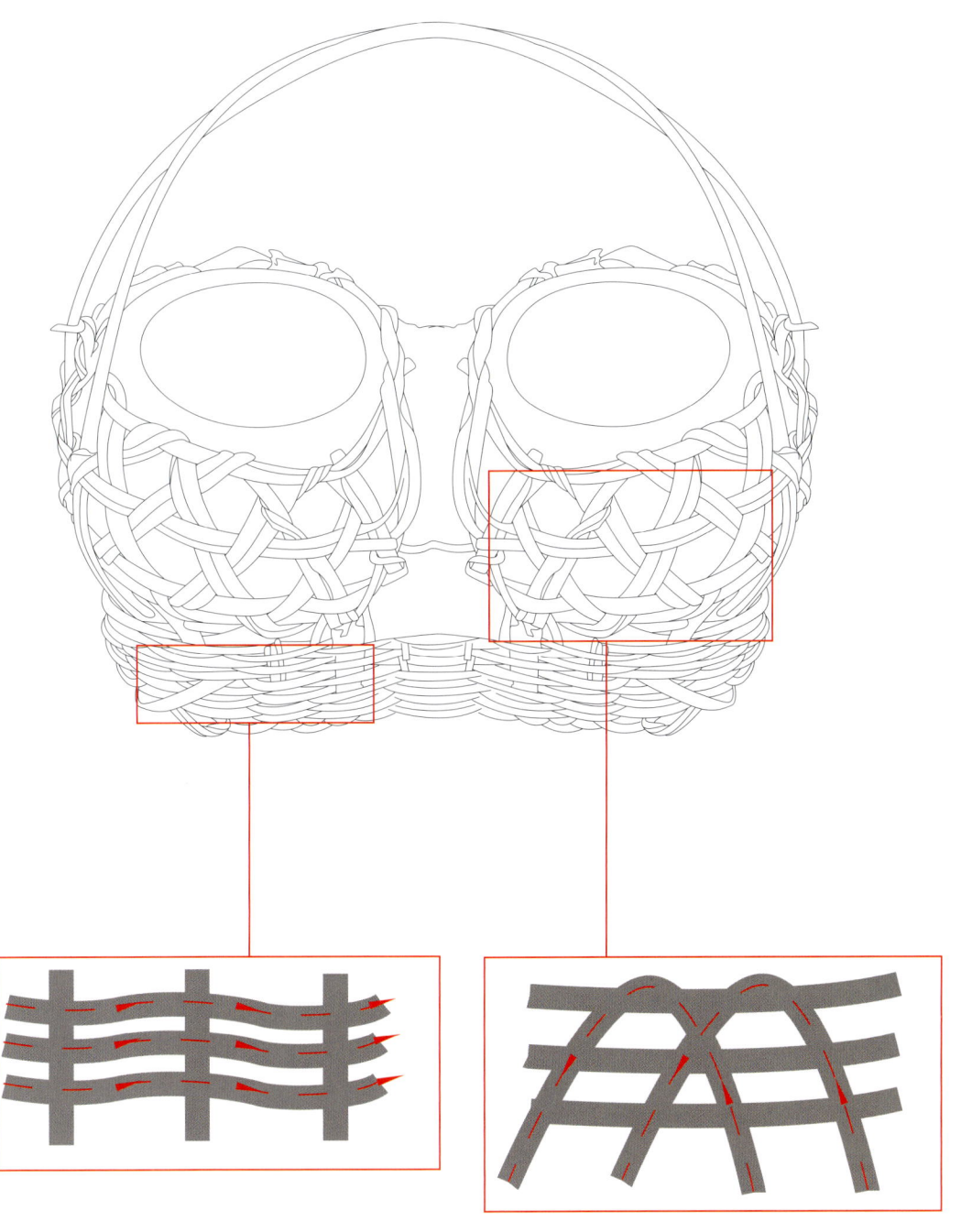

图五 仫佬族竹编油盐罐工艺分析图

仫佬族竹刀篓

图一　仫佬族竹刀篓主图

仫佬族竹刀篓案例采集于广西罗城仫佬族自治县四把镇双寨村中寨屯。竹刀篓高24厘米、口宽12厘米、底宽20厘米。受采访人兰世礼，仫佬族，男，43岁。

本案例是仫佬族人放置柴刀的容器，由竹片编织而成。竹篓底采用隔三压三的方式编织，平整而有弹性，起着兜住柴刀的作用；从篓底拉上来的竹片作为经线，用小竹条横织纬线，直立性好，起着支撑作用；篓口采用隔一压一的方式编织收口，圆弧的面坚固不会划伤手。篓口下有竹编的耳，可以穿在腰带上，方便携带。竹篓造型呈"L"形，篓口宽阔，这种结构造型是和柴刀的结构相匹配的。宽口适合放入和抽出柴刀，柴刀入篓后，由于重力的作用，自然倾斜，"L"形恰好挡住柴刀的勾头，使之在行动中不会脱落。

本案例是一件普通的日常生活用具，但却包含了许多现代设计的要素，在选材方面充分利用了仫佬族生活地区的自然资源竹子，经济、耐用、环保；工艺是当地熟练的竹编手工艺，易操作，质量可保证；造型上充分考虑结构的特点和功能，这些都体现了仫佬族人在造物过程中的智慧。

图片来源
图一　郑静　摄影
图二至图六　李庆庆　制图

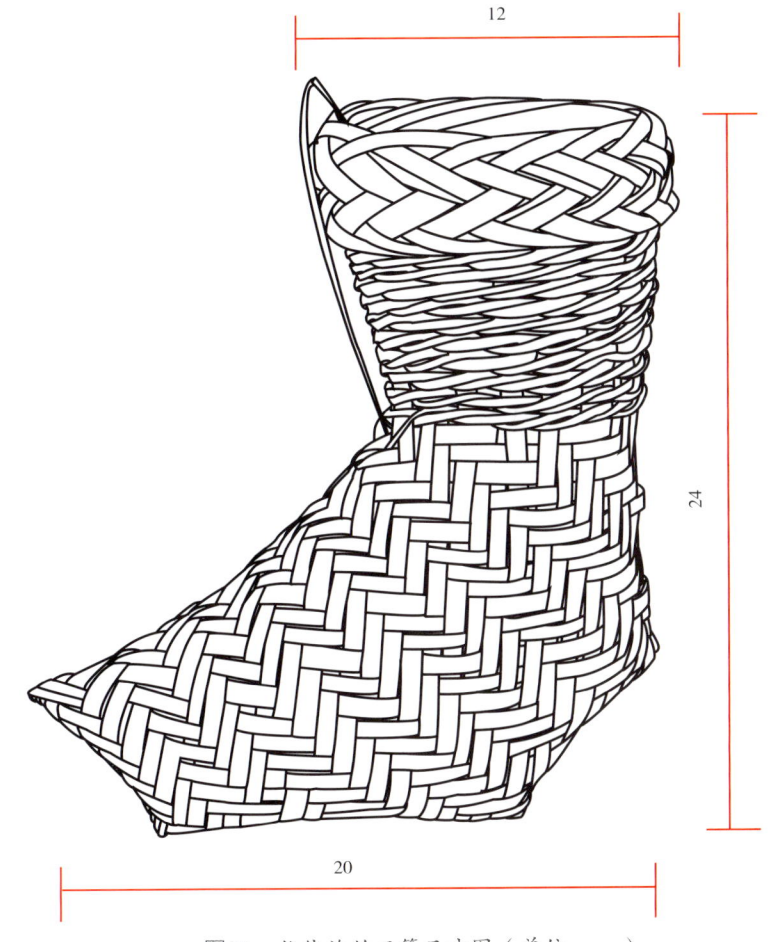

图二　仫佬族竹刀篓尺寸图（单位：cm）

侧视　　　　　　　　　顶视

图三　仫佬族竹刀篓视角图

图四　仫佬族竹刀篓工艺分析图

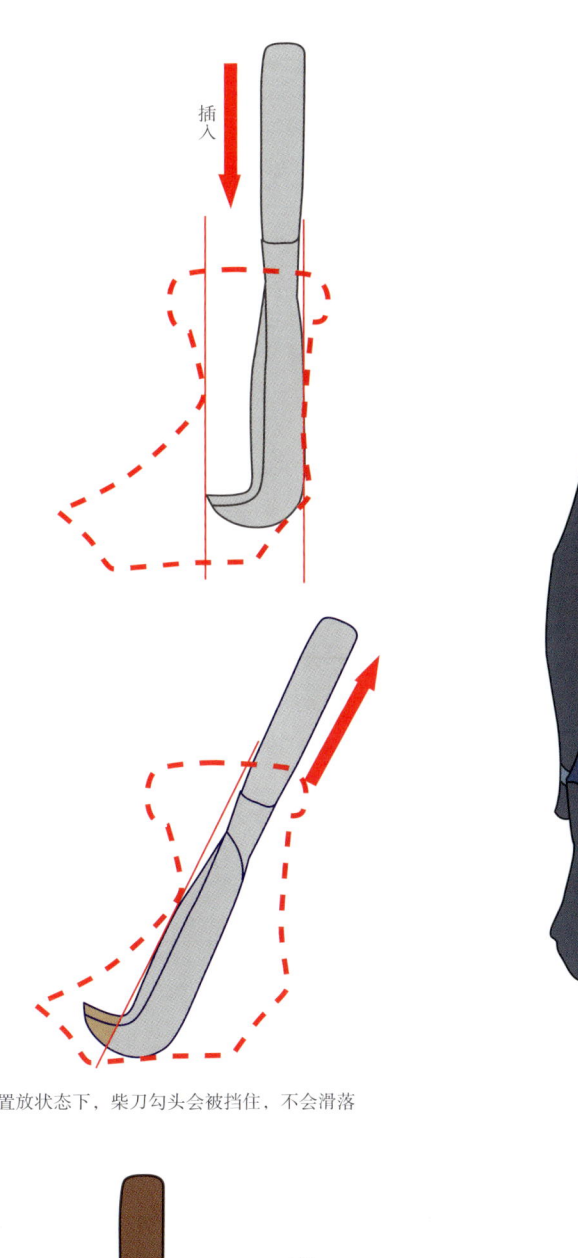

图五　仫佬族竹刀篓竹刀结构名称图　　　　图六　仫佬族竹刀篓使用情境图

第四章　仫佬族传统生活用具

235

仫佬族竹椅

图一　仫佬族竹椅主图

仫佬族竹椅案例采集于广西罗城仫佬族自治县四把镇双寨村中寨屯。竹椅高70厘米、宽30厘米，椅腿高20厘米。受采访人兰世礼，仫佬族，男，43岁。

竹椅是由竹材制成的椅子，一般挑选较为成熟的原竹为材料，主要架构为不同粗细的竹管。应用竹家具的制作，由煨火、钻孔、榫接、打竹钉等制作方法组合而成。制作工艺精细，挑选竹子讲究，竹子不同部位在制作中有不同组合功能。其中重要的工艺为煨火和榫接。煨火：即将竹材进行火烧以提高其韧性，然后根据要求进行适当的弯曲操作，待材料变凉之后自然就会固定成设想的形状，且不会在弯曲过程中因过硬而折断。榫接：椅子的各个连接部位由竹榫固定。在竹椅框架完成后，另以细竹管做各种榫接或竹篾编制，以装饰、美化竹椅。

本案例竹椅为高背矮腿，比例尺寸和汉

族地区的不一样。这是因为仫佬族的饮食习惯是围着地炉,而这种造型的椅子恰好可以贴近地面,舒服方便地活动。而且,这种造型高高的椅背给人体背部最大面积的支撑,可以让人比较舒适地休息。

图片来源
图一　郑静　摄影
图二至图七　李珊珊　制图

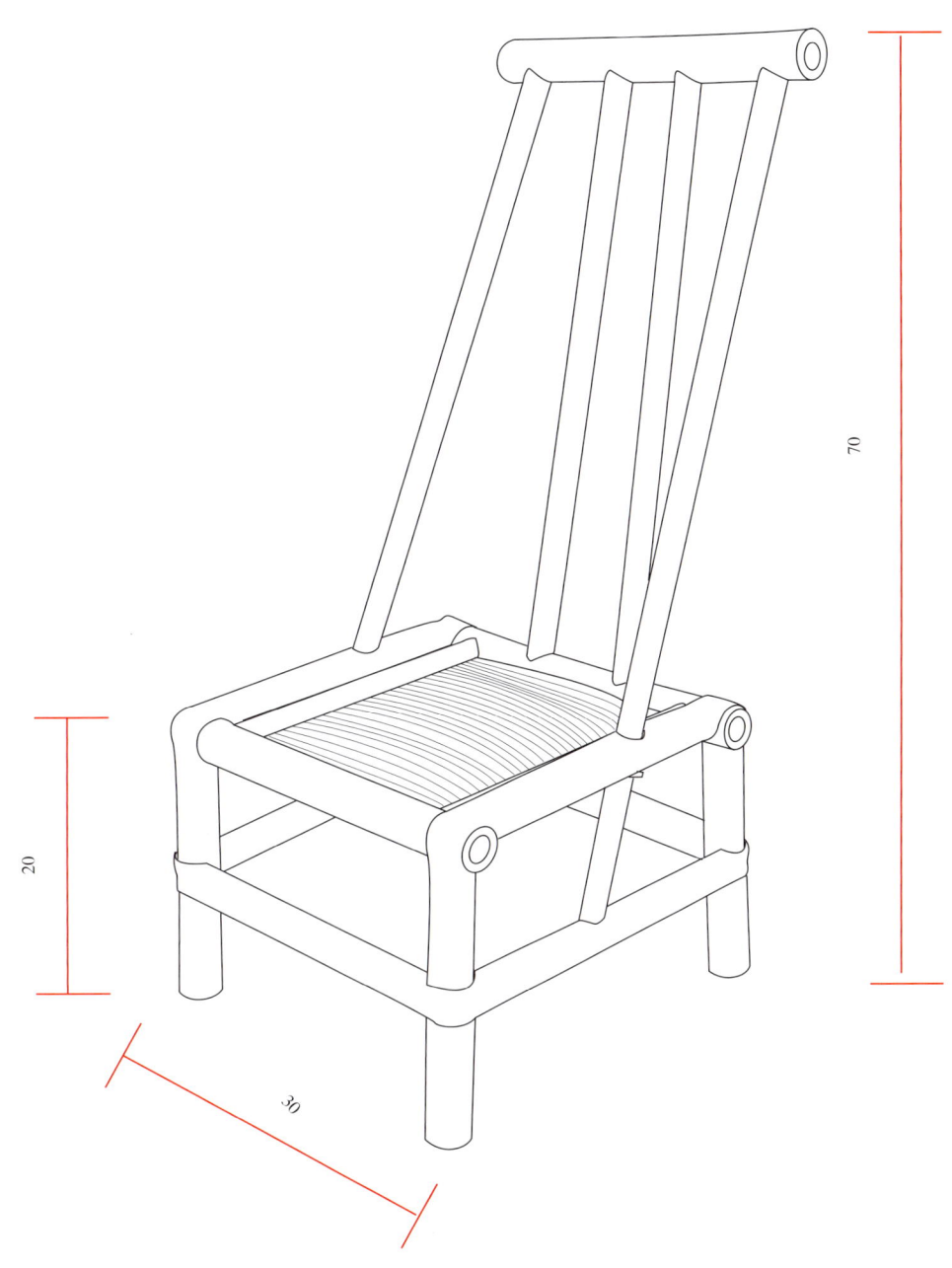

图二　仫佬族竹椅尺寸图(单位:cm)

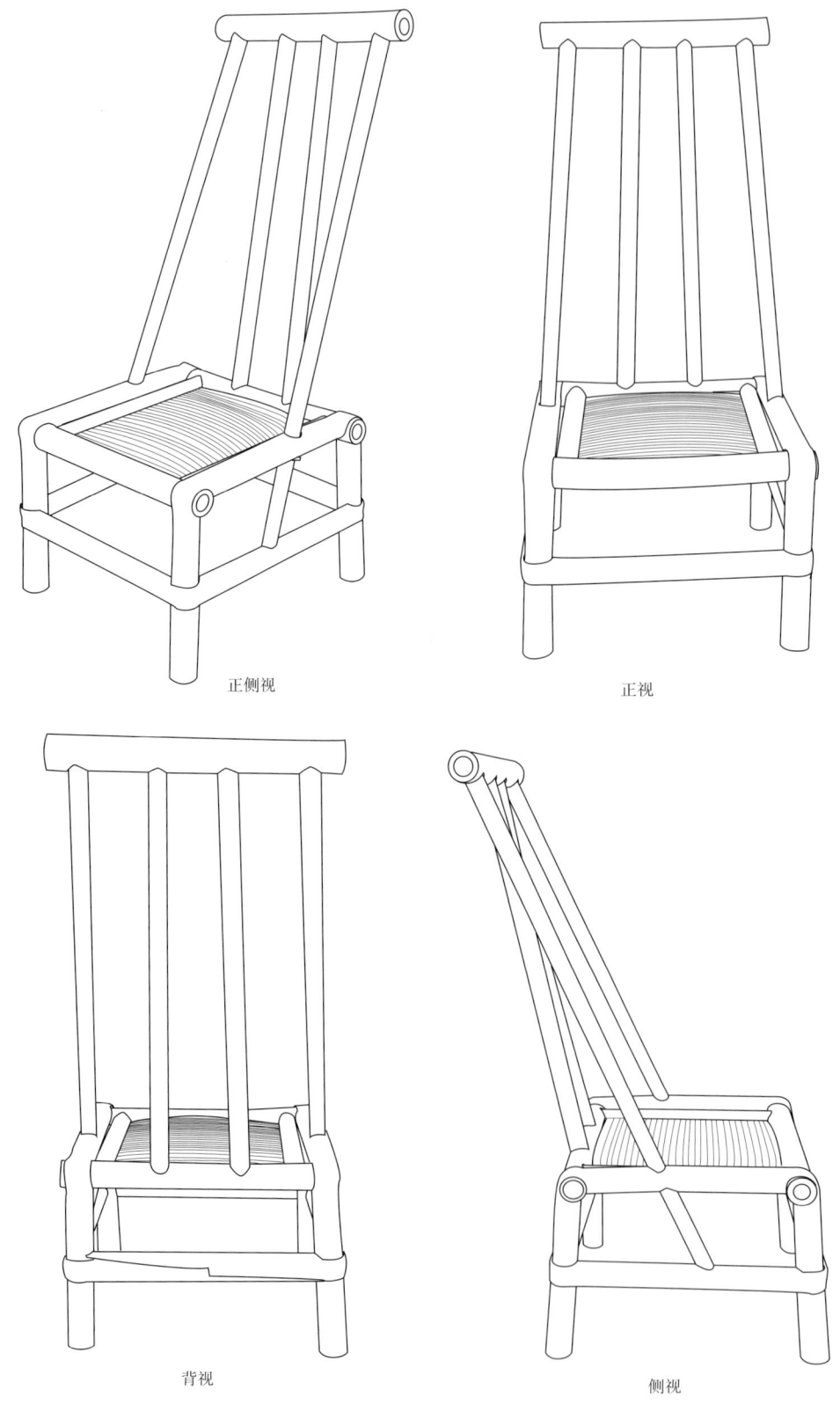

图三 仫佬族竹椅四视图

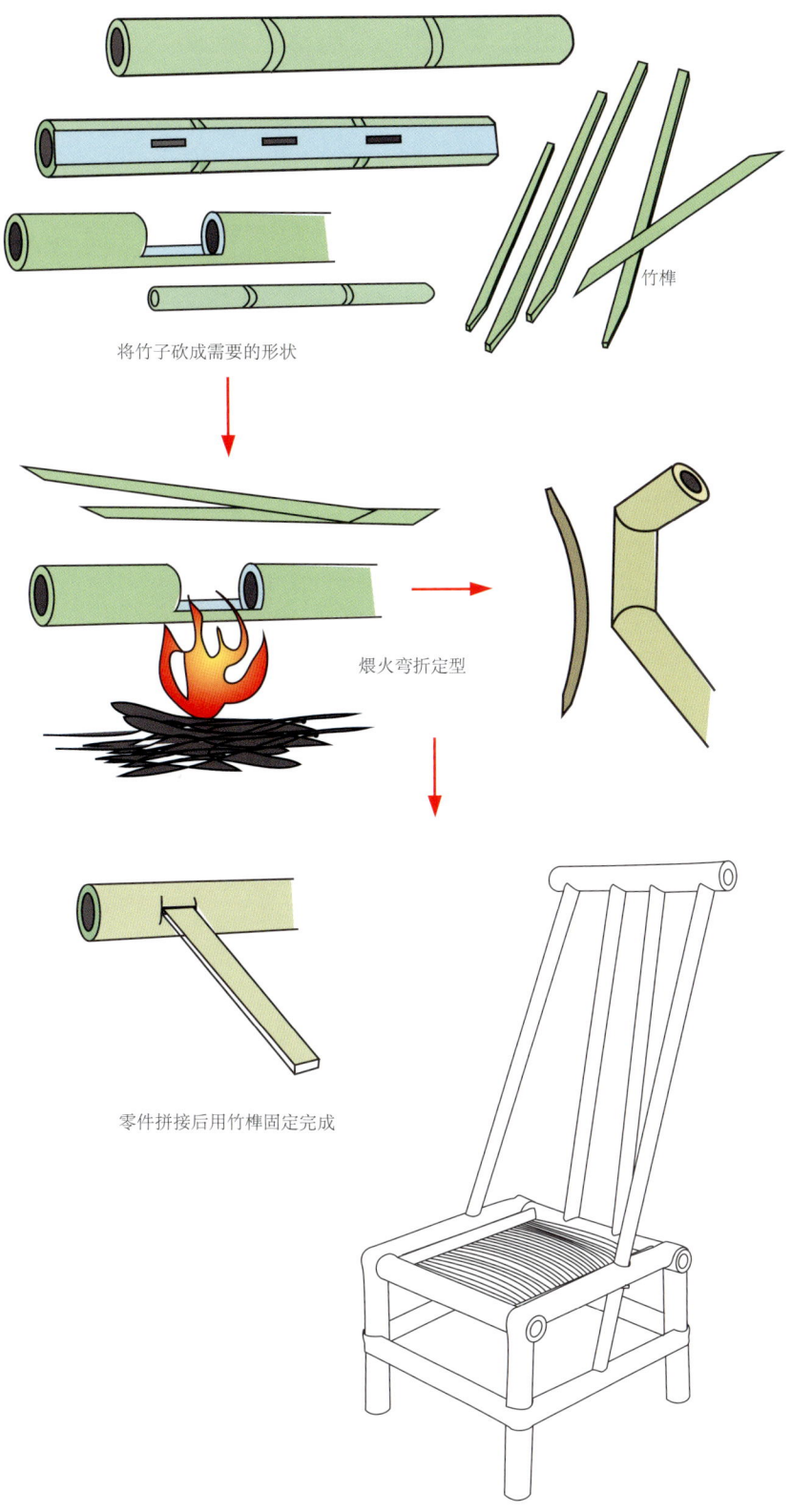

图四　仫佬族竹椅制作流程图

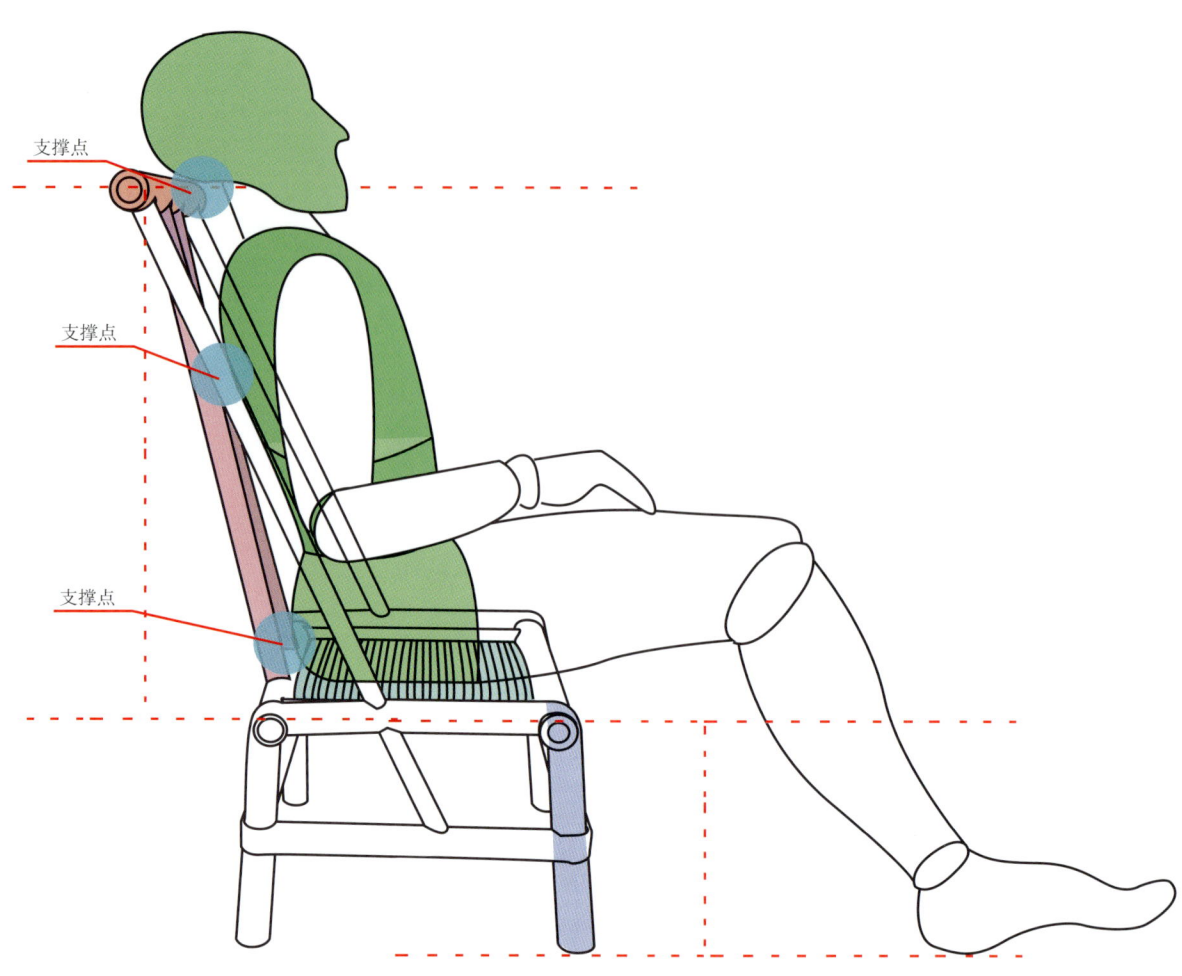

图五　仫佬族竹椅功能分析图

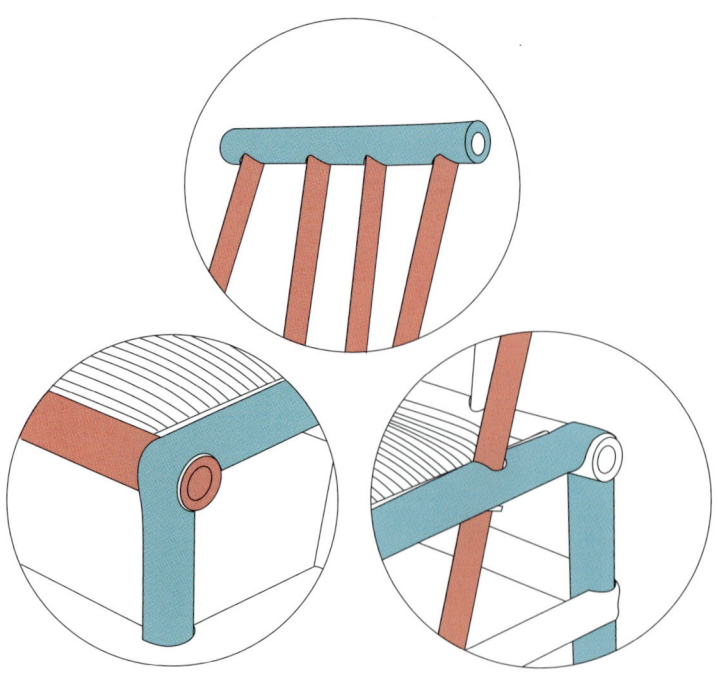

图六　仫佬族竹椅局部分析图

图七　仫佬族竹椅使用情境图

仫佬族竹儿童车

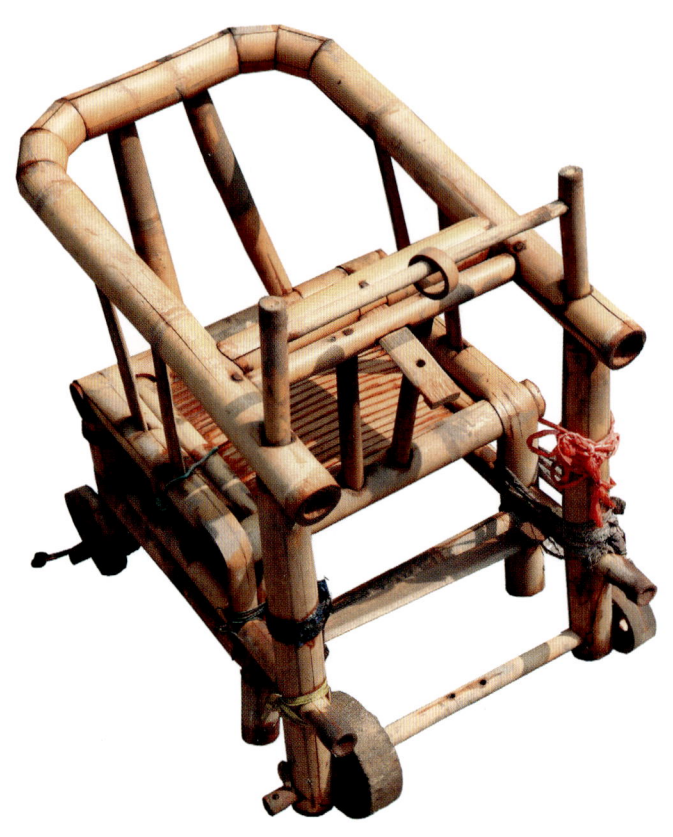

图一　仫佬族竹儿童车主图

仫佬族竹儿童车案例采集于广西罗城仫佬族自治县四把镇双寨村中寨屯。童车高50厘米、长50厘米、宽36厘米。受采访人谢礼芳，女，56岁。

竹儿童车选择成熟的竹子为材料，根据不同的结构部位，选择不同粗细的竹管，采用钻孔、榫接、打竹钉等制作方法组合而成。竹儿童车的支撑件是采用粗大的竹管制作的，十分稳妥牢靠；四个车腿上加装了滚轮，方便四处运动；有十分精巧的卡锁结构，儿童坐在车里，自己爬不出来，十分安全；车的头部安装了一个横档，上面可以挂玩具，具有娱乐功能。仫佬族的这种竹儿童车集看护、移动、安全、娱乐等功能于一体，考虑到了看护儿童的方方面面，设计贴切实用。

本案例是较为罕见的具有现代产品意义的手工艺品，材料选择轻巧坚固，获得方便，价格便宜；加工工艺简单，实用；造型功能不仅考虑了看护儿童的方便、安全等实用功能，更加考虑了移动遛弯、娱乐等需求。

图片来源
图一　郑静　摄影
图二至图六　李珊珊　制图

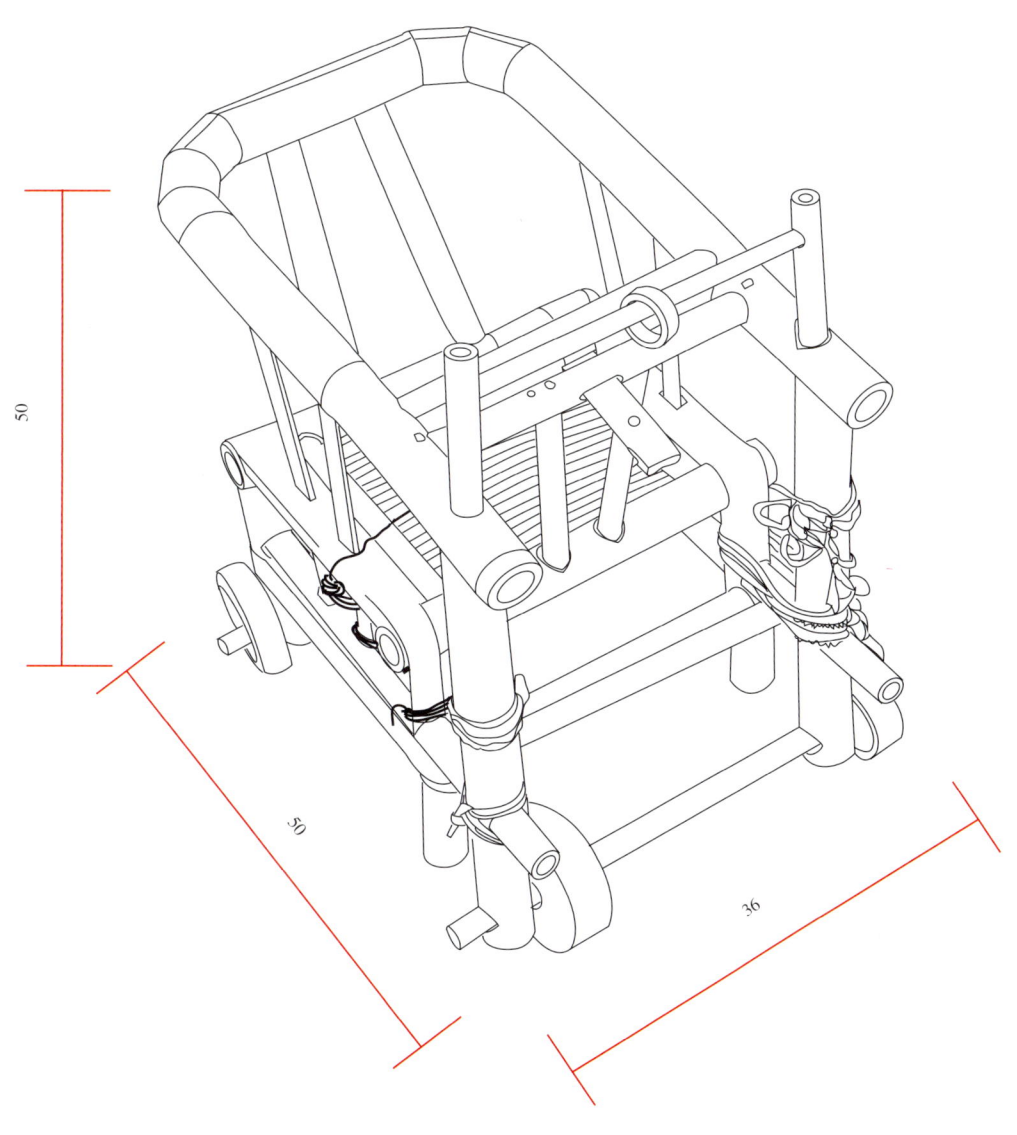

图二　仫佬族竹儿童车尺寸图（单位：cm）

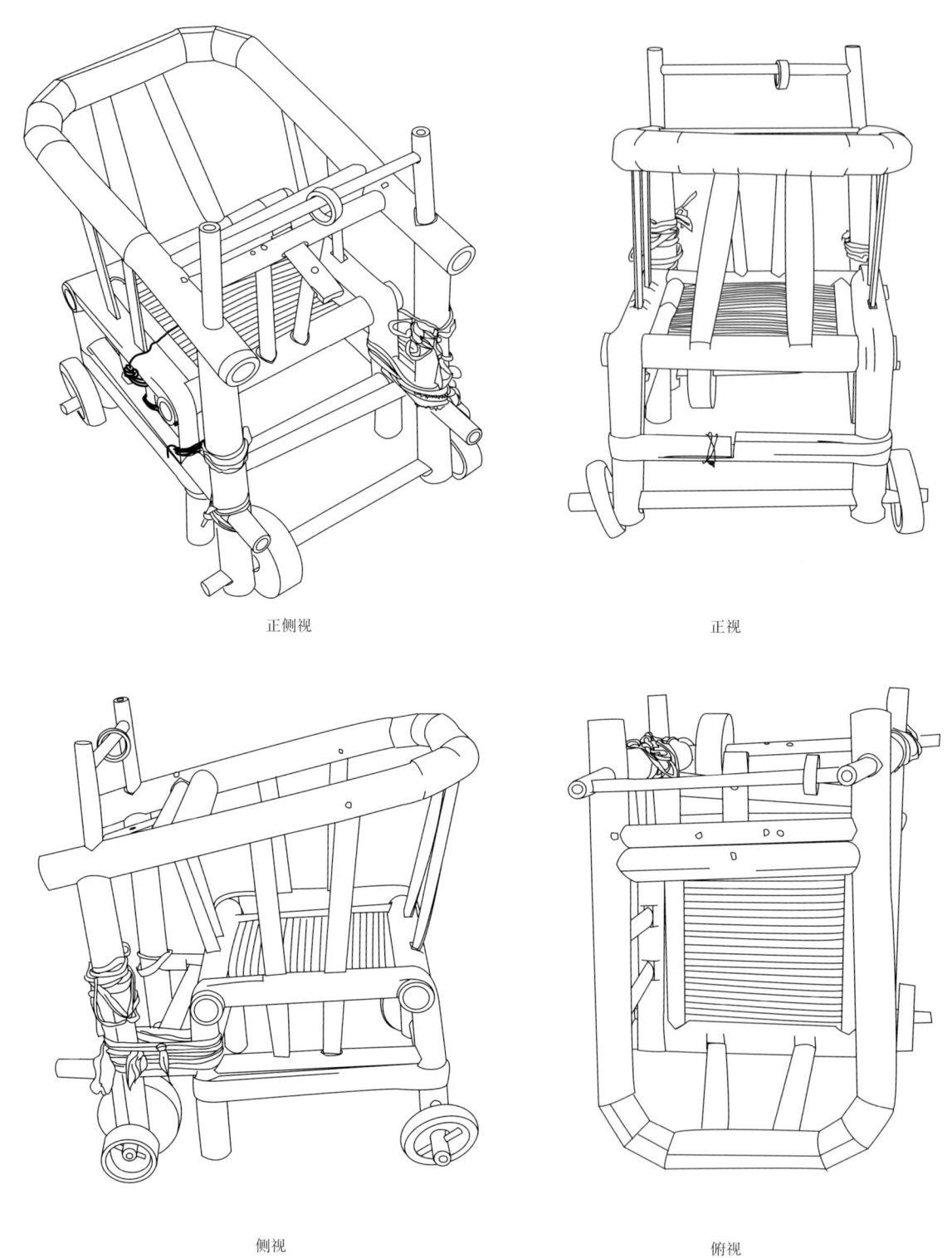

正侧视　　正视

侧视　　俯视

图三　仫佬族竹儿童车四视图

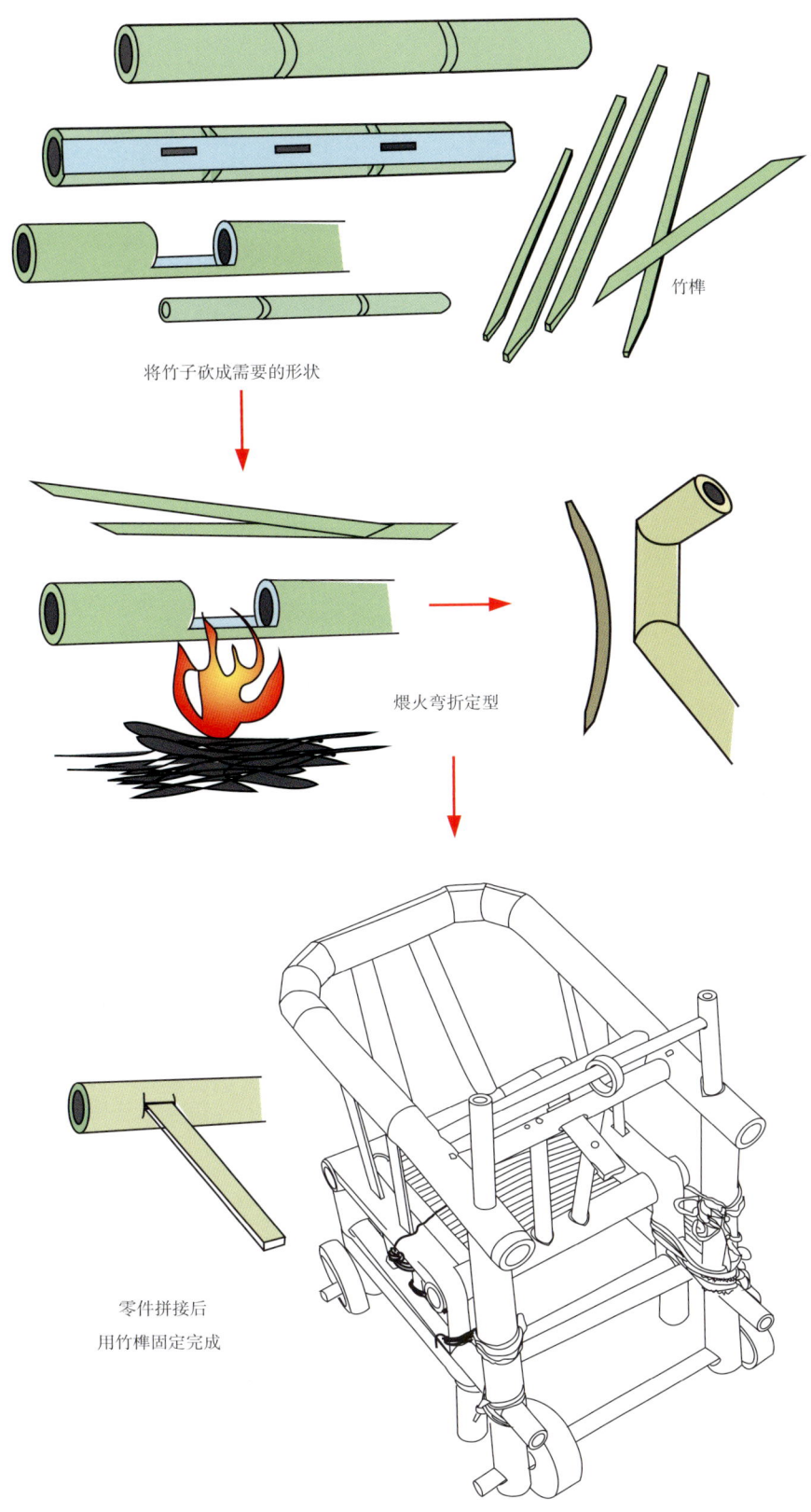

图四 仫佬族竹儿童车制作流程图

打开状态　　　　　　　　　　　　　　　卡锁状态

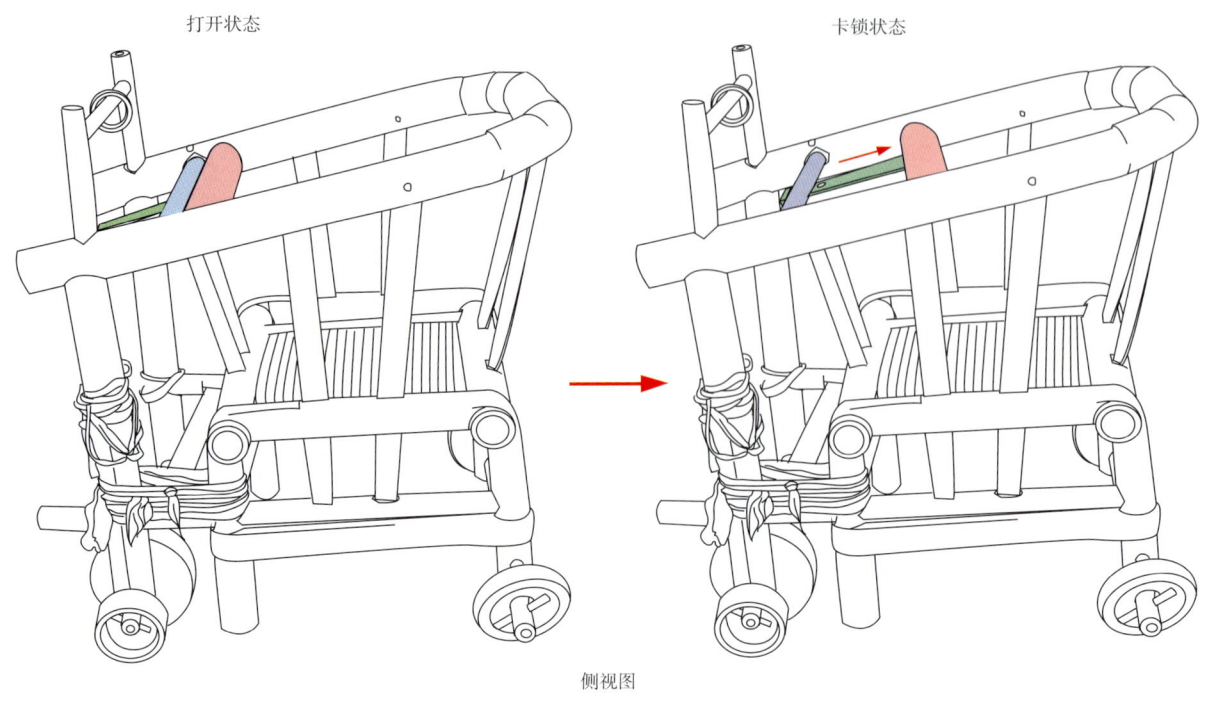

侧视图

打开状态　　　　　　　　　　　　　　　卡锁状态

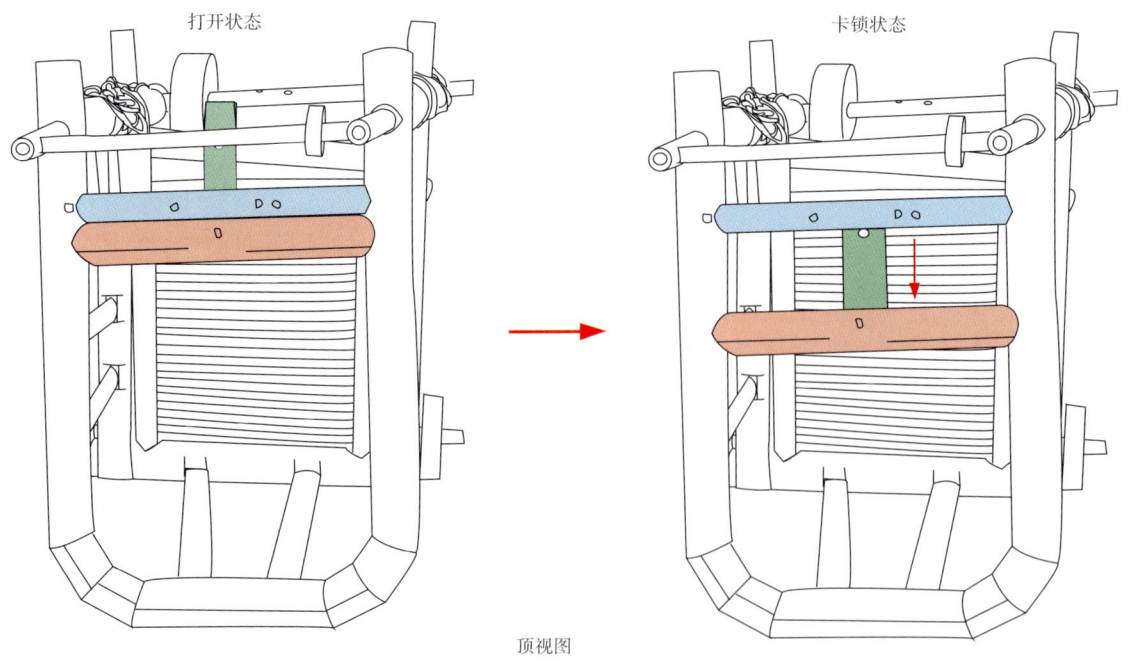

顶视图

图五　仫佬族竹儿童车卡锁结构示意图

图五　仫佬族竹防蝇罩使用情境图

仫佬族竹碗橱

图一 仫佬族竹碗橱主图

仫佬族竹碗橱案例采集于广西罗城仫佬族自治县四把镇双寨村中寨屯。竹碗橱高120厘米、宽70厘米。受采访人兰世礼，男，43岁。

本案例的竹碗橱功能上下区分，带竹篾编制的上半部分用来盛放餐具和熟食，防蚊虫、防尘及洗后自然风干，只有竹架的下半部分用来放置不需要防虫的器皿或食材。竹碗橱以竹子为材料，竹子的不同部位在制作中有不同的功能。使用竹管制作框架，用竹篾编制厨壁。制作时应用煨火、钻孔、榫接、打竹钉等技法，工艺精细。其中重要的工艺为煨火和榫接。

煨火：即将竹材进行火烧以提高其韧性，然后根据要求进行适当弯曲操作，待材料变凉之后自然就会固定成设想的形状，且不会在弯曲过程中因过硬而折断。榫接：碗橱的各个连接部位由竹榫固定。

本案例是一件普通的日常生活用具，但却包含了许多现代设计的要素，如功能区的划分。通过巧妙的结构安排，将碗橱分为封闭区、半封闭区、开放区，达到一物多用的功能最大化。

图片来源
图一　郑静　摄影
图二至图五　李珊珊　制图

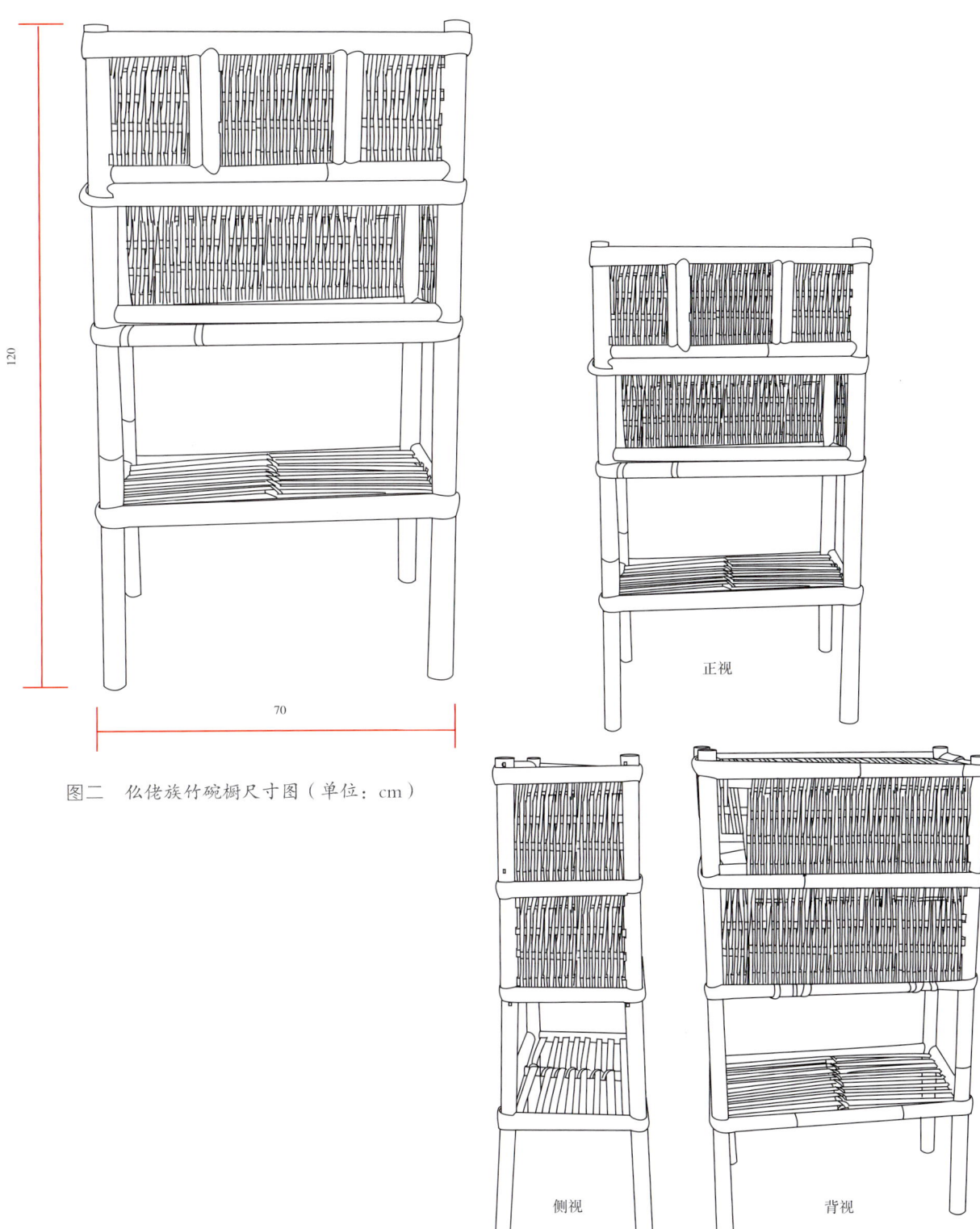

图二　仫佬族竹碗橱尺寸图（单位：cm）

正视

侧视　　背视

图三　仫佬族竹碗橱三视图

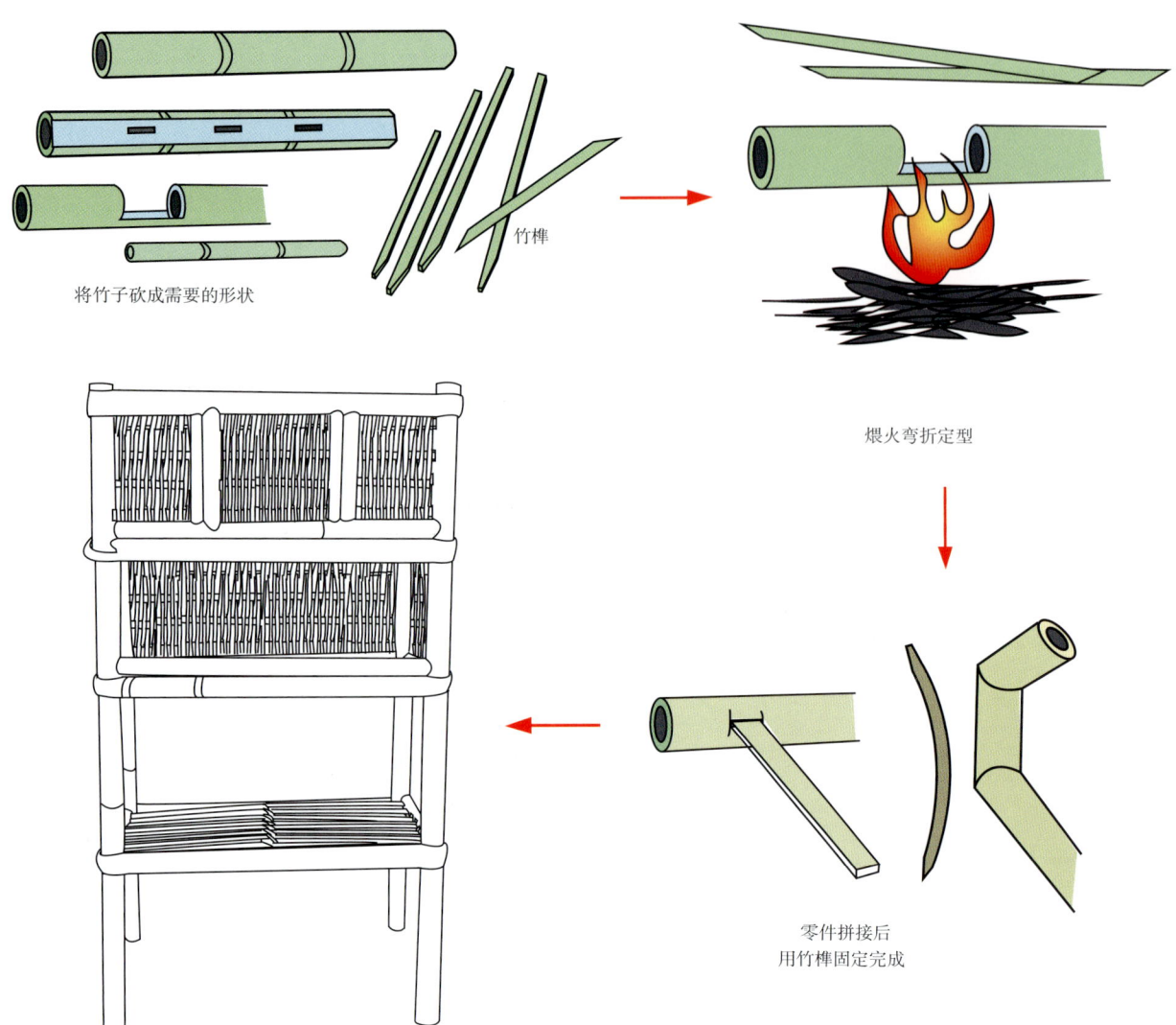

图四 仫佬族竹碗橱制作流程图

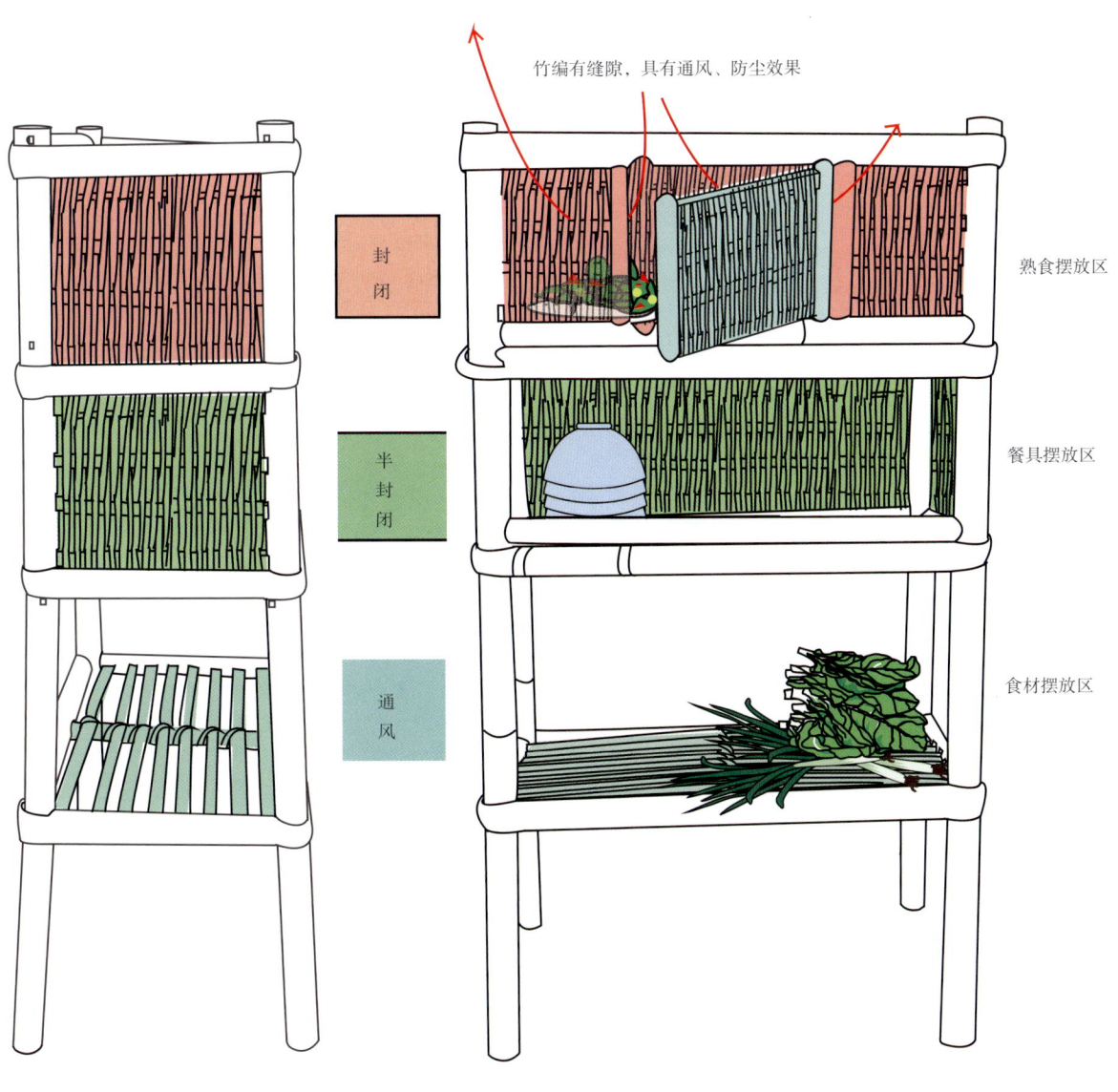

图五　仫佬族竹碗橱功能分析图

仫佬族辣椒钵

图一　仫佬族辣椒钵主图

　　仫佬族辣椒钵案例采集于广西罗城仫佬族自治县县城。钵高8.5厘米、口径15厘米。受采访人潘韦明，仫佬族，62岁。

　　本案例是磨制和装盛辣椒粉调味品的专用器皿。宽口窄底，外形轮廓与吃饭用的碗相似。辣椒钵一般为粗陶材料制作，钵的外壁施釉，十分光滑，内壁无釉。素坯底上刻有一条条的凹槽，如同锉刀的锉槽，与专用的小木杵配合，可以很轻松地磨碎辣椒。辣椒钵的口沿比较宽，可以防止在操作时辣椒的粉末溢出。此外，由于磨制辣椒粉的时候需要用力，辣椒钵的壁厚也特别加厚，使辣椒钵十分坚固耐用。

　　辣椒钵是仫佬族餐桌上的必备用品，由于广西气候湿热，辣椒可祛痰湿，所以仫佬人口味偏辣，几乎所有的菜肴在食用时都要蘸辣椒吃，辣椒的需求量很大。辣椒钵可以迅速地研磨出辣椒粉，而且可以根据人的喜好磨制不同大小的辣椒粉。还可以一边吃饭一边磨粉，十分方便。

图片来源
图一　郑静　摄影
图二至图五　杨宇飞　制图
图六　杨宇飞　摄影

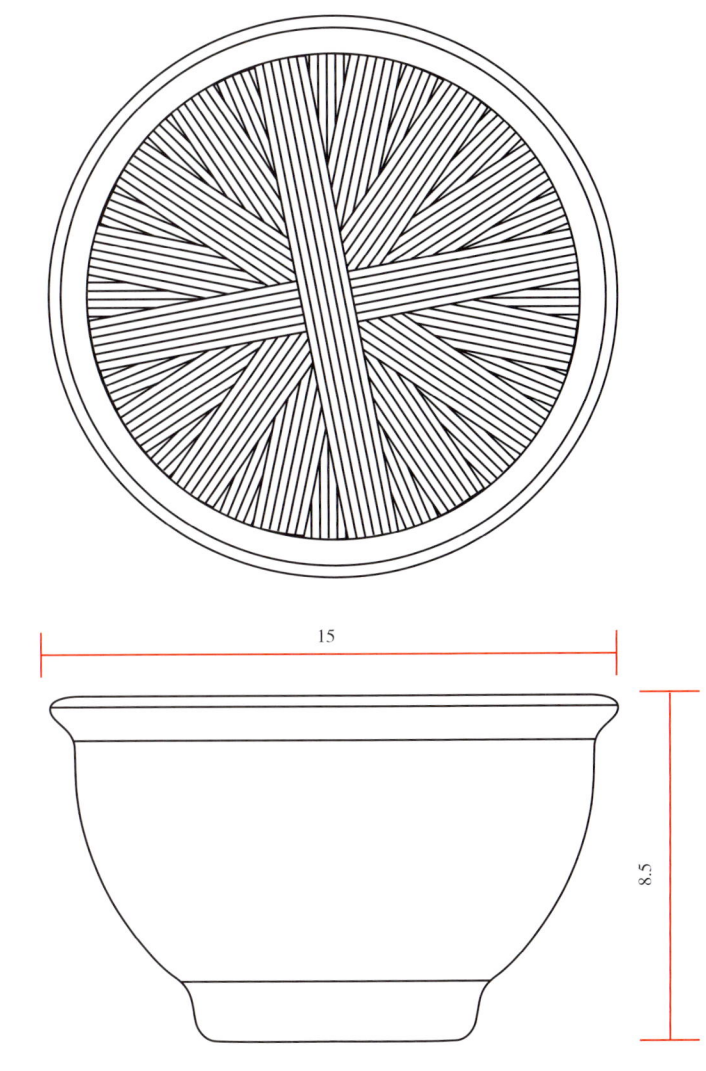

图二　仫佬族辣椒钵尺寸图（单位：cm）

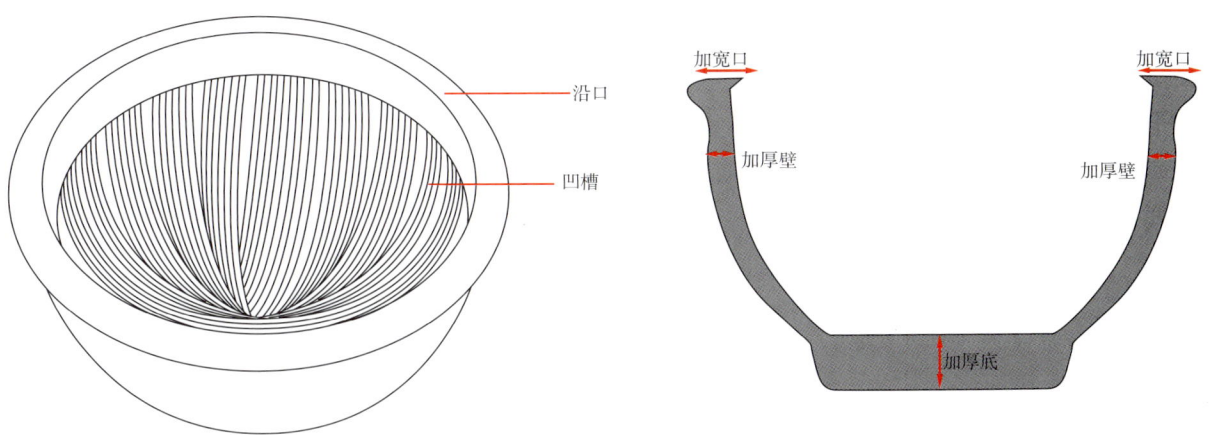

图三　仫佬族辣椒钵结构名称图

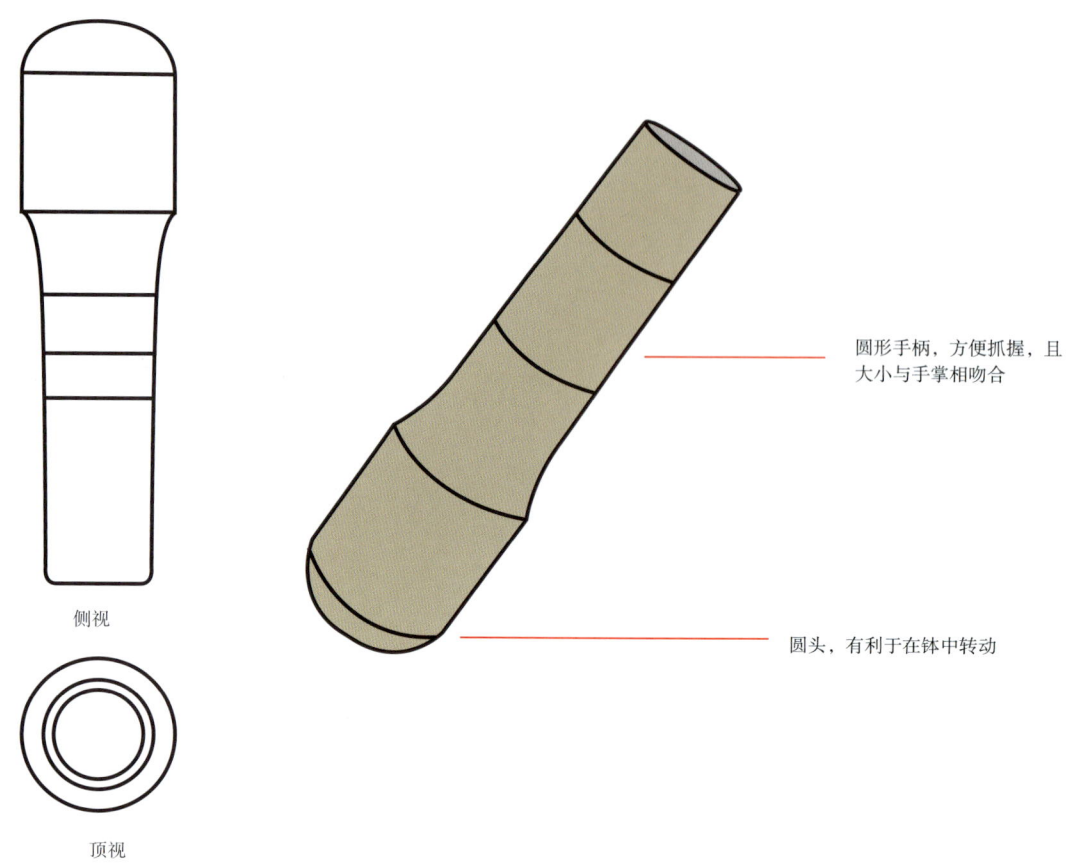

图四　仫佬族辣椒钵造型结构图

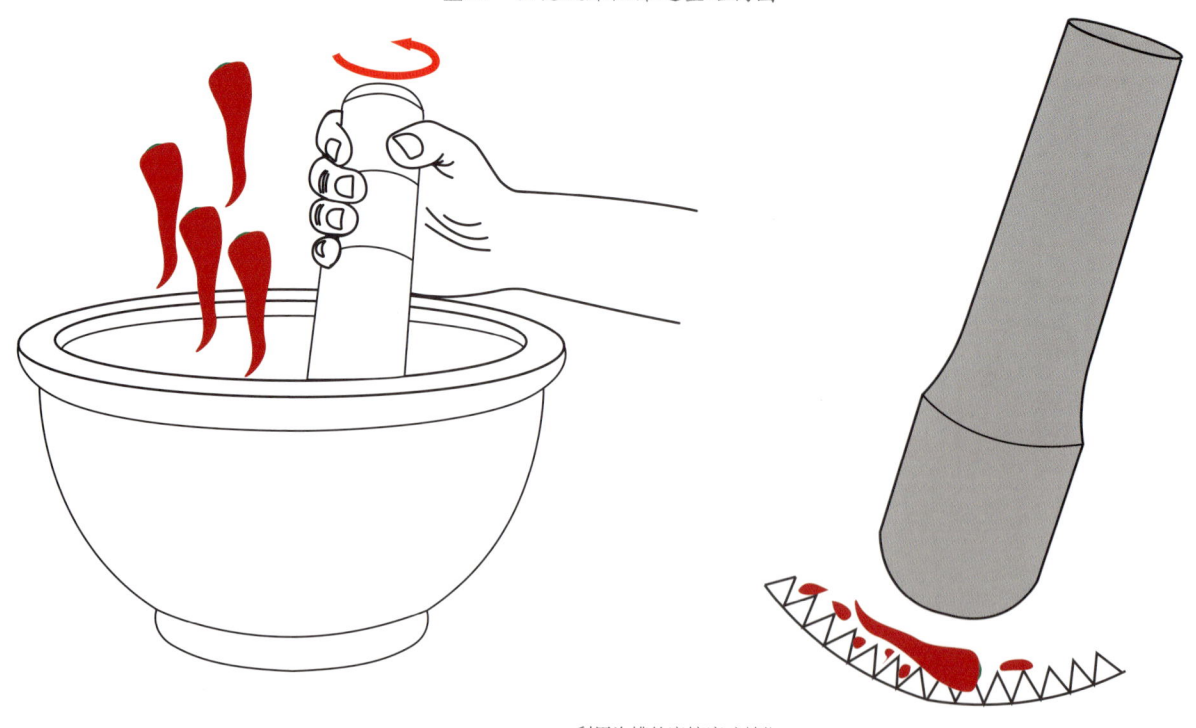

图五　仫佬族辣椒钵使用情境图

图六　仫佬族辣椒钵实物参考图

第四章　仫佬族传统生活用具

259

仫佬族酸坛

图一　仫佬族酸坛主图

　　仫佬族酸坛案例采集于广西罗城仫佬族自治县四把镇双寨村中寨屯。坛高18厘米、直径18厘米。受采访人兰世礼，男，43岁。

　　酸坛是以陶土为原料，两面上釉烧制而成的，是制作泡菜的主要容器。形状是两头小、中间大，坛口外有坛沿，为水封口的水槽。在腌制泡菜时，在水槽里加水再加扣上坛盖，可以隔绝外界空气，并防止微生物入侵；泡菜发酵过程中产生二氧化碳气体，可以通过水槽以气泡的形式排出，使坛内保持良好的密封条件，其中腌制品可以久藏不坏，并且方便拿取。由于腌菜均含有较高的食盐或酸度，容易腐蚀容器，并会导致有害物质的析出，所以对腌制品加工用的容器的材料，应该进行严格的选择。酸坛质地的好坏，可直接影响泡菜的质量。因此，使用时应选择火候老、釉彩均匀、无裂纹、无砂眼、内壁光滑的坛体。

　　本案例酸坛的内外都上了釉，双重保护，所以不容易出现渗盐的现象，酸坛由于里面上釉，所以内壁容易清洗，有多次使用不易滋生细菌等优点。酸坛还有没有上釉的内盖，用于吸水，防止水槽的水蒸气进入酸坛内部。

图片来源
图一、图五　郑静　摄影
图二至图四　李珊珊　制图

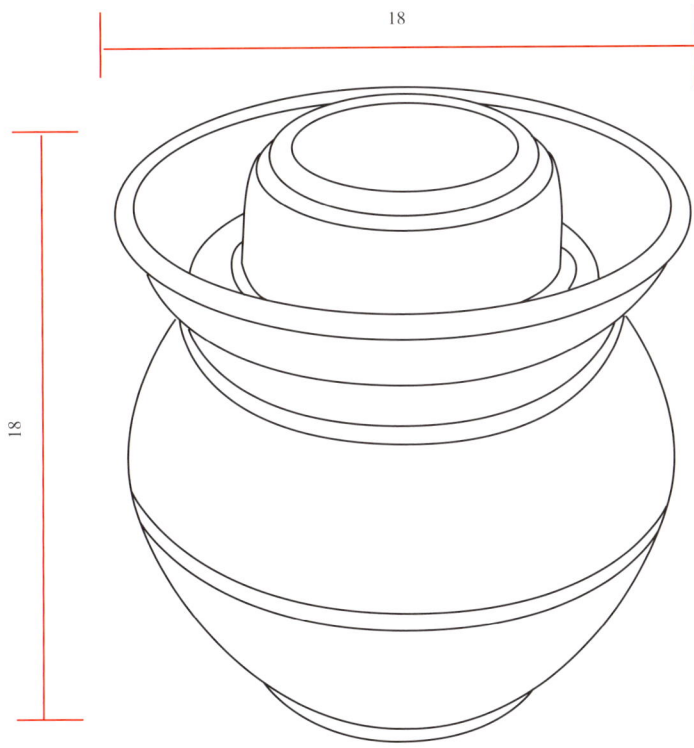

图二　仫佬族酸坛尺寸图（单位：cm）

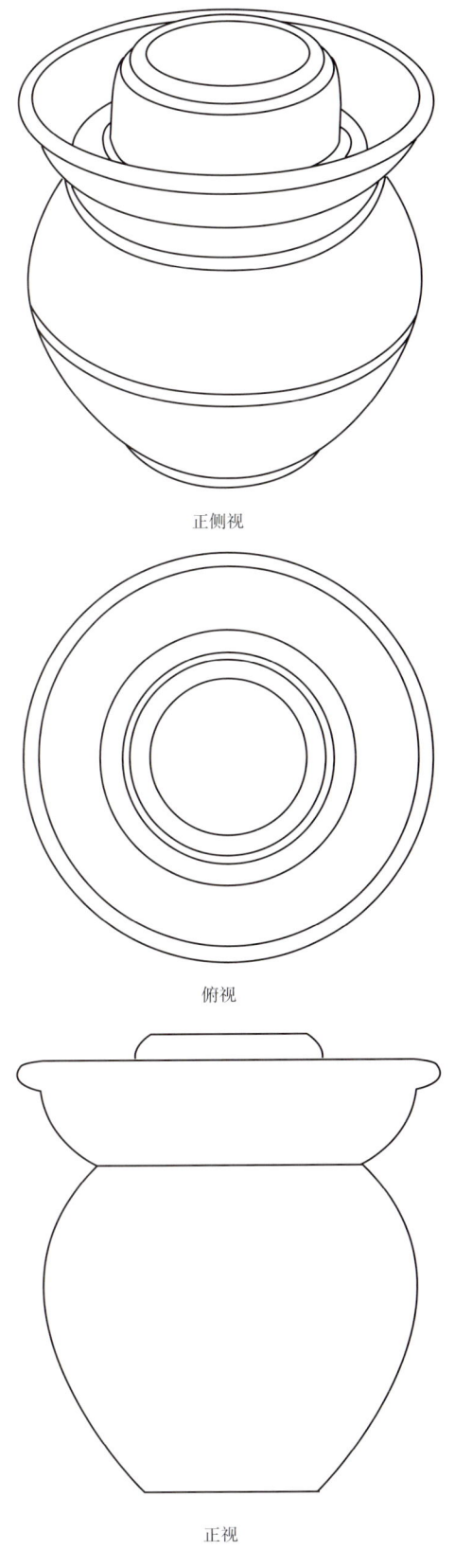

图三　仫佬族酸坛三视图

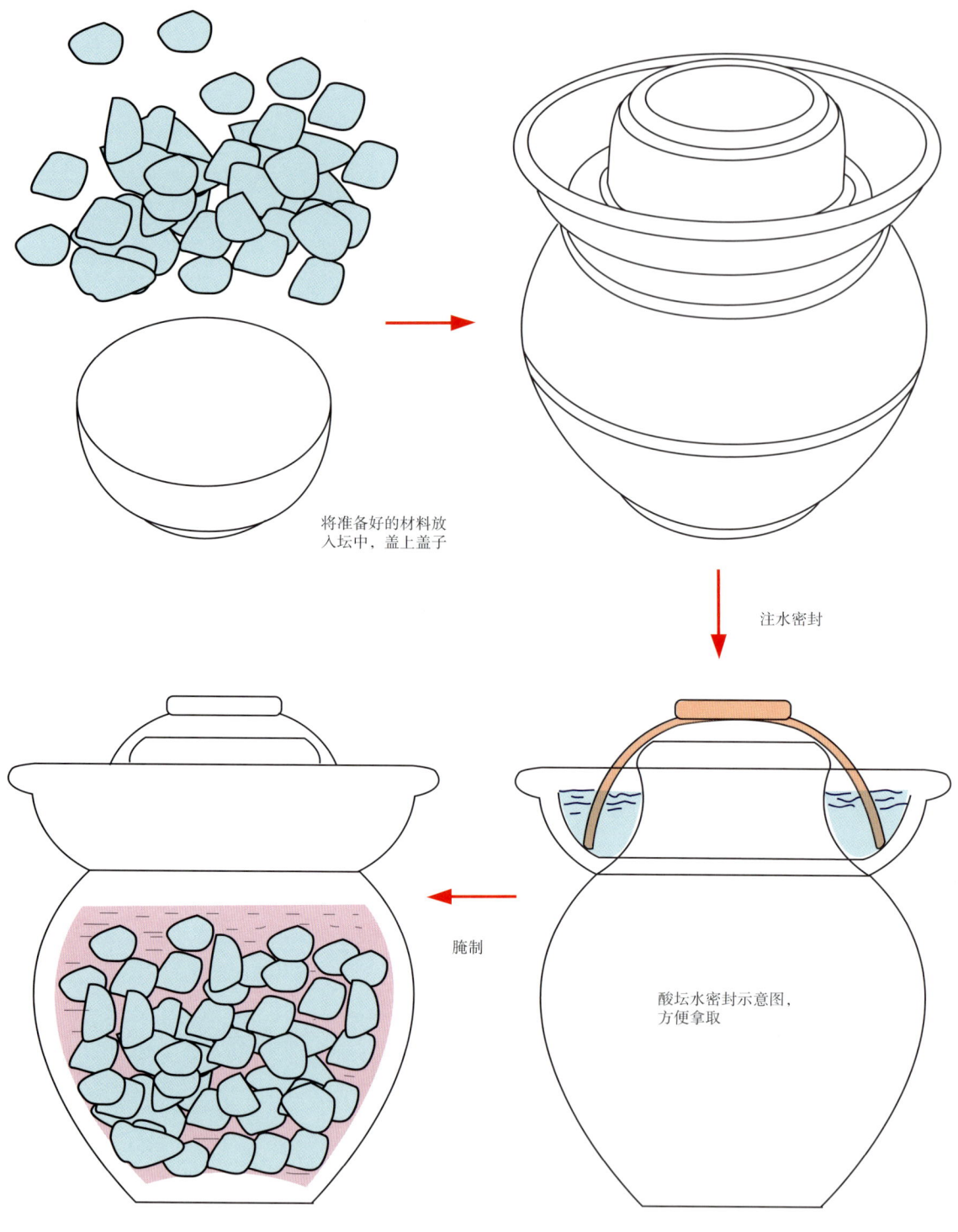

图四　仫佬族酸坛腌制泡菜流程图

图五　仫佬族酸坛使用情境图

仫佬族水罐

图一 仫佬族水罐主图

仫佬族水罐案例采集于广西罗城仫佬族自治县龙岸镇良泗村，现藏于罗城仫佬族博物馆。罐高36厘米、口径34厘米。受采访人潘韦明，仫佬族，62岁。

本案例为宽口、直腹、圆底的造型，长宽比例接近于完美的1∶0.618。这种比例关系，不仅使造型优美，而且结实牢固，罐底的圆弧加热面也恰巧在底部长宽比例的一半位置。水罐有沿口，起着加固作用，凹底可以放盖，用以保温。水罐也叫"高罐"，容量较大，主要作用是烧热水和烧猪潲水（猪食），宽口的设计是为了方便水瓢舀水。

水罐是仫佬族典型的煤渣罐中的一种，煤渣罐是仫佬族最有特色、最主要的生活器皿。由于罗城地区产煤，仫佬族人在很久以前就开始使用煤作为生活燃料。由于该地区煤含硫较多，铁质锅具很容易腐蚀，仫佬族人采用本地特产的煤渣（煤矸石）和白泥为材料制作的煤渣罐不仅经久耐用，还具有透气性，在高温高湿的亚热带气候下可保持食物的新鲜。煤渣罐采用1∶2的比例和匀，揉成泥团再磨盘操作、制坯、烧制。上釉是在地下挖个坑，堆满松枝，将烧得红彤彤的陶胚放入，松枝的松烟刚好给煤渣罐镀上了一层亮闪闪的黑釉。仫佬族的煤渣罐因地制宜地采用本地特有的材料，解决了生活中特有的问题，成为设计的经典。

图片来源

图一　郑静　摄影
图二至图五　郑静　制图

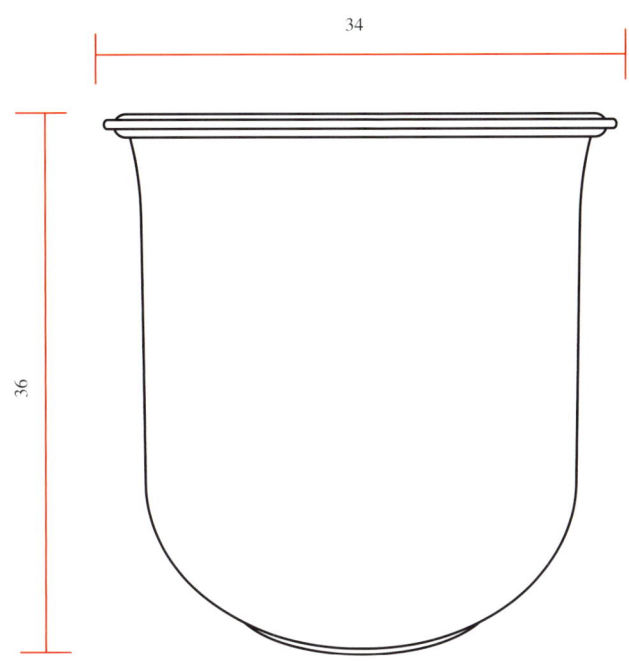

图二　仫佬族水罐尺寸图（单位：cm）

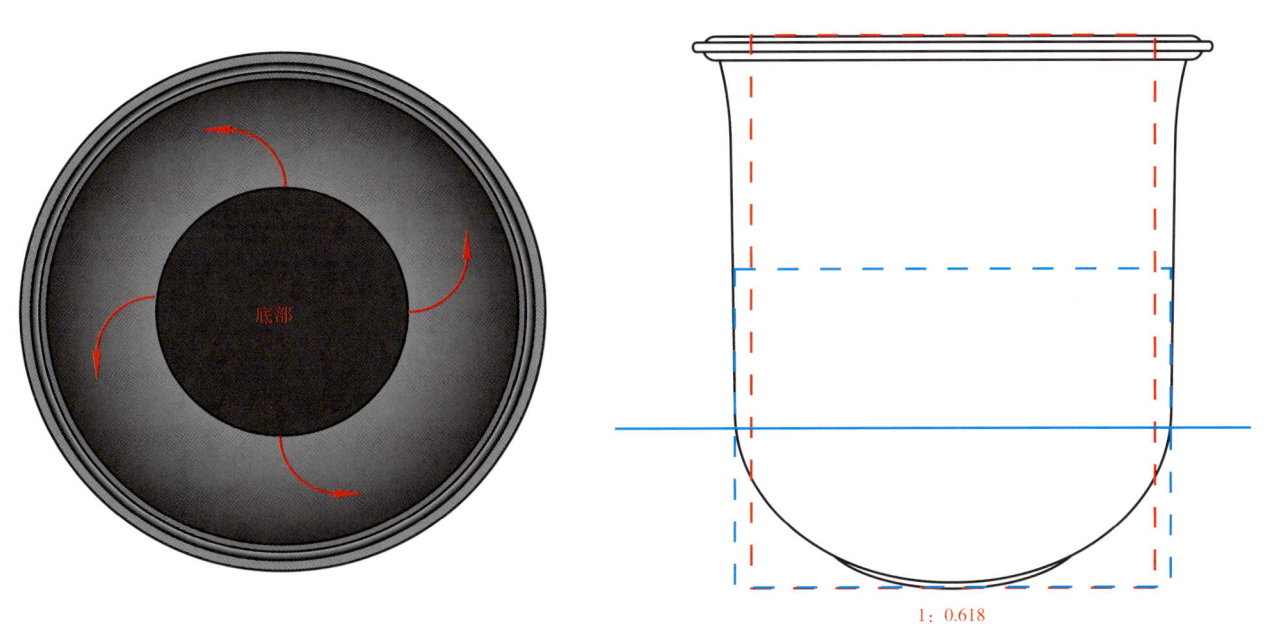

图三　仫佬族水罐造型分析图

第四章　仫佬族传统生活用具

265

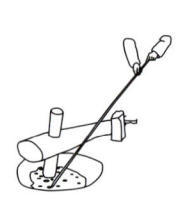     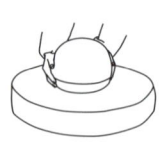

1. 舂碎煤渣　　2. 晒匀　　3. 和泥拌匀　　4. 揉泥　　5. 摊平　　6. 包裹在模具外层，制胎

  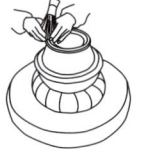 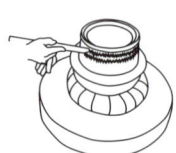 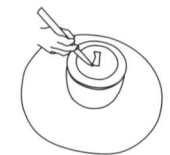 

7. 取出胎体后放入起固定作用的泥盆内　　8. 用盘泥条的方法制作罐口　　9. 用刷子做罐口　　10. 用竹刀刻纹饰　　11. 在同一模具上做罐盖　　12. 晾干后在地窖内烧制，并加入松枝，用以上釉

图四　仫佬族水罐制作流程图

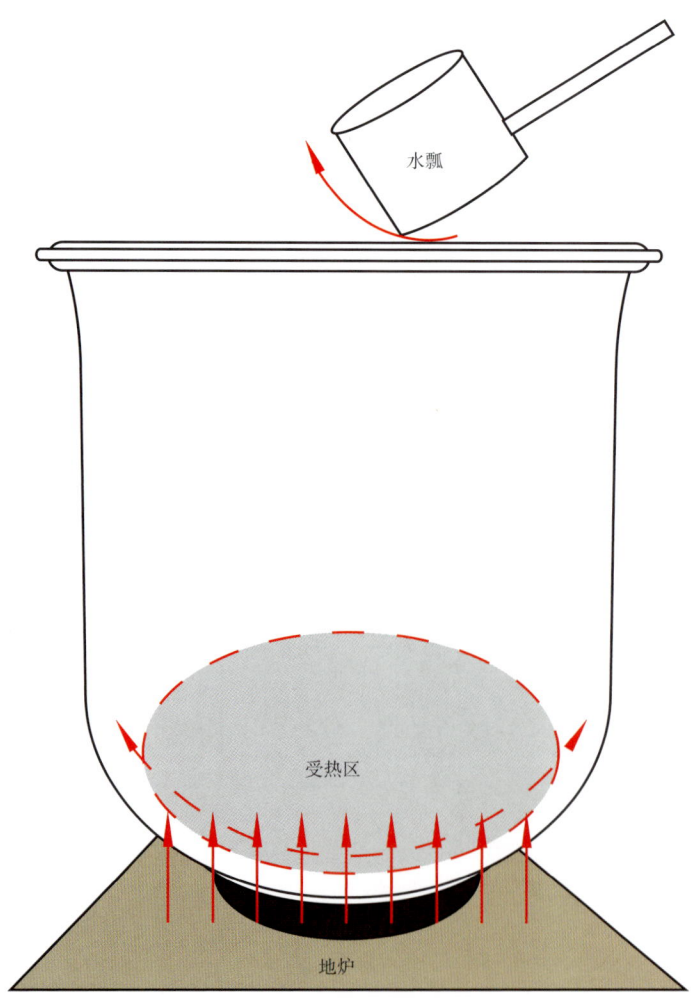

图五　仫佬族水罐使用功能分析图

仫佬族饭甑罐

图一　仫佬族饭甑罐主图

仫佬族饭甑罐案例采集于广西罗城仫佬族自治县龙岸镇良泗村，现藏于罗城仫佬族博物馆。罐高29厘米、口径25厘米。受采访人潘韦明，仫佬族，62岁。

本案例是仫佬族人用来蒸米的锅，仫佬族人喜食糍粑，在节日和喜庆日，糍粑也是重要的馈赠礼品。糍粑是由糯米制作的，用来制作糯米饭的锅就是饭甑罐，糯米饭是通过水蒸气蒸出来的。饭甑罐的结构分为加温区和蒸食区，如同两个反扣在一起的半球，上半部蒸食区圆柱内空间较大，适合蒸饭和蒸其他食物。下半部加温区为一个半球反扣一只水盆在里面，通过饭甑罐自身的重量，压实底部与地面的接缝，达到天然密封的作用。地炉加热水盆后热蒸气通过中间隔挡的小孔进入上半部空间，通过热气循环，从而达到蒸熟食物的目的。

饭甑罐是仫佬族煤渣罐的重要品种，它的结构类似于汉族地区用的蒸锅，但是饭甑罐的结构更加明确，功能更加纯粹。饭甑罐使用的材料是本地特产的煤渣和白泥，经过烧制后特别结实耐用，有效地避免了煤炭含硫对炊具腐蚀的问题，而且经济实惠。仫佬族的饭甑罐因地制宜地采用本地特有的材料,解决了生活中特有的问题,成为设计的经典。

图片来源

图一　郑静　摄影
图二至图四　郑静　制图

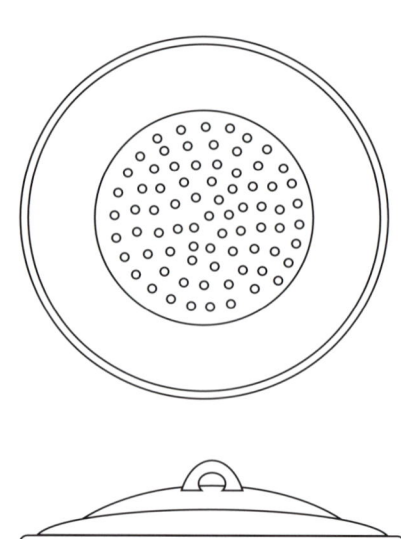

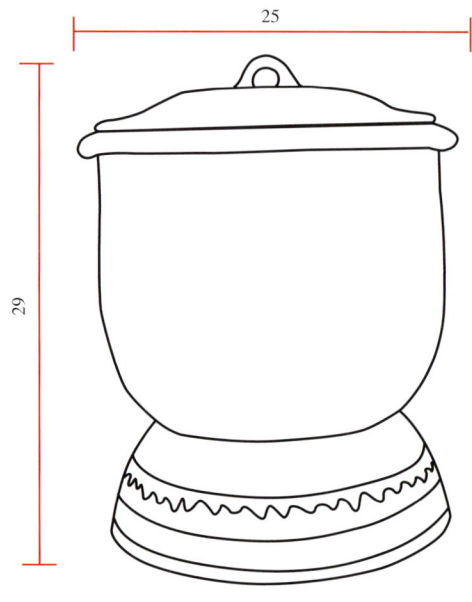

图二　仫佬族饭甑罐尺寸图（单位：cm）

图三　仫佬族饭甑罐造型分析图

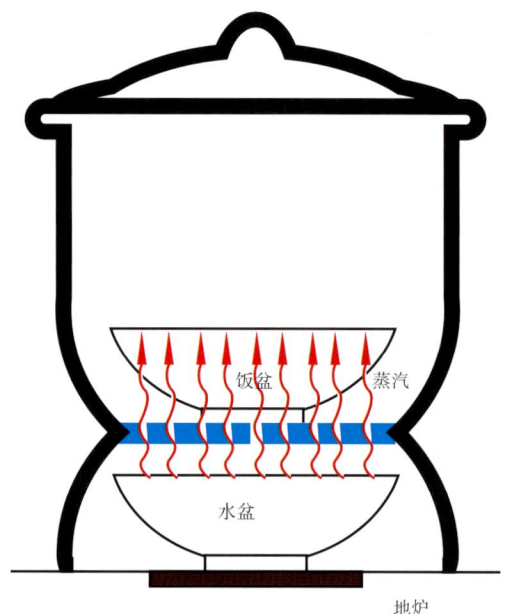

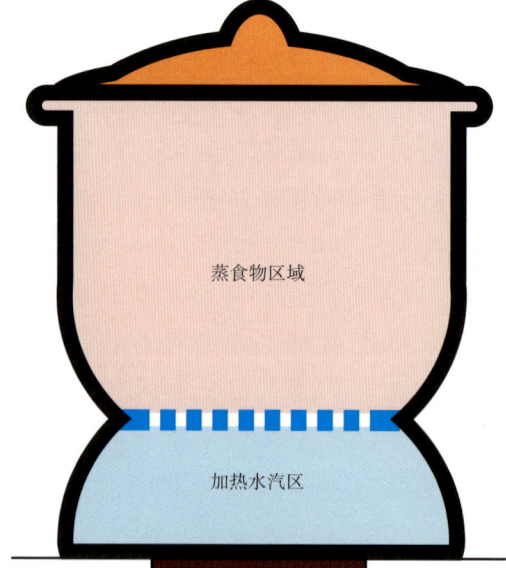

图四　仫佬族饭甑罐使用功能分析图

仫佬族壶罐

图一 仫佬族壶罐主图

仫佬族壶罐案例采集于广西罗城仫佬族自治县龙岸镇良泗村，现藏于罗城仫佬族博物馆。罐高19厘米、宽22.5厘米。受采访人潘韦明，仫佬族，62岁。

本案例是仫佬族人用来装酒或茶水的罐子，罐子的结构分为罐体、把手和流。罐体下部呈球体，保证最大容积的装水量；把手的位置在中上部，上部与罐口平，使得重心上移，保证在倒水时的稳定；流的位置略低于罐口，使得在倒水时，水不至于从灌口溢出。本案例体积适中，在装满水的情况下，总重量约1千克，适宜人手的端举和倒水。

壶罐是仫佬族典型的煤渣罐中的一种，煤渣罐是仫佬族最有特色、最主要的生活器皿。仫佬族的壶罐是需要直接在地炉上加热水或茶的，有些类似于烧酥油茶的罐子。所以，为了避免被含硫的煤炭腐蚀，也采用煤渣和白泥为材料来制作。罐子的把手设计得与罐顶齐平，也是为了防止手拿取罐子时被烧得过热的罐体烫伤。仫佬族壶罐不仅有着煤渣罐的材料和工艺优点，本身的功能设计也很完美。

图片来源
图一　郑静　摄影
图二至图五　郑静　制图

图二　仫佬族壶罐尺寸图（单位：cm）

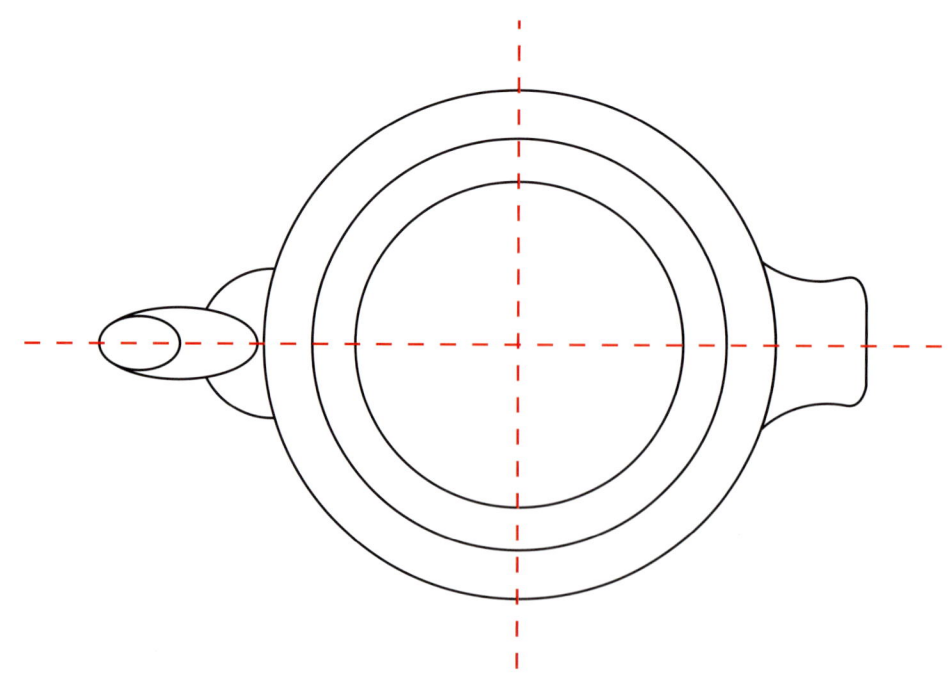

图三　仫佬族壶罐造型分析图

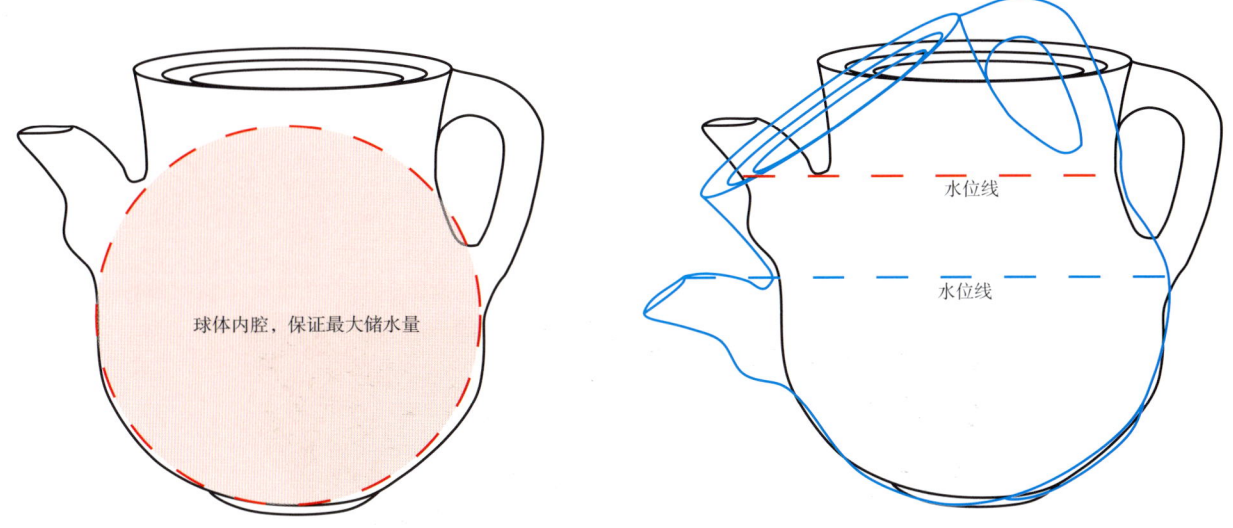

图四　仫佬族壶罐功能分析图

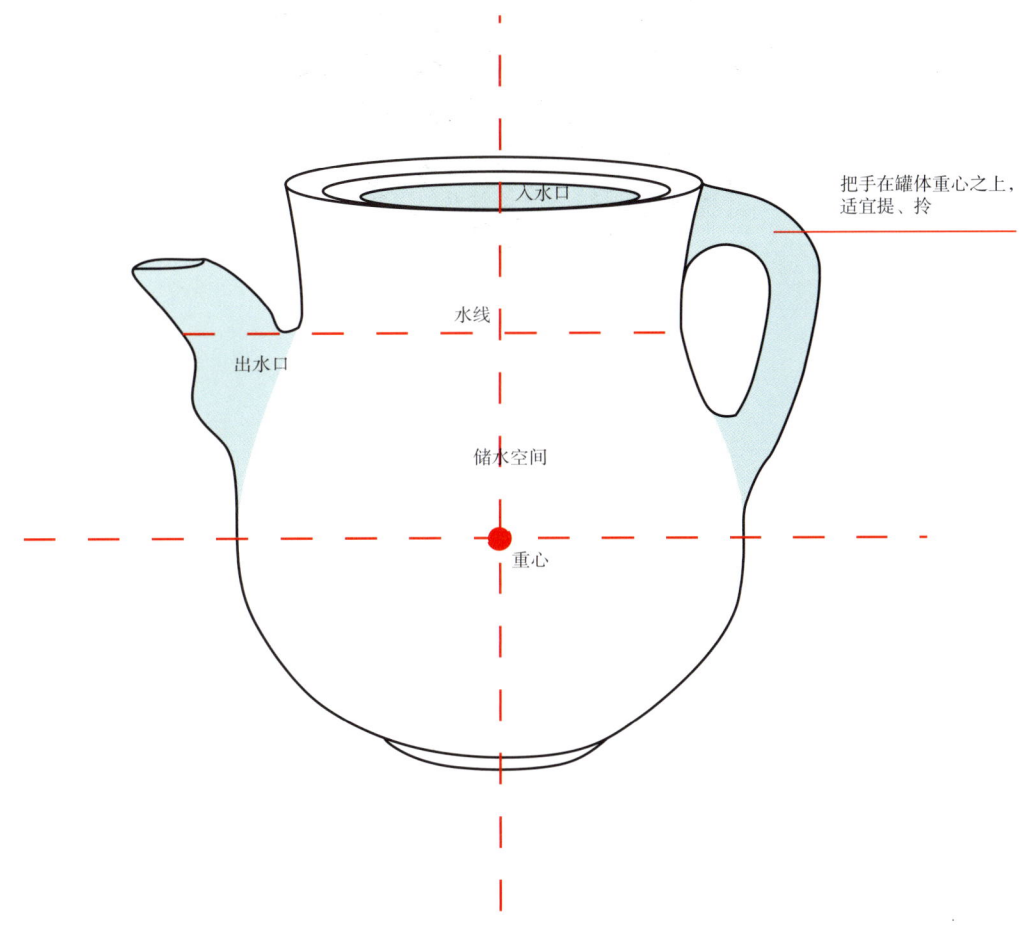

图五　仫佬族壶罐使用功能分析图

仫佬族篾耳罐

图一　仫佬族篾耳罐主图

仫佬族篾耳罐案例采集于广西罗城仫佬族自治县龙岸镇良泗村，现藏于罗城仫佬族博物馆。罐高17.8厘米、口径16.5厘米、宽20厘米。受采访人潘韦明，仫佬族，62岁。

篾耳罐造型为圆柱体，宽口、直腹，底部呈半球形。这种造型直立性和稳定性非常好，可以安全地随时加水和搅拌罐内的食物。大开口、直罐体，适宜聚热和均匀导热，使米饭能够均匀熟透，也适宜散热和保持食物新鲜。在罐口有两只接口，可以装上竹木做的提梁，提起来十分顺手，方便移动和运输。

篾耳罐是仫佬族典型的煤渣罐中的一种，本案例是仫佬族人用来煮稀饭的锅。仫佬族的主食主要是大米饭，仫佬族人喜食凉食，稀饭一次性煮熟，放凉后吃三至四天。所以蒸米饭的锅不仅要容积大，而且要蒸煮方便，适宜储存。仫佬族人常常在篾耳罐口叠加一只碗，碗内装有特色食品酸，带到田间地头干活作为午饭。篾耳罐不仅用来煮稀饭，而且还可以煮其他食品。

图片来源
图一　郑静　摄影
图二至图四　郑静　制图

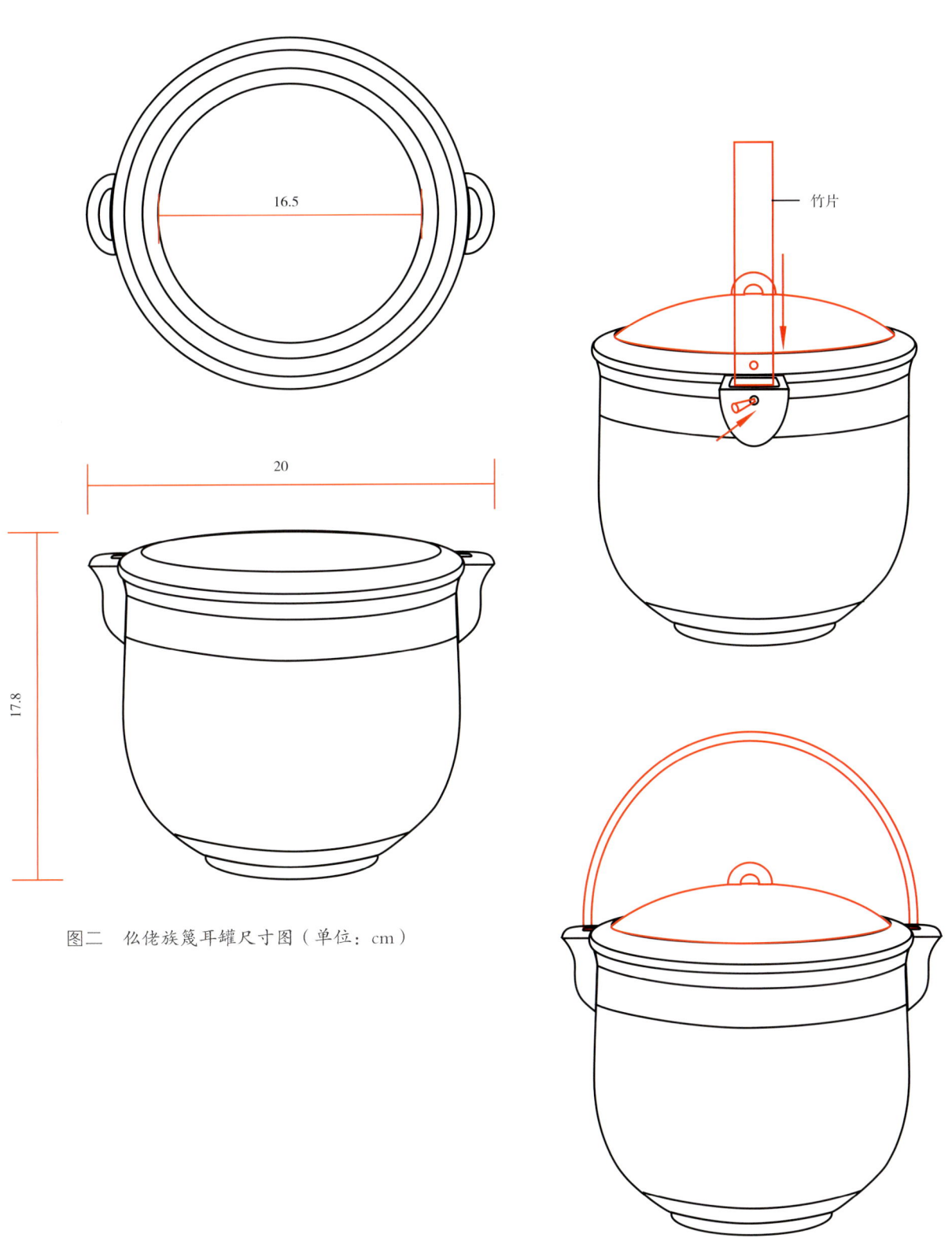

图二　仫佬族篾耳罐尺寸图（单位：cm）

图三　仫佬族篾耳罐造型分析图

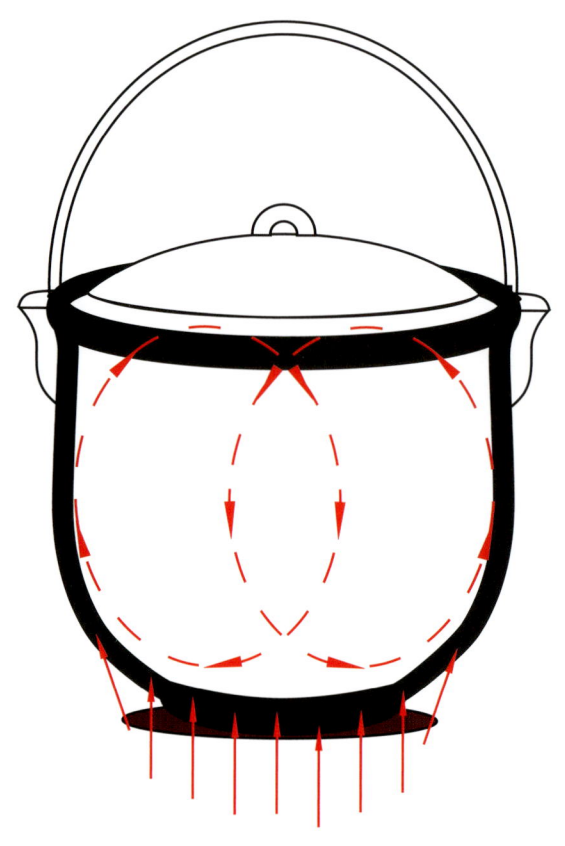
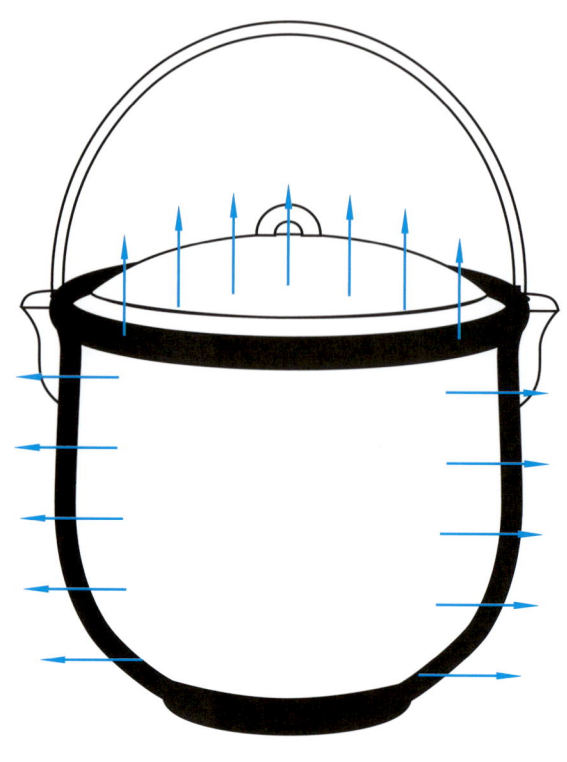

热循环
加热均匀，保证米饭全部熟透

热扩散
箆耳罐壁有细微的孔洞缝隙，具有透气性，使散热均匀，保证米饭久存不变质

图四　仫佬族箆耳罐使用功能分析图

仫佬族横柄扁罐

图一 仫佬族横柄扁罐主图

仫佬族横柄扁罐案例采集于广西罗城仫佬族自治县龙岸镇良泗村，现藏于罗城仫佬族博物馆。罐高10.5厘米、口径21厘米。受采访人潘韦明，仫佬族，62岁。

本案例是仫佬族人用来烧菜的锅，仫佬族的饮食习惯为水煮，无论菜、肉都用水煮熟后加作料食用。在造型上，宽口方便加水和加菜；略高的圆腹适宜储存一定量的水，扁平的底部加大了受热的面积，适宜水温的快速升高；腹上部的横柄结构，方便手在使用时握得固定；与横柄对称的罐口位置也有个沿托，用以双手托起，安全地移动盛满菜肴的罐子。

横柄扁罐是仫佬族典型的煤渣罐中的一种，煤渣罐是仫佬族最有特色、最主要的生活器皿。

图片来源
图一　郑静　摄影
图二至图五　郑静　制图

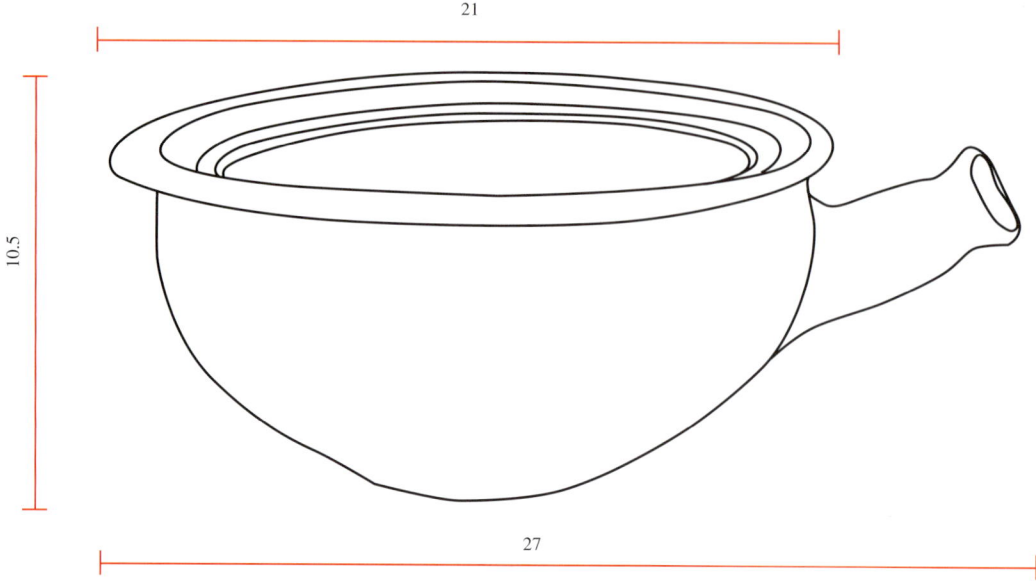

图二 仫佬族横柄扁罐尺寸图（单位：cm）

图三 仫佬族横柄扁罐造型分析图

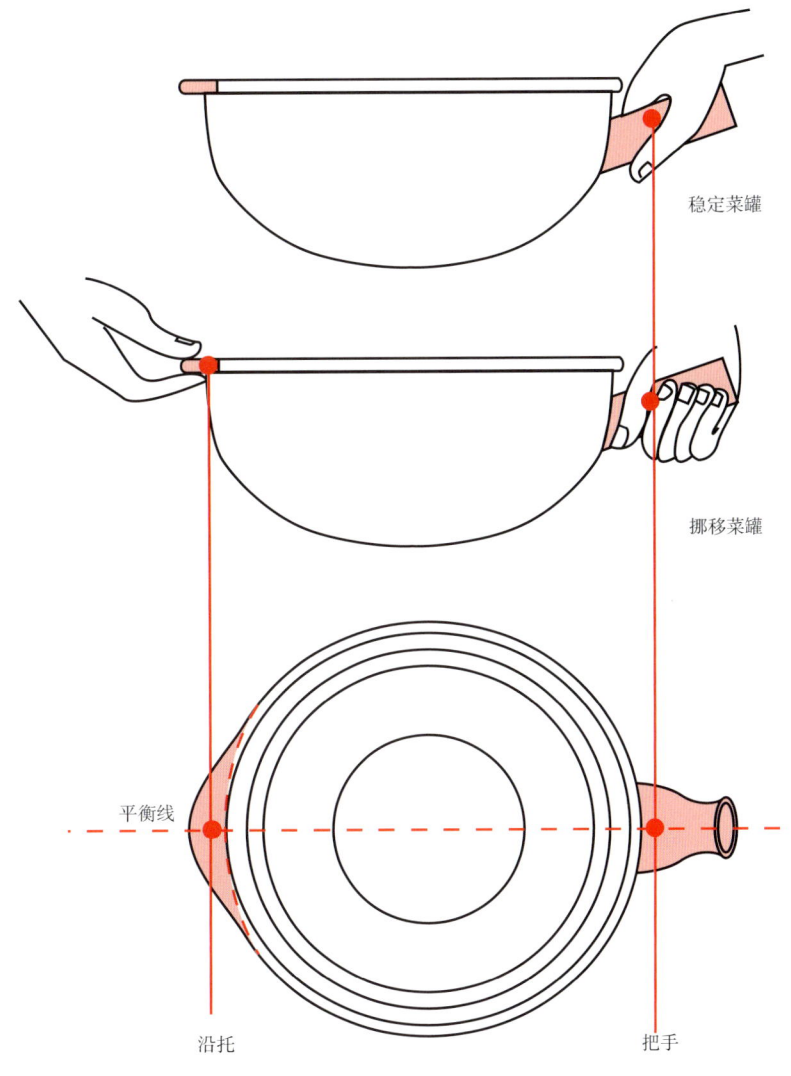

图四　仫佬族横柄扁罐功能分析图

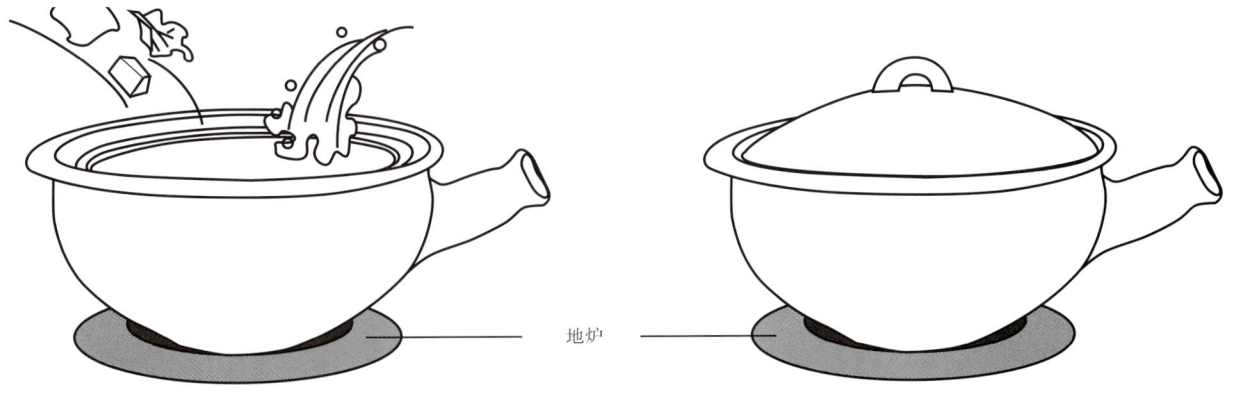

1. 把所有菜、肉洗净，加水，一起放入罐内

2. 加入调料，盖上盖煮至熟

图五　仫佬族横柄扁罐使用情境图

仫佬族酒甑罐

图一　仫佬族酒甑罐主图

仫佬族酒甑罐案例采集于广西罗城仫佬族自治县龙岸镇良泗村,现藏于罗城仫佬族博物馆。罐高27厘米、宽38厘米。受采访人潘韦明,仫佬族,62岁。

本案例是仫佬族人用来蒸米酒的锅,这是一种古老的蒸馏酿酒器。造型似一个瓦罐,直筒、大口、窄底。具体操作流程是通过地炉加热酒酿,酒的蒸汽上升,被罐顶装满凉水的天锅(似锅形状的盖子,因位置在顶部,俗称"天锅")阻挡,凝结成酒液,滴入内壁一上一下两个隔挡斜托于一根半圆竹片内,下端的隔挡和外壁上的流之间有一小孔相连,酒液通过小孔流出,注入储存的容器内。这是一种十分方便的家庭酿酒器皿。

酒甑罐是仫佬族典型的煤渣罐中的一个品类,这种小型酿酒工具十分实用方便,操作简单,适合小批量多次酿酒使用。与汉族地区的自酿米酒不同,这是一种提纯的蒸馏酒,酒精度数比较高,这种酒更适合广西冬季湿冷的天气饮用,用以除湿暖体。

图片来源
图一　郑静　摄影
图二至图四　郑静　制图

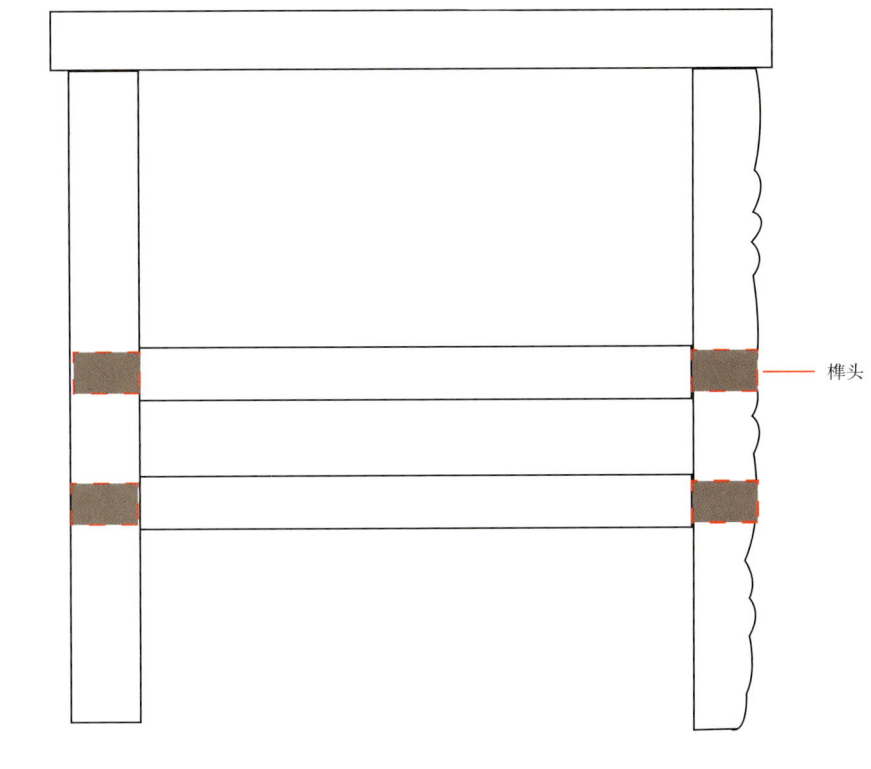

图六　仫佬族扶桑纹木雕春凳解析图

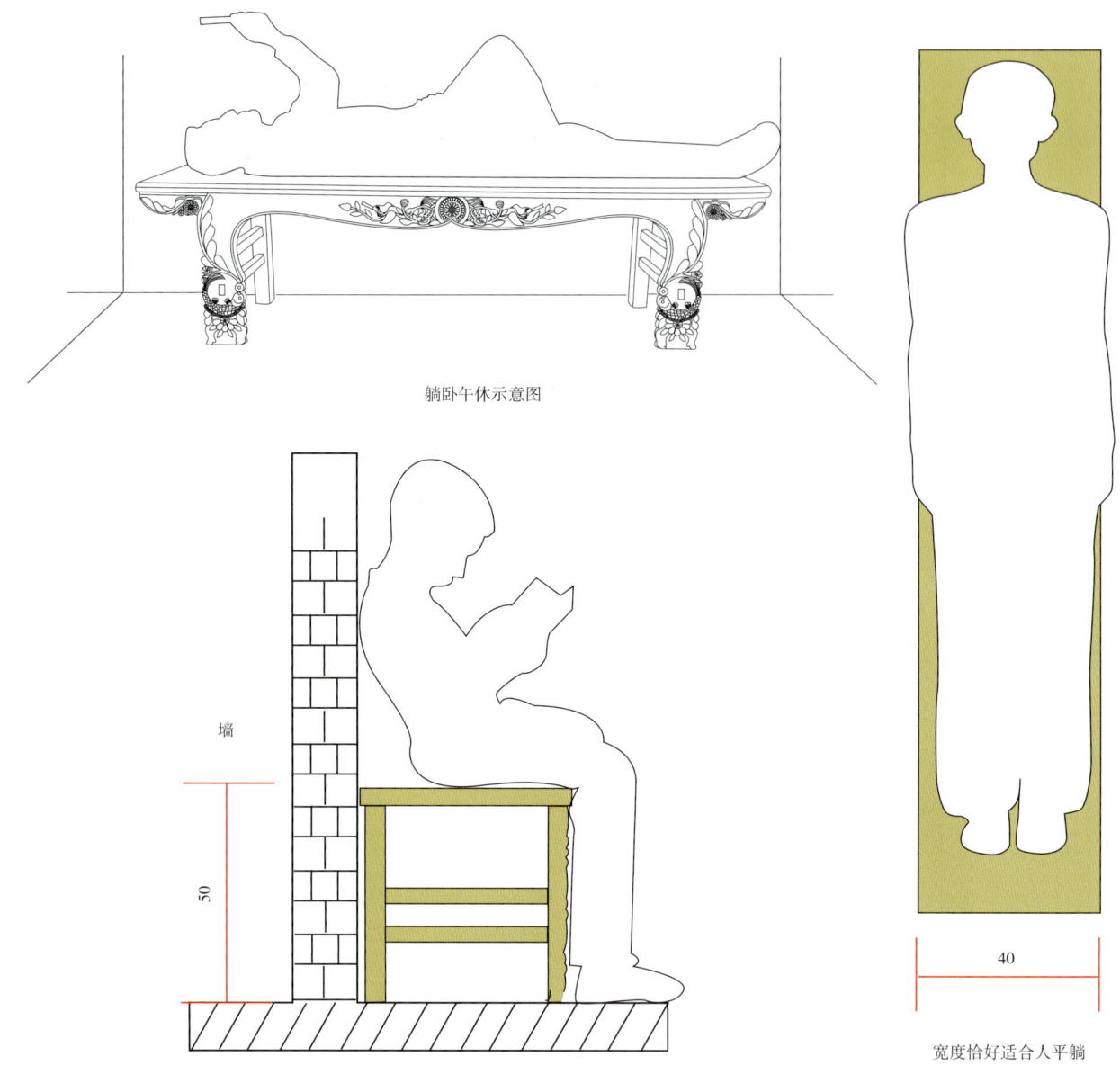

躺卧午休示意图

贴墙摆放，高度和宽度都适合人靠墙坐立

宽度恰好适合人平躺

图七　仫佬族扶桑纹木雕春凳使用情境图（单位：cm）

仫佬族石雕狗

图一　仫佬族石雕狗主图1

图二　仫佬族石雕狗主图2

仫佬族石雕狗案例采集于广西罗城仫佬族自治县龙腾村地州屯银氏祠堂。石雕长119厘米、宽40厘米。

本案例为青石雕刻的狗雕塑，采用阳雕阴刻的方式制作，是一对，分列大门的两边。两只石狗头顶卷毛，方头圆耳，颈部雕有鬃毛，背披绣带，双目圆睁，张口吐舌，翘尾半卧，表情嬉戏可爱。图一是雄狗，用右爪抓握铜钱，象征掌握财富；肚皮下有芭蕉扇，象征风调雨顺。图二是雌狗，左爪也是抓握铜钱，旁边还有一只小狗，象征财富代代相传。肚皮下有如意一只，象征事事如意。阴刻线条流畅，装饰意趣更加浓厚。

本案例是银氏祠堂门前作为镇宅护卫的瑞兽石雕，造型模仿了石雕狮子，寓意家族祠堂的庄严和权威。另外也源自岭南地区从湛江、茂名至广西合浦一带的石狗文化圈的狗图腾崇拜。石狗雕像被安置在村头、路口、山间、田头、河边、坟地、祠庙、树下、门前、天井和门窗顶部的横梁上，凡是人们觉得有不吉利的地方，都会安置石狗以镇之。

图片来源
图一、图二　郑静　摄影
图三至图六　郑静　制图
图七、图八　李珊珊　制图

119
119
119

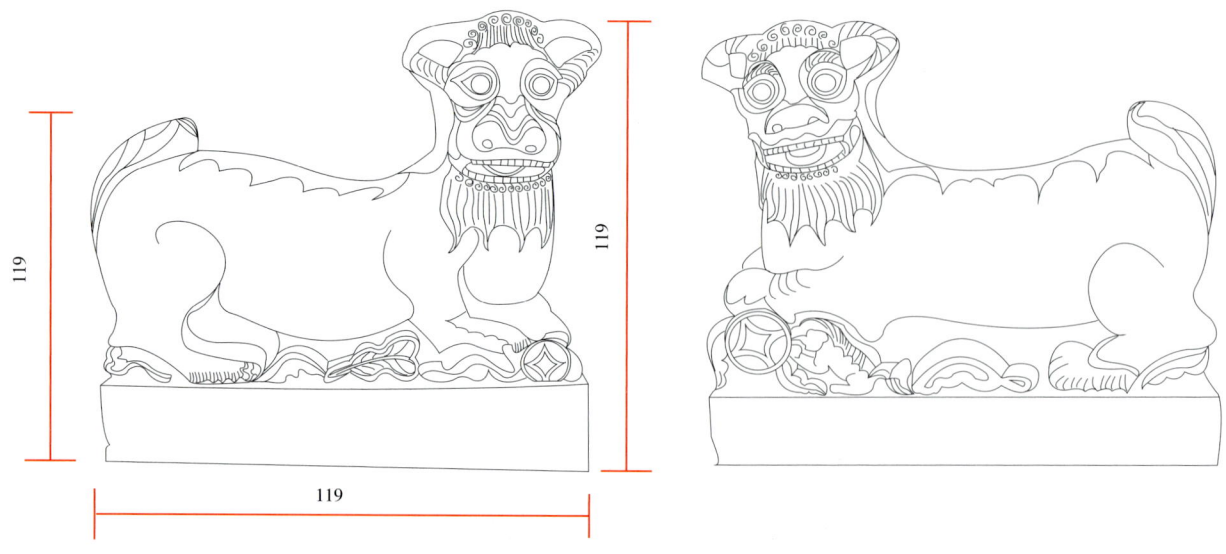

图三 仫佬族石雕狗尺寸图（单位：cm）

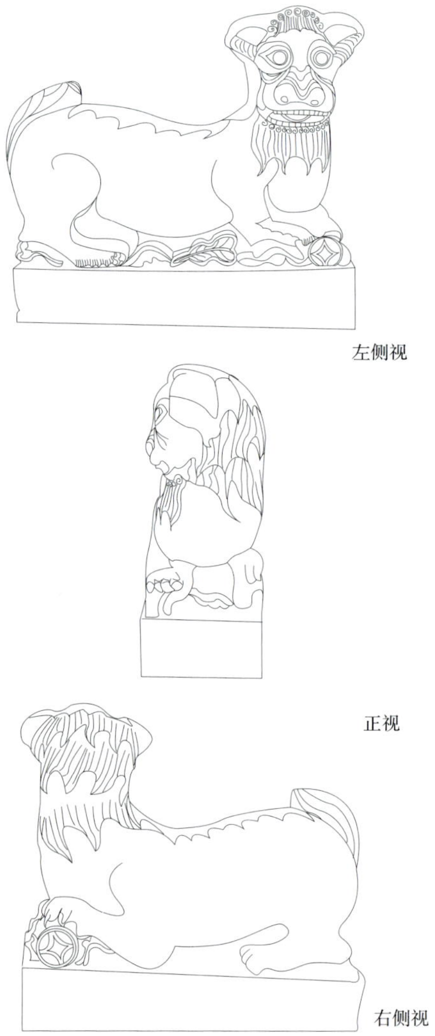
左侧视
正视
右侧视

图四 仫佬族石雕狗三视图1

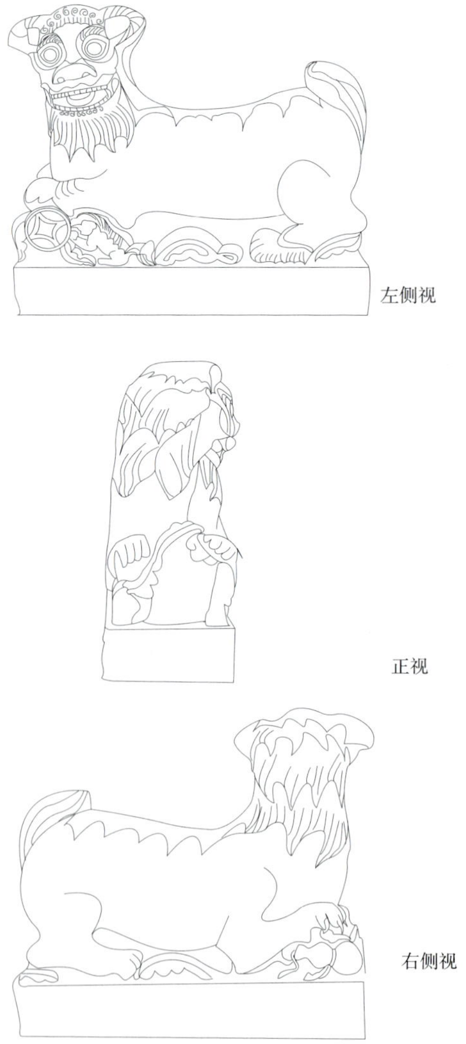
左侧视
正视
右侧视

图五 仫佬族石雕狗三视图2

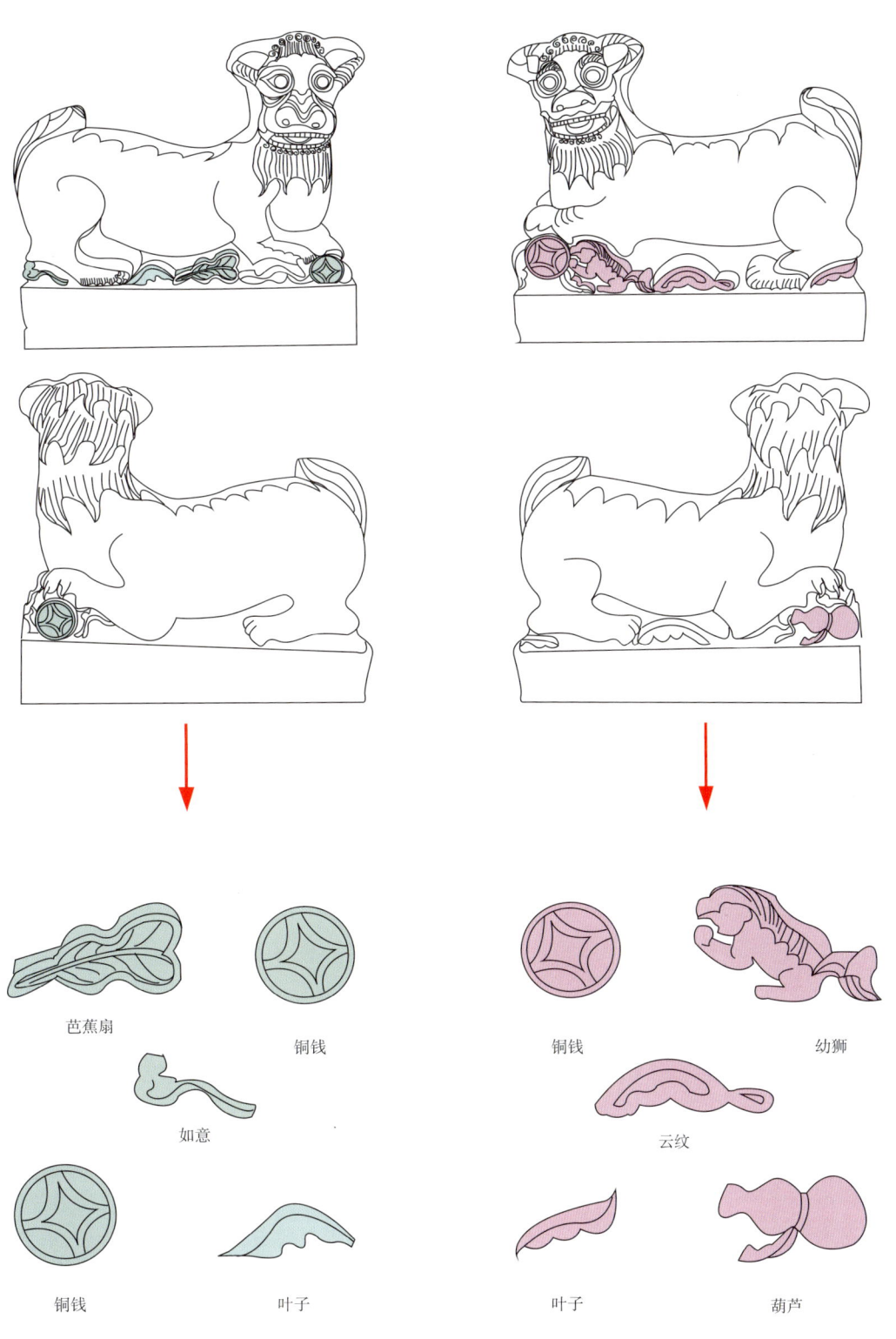

图六 仫佬族石雕狗纹饰分析图

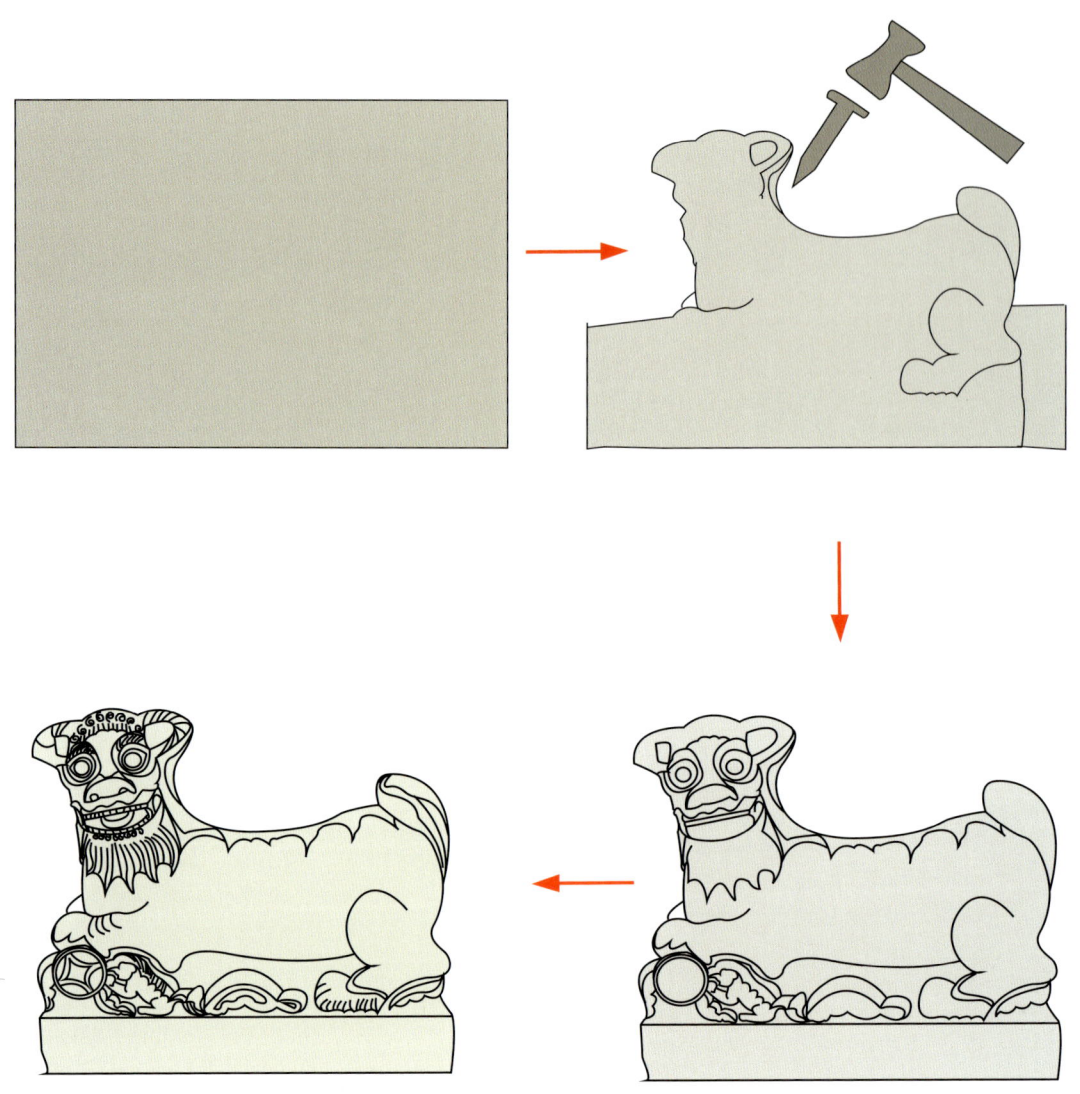

图七　仫佬族石雕狗制作流程图

图八　仫佬族石雕狗使用情境图

仫佬族石雕米臼

图一 仫佬族石雕米臼主图

仫佬族石雕米臼案例采集于广西罗城仫佬族自治县四把镇双寨村中寨屯。米臼高38厘米、宽50厘米，杵长200厘米。受采访人银联健，仫佬族，男，52岁。

本案例是仫佬族舂制糍粑的重要工具，由两部分组合：木质杵和石质臼。制作糍粑时，将煮熟的糯米饭倒入石臼，然后竖起木杵反复锤压，捣烂呈泥状制作而成。石质米臼采用整块青石雕凿制作，圆柱状缸体，宽口，口沿有双耳，底平略窄，内壁为圆弧。

木杵由圆而直的硬质杂木制作，两头略粗。圆形是唯一没有死角的几何形体，石臼选择圆柱状缸体，配合圆木杵可以充分而均匀地锤制糯米饭；宽口便于放置和取出物品，圆弧窄底利于物体聚集在底部，方便锤压。石臼的底部从外形上看只比口部略窄，这种造型稳定性十分好，在用力锤制糍粑时，石臼不会移动和倒覆。石臼的凿制，外粗内细，光滑的沿口和内壁十分方便清洁，可以使木杵和内壁充分接触，锤制均匀。外部竖条形的凿痕和光洁的内面在质感上形成对比，具有一定的审美意味。

本案例是仫佬族日常生活的重要工具。青石的材质在仫佬族生活的地区十分容易找到，加工工艺也十分发达。沉重的青石稳定性好，结实耐用。石臼的大小也十分适中，一个人操作不会十分吃力。

图片来源

图一　郑静　摄影
图二　郑静　制图
图三至图六　杨宇飞　制图

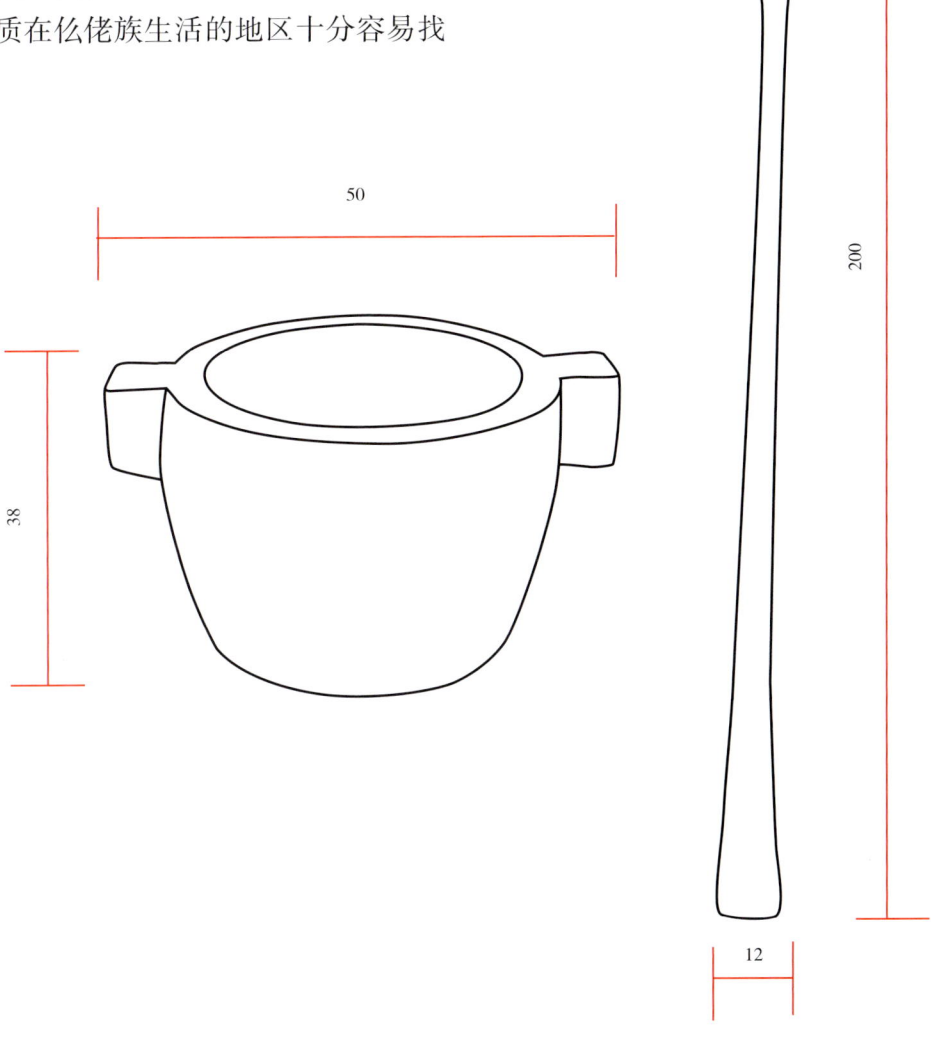

图二　仫佬族石雕米臼尺寸图（单位：cm）

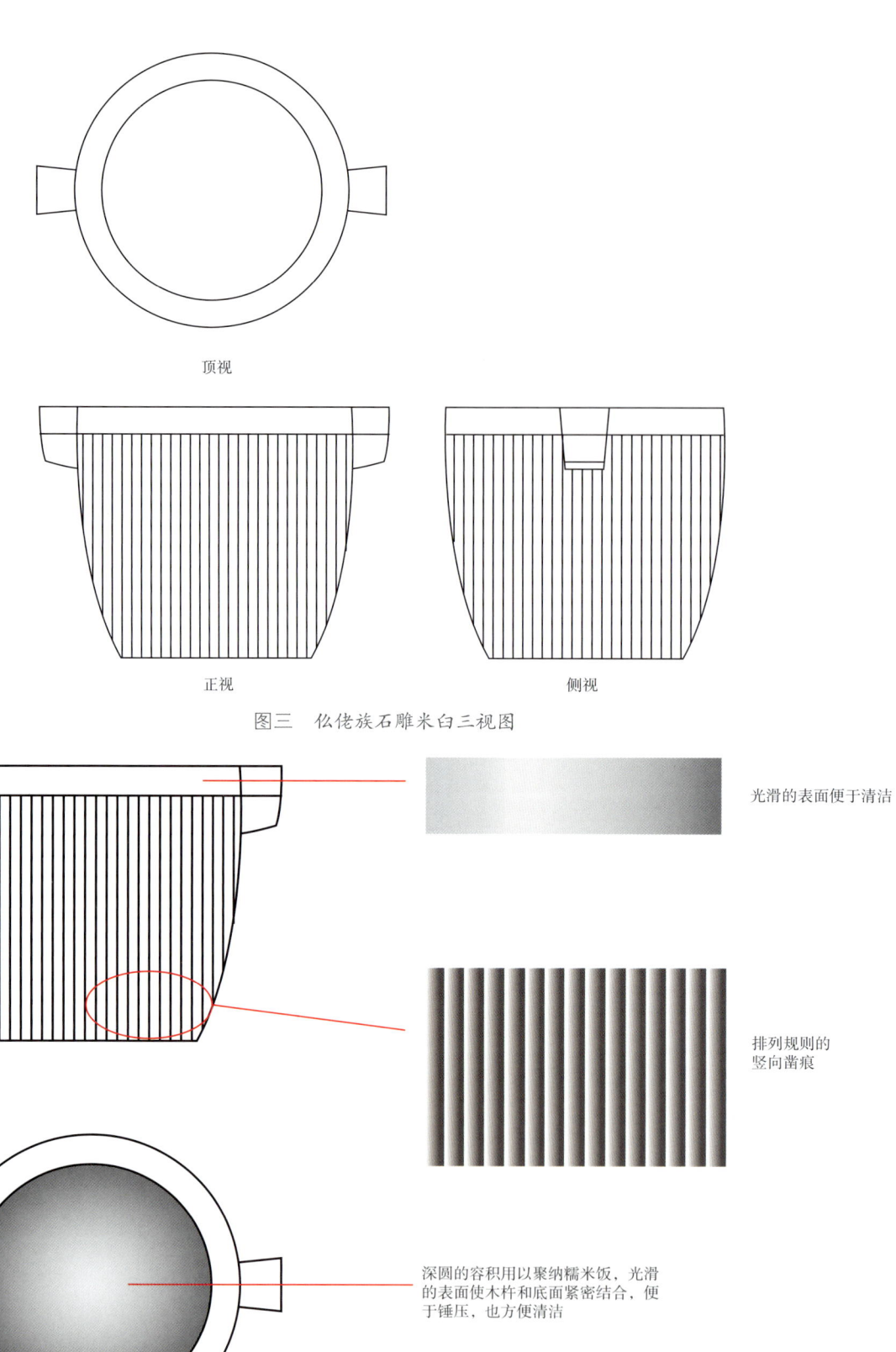

图三　仫佬族石雕米臼三视图

图四　仫佬族石雕米臼细节分析图

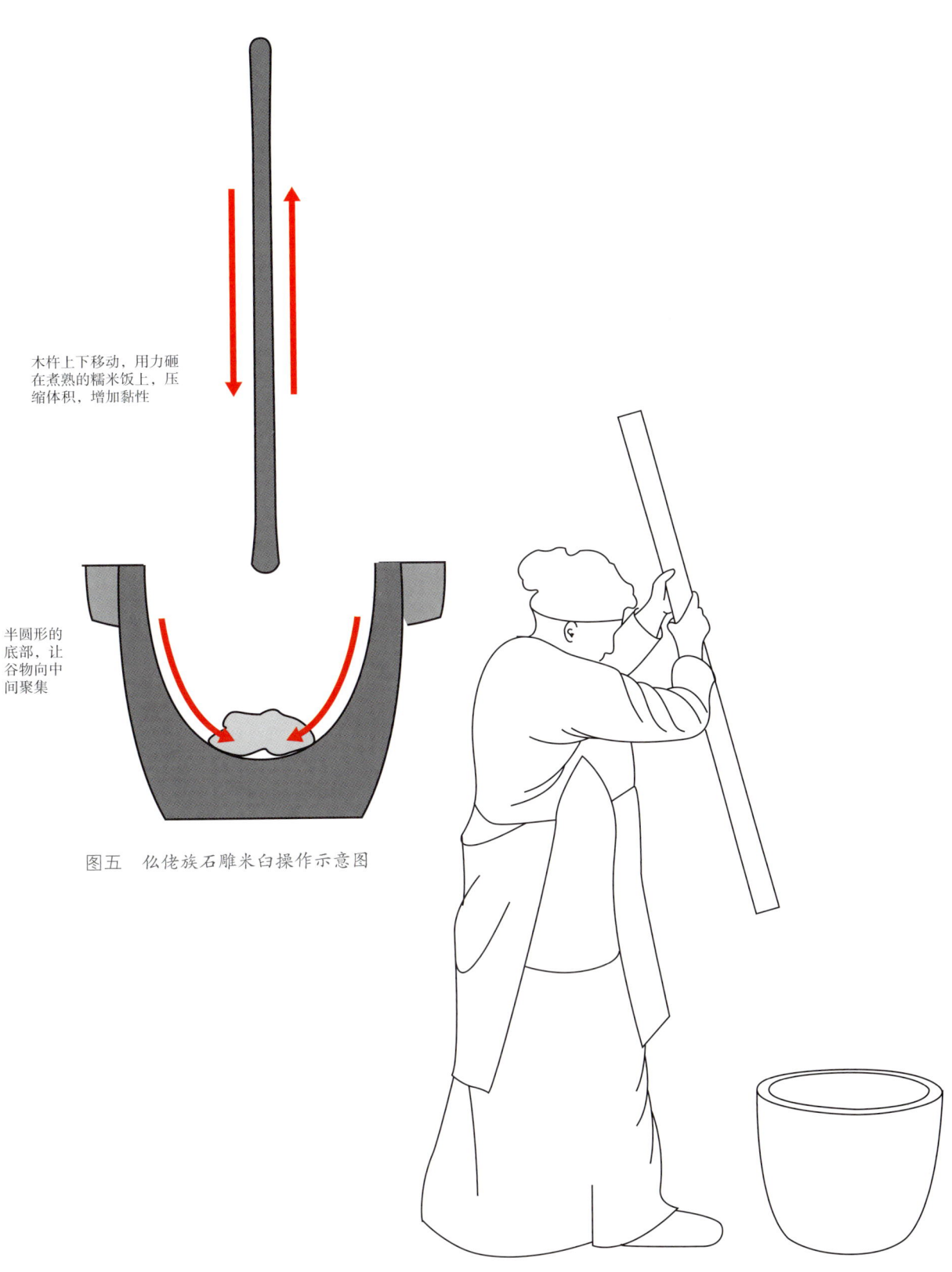

木杵上下移动，用力砸在煮熟的糯米饭上，压缩体积，增加黏性

半圆形的底部，让谷物向中间聚集

图五　仫佬族石雕米臼操作示意图

图六　仫佬族石雕米臼使用情境图

第四章　仫佬族传统生活用具

293

仫佬族导流式石磨

图一　仫佬族导流式石磨主图

仫佬族导流式石磨案例采集于广西罗城仫佬族自治县龙腾村地州屯。石磨长130厘米、宽74厘米、直径48厘米。

本案例为青石雕石磨，由台盘、石磨两个部分组成。石磨分上下磨盘，上磨盘有圆凹形的盛料槽和漏料孔，侧面开方孔，装有木柄。手柄结构为直角，是利用杠杆原理制作的，既方便抓握，又节省了力气。上下磨盘接合面刻有波形齿，上下是交错的，用于更有效地磨碎谷物。石盘是由一块平整的石板制作的，将石磨放在中间。围绕着石磨刻有一圈凹槽，用于承接磨碎的谷物浆汁。

本案例的设计十分精妙，特别是石盘导流槽的设计。添加了一个石盘，使得谷物不会到处散落。导流槽使得磨碎的谷物浆汁可以顺着流道流入承接的木桶内，谷物浆汁不会四溢，既方便，又卫生。

图片来源
图一　郑静　摄影
图二至图六　郑静　制图

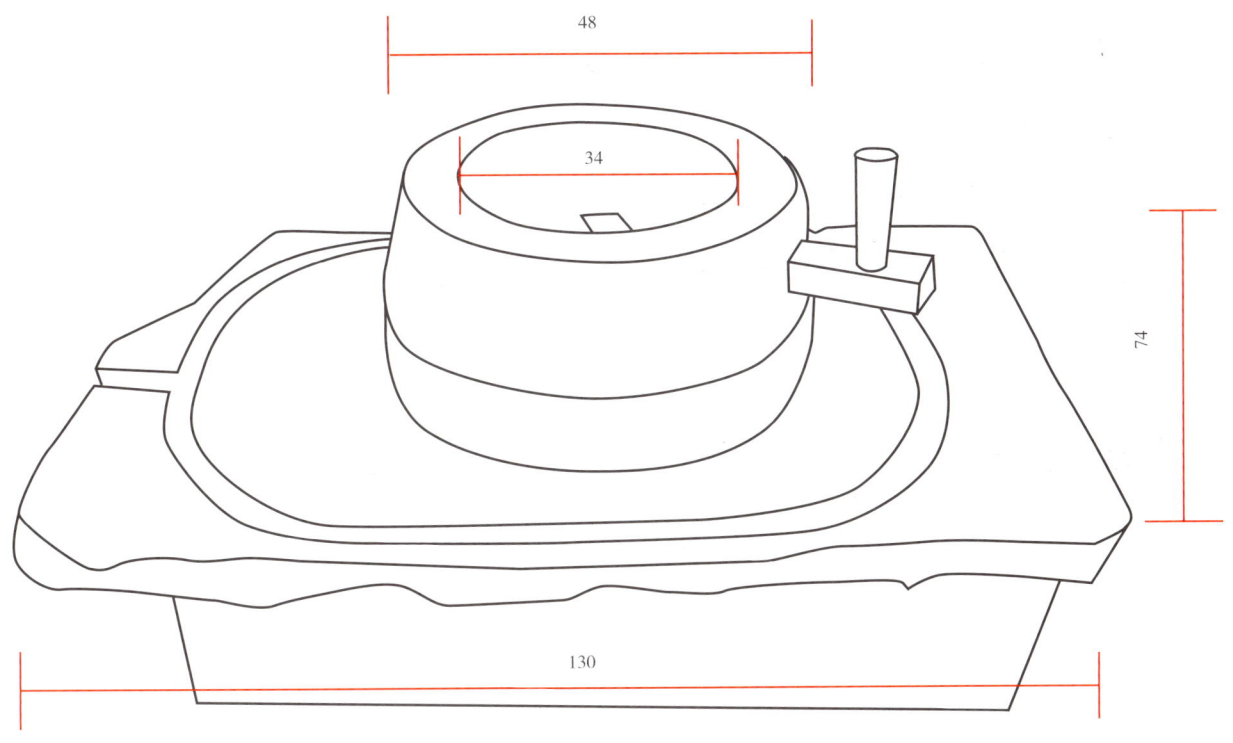

图二 仫佬族导流式石磨尺寸图（单位：cm）

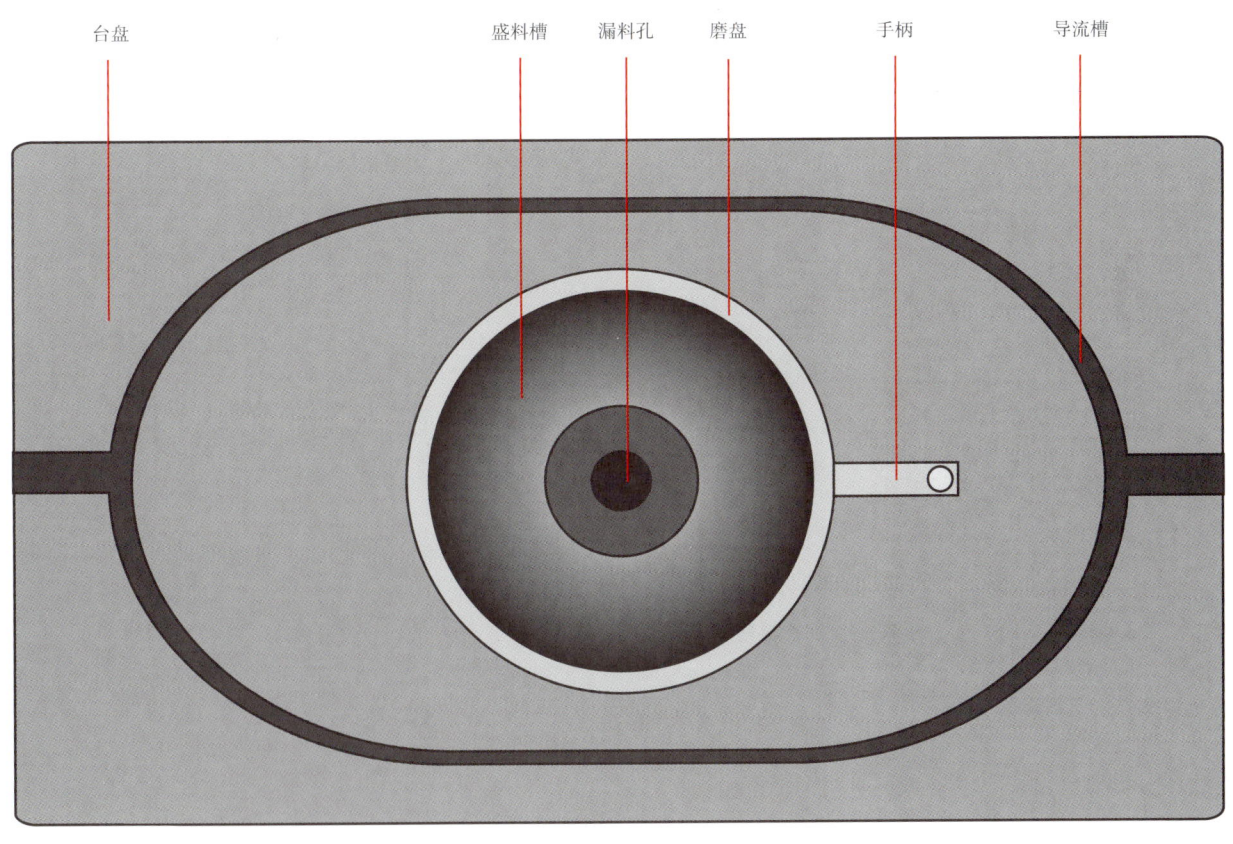

图三 仫佬族导流式石磨结构名称图

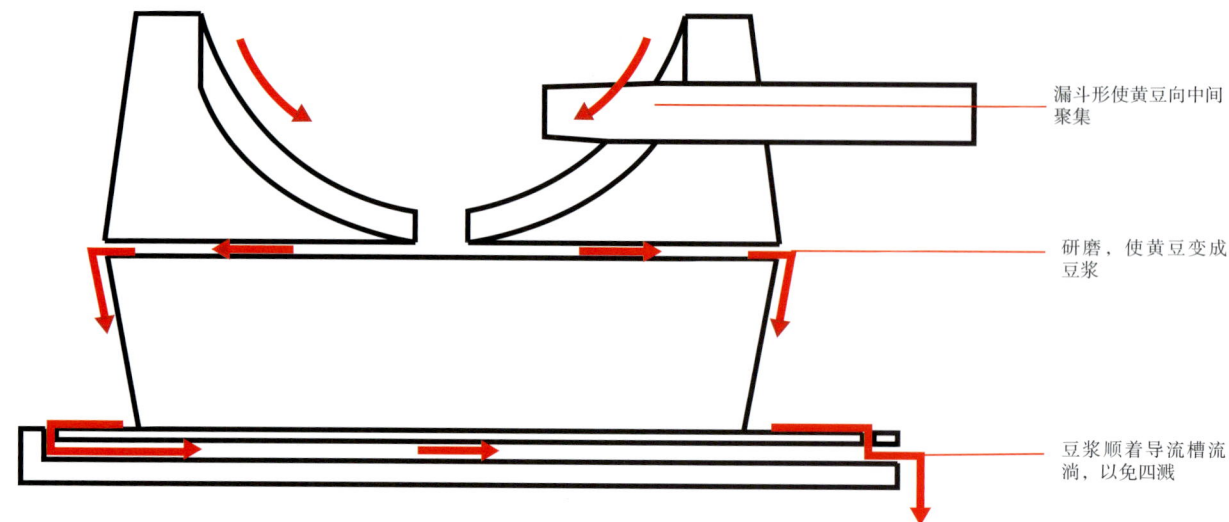

图四 仫佬族导流式石磨工作原理图

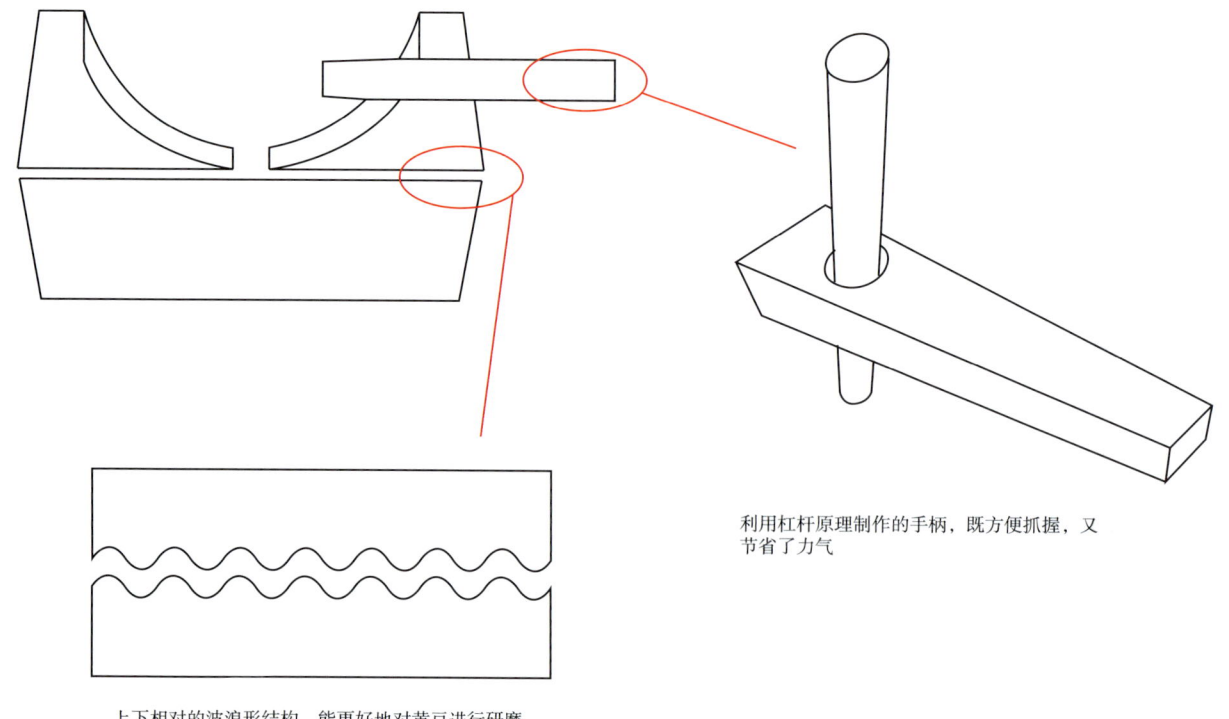

图五 仫佬族导流式石磨细节分析图

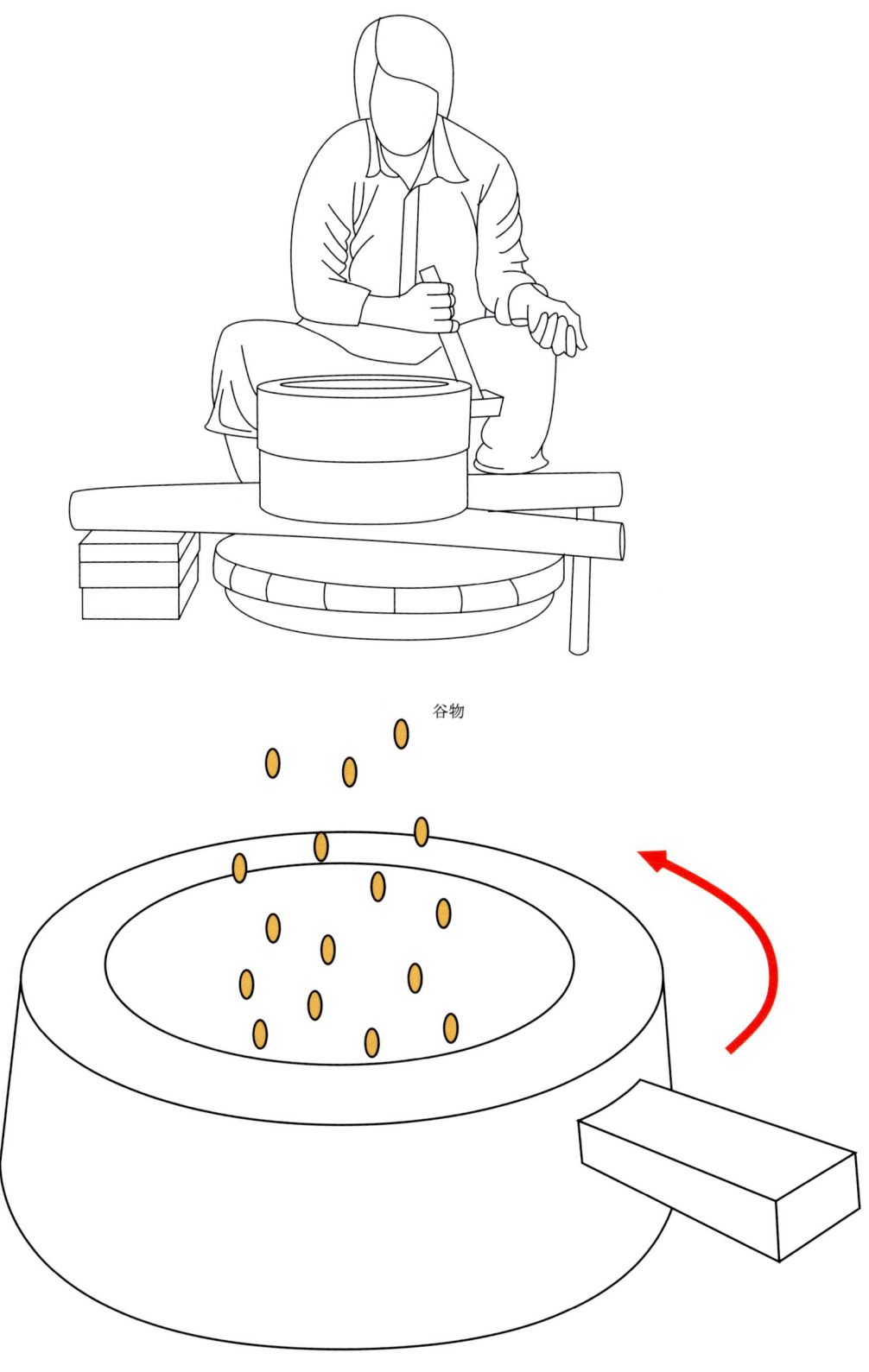

图六　仫佬族导流式石磨使用情境图

仫佬族圆形铆接石雕水缸

图一　仫佬族圆形铆接石雕水缸主图

仫佬族圆形铆接石雕水缸案例采集于广西罗城仫佬族自治县东门镇石围屯，现藏于罗城仫佬族博物馆。水缸高75厘米、宽62厘米。受采访人银联健，仫佬族，男，52岁。

本案例是仫佬族储存饮用水的水缸，以青石为材料制作的。饮用水水缸最重要的功能是保证水质的清洁，水缸由一个缸体和一个套头组合而成，两者由榫头组合套叠在一起。平头窄口的套头结构首先可以防止灰尘的落入，保证了水的清洁。这种特殊的制作方法是因为整体雕凿石水缸，石料的重量太重，操作难度太大。同时，平头窄口的结构，从工艺上也无法解决，只能分开雕凿，从反面雕凿套头结构就十分容易了。套头表面平整，均匀地刻着三角水纹。

仫佬族人居住的地区山水相连，石头资源十分丰富。仫佬族人充分利用了这一天然资源，制作了大量的石质用品，本案例就是其中的代表之一。拼合的榫卯结构，不仅解决了大块石料的开采和制作难度，也简化了工艺难度。

图片来源
图一　郑静　摄影
图二至图六　杨宇飞　制图

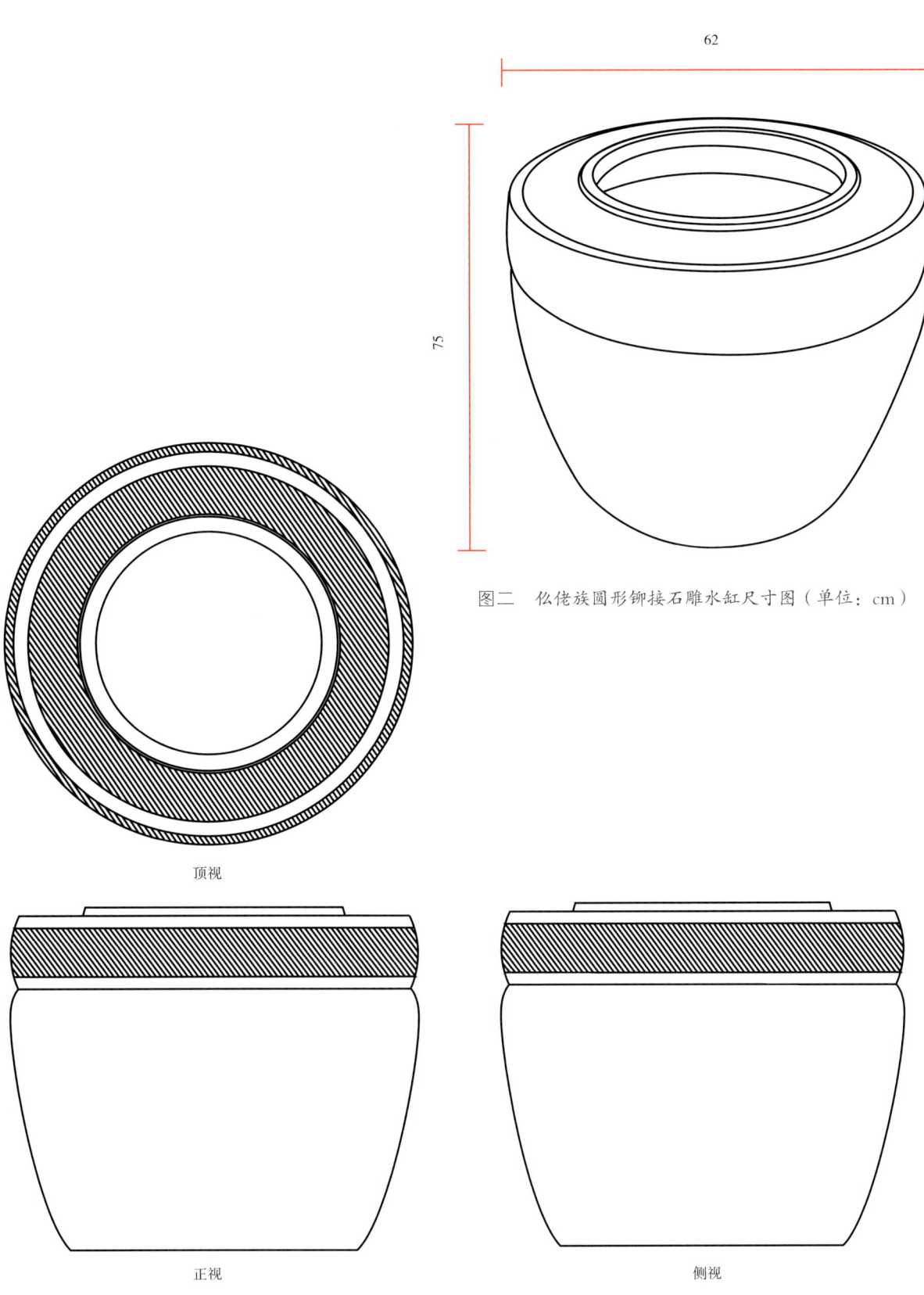

图二 仫佬族圆形铆接石雕水缸尺寸图（单位：cm）

顶视

正视　　　　　　　　侧视

图三 仫佬族圆形铆接石雕水缸三视图

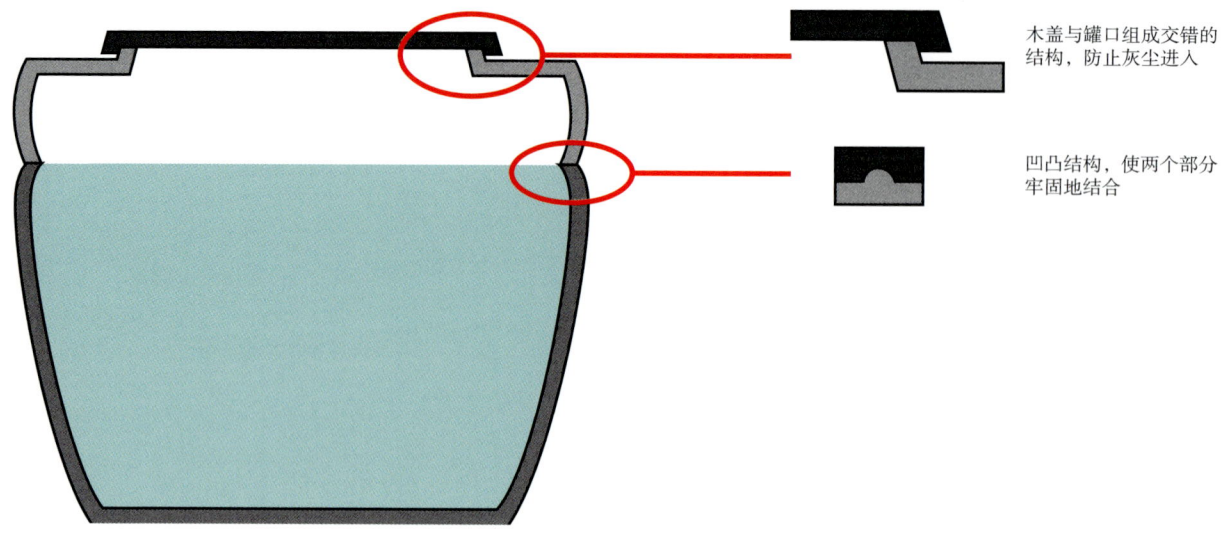

图四　仫佬族圆形铆接石雕水缸解析图

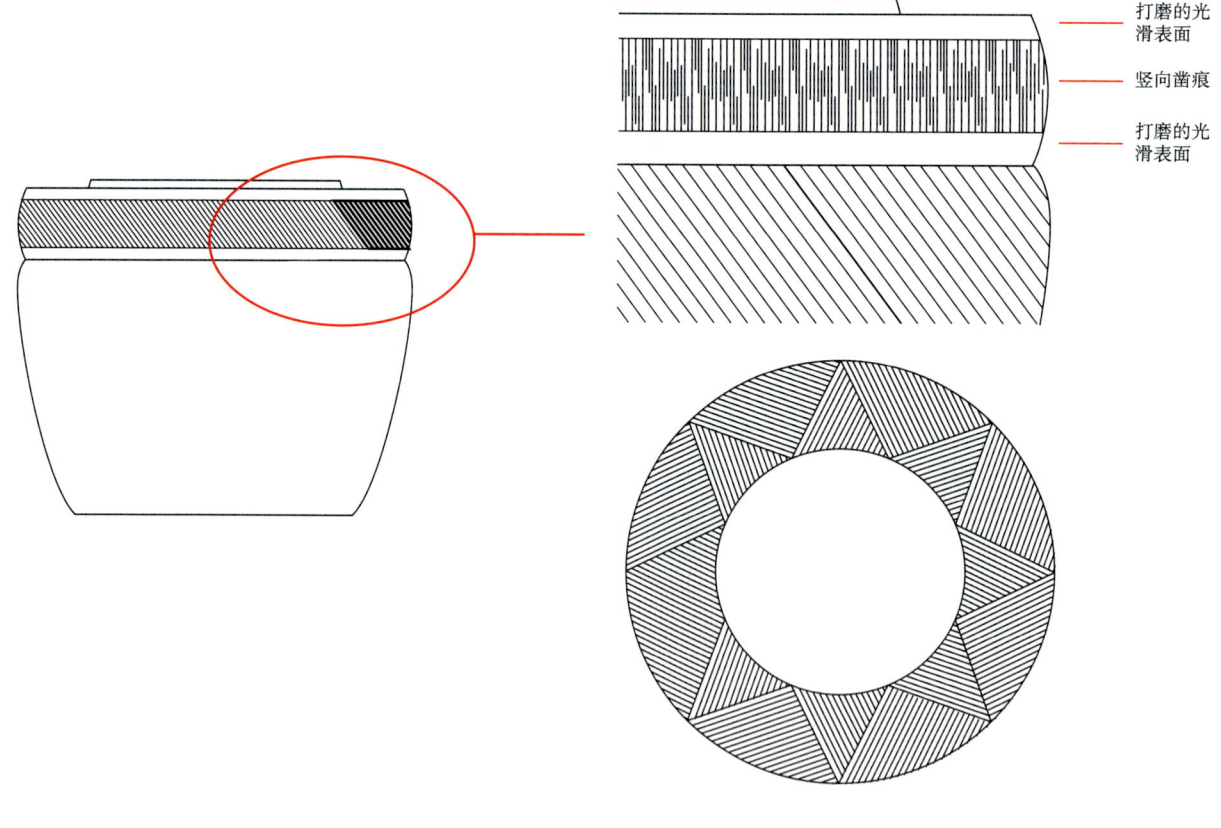

图五　仫佬族圆形铆接石雕水缸套头解析图

图六　仫佬族圆形铆接石雕水缸使用情境图

仫佬族方形拼接石雕水缸

图一　仫佬族方形拼接石雕水缸主图

　　仫佬族方形拼接石雕水缸案例采集于广西罗城仫佬族自治县东门镇石围屯。水缸高80厘米、宽100厘米。受采访人银联健，仫佬族，男，52岁。

　　本案例是仫佬族厨房储存水的水缸，以青石为材料制作。水缸采用石板拼接围合的方式制作，分成面板、侧板、底板。面板呈"工"字结构，形成一个榫头，搭接在侧板上，下面托一整块底板。板与板之间的缝隙使用糯米汁调和的泥灰封堵。这种拼合式的水缸制作十分方便，只要开石板就可以了。比起在整块石头上掏空雕琢，要省时省力，可以批量生产，节约成本。

　　方形拼接石雕水缸摆放的位置十分有特点，在厨房靠院子的墙壁上开一个方孔，水缸置于方孔之间，恰好一半在室内，一半在室外。人们挑水回家后，不需要挑进厨房，只需在院子里就可以将水倒入水缸。屋里屋外也都可以取水,十分方便。这可能是最早的共享设计吧。仫佬族人居住的地区山水相连,石头资源十分丰富,仫佬族人充分利用了这一天然资源,制作了大量的石质用品,本案例就是其中的代表之一。

图片来源
图一、图七　郑静　摄影
图二至图六　杨宇飞　制图

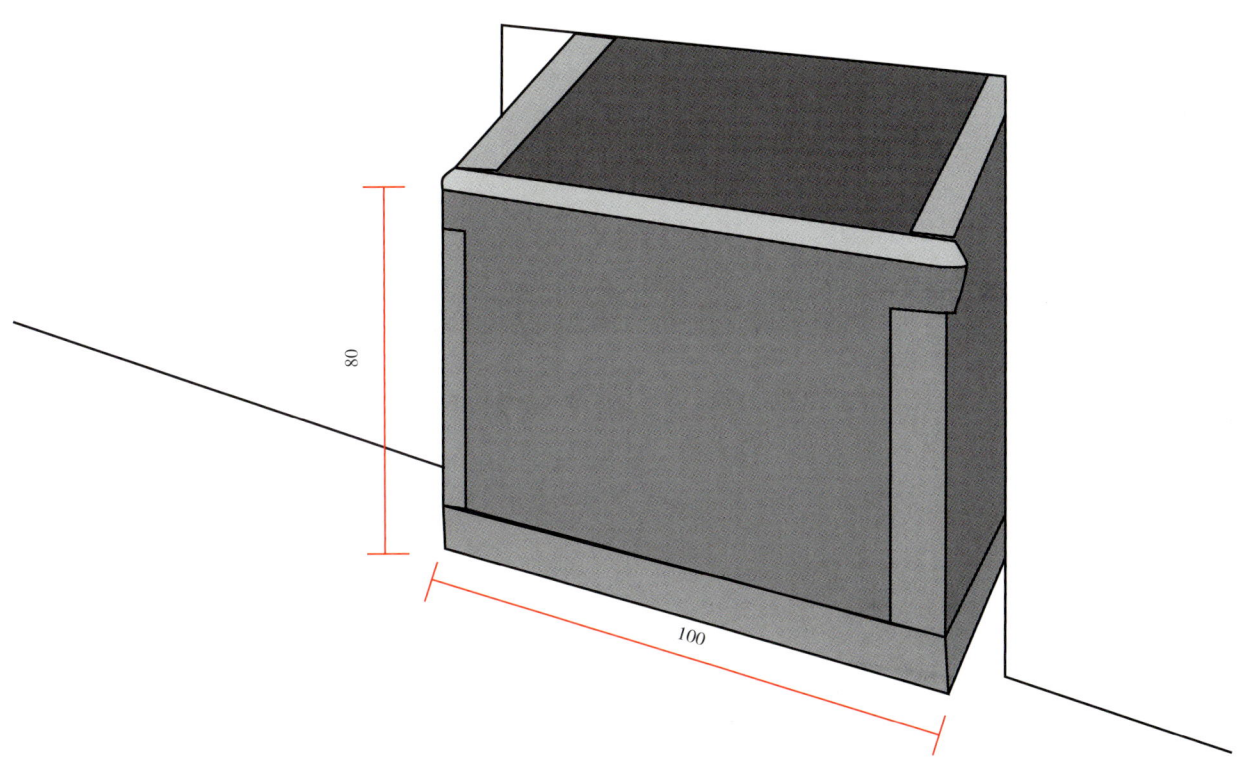

图二　仫佬族方形拼接石雕水缸尺寸图（单位：cm）

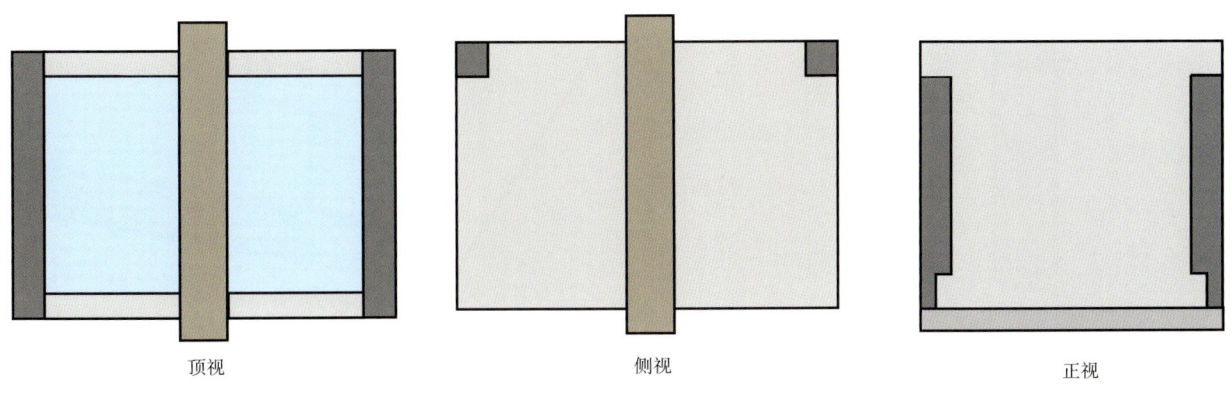

顶视　　　　　　侧视　　　　　　正视

图三　仫佬族方形拼接石雕水缸三视图

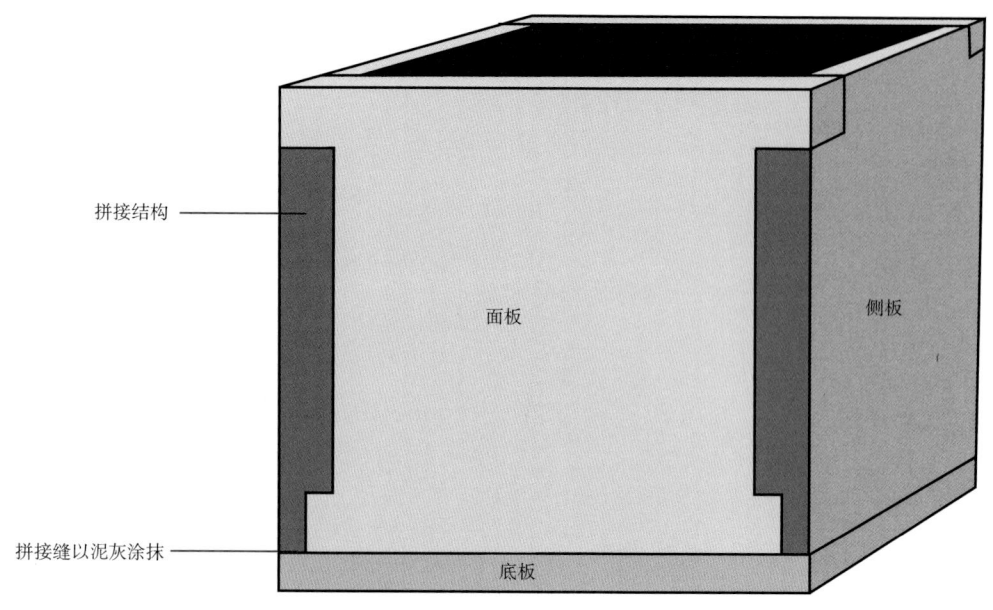

图四 仫佬族方形拼接石雕水缸结构名称图

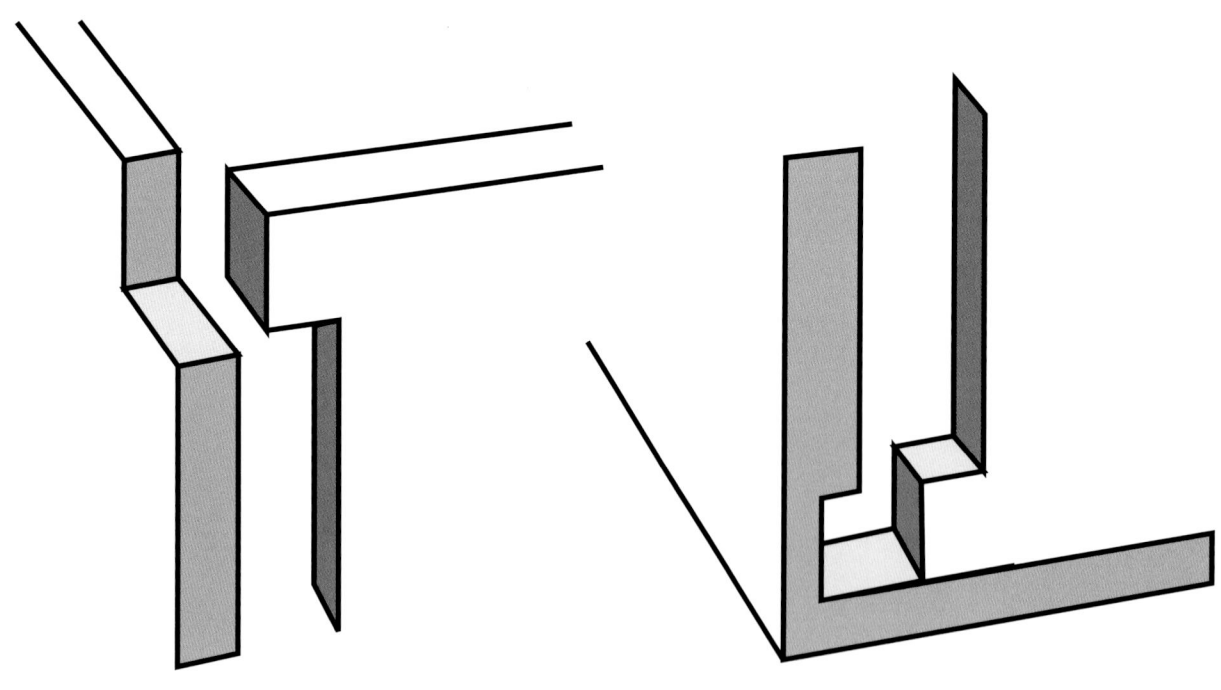

图五 仫佬族方形拼接石雕水缸"工"字榫头细节分析图

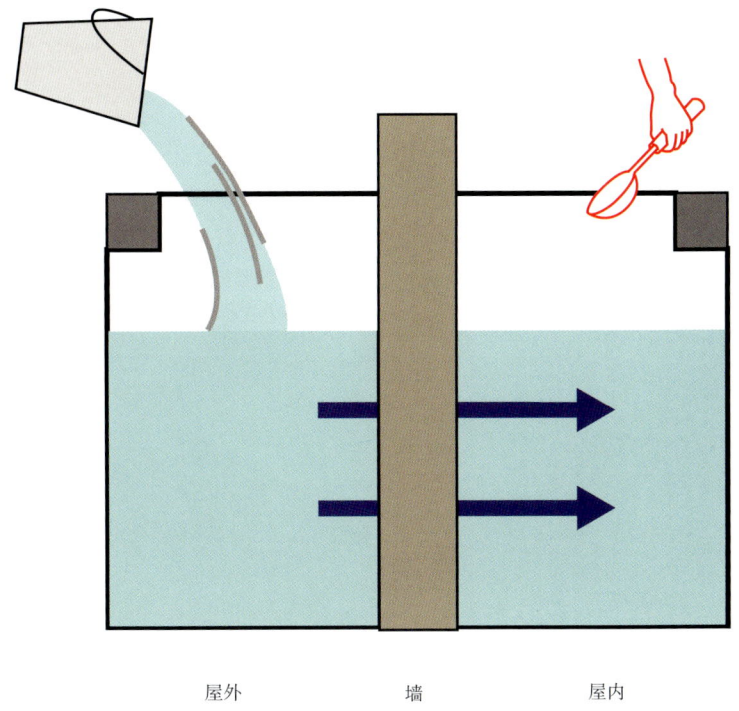

墙外倒水,厨房内的即可用水,减小了劳动强度

屋外　　　墙　　　屋内

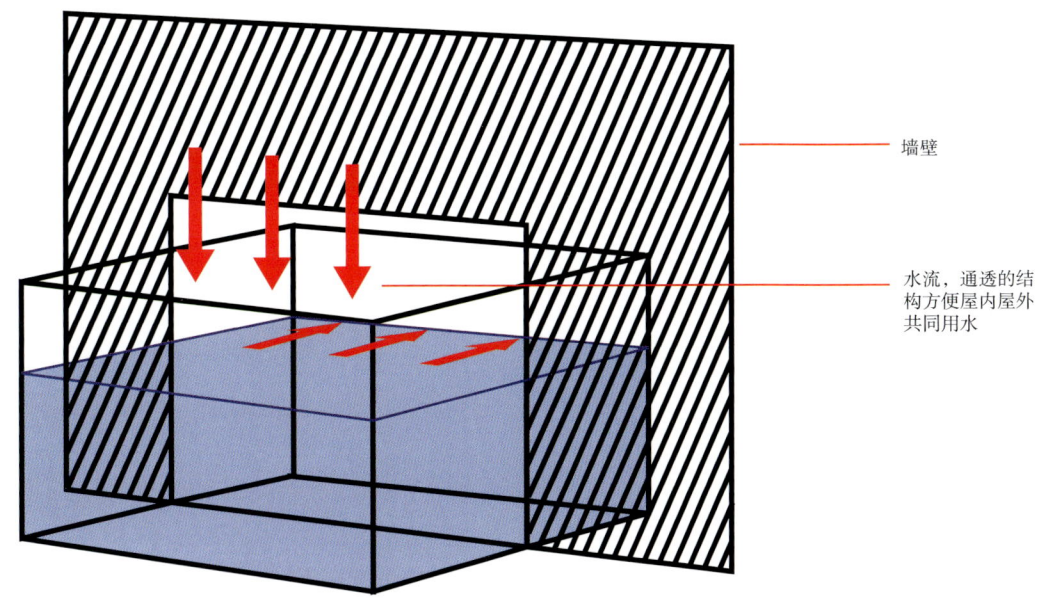

墙壁

水流,通透的结构方便屋内屋外共同用水

图六　仫佬族方形拼接石雕水缸使用功能分析图

图七　仫佬族方形拼接石雕水缸使用情境图

第五章 仫佬族传统生产工具

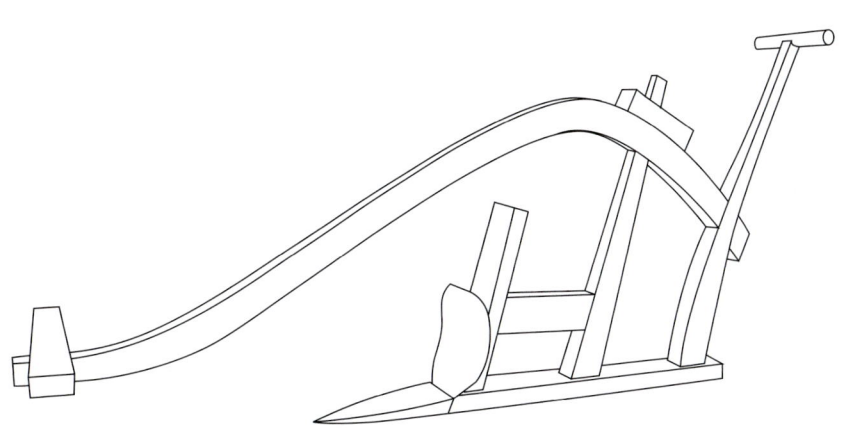

仫佬族脚踩式米舂

图一　仫佬族脚踩式米舂主图

仫佬族脚踩式米舂案例采集于广西罗城仫佬族自治县东门镇石围屯。米舂长170厘米、宽40厘米。受采访人银联健，仫佬族，男，52岁。

本案例是仫佬族日常生活中使用的舂米器具。其主体由木头制成，辅助以石块刻凿的臼槽，使用时手拉吊绳，脚踩碓尾，带动杵上下移动，这样可以为谷物去壳。臼槽用一块整石凿成，形同酒盅，内有罗纹，臼身埋于地下，四周用整石贴平，以便于清扫。臼上架着用树段做成的碓身，碓的头部装有杵，为方形木块，底部圆滑，以避免将谷物碾碎。碓的中部有支撑翘动的横杆，尾部有一深坑，踩动碓尾，碓头即抬起。碓的上部有粗绳系于木杆上，为使用者拉握达到借力、固定姿势的作用。

仫佬族人以稻米为主食，所居住的地区素有"粮仓"的美称，这催生了加工稻米器具的产生，在不断地发展变化中，形成了今日所见的利用杠杆原理制成的米舂，在降低使用者所需的身体力量的同时提高了加工效率。此外，仫佬族地区经济相对落后，电力发展不完备，使得成本较高的现代加工方式无法普及，米舂的制作工艺简单、成本低廉，因而仫佬族山乡家家户户都备有舂米房，用以提供一日三餐所需的粮食。

图片来源

图一、图七　郑静　摄影

图二至图六　杨宇飞　制图

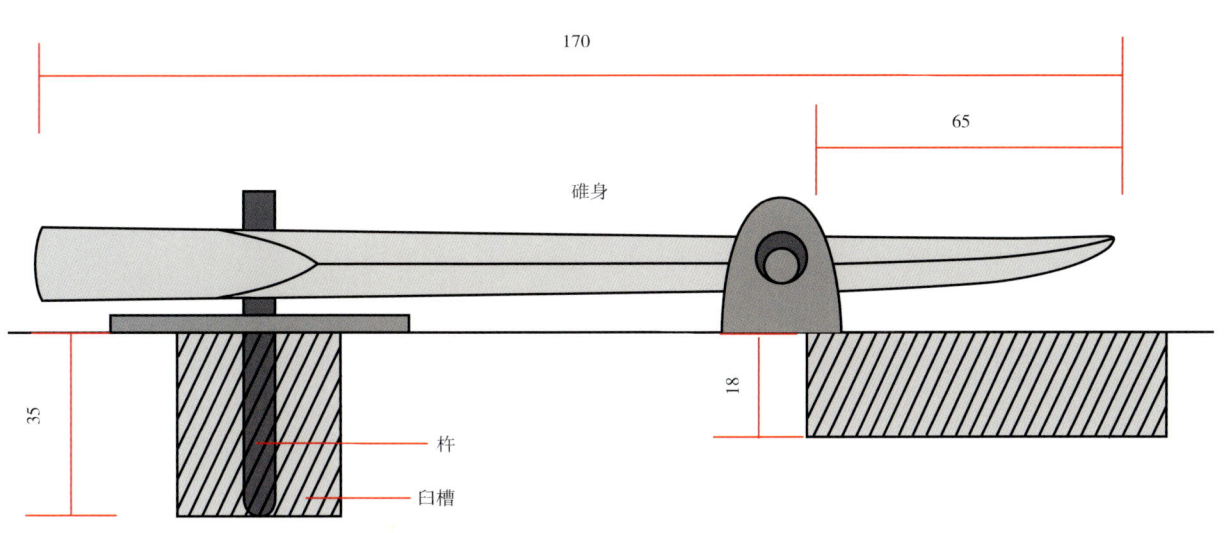

图二　仫佬族脚踩式米舂尺寸图、结构名称图（单位：cm）

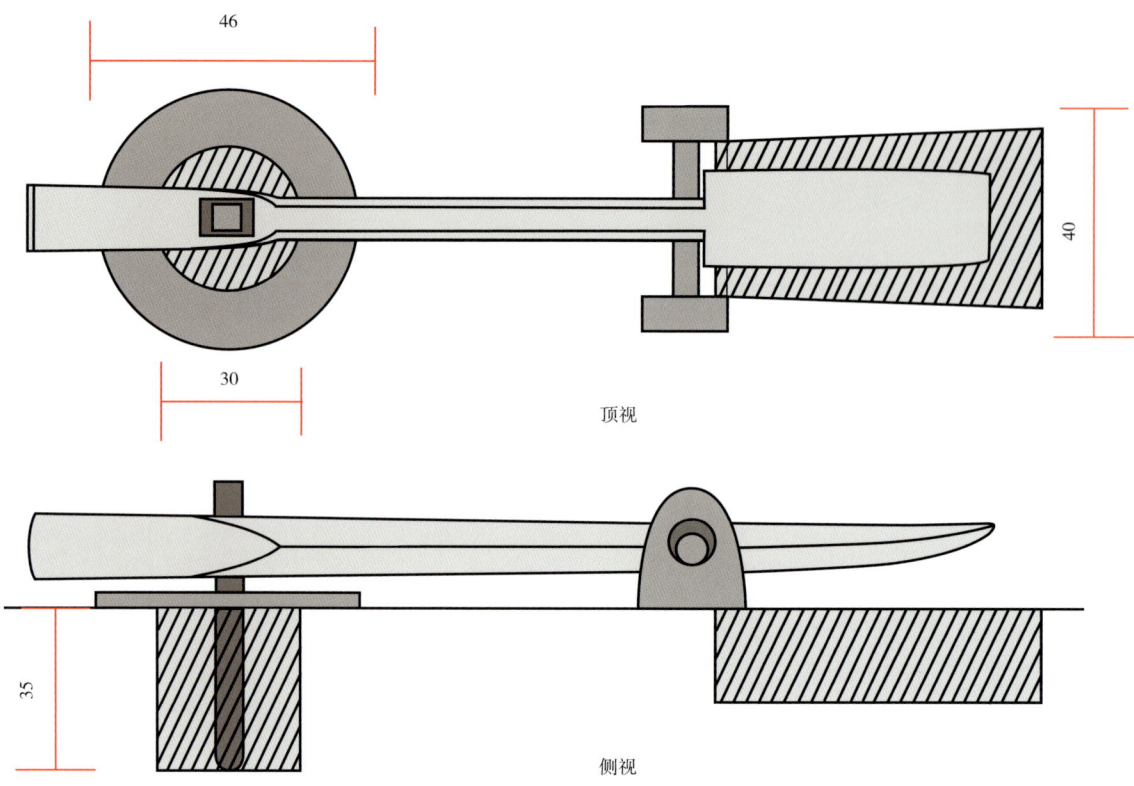

图三　仫佬族脚踩式米舂视角图、尺寸图（单位：cm）

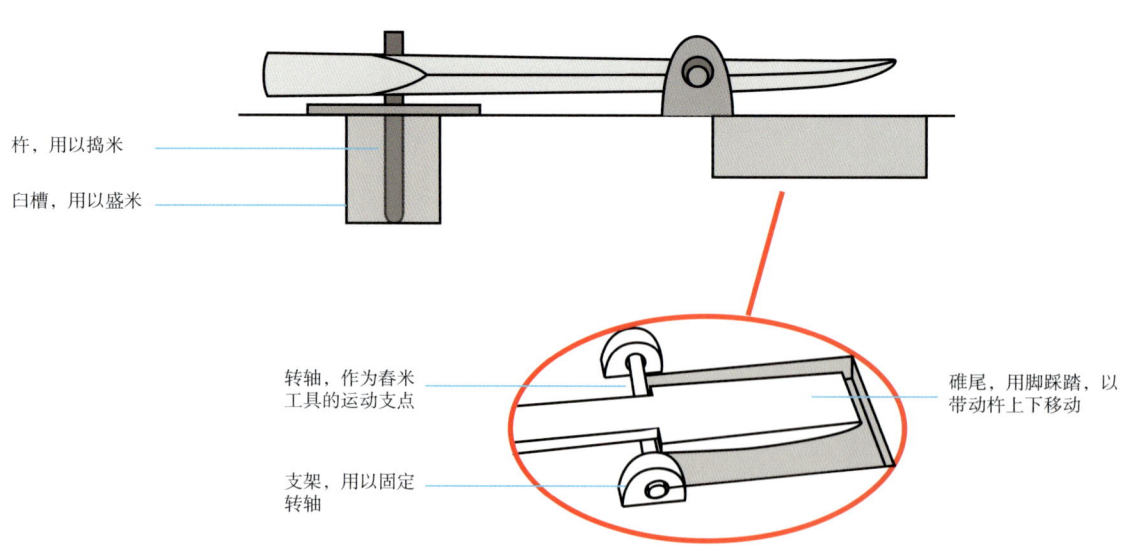

图四　仫佬族脚踩式米舂功能解析图

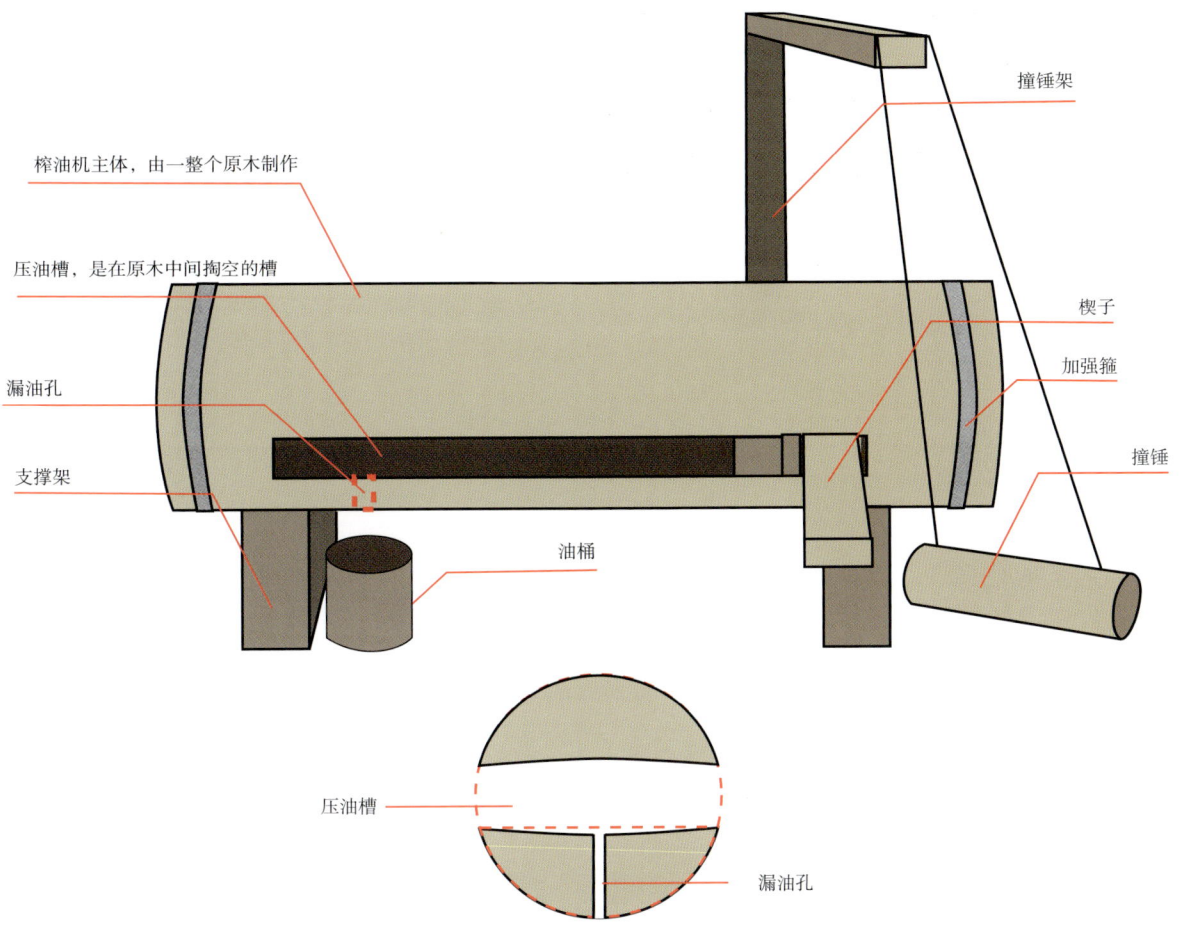

图四　仫佬族原木榨油机结构名称图

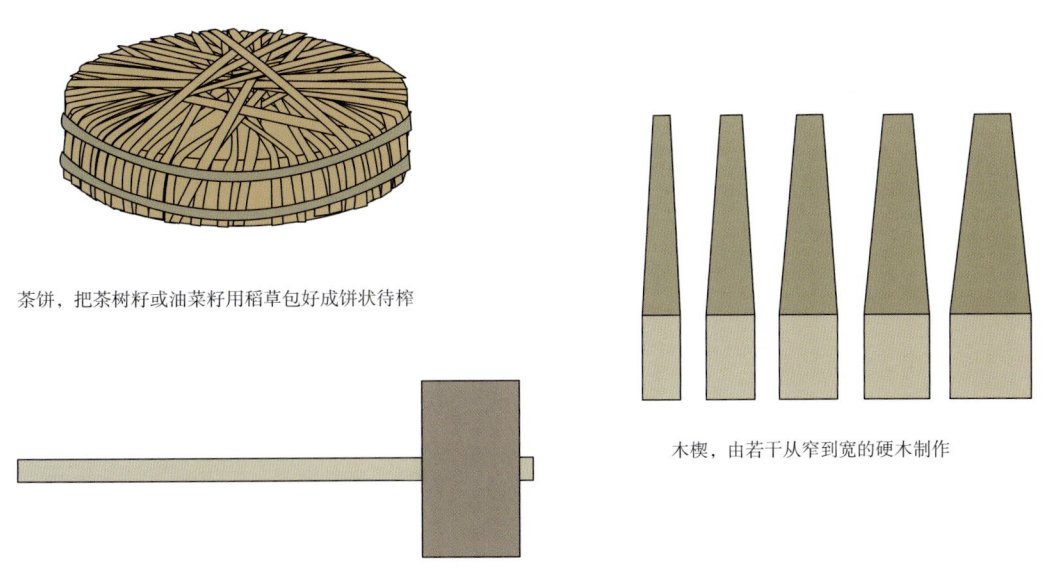

图五　仫佬族原木榨油机工具分析图

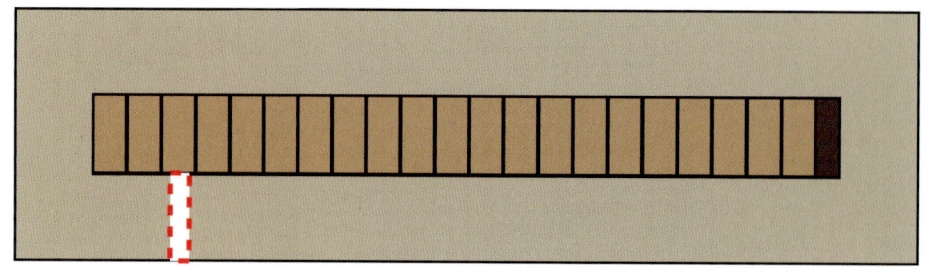

1. 在油槽内放入茶饼

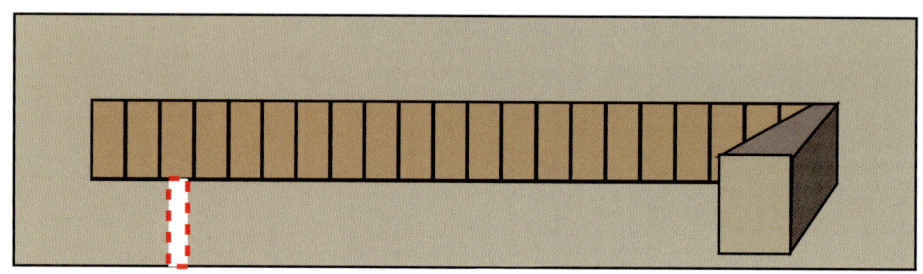

2. 使用撞锤，由窄到宽向油槽内打入木楔

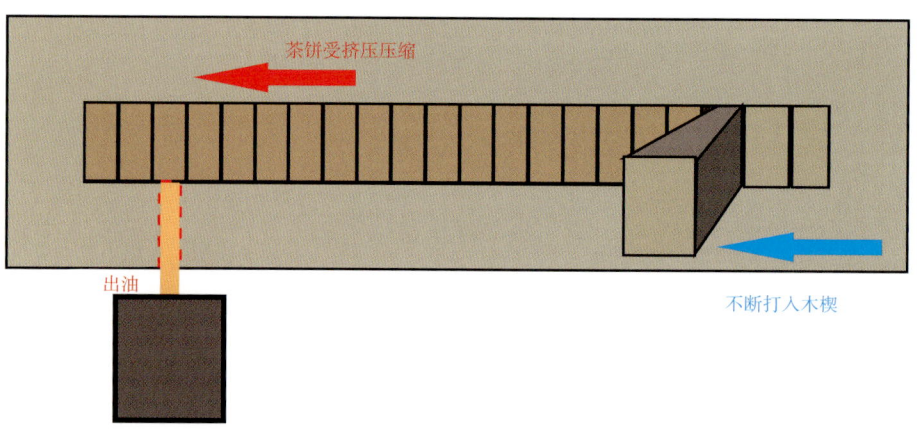

3. 不断地打入木楔，直至茶饼无油可出

图六　仫佬族原木榨油机操作示意图

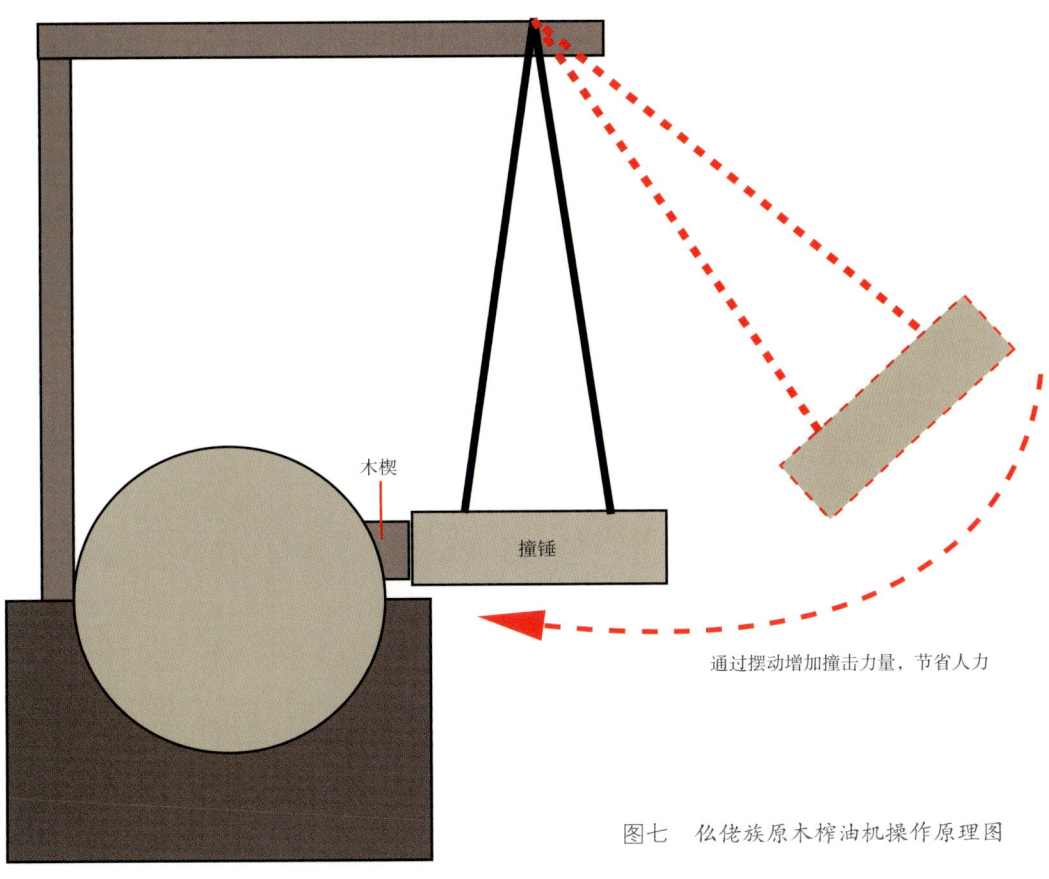

木楔

撞锤

通过摆动增加撞击力量,节省人力

图七　仫佬族原木榨油机操作原理图

图八　仫佬族原木榨油机模型图

第五章　仫佬族传统生产工具

仫佬族扒犁

图一 仫佬族扒犁主图

仫佬族扒犁案例采集于广西罗城仫佬族自治县东门镇石围屯，现藏于罗城仫佬族博物馆。扒犁高85厘米、宽85厘米、齿长16厘米。受采访人银联健，仫佬族，男，52岁。

本案例是仫佬族农耕时使用的扒犁。其基本框架由木头制成，与铁制成的犁头相配合，使用时用牛做牵引，用来破碎土块，从而为播种做好准备。上部有直径约为10厘米的横杆，方便使用者抓握，从而更自如地掌握方向。中间有两条犁辕，连接下面承载犁头的圆柱形木块，且让使用者更方便省力。犁头为一排底部锋利的锥体，在推动的过程中能大面积带动泥土翻起。

仫佬族人居住的地区气候温和，雨量充沛，十分适宜农作物尤其是水稻的种植，而水稻的生长需要肥厚松软的土地，因此，扒犁在耕作中是必不可少的农耕用具。同时，这一地区属于云贵高原苗岭山脉九万大山的南沿地带，没有大面积覆盖的耕地，所以，仫佬族使用的扒犁比常见的小很多，从而使农民在狭小的耕地上也能灵活自如地使用。再者，广西地区植物资源十分丰富，而仫佬族的铁器制作工艺也有着悠久的历史，这使得扒犁的制作材料极其容易获得，在大大降低了制作成本的同时，又使得耕地的效率明显提高。

图片来源

图一　郑静　摄影

图二至图七　杨宇飞　制图

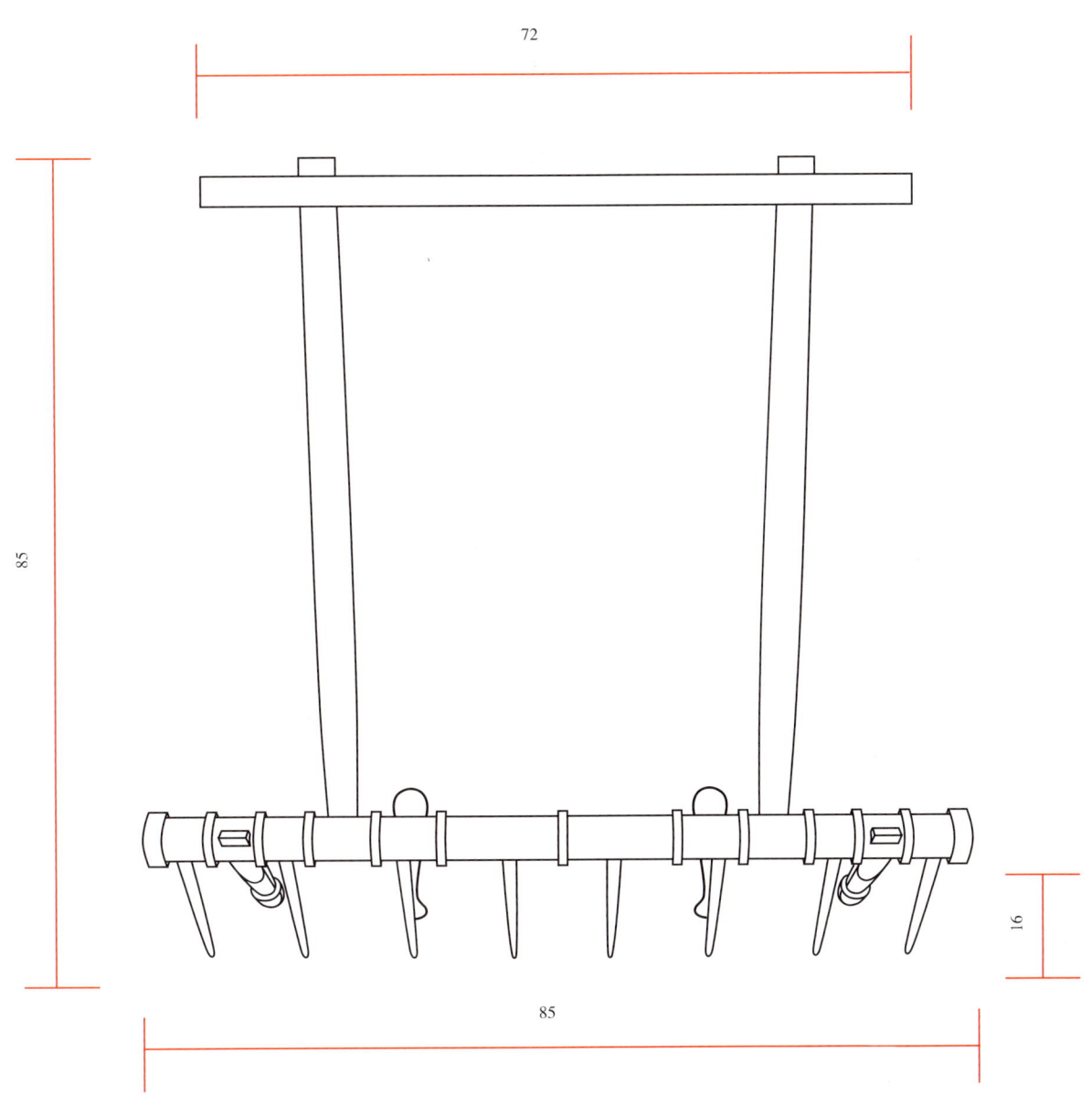

图二　仫佬族扒犁尺寸图（单位：cm）

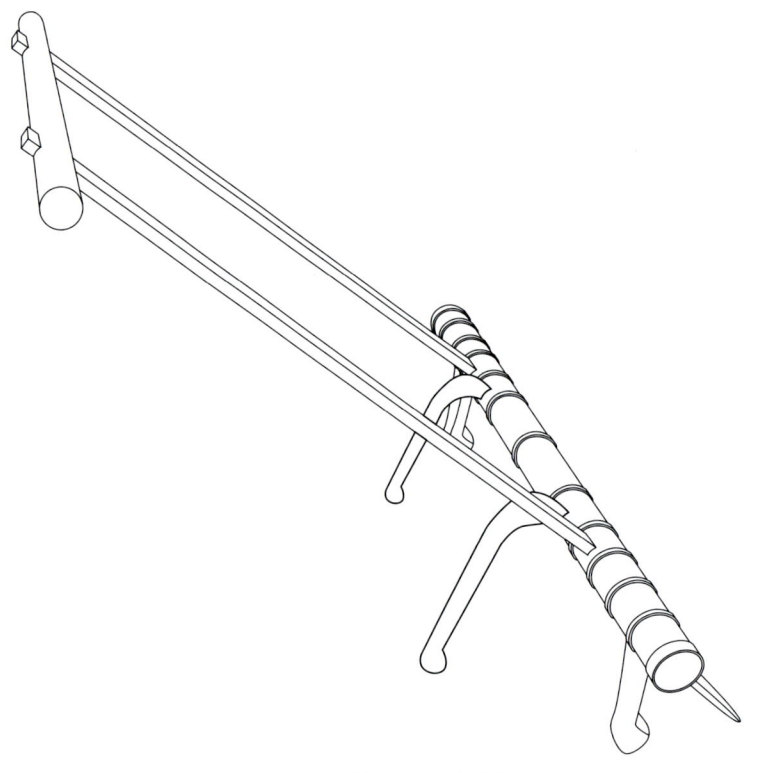

图三　仫佬族扒犁侧视图

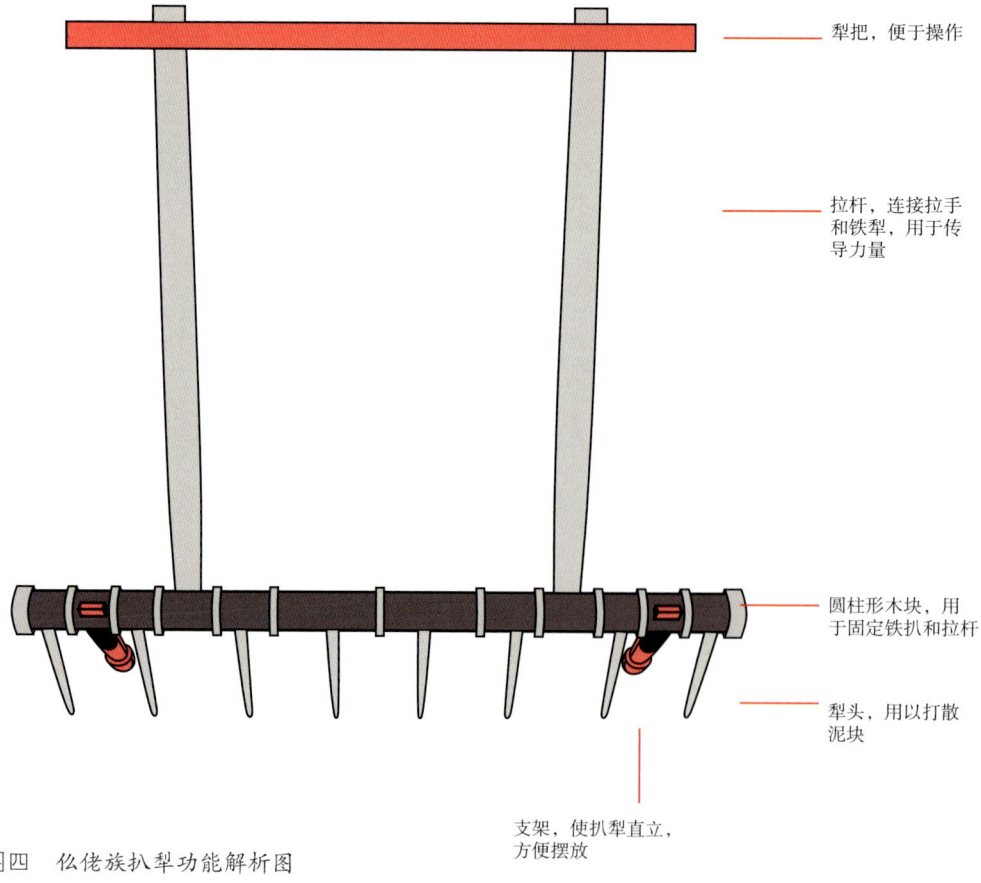

犁把，便于操作

拉杆，连接拉手和铁犁，用于传导力量

圆柱形木块，用于固定铁扒和拉杆

犁头，用以打散泥块

支架，使扒犁直立，方便摆放

图四　仫佬族扒犁功能解析图

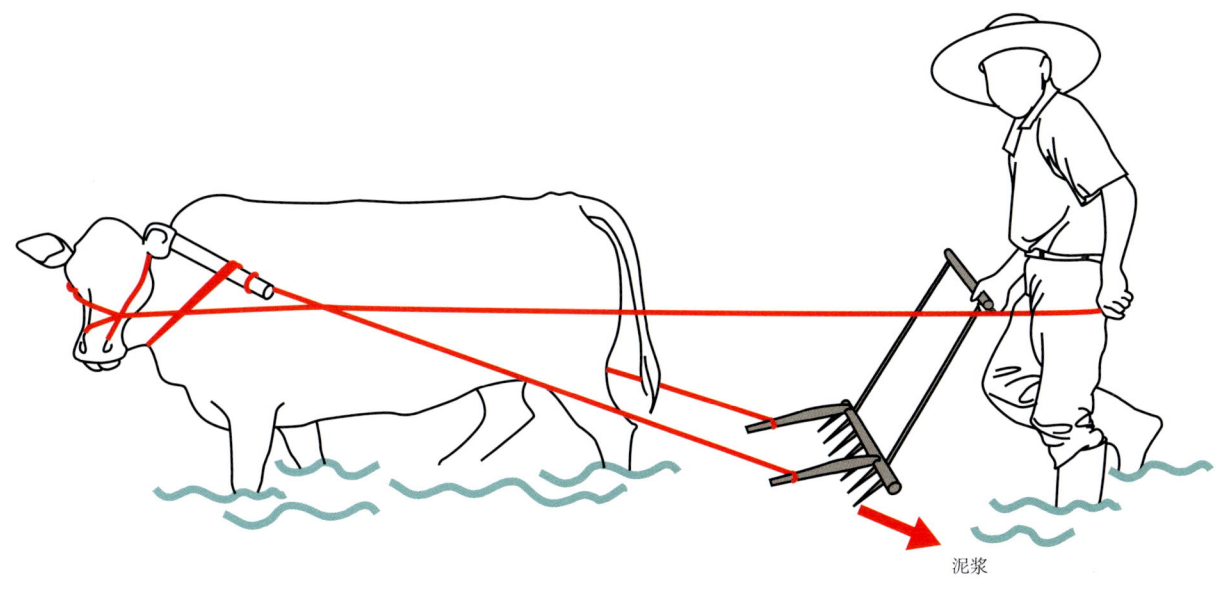

图五　仫佬族扒犁使用分析图

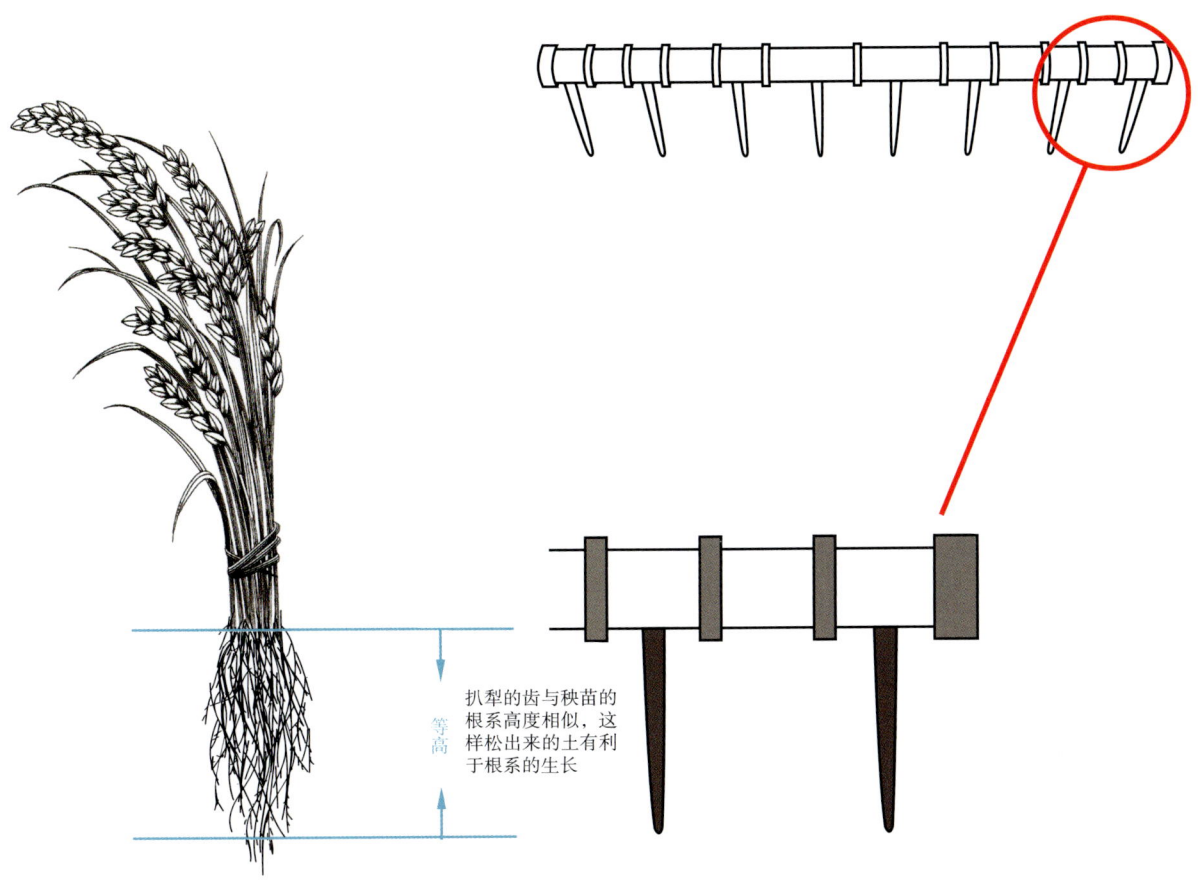

图六　仫佬族扒犁工作原理图

第五章　仫佬族传统生产工具

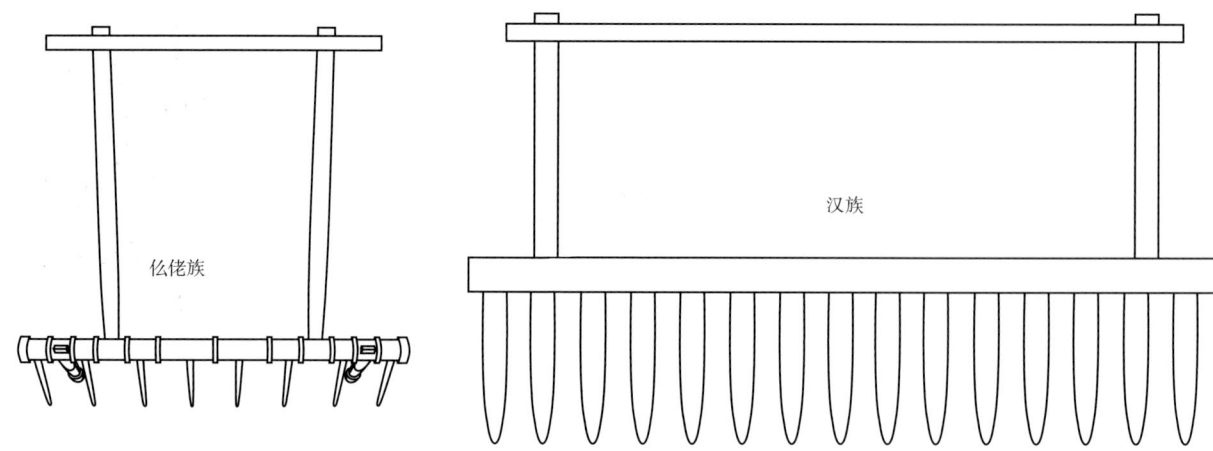

汉族扒犁与仫佬族扒犁比较

1. 尺寸：宽度上汉族扒犁是仫佬族扒犁的两倍，高度基本一致
2. 犁头：汉族犁头较宽，长度较长，密度高，与犁身呈180度角；仫佬族犁头较尖窄，长度较短，密度稀，与犁身呈135度角
3. 材料：汉族扒犁整体上使用木材，用少量金属做连接件；仫佬族扒犁则大量使用铁
4. 工艺：汉族的犁头利用榫卯结构直接固定；仫佬族的犁头使用铁圈捆绑固定

图七　仫佬族扒犁与汉族扒犁比较图

仫佬族曲辕犁

图一　仫佬族曲辕犁主图

仫佬族曲辕犁案例采集于广西罗城仫佬族自治县四把镇双寨村中寨屯。曲辕犁高60厘米、长120厘米。受采访人谢礼芳，女，56岁。

本案例是耕地的主要工具，由犁梢、犁枰、犁箭、犁辕、犁床、策额、犁壁、犁铲、犁盘九个部件组成。曲辕犁操作方便灵活，辕头安装可以自由转动的犁盘，便于调头和转弯。推进犁枰，可使犁箭向下，犁铲入土则深；若提起犁枰，使犁箭向上，犁铲入土则浅。将曲辕犁的犁枰、犁箭和犁铲三者有机地结合使用，便可适应深耕或浅耕的不同要求，并能使调节耕地深浅规范化，便于精耕细作。犁壁不仅能碎土，而且可将翻耕的土推到一侧，减少耕犁前进的阻力。曲辕犁造型重心偏下，下面的犁壁、犁床、策额，体积质量较大，有极强的稳定性。

本案例是仫佬族地区广为使用的农耕用具，其结构基本延续唐代后期的东江地区江东犁样式。由于受地质条件限制，仫佬族生活地区的农田大多是在山地之间零散分布，面积比较小。所以仫佬族使用的曲辕犁比汉族地区的要小，便于调头和转弯，操作灵活，节省人力和畜力。

图片来源
图一　郑静　摄影
图二至图六　杨宇飞　制图

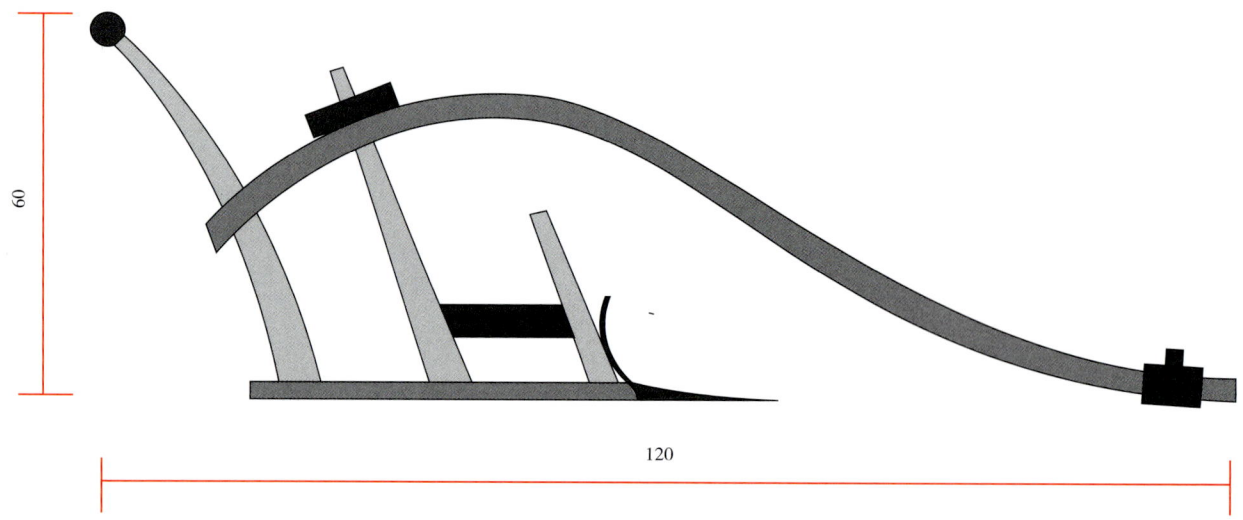

图二　仫佬族曲辕犁尺寸图（单位：cm）

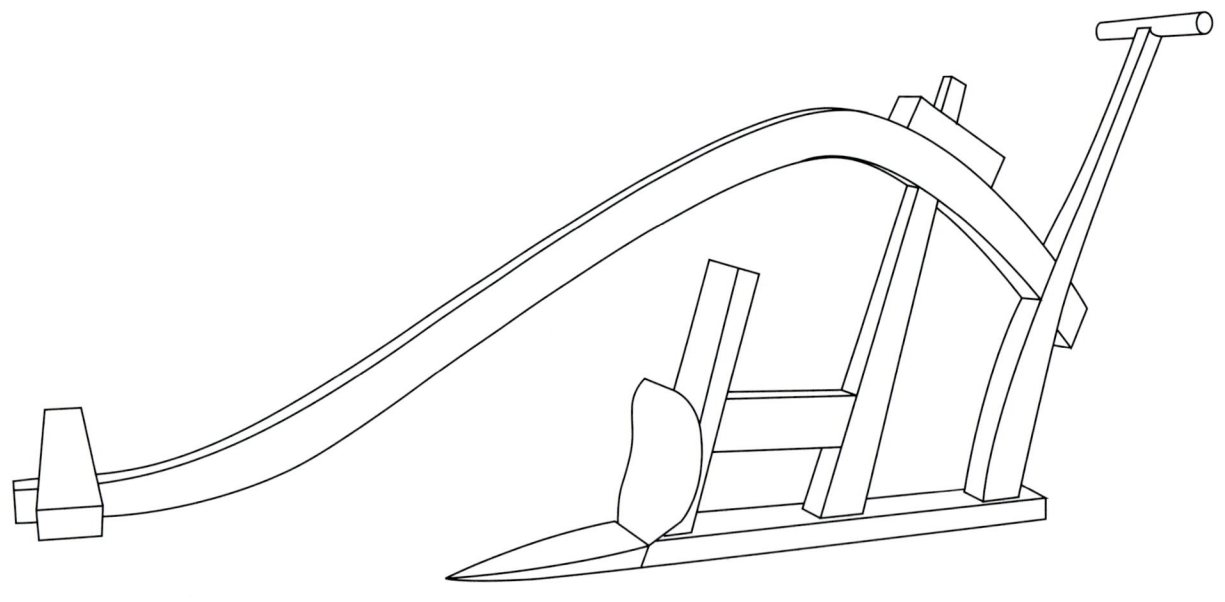

图三　仫佬族曲辕犁透视图

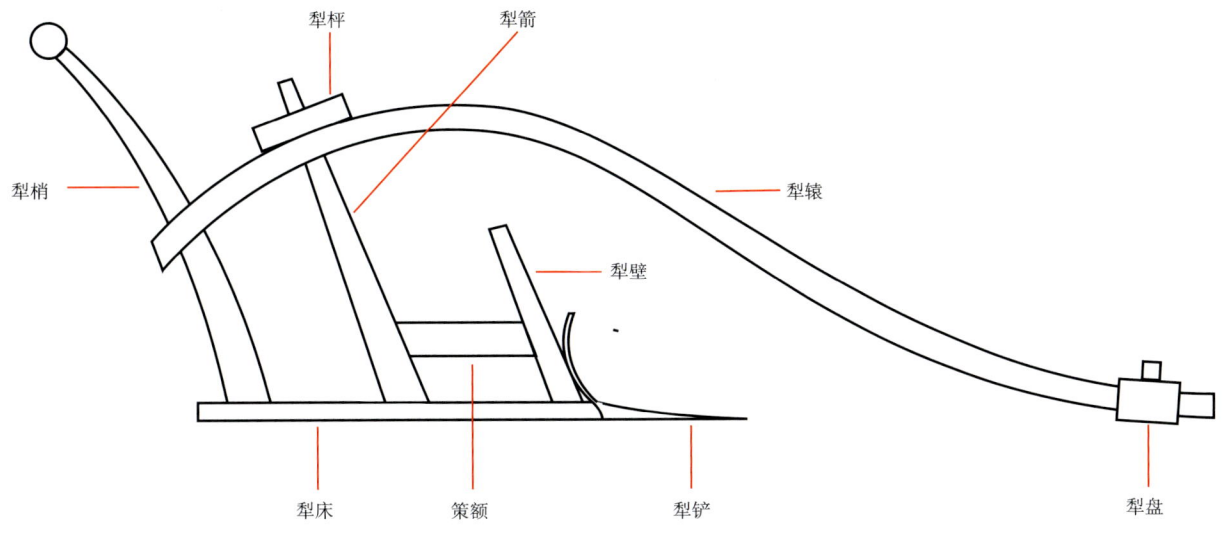

图四 仫佬族曲辕犁细节分析图

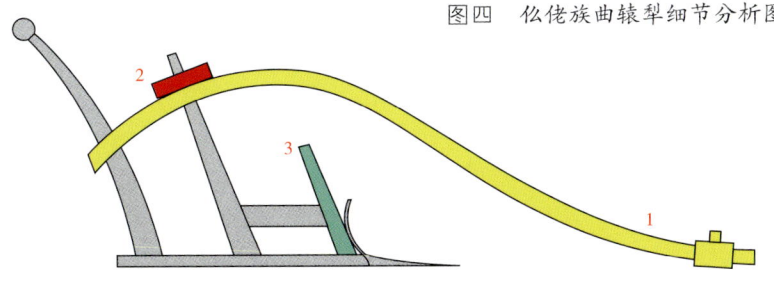

1. 把长直辕改成短曲辕，并增加了犁盘，操作起来更加灵活自如，节省人力、畜力
2. 增加了犁枰，使犁箭可上可下，可适应深耕和浅耕的不同需要
3. 改进了犁壁，将翻起的土推到一旁并能翻起土块，断绝草根生长

图五 仫佬族曲辕犁、直辕犁造型对比图

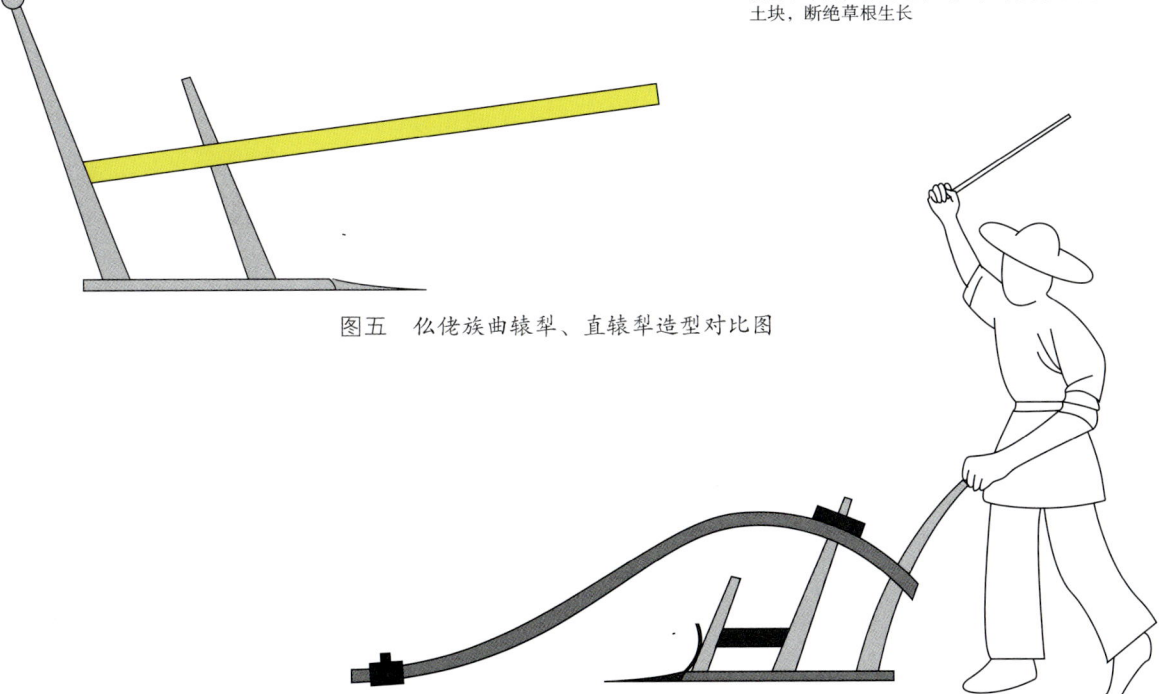

图六 仫佬族曲辕犁使用情境图

仫佬族水车

图一 仫佬族水车主图

仫佬族水车案例采集于广西罗城仫佬族自治县四把镇双寨村中寨屯。水车长360厘米、高58厘米。受采访人兰世礼，男，43岁。

本案例是灌溉用的水车，采用木质结构制作。车身是利用木板制作的水槽，两端是大、小两个轮轴，大轮在上，轮轴两边各连接着一根柄状小木棍的拐木，小轮在下，轮轴卡在水槽底部。两端轮轴套接一圈由长长的木链连接的刮板，刮板宽度与水槽内径契合。使用时，将水车斜放，水槽底部浸入水中。手握手柄摇动拐木，带动轮轴旋转，轮轴卡齿咬合刮板，在木链的牵引下转动，叶板在水槽底部兜住水，沿水槽上行至底部，将水翻入高处田地，完成一轮引水。如此反复，就可以解决缺水高地的灌溉。

本案例是传统水车翻车的一种，翻车又叫"龙骨车"，因长长的木链龙骨得名。大多数的翻车都为脚动型，车身较大，需要配专门的支架和大轴。本案例的运行原理和翻车一致，只是比较小型化、轻便化，使用手来摇动。《天工开物》记载其为"拔车"，对其功能描述为"其浅池小浍，不载长车者，则数尺之车，一人两手疾转，竟日之功，可灌二亩而已"。这种小型化的水车十分适合仫佬族人生活的山区田地狭小、溪流窄浅的特点。

图片来源
图一 郑静 摄影
图二至图五 杨宇飞 制图
图六 [明]宋应星.天工开物·乃粒(卷上).商务印书馆，1954.

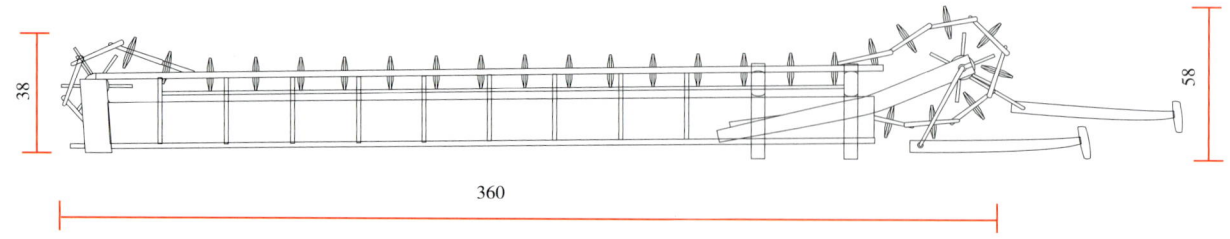

图二 仫佬族水车尺寸图（单位：cm）

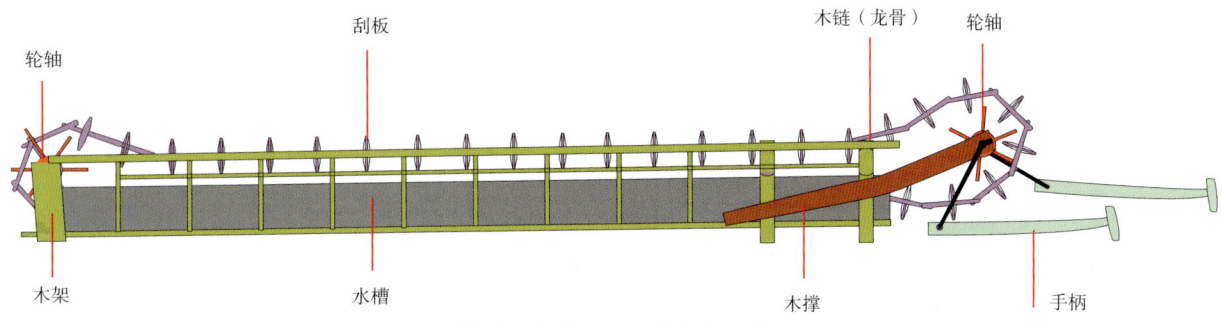

图三 仫佬族水车结构名称图

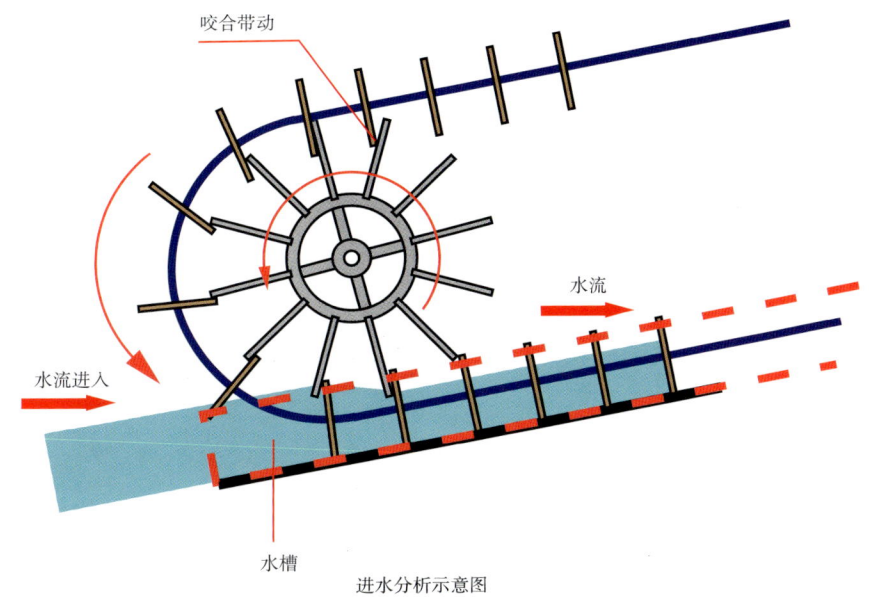

进水分析示意图

出水分析示意图

图四 仫佬族水车功能分析图

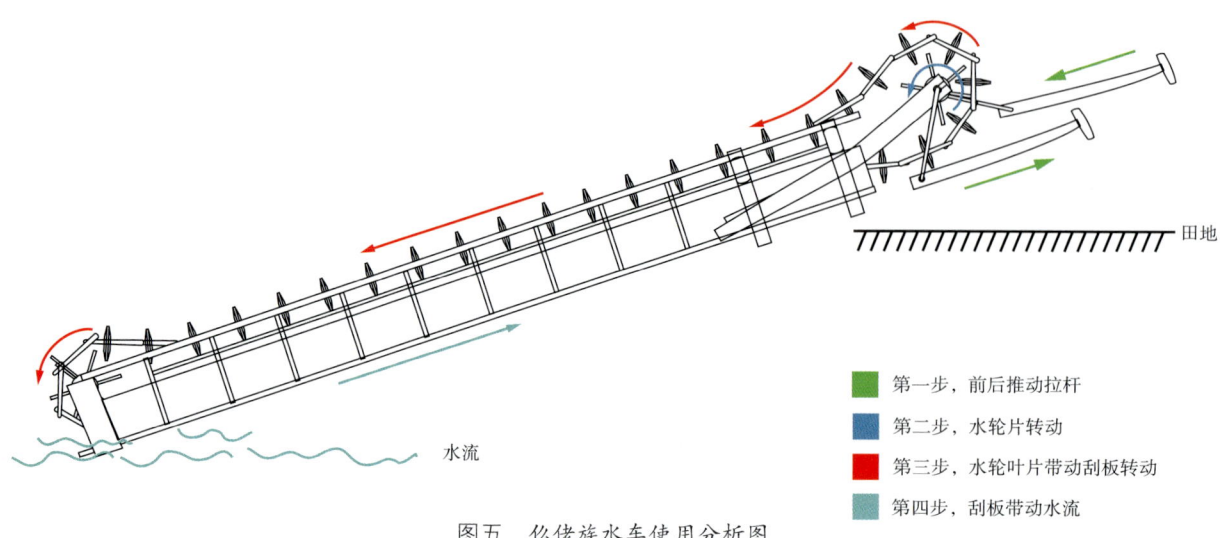

图五　仫佬族水车使用分析图

■ 第一步，前后推动拉杆
■ 第二步，水轮片转动
■ 第三步，水轮叶片带动刮板转动
■ 第四步，刮板带动水流

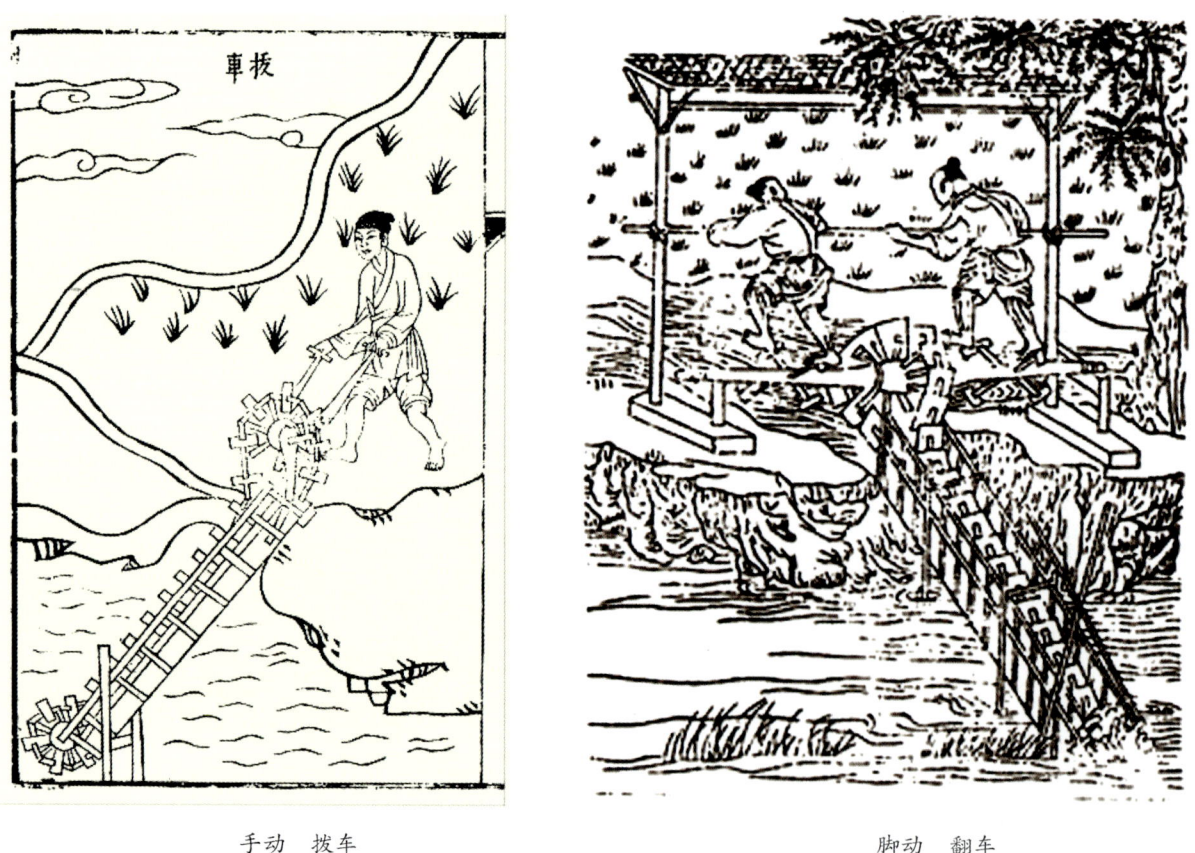

手动　拨车　　　　　　　　　脚动　翻车

图六　仫佬族水车对比分析图

仫佬族钱铲

图一　仫佬族钱铲主图

仫佬族钱铲案例采集于罗城仫佬族博物馆。钱铲长32厘米、宽5.6厘米。

本案例是货站或钱庄等地方用于清点铜钱的工具，采用红木制作。在长方形的造型上有两个等分的半圆凹槽，直径大小与铜钱一样。一端有手柄，手柄中间内凹，符合手的造型，使手持钱铲时不会滑落。使用时手持钱铲插入钱堆，在阻力的作用下，铜钱按顺序排入半圆凹槽。装满两个凹槽的铜钱数为100个，即一串。

本案例造型十分简单，利用了力学和分类学的原理，将本来烦琐的数钱工作变得十分简单，降低了劳动强度，提高了工作效率。可以说该案例是仫佬族的点钞机。

图片来源
图一　郑静　摄影
图二至图五　郑静　制图

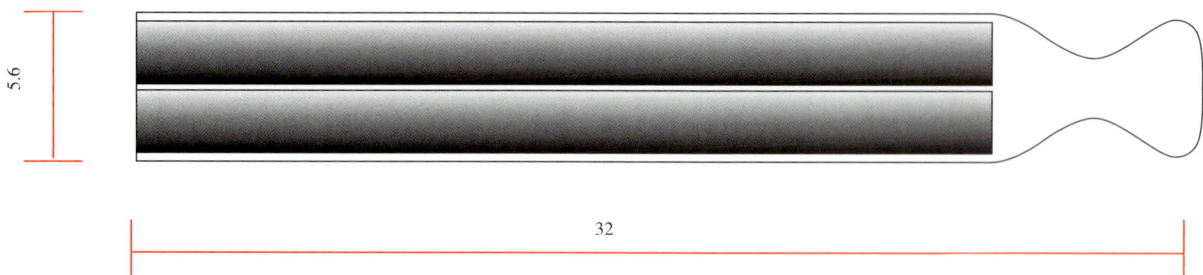

图二　仫佬族钱铲尺寸图（单位：cm）

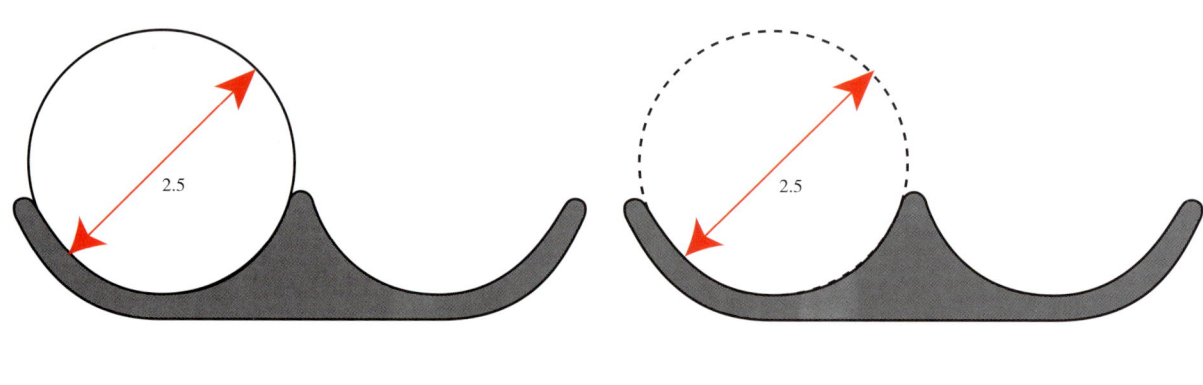

钱币半径与钱铲沟槽半径相同，
从而使钱币能整齐地排列

○ 钱币
⌀ 钱铲沟槽

图三　仫佬族钱铲原理图（单位：cm）

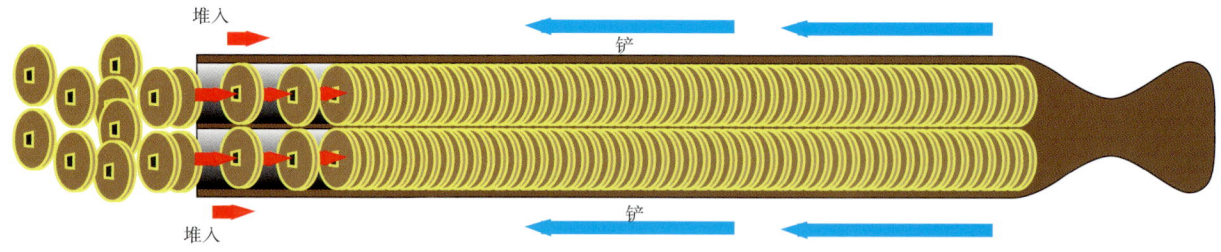

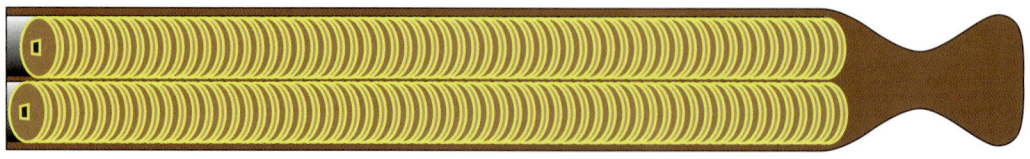

一铲为100个

图四　仫佬族钱铲使用情境图

剖面图

图五　仫佬族钱铲结构分析图

第六章 仫佬族传统手工艺

仫佬族绣花荷包

图一　仫佬族绣花荷包主图

仫佬族绣花荷包案例采集于广西罗城仫佬族自治县黄金镇，现藏于罗城仫佬族博物馆。荷包高13厘米、宽12厘米。受采访人韦嘉慧，仫佬族，25岁。

本案例是仫佬族未婚女性送给情郎的信物，荷包上窄下宽，平头圆底。背上方有一个扣，可穿在腰带上贴身佩戴。荷包的结构设计十分人性化，上窄下宽，这种结构使得荷包内装的物体不宜掉落；平头的设计，使佩戴在腰间弯腰活动时不会硌人；圆底的设计与身体十分贴切。荷包上的纹饰采用两层外框，外侧是鲜艳的紫色，内侧是深咖啡色的三角边框。框内的纹饰，盖上是并蒂莲和凤凰，包身上是并蒂莲和双飞凤。纹饰用色丰富，以冷色系为主，有11种之多，但是却多而不乱。在大面积的浅灰色底布和深色边框的调和下，荷包色彩缤纷，俏丽而没有火气。荷包刺绣精美，绣法主要是平针绣结合长短绣、打籽绣、回针绣等。

本案例除了定情功能外，主要作用是起着现代钱包的作用，所以造型比较小巧。刺绣的纹饰不是常见的并蒂莲和鸳鸯，而是并蒂莲和凤凰，是因为仫佬族的图腾是凤凰的缘故。

图片来源
图一　郑静　摄影
图二至图六　郑静　制图

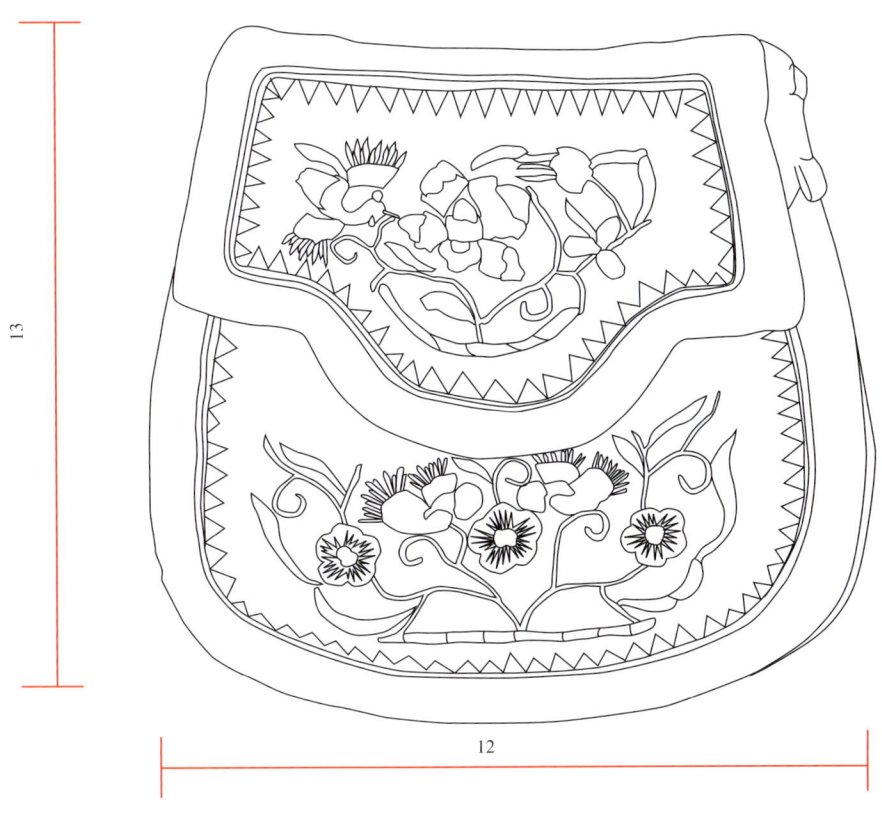

图二 仫佬族绣花荷包尺寸图（单位：cm）

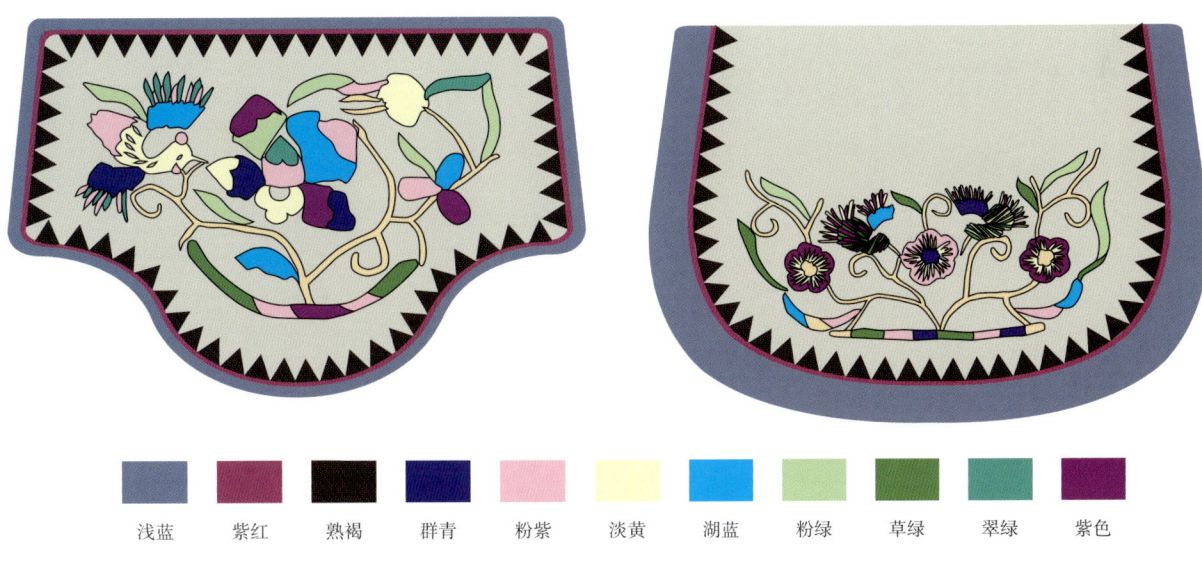

浅蓝　紫红　熟褐　群青　粉紫　淡黄　湖蓝　粉绿　草绿　翠绿　紫色

图三 仫佬族绣花荷包纹饰分析图

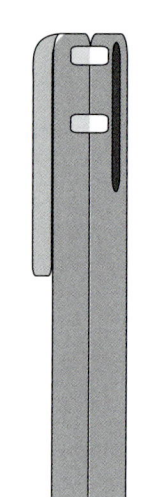

展开图

侧面图

图四 仫佬族绣花荷包结构分析图

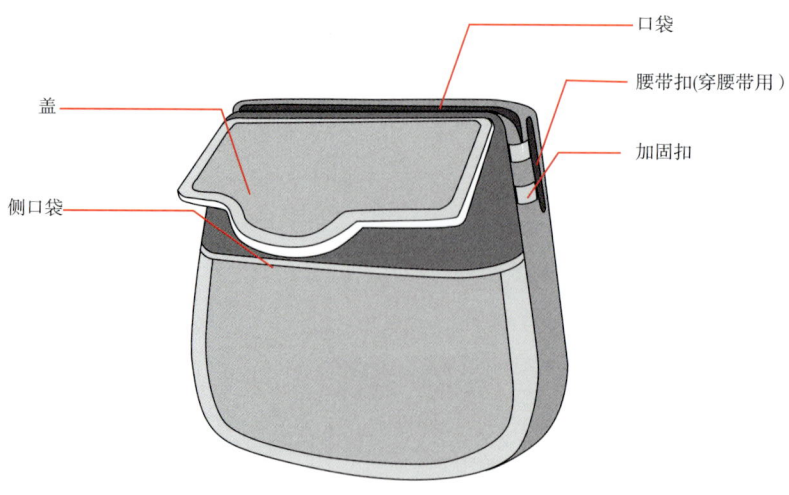

口袋

腰带扣(穿腰带用)

盖

加固扣

侧口袋

图五 仫佬族绣花荷包结构名称图

1. 根据花样平针绣　　2. 采用平针绣法绣满花样　　3. 采用长短针法绣花瓣内的间色　　4. 采用打籽针法绣花蕊

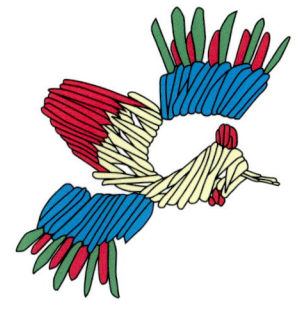  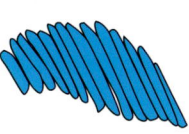

平针法绣的鹤　　　　　　回针法绣的茎脉　　　　　　平针法绣的叶子

图六　仫佬族绣花荷包针法分析图

仫佬族龙凤绣花包

图一　仫佬族龙凤绣花包主图

图二　仫佬族龙凤绣花包背面副图

仫佬族龙凤绣花包案例采集于广西罗城仫佬族自治县黄金镇，现藏于罗城仫佬族博物馆。绣花包高13厘米、宽8厘米。受采访人韦嘉慧，仫佬族，25岁。

本案例是仫佬族女性背的绣花包，包的结构比较简单，单口袋的开合结构、椭圆形的包身、梯形的包口，可以把包带穿过去，拎在手上。本案例的刺绣特别精彩，首先是纹饰精彩，正面包身满绣纹饰，中心主图案是龙凤呈祥，边框环绕喜鹊登梅等花鸟纹饰。包口位置绣蝴蝶纹饰。其次是用色精彩，色彩大胆采用对比色，主图案在大面积的紫色调下，以咖啡色的线条作为调和，大量运用小面积的橙色、黄色、粉色、绿色、蓝色。整体图案在一个暖紫的色调里丰富多彩。边框却又在绿灰色的色调里穿插橙色、紫色和蓝色，与主图案进行协调。色彩变化微妙，仅橙色就有三四种变化，此外还有渐变色，让人惊叹仫佬族对色彩的掌控能力和刺绣线的分色能力。第三是工艺精彩，小小的包身上运用了十几种刺绣技法，如平针绣、打籽绣、盘绣、堆绣等。

本案例最有特色的还是它的纹饰设计，主图案的龙凤纹饰中，龙的纹饰尤为特别。

龙纹除了龙首、龙身、龙爪外，还有一对漂亮的翅膀，而且翅膀的比例占龙纹饰的主体位置。这种龙纹饰在我国汉代到南北朝时期出现过，是受西域地区文化影响而来。少数民族纹饰中还是很少出现这种造型的，一方面可能是受汉族文化的影响，另一方面和仫佬族对凤凰的图腾崇拜有关。

图片来源

图一、图二　郑静　摄影
图三至图八　郑静　制图

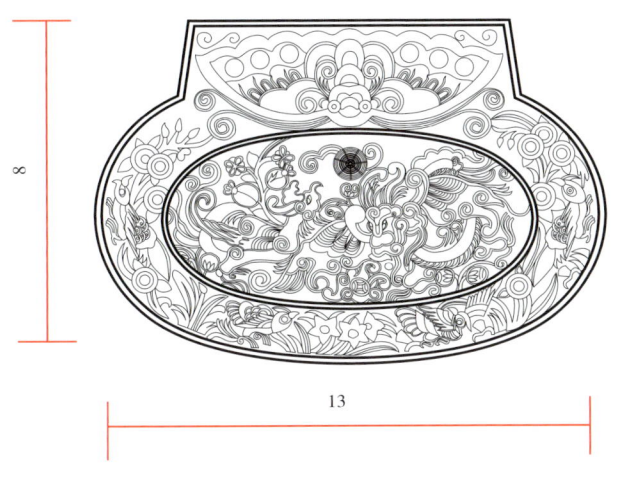

图三　仫佬族龙凤绣花包尺寸图（单位：cm）

正面　　　　　　　　　　　　反面

图四　仫佬族龙凤绣花包视角图

翅膀　　龙首　　龙爪　　翅膀　　龙爪

图五　仫佬族龙凤绣花包纹饰分析图

边框花鸟纹饰

凤凰纹饰　　　　　　　　蝴蝶纹饰

图六　仫佬族龙凤绣花包纹饰示意图

 1. 接绳编织

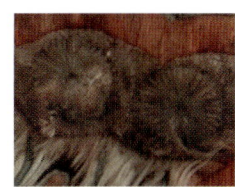 5. 堆绣

 2. 篱笆针绣法

 6. 平针绣

 3. 打籽绣

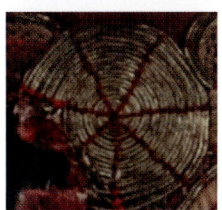 7. 圈绣

 4. 钉线绣

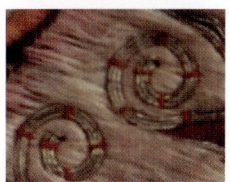 8. 平针绣

9. 散套针加打籽绣

图七　仫佬族龙凤绣花包法针分析图

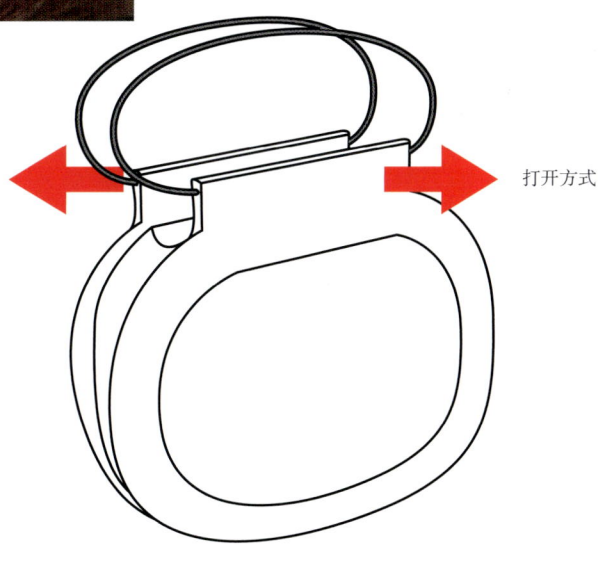

图八　仫佬族龙凤绣花包使用分析图

第六章　仫佬族传统手工艺

仫佬族双龙纹打籽绣钱包

图一　仫佬族双龙纹打籽绣钱包主图

仫佬族双龙纹打籽绣钱包案例采集于广西罗城仫佬族自治县黄金镇，现藏于罗城仫佬族博物馆。钱包高10厘米、宽8厘米。受采访人韦嘉慧，仫佬族，25岁。

本案例是仫佬族未婚女性送给情郎的钱包，钱包为椭圆形造型，两层设计，中间只有一个夹袋。钱包纹饰构图颇为现代，2/3空间为密集的纹饰，1/3空白无一物，这种强烈的虚实对比在传统设计中很少见。中间是双龙戏珠纹饰，对称排列，中间为海水、龙珠、云纹，形成严格的半圆形纹饰，边角的空白也巧妙地使用三角形的云纹补缺。钱包边缘是挑花镶边。色彩以蓝色为主调，局部搭配绿灰和深蓝色小块面，高纯度的紫色线脚似乎是不经意露出的，对比强烈，却又十分自然，起着活跃色彩氛围的作用。钱包刺绣精美，绣法主要是打籽绣。

本案例龙形纹饰的运用也说明这是给男性使用的。从结构上看，小巧、窄薄的造型形式无法装承很多的钱币，主要还是起着定情的功能。钱包单薄没有封口，也没有系带，只能放在贴身的口袋内，也许秘不示人正是绣制钱包的女子内心需要的感觉。

图片来源
图一　郑静　摄影
图二至图五　郑静　制图
图六　郑静　摄影、制图

图二　仫佬族并蒂石榴花打籽绣荷包尺寸图（单位：cm）

图三　仫佬族并蒂石榴花打籽绣荷包纹饰分析图

第六章　仫佬族传统手工艺

| 深蓝 | 浅蓝 | 浅灰 | 浅紫 | 深红 | 浅绿 |

图四　仫佬族并蒂石榴花打籽绣荷包色彩分析图

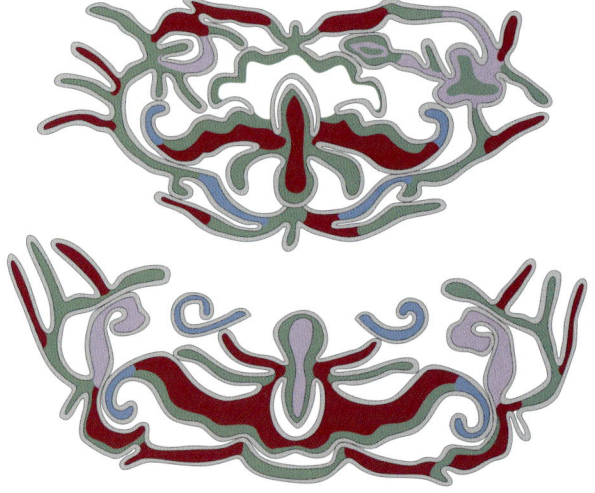

图五　仫佬族并蒂石榴花打籽绣荷包结构功能分析图

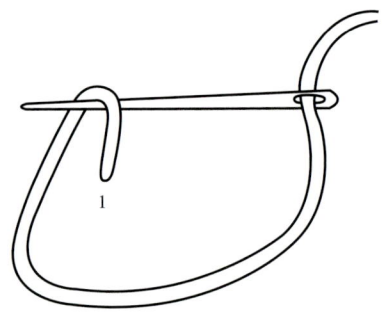
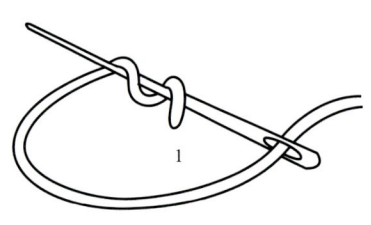
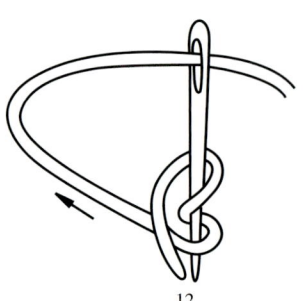

图六　仫佬族并蒂石榴花打籽绣荷包针法分析图

仫佬族富贵福禄刺绣背带

图一　仫佬族富贵福禄刺绣背带主图

仫佬族富贵福禄刺绣背带案例采集于广西罗城仫佬族自治县四把镇双寨村，现藏于罗城仫佬族博物馆。背带芯高26厘米、宽26厘米，带每边长215厘米。受采访人韦嘉慧，仫佬族，25岁。

本案例是仫佬族用来背幼儿的襁褓，结构类似三角巾，中间是块正方形的包裹布，下接兜裆布，两翼很长，用以固定。背带为整块本色白粗布为底，中间缝缀灰、黑两道边框，中心为红底绣花纹饰。纹饰图案为富贵福禄，以孔雀开屏和牡丹纹饰为中心，象征吉祥富贵；左下角绣有梅花鹿，象征福禄长寿；上方绣有喜鹊登梅，象征吉祥喜庆。

纹饰在大红色的底色上，大胆地运用绿色、紫红色、土黄、淡黄、淡紫的小面积色彩进行穿插对比，使得色彩浓烈活泼，充满喜庆色彩。背带的刺绣工艺十分精致，主要使用了平针绣，但是在一些大面积的刺绣上，有交叉状的色彩醒目的压线，装饰感十足。既起着纹饰的作用，又可以防止大面积的刺绣松散脱落。这种独特的压线方式成为仫佬族刺绣的醒目标志和特点。

本案例的纹饰明显可以看出受到汉族吉祥文化的影响，说明仫佬族文化的开放性与兼容性。本案例至今依然在民间使用，有很强的实用功能。中间方块布用来包裹幼儿，两翼长长的布带交叉缠绕，将幼儿牢牢地固定在大人的背上。这样，大人可以一边背着孩子一边干活。背带在壮族等其他民族也有使用，仫佬族背带与他们的背带最大的区别是主题纹饰外有两至三道外框，内框是深色的。深色的外框恰好将对比色运用的纹饰色彩压住，使之艳而不火。仫佬族刺绣多见于背带上，因为小孩出生，外婆一定得送来背带，以示关爱和呵护，同时弘扬树有根水有源的民族文化。

图片来源

图一　郑静　摄影

图二至图六　郑静　制图

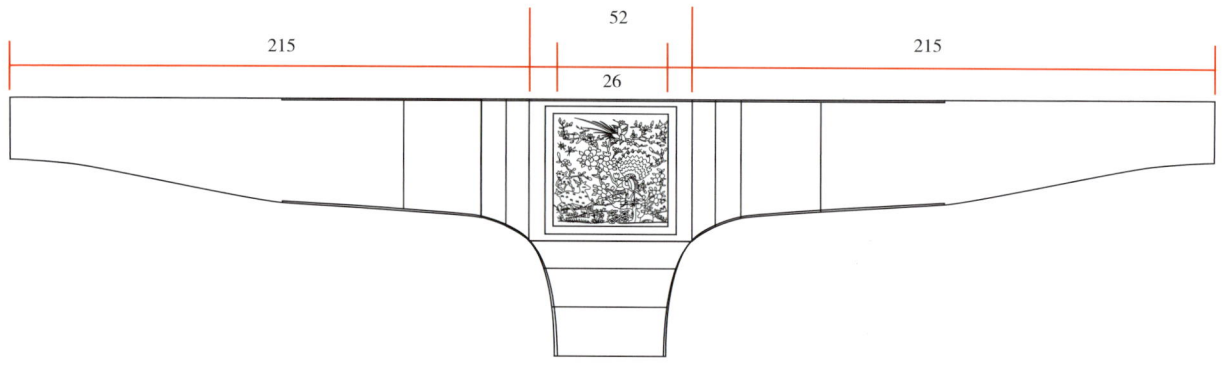

图二　仫佬族富贵福禄刺绣背带尺寸图（单位：cm）

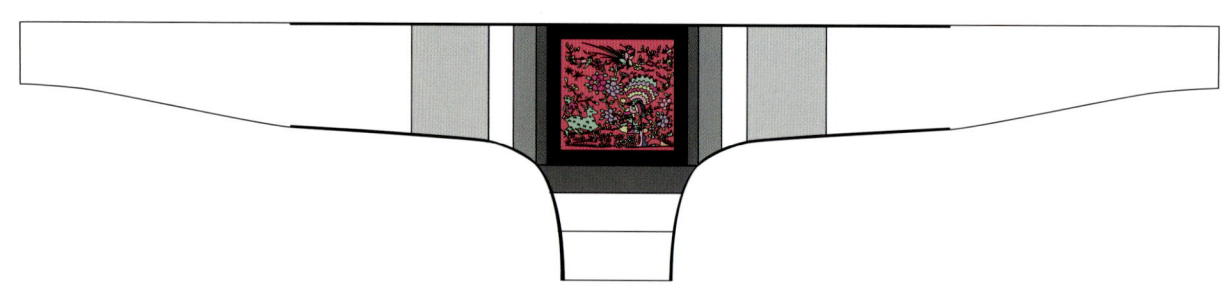

图三　仫佬族富贵福禄刺绣背带展开图

花开富贵

福禄连连

喜鹊登梅

孔雀开屏

图四　仫佬族富贵福禄刺绣背带纹饰细节分析图

60%	20%	10%	10%	7%	3%
砖红	石绿	浅黄	淡黄	玫红	浅橘黄

图五　仫佬族富贵福禄刺绣背带色彩分析图

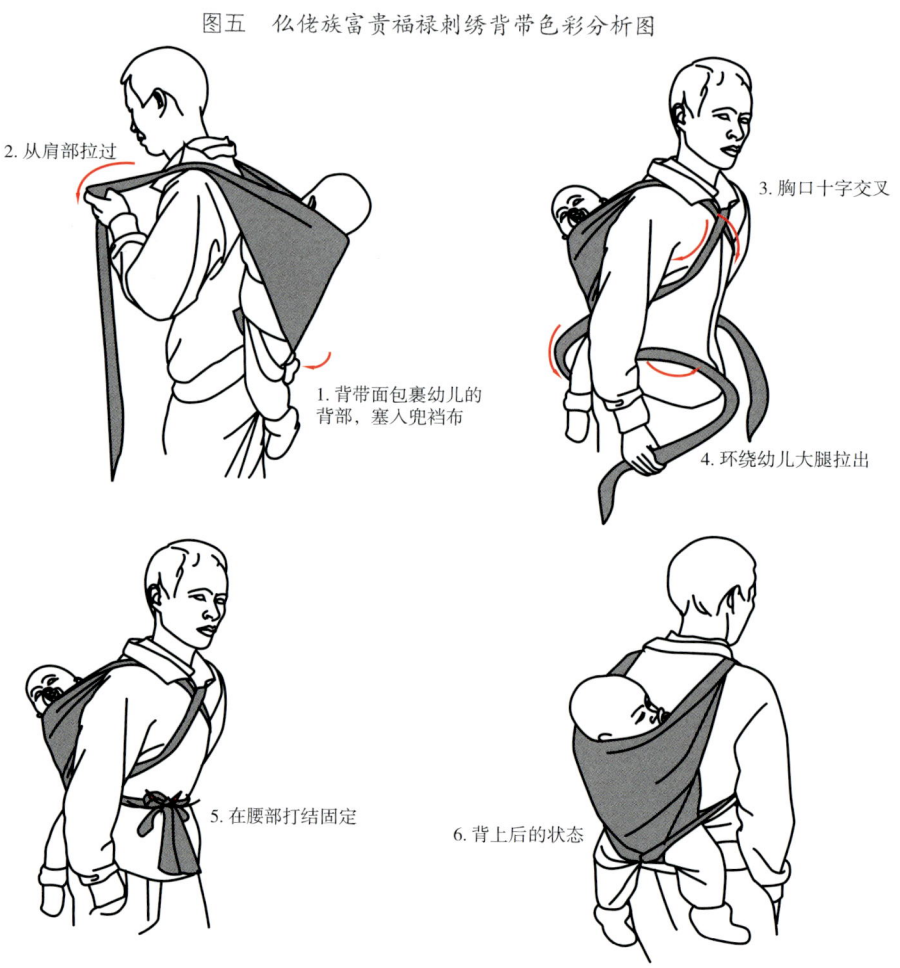

图六　仫佬族富贵福禄刺绣背带操作示意图

仫佬族花卉蝴蝶纹刺绣背带

图一　仫佬族花卉蝴蝶纹刺绣背带主图

仫佬族花卉蝴蝶纹刺绣背带案例采集于广西罗城仫佬族自治县四把镇双寨村，现藏于罗城仫佬族博物馆。背带长250厘米、高110厘米，背带芯高50厘米、宽50厘米。受采访人韦嘉慧，仫佬族，25岁。

本案例是仫佬族用来背幼儿的襁褓，呈"T"字结构，中间是包裹幼儿的背带芯，下接一块兜裆布，两边是翼展，很长，用来绑定在大人的身体上。背带芯和两翼通体刺绣。刺绣图案主要分为两种，主纹饰是牡丹纹，用在背带芯、两边的翼展和兜裆布过渡带；辅助纹饰是蝴蝶莲花纹饰，用作边框纹饰。此外，兜裆布也巧妙地用三角形拼出铜鼓的图案，喻义孩子茁壮成长。纹饰用色醒目，主色调为大红色，使用蓝紫色进行对比，再运用小面积的群青、粉蓝、淡绿、黄色进行点缀，使整体色彩在大的红色调里进行对比调和，热烈而没有火燥之气。背带的刺绣工艺十分精致，主要使用平针绣技法绣制。

背带至今依然在民间使用，有很强的实用功能。中间方块布用来包裹幼儿，两翼长长的布带交叉缠绕，将幼儿牢牢地固定在大人的背上。这样，大人可以一边背着孩子一边干活。本案例的最大特色是通体刺绣，装饰效果强烈。

图片来源
图一　郑静　摄影
图二至图七　郑静　制图

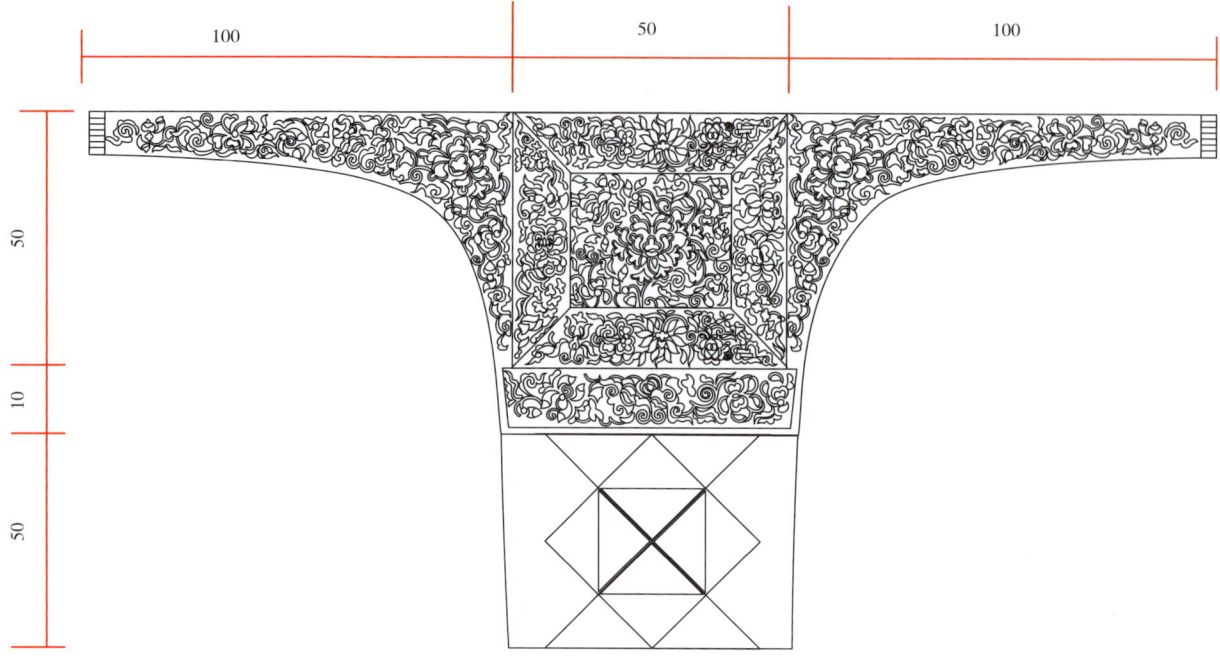

图二 仫佬族花卉蝴蝶纹刺绣背带尺寸图（单位：cm）

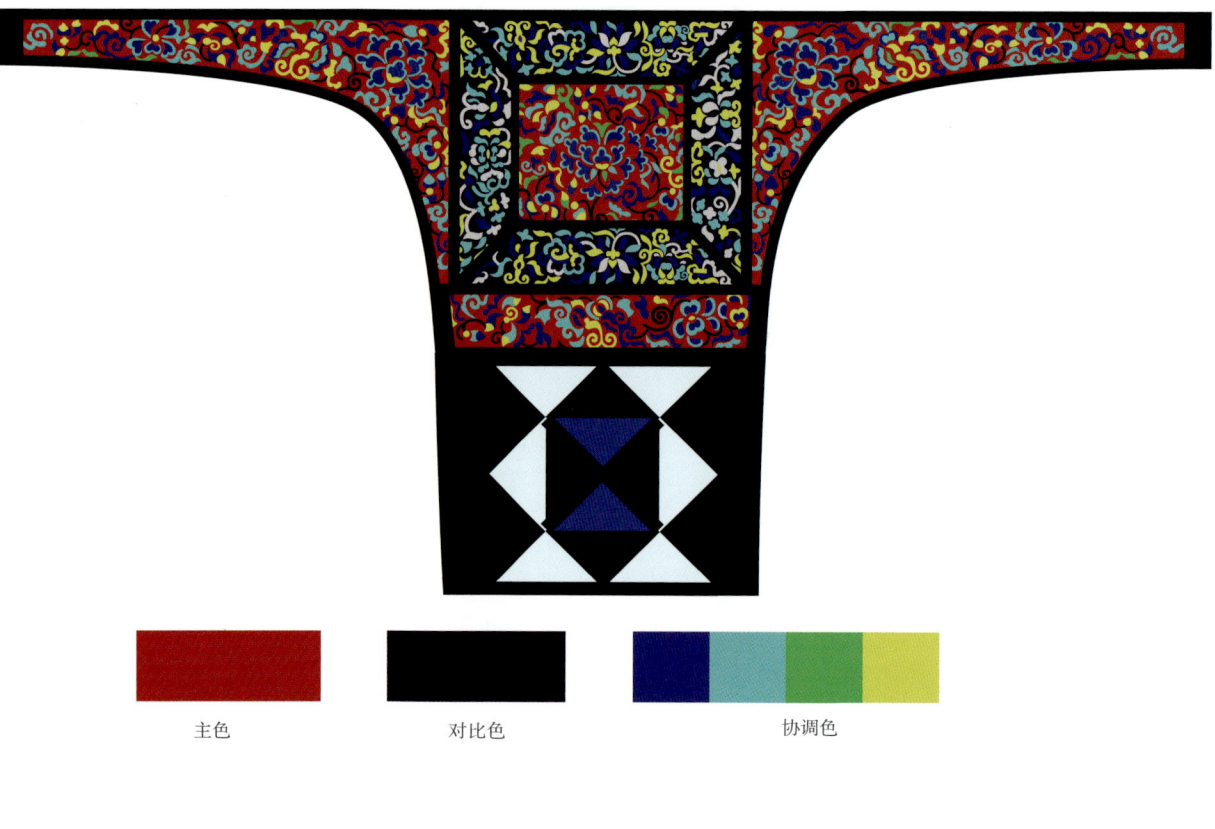

主色　　　　　　对比色　　　　　　协调色

图三 仫佬族花卉蝴蝶纹刺绣背带色彩分析图

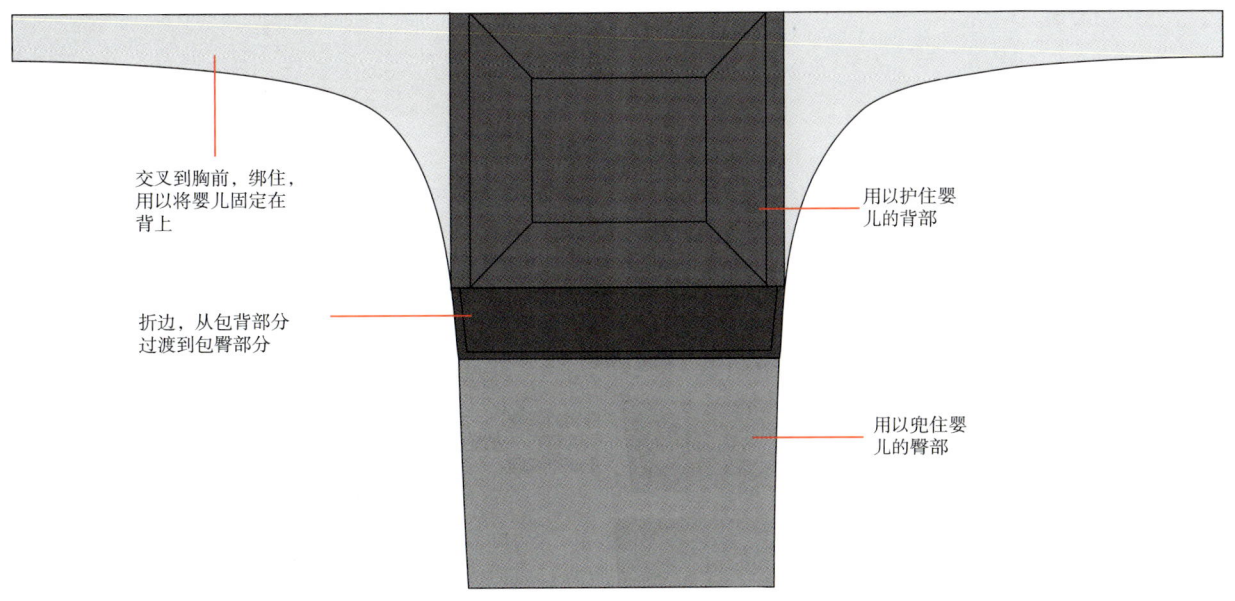

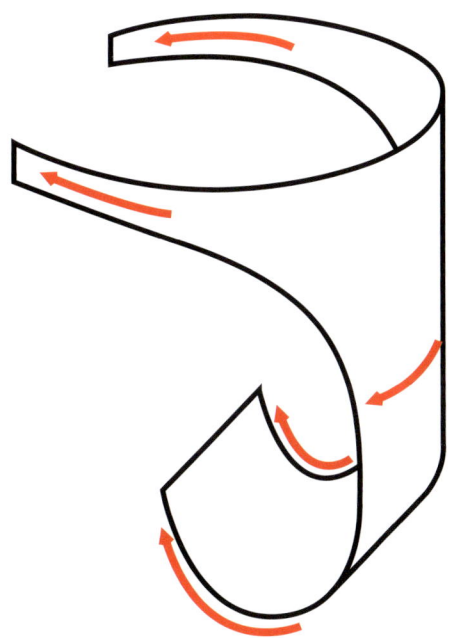

图四 仫佬族花卉蝴蝶纹刺绣背带功能分析图

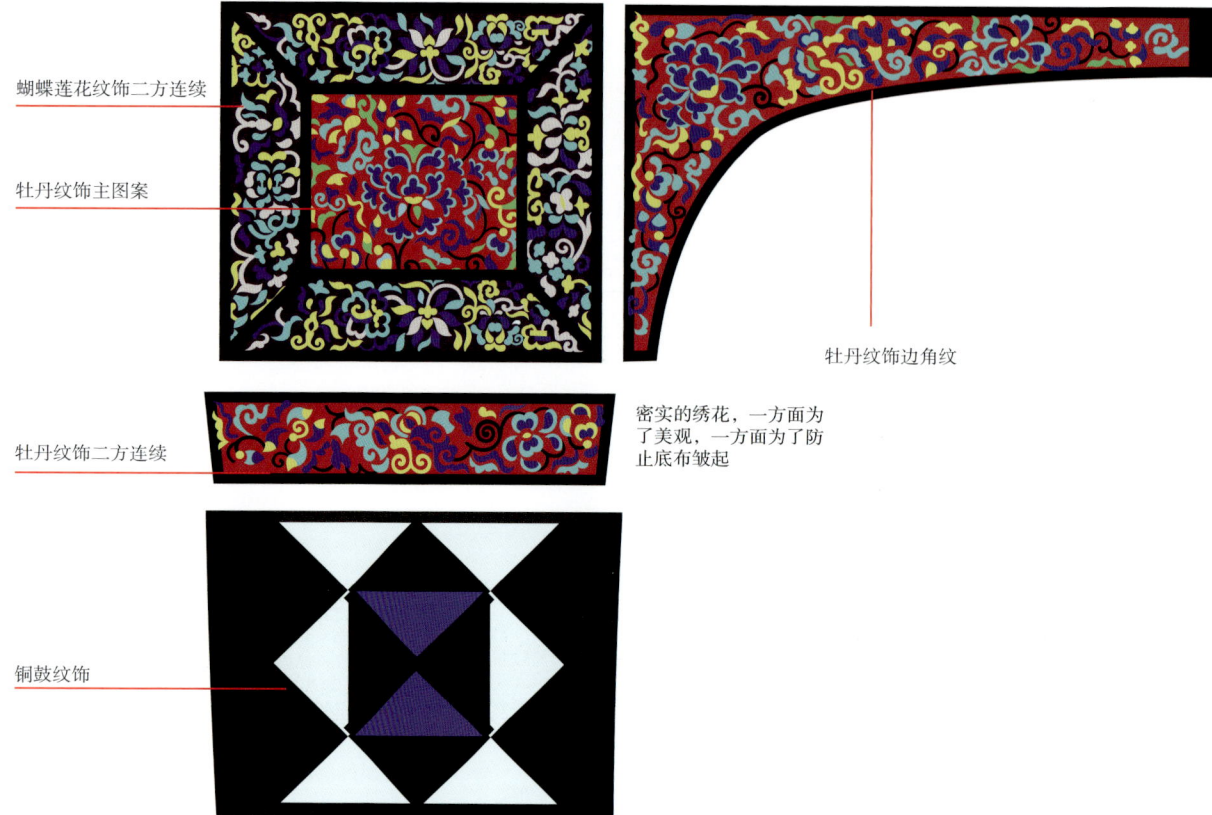

蝴蝶莲花纹饰二方连续

牡丹纹饰主图案

牡丹纹饰边角纹

牡丹纹饰二方连续

密实的绣花，一方面为了美观，一方面为了防止底布皱起

铜鼓纹饰

图五　仫佬族花卉蝴蝶纹刺绣背带纹饰分析图

图六　仫佬族花卉蝴蝶纹刺绣纹饰细节图1

牡丹纹饰　　　　　　　　　　　　莲花纹饰

蝴蝶纹饰

图七　仫佬族花卉蝴蝶纹刺绣背带纹饰细节图2

仫佬族龙凤石榴刺绣背带

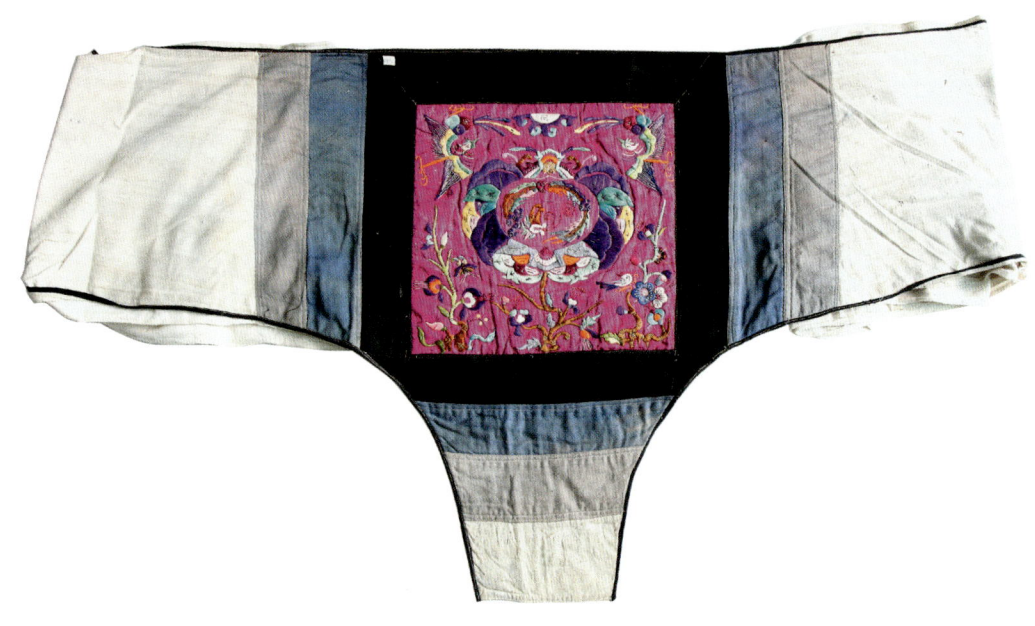

图一　仫佬族龙凤石榴刺绣背带主图

仫佬族龙凤石榴刺绣背带案例采集于广西罗城仫佬族自治县四把镇双寨村，现藏于罗城仫佬族博物馆。背带芯高31.5厘米、宽31.5厘米，带每边长215厘米。受采访人韦嘉慧，仫佬族，25岁。

本案例是仫佬族用来背幼儿的襁褓，结构类似三角巾，中间是块正方形的包裹布，下接兜裆布，两翼很长，用以固定。背带为整块本色白粗布为底，中间缝缀灰、蓝、黑三道边框，中心为紫底绣花纹饰。纹饰图案为"龙凤石榴"，以折枝石榴纹饰为中心，左右对称分布边角纹饰。龙纹头尾相连，圆盘在石榴纹饰中心，下方左右对称的是折枝花鸟纹，左边是蝶戏折枝石榴花，右边是喜鹊登梅。上方左右对称的是凤凰纹饰，为了构图需要，凤凰纹饰的双足呈90度角分布。背带的刺绣工艺十分精致，使用了平针绣、打籽绣、盘绣、堆绣等多种绣法综合运用。每块大面积的刺绣上，都有或交叉、或平行的色彩醒目的压线，装饰感十足。可能是为了防止大面积的刺绣松散脱落用来固定的，却成为仫佬族刺绣的醒目标志和特点。纹饰用色醒目，色彩大胆采用对比色，主图案在大面积紫色调对比基础上，还大量运用小面积的橙色、黄色、粉色、绿色、蓝色进行点缀，使整体色彩在一个暖紫的色调里多姿多彩。

背带在壮族等其他民族也有使用，基本功能都是相似的，只是在装饰方面各有特色。仫佬族背带与他们的最大区别是主题纹饰外有两至三道外框，内框是深色的。深色的外框恰好将对比色运用的纹饰色彩压住，使之艳而不火。

图片来源
图一　郑静　摄影
图二至图七　郑静　制图

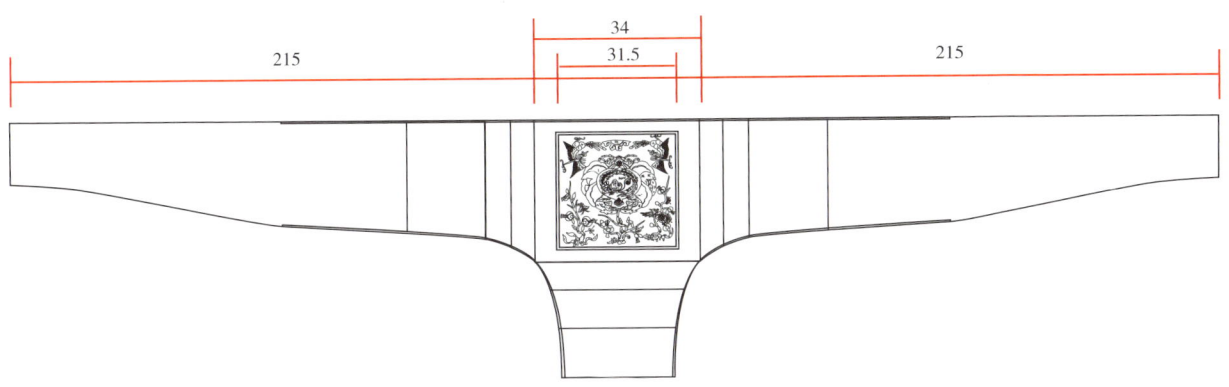

图二　仫佬族龙凤石榴刺绣背带尺寸图（单位：cm）

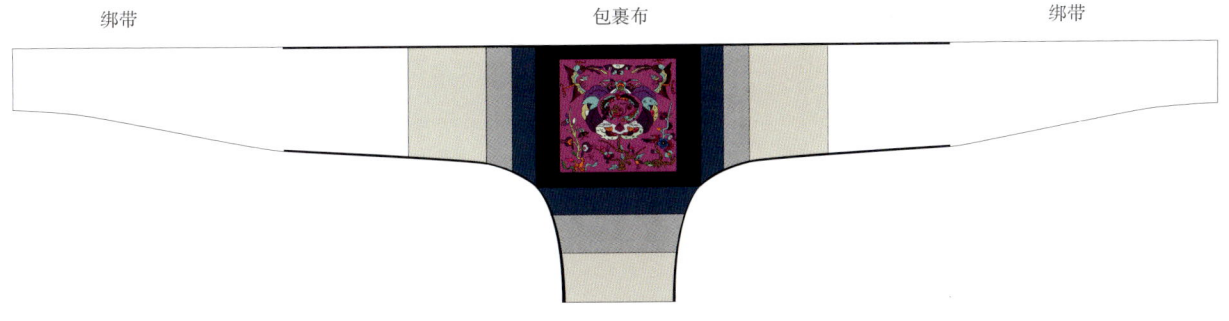

图三　仫佬族龙凤石榴刺绣背带结构名称图

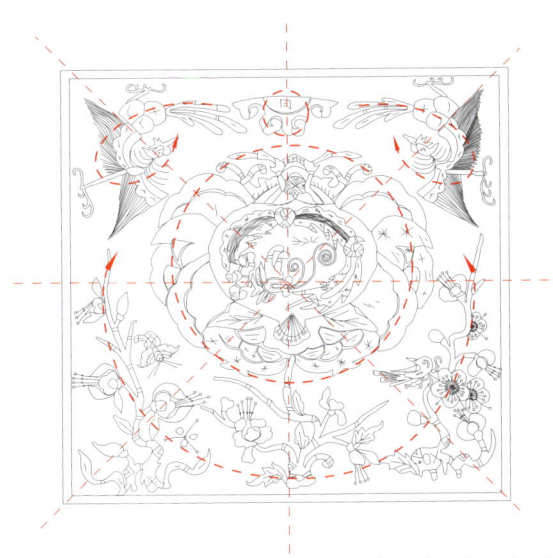

图四　仫佬族龙凤石榴刺绣背带纹饰结构分析图

紫色　宝蓝　深紫　粉绿　紫罗兰　土黄　赭石　深蓝　橙色

图五　仫佬族龙凤石榴刺绣背带纹饰色彩分析图

图六　仫佬族龙凤石榴刺绣背带纹饰细节分析图

图七 仫佬族龙凤石榴刺绣背带使用情境图

仫佬族并蒂莲纹刺绣勒子

图一　仫佬族并蒂莲纹刺绣勒子主图

仫佬族并蒂莲纹刺绣勒子案例采集于广西罗城仫佬族自治县黄金镇，现藏于罗城仫佬族博物馆。勒子高8厘米、平面展开长48厘米。受采访人韦嘉慧，仫佬族，25岁。

此案例是仫佬族女性佩戴的帽子，黑色底色上绣并蒂莲纹饰，帽檐采用红底白色蛙纹挑花镶边。纹案是以春意盎然的并蒂莲和蝴蝶、飞鸟为主，结合了传统的回形纹饰，显得春意盎然。纹饰用色十分有特点，以冷色系为主，有10种之多，但是却多而不乱。图案使用对比色进行大小块面的对比，这种间色对比使刺绣色彩艳丽，在大面积的黑色底色的调和下，色彩缤纷，俏丽而没有火气，十分具有民族特色。帽子刺绣精美，绣法主要是平针绣结合长短绣、打籽绣、回针绣等。帽子的结构采用左右两片缝合，以旁边的帽绳为连接，属于开口、活动式的，在佩戴时，沿着头部发际线处包裹，不会弄乱发髻，便于佩戴，也便于拆解。

本案例从形制上看与满族妇女头上戴的勒子相似，可以清晰地发现其中的联系。刺绣的纹饰也是汉族地区常见的蝶恋花纹饰，象征着美好爱情。镶边的蛙纹纹饰，具有壮锦特征，象征子孙满堂。这些都说明仫佬族的服饰深受其他民族的影响。

图片来源
图一、图七　郑静　摄影
图二至图六　郑静　制图

仫佬族梅花纹扎染

图一　仫佬族梅花纹扎染主图

仫佬族梅花纹扎染案例采集于广西罗城仫佬族自治县城。扎染长120厘米、宽120厘米。受采访人银联健，仫佬族，52岁。

仫佬族扎染工艺分为扎结和染色两部分。扎是使用纱、线、绳对棉布进行扎、缝、缚、缀、夹，被扎起来的地方就染不到颜色，从而形成纹饰，不同的纹饰采用不同的扎法。扎的松紧褶皱不同，形成的色彩肌理和浓淡也不同。染色是指使用靛蓝染料对扎好的布匹进行浸染，浸染的时间和次数，是根据个人的经验判断的。染好后，用清水洗干净，晾干后才能拆开"缬结"，即扎线的部分。这时就会看到一幅色彩深浅、渐变自然还有一些冰裂纹效果的蓝白纹饰，自然天成，生动活泼。蓝色为地，白色为花。最后用熨斗熨平面料，一幅精美的扎染就完成了。扎染的魅力主要在于扎和染产生的纹饰的偶然性，如同陶瓷的"窑变"，即使同一个人扎同样的纹饰，染出来的效果也不会一样，常常能给人以惊喜。

仫佬族扎染工艺与其他地区的扎染工艺基本相似，只是在纹饰上有一定的民族特色，这说明仫佬族手工艺与其他民族手工艺有很强的关联性、交融性。

图片来源
图一、图六　郑静　摄影
图二至图五　李珊珊　制图

图二　仫佬族梅花纹扎染尺寸图（单位：cm）

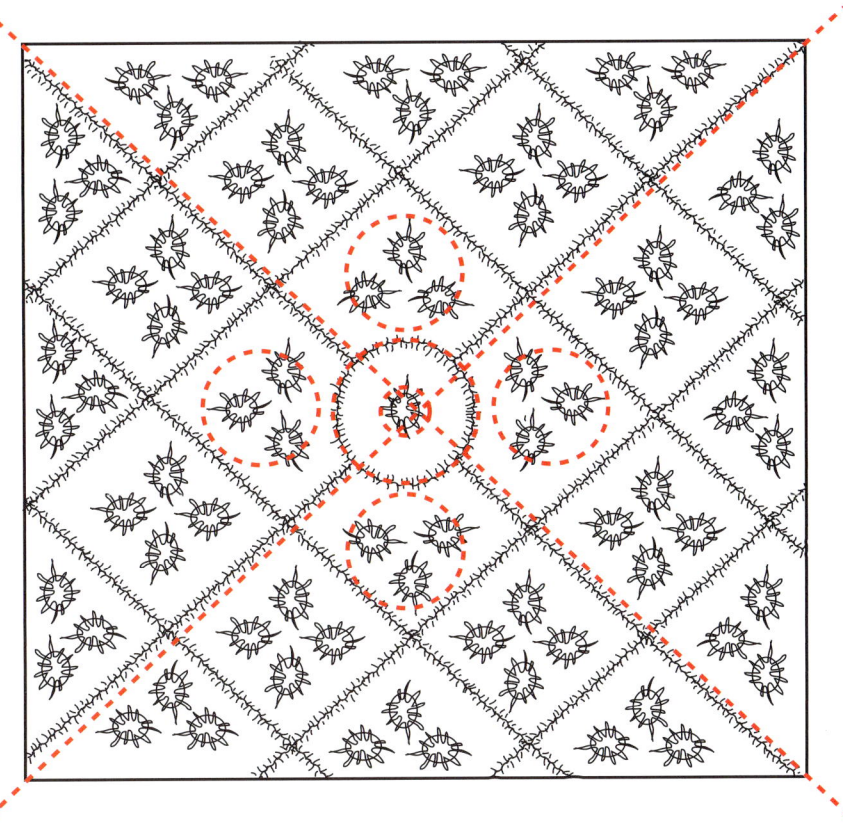

图三 仫佬族梅花纹扎染构图分析图

1. 白布去浆

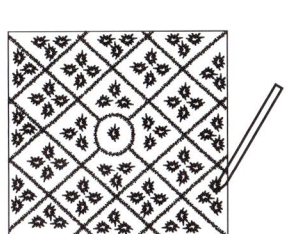

2. 绘制图案

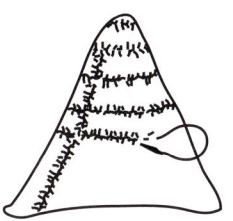

3. 针缝扎花

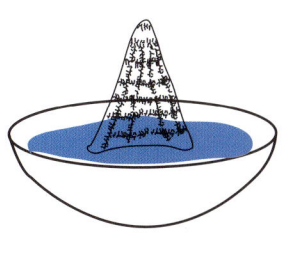

4. 浸染

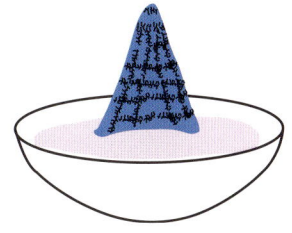

5. 漂洗

6. 拆线晾干

图四 仫佬族梅花纹扎染制作流程图

第六章 仫佬族传统手工艺

   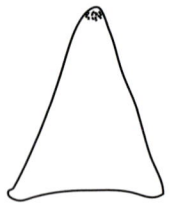

第一步：扎梅花

 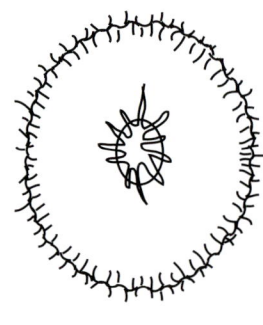 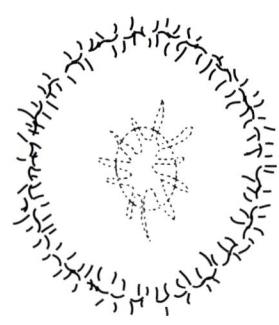 

第二步：扎中心图案

   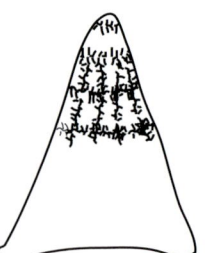

第三步：扎方块线条

 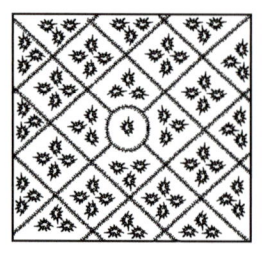 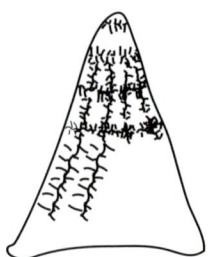 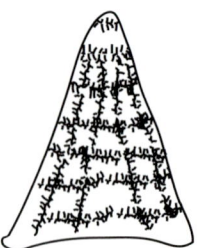

第四步：整体扎完待染

图五　仫佬族梅花纹扎染工艺分析图

图四　仫佬族熬制好的蓝靛染料

仫佬族吉祥纹拼布门帘

图一　仫佬族吉祥纹拼布门帘主图

仫佬族吉祥纹拼布门帘案例采集于广西罗城仫佬族自治县东门镇，现藏于罗城仫佬族博物馆。门帘长120厘米、宽80厘米。受采访人韦嘉慧，仫佬族，25岁。

本案例为仫佬族悬挂在房门上用于阻挡视线的门帘。门帘采用拼布工艺分三层制作，第一层是用黑色布料剪出设计好的纹饰，再按照单元格的方式拼贴组合；将组合好的单元纹饰缝合在第二层土黄色底布上，用褐色棉线勾勒纹饰细节，完成一个独立单元；根据需要的大小组合独立单元，然后再一一缝合在第三层黑色底布上。本案例的纹饰主要有龙、凤、蝙蝠、蝴蝶、青蛙、鸟、鱼等吉祥图案，具有强烈的祈福色彩。剪影式的抽象图形和细节造型线条对比强烈，充满原始的装饰感。

本案例是仫佬族民居中常用的实用装饰品，主要用于卧室房门。仫佬族生活的地区气候湿热，特别是夏季，如果关闭卧室的门将会造成空气流通不畅。门帘的作用一方面既起着遮挡视线保护隐私的作用，也保证了室内空气流畅；另一方面精美的纹饰也起着装饰室内的作用。

图片来源
图一、图六　郑静　摄影
图二至图五　李珊珊　制图

图二　仫佬族吉祥纹拼布门帘尺寸图（单位：cm）

图三 仫佬族吉祥纹拼布门帘色彩复原图

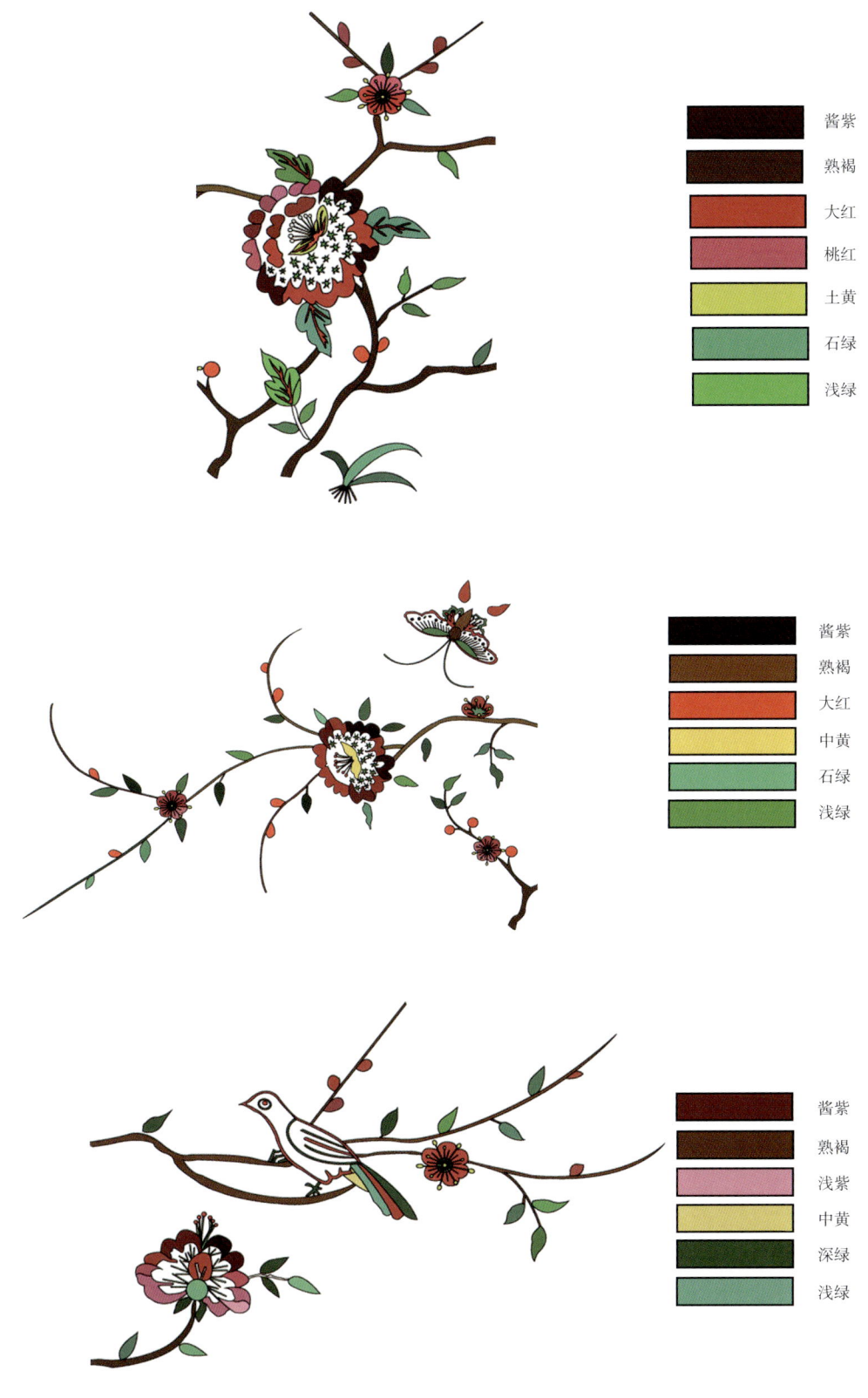

图五　仫佬族喜鹊登梅刺绣门头帘色彩细节分析图

图六　仫佬族喜鹊登梅刺绣门头帘使用情境图

仫佬族织布机

图一　仫佬族织布机主图

仫佬族织布机案例采集于广西罗城仫佬族自治县四把镇双寨村中寨屯。织布机长100厘米、宽120厘米、高120厘米。受采访人兰世礼，男，43岁。

织布机，织机的俗称。全部由木材制成，工艺十分复杂。本案例是席地而坐的踞织机（也叫腰机）。使用方法是用足踩织机经线木棍，右手持打纬木刀在打紧纬线，左手在作投纬引线的姿态。这种足蹬式腰机没有机架，卷布轴的一端系于腰间，双足蹬住另一端的经轴并张紧织物，用分经棍将经纱按奇偶数分成两层，用提综杆提起经纱形成梭口，以骨针引纬，打纬刀打纬。腰机织造最重要的成就就是采用了提综杆、分经棍和打纬刀。土织布的简要工艺流程是：1.轧棉籽拣净的棉花；2.搓棉条，把棉花搓成一根根棉条；3.纺纱，将锭子装到摇车上，人坐在摇花凳上把棉条纺成棉纱；4.盘纱，把经好的纱盘到织布机轴头上；5.织布。

仫佬族地处偏远，布料的购买十分困难。织布机的出现为仫佬族地区的生活提供了极大的方便，不仅能提供日常生活所需的布料，同时在手工制物日益被重视的今天，此手工布料也为仫佬族带来经济的发展。

图片来源
图一、图八　郑静　摄影
图二、图四至图七　杨宇飞　制图
图三　郑静　摄影　杨宇飞　制图

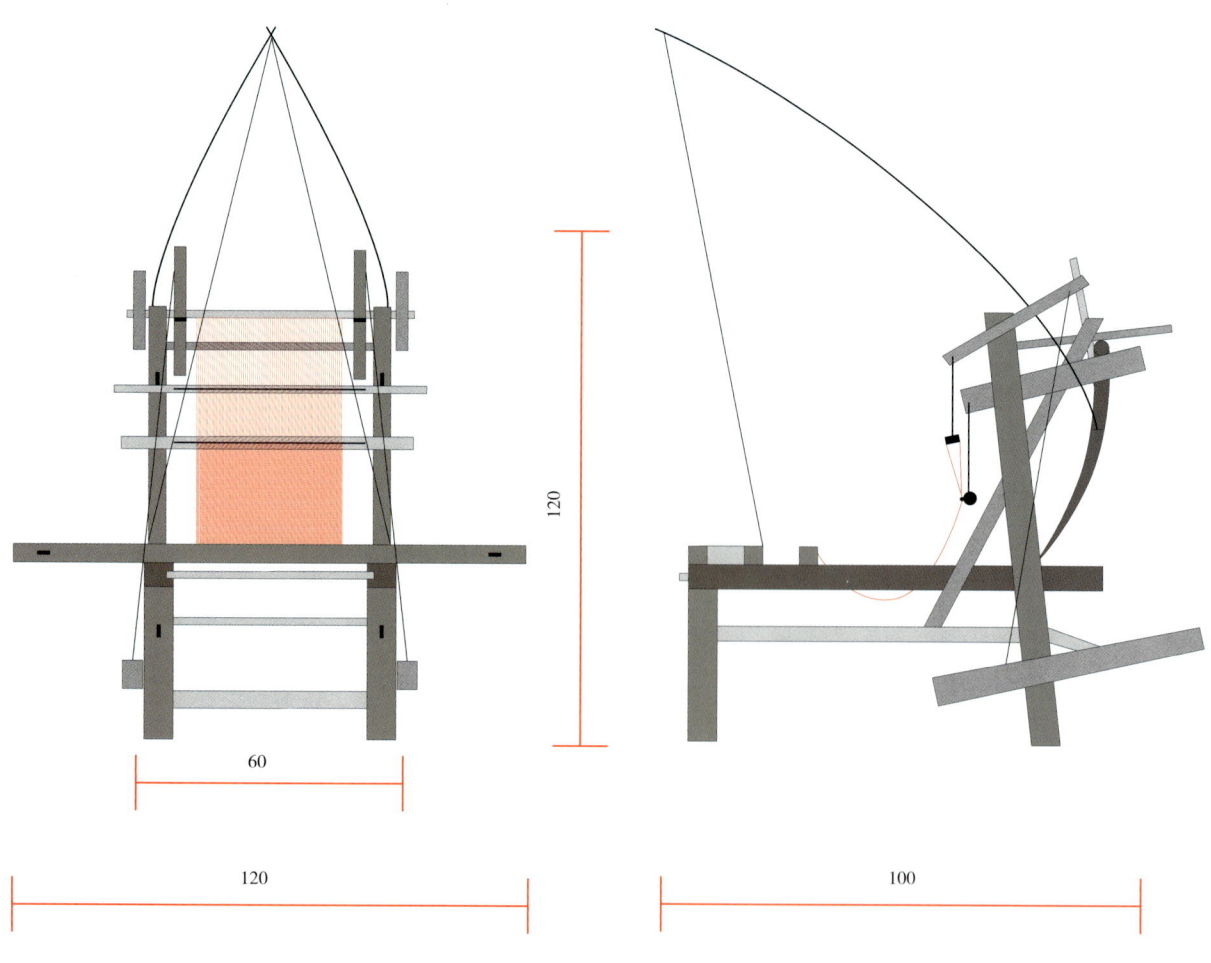

图二　仫佬族织布机尺寸图（单位：cm）

仫佬族蔺草席

图一 仫佬族蔺草席主图

仫佬族蔺草席案例采集于广西罗城仫佬族自治县。蔺草席长200厘米、宽120厘米。受采访人韦嘉慧，仫佬族，25岁。

本案例是使用蔺草编织的蔺草席，蔺草有着粗细均匀、圆滑细长的草茎，它软硬适度，富有弹性，十分适合编织草席。蔺草席的编织需要搭一个长近3米、高1.5米左右的架子，用细麻绳作为经线，穿过近2米长的中间梭缝的席扣，一头拴在长木杆上。蔺草作为纬线，用一根1米多长的梭子送线，按照挑一压一的方法编织。织席没有太多的技术含量，唯独讲究配合默契，一人在旁边递席草，一人则坐在席架旁，手握席扣用力上下压打，保证席子的均匀结实。

仫佬族的草席编织工艺基本与其他地区的工艺相似。蔺草主要生长在湿热多雨的环境中，仫佬族生活地区的气候环境恰好适合其生长。仫佬族人充分利用了这一植物资源，因材施艺，制作出透气性好、凉爽耐用的蔺草席。

图片来源
图一 郑静 摄影
图二至图六 李珊珊 制图

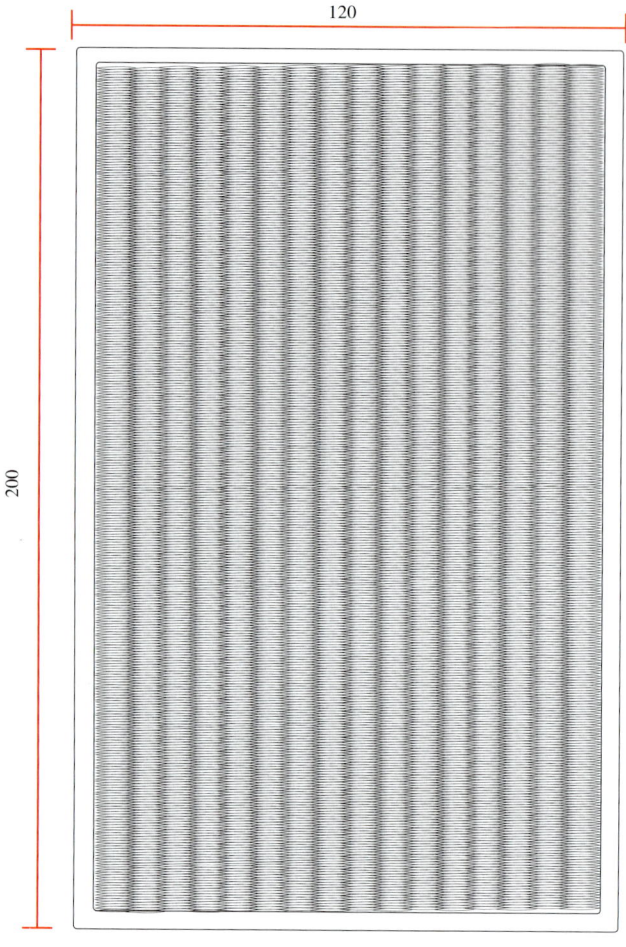

图二　仫佬族蔺草席尺寸图（单位：cm）

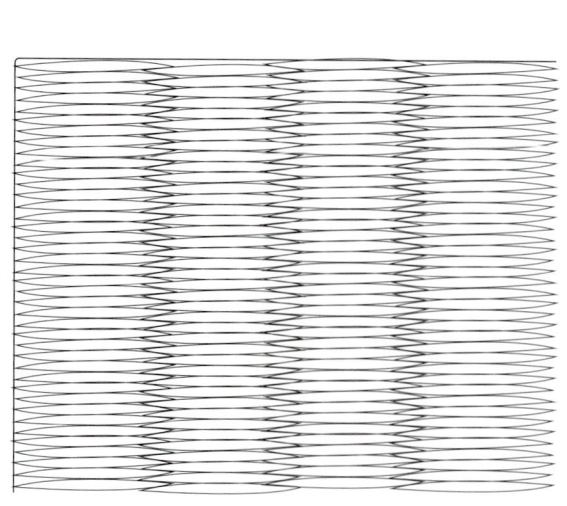

图三　仫佬族蔺草席编织细节图

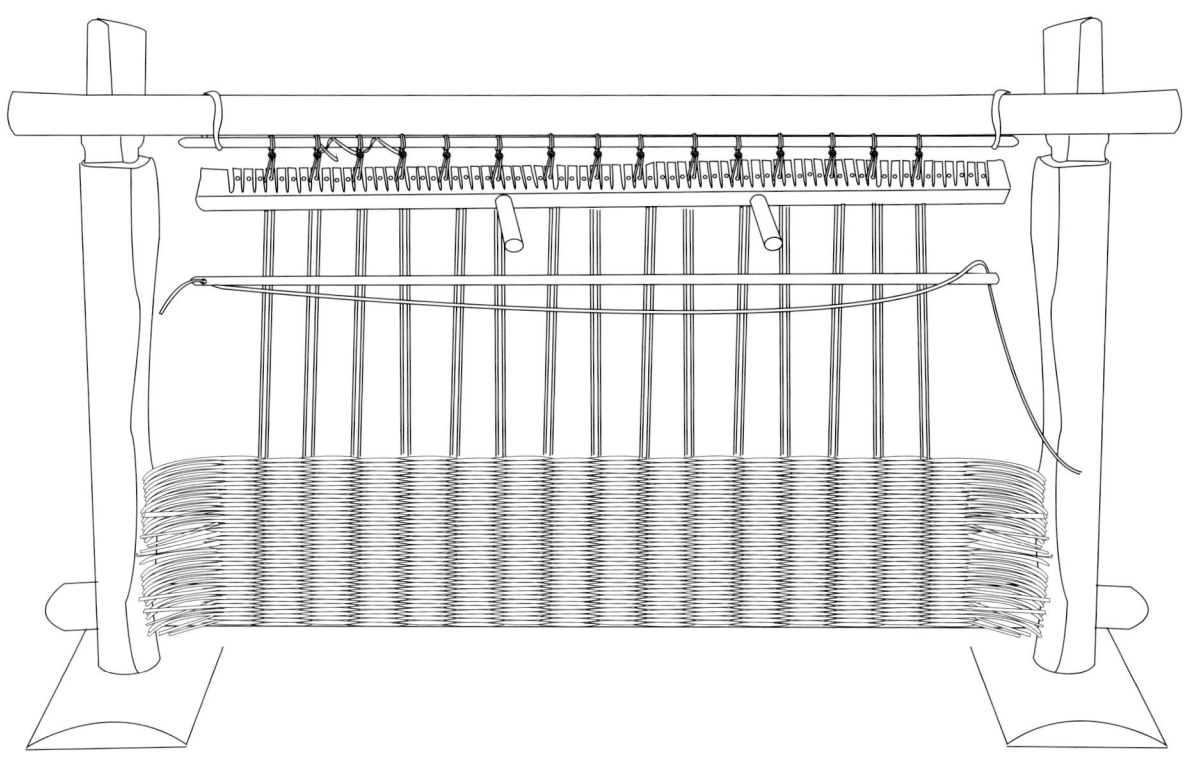

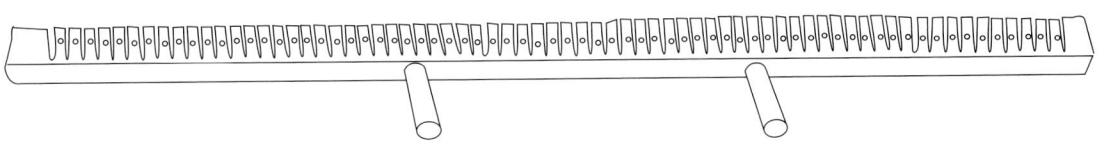

席扣（用以穿经线压打纬线）

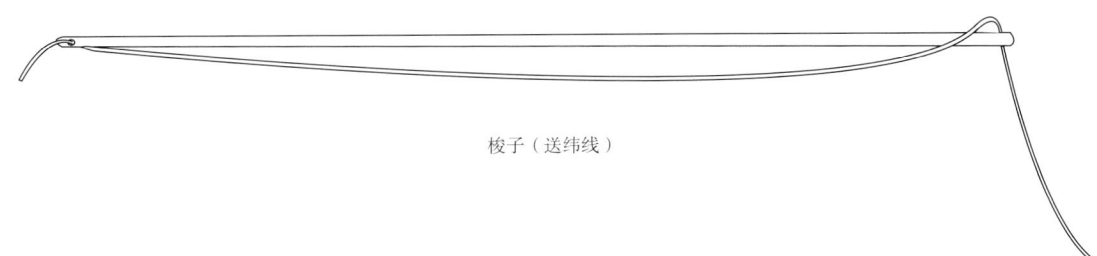

梭子（送纬线）

图四　仫佬族蔺草席工具分析图

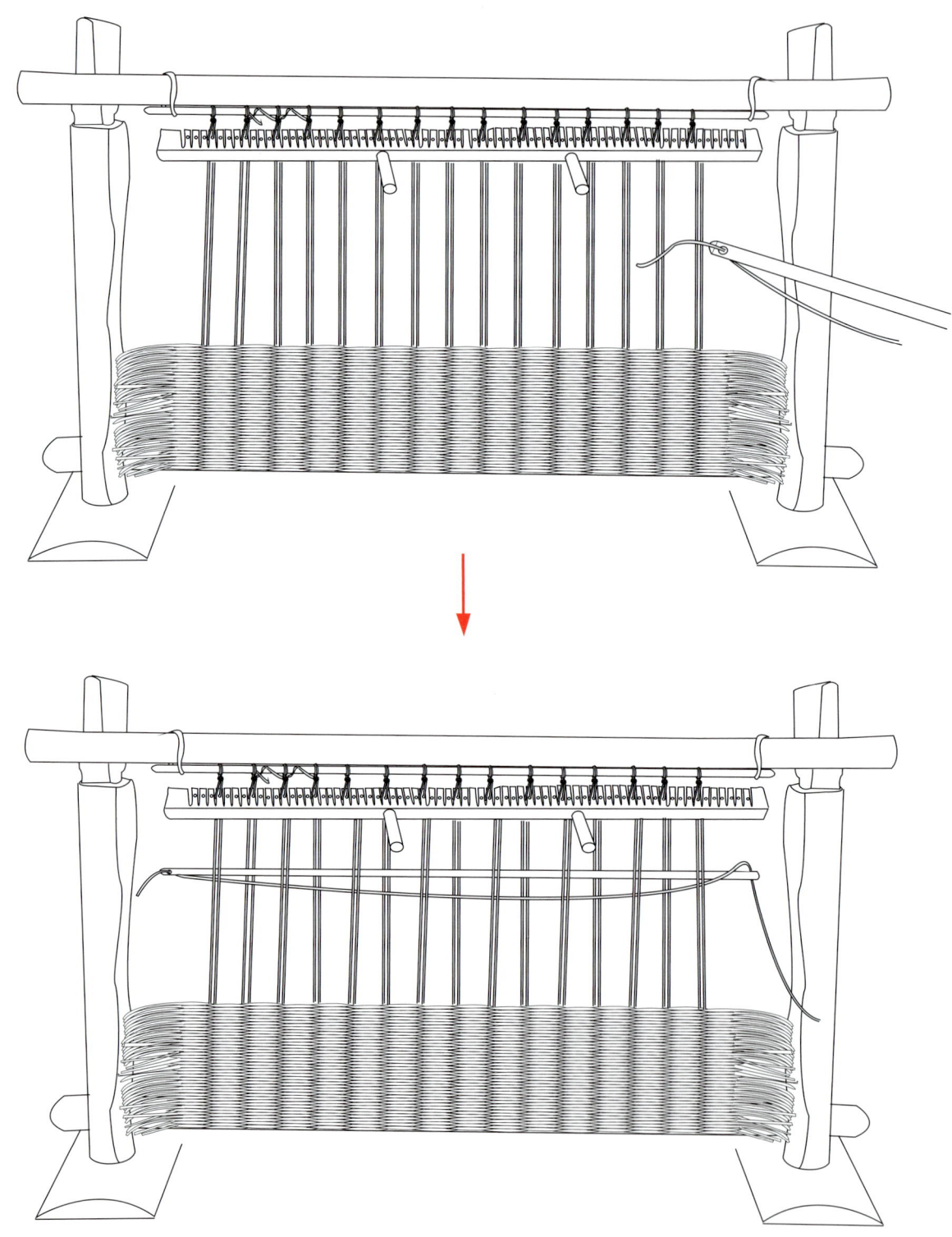

图五　仫佬族蔺草席穿绳工艺分析图

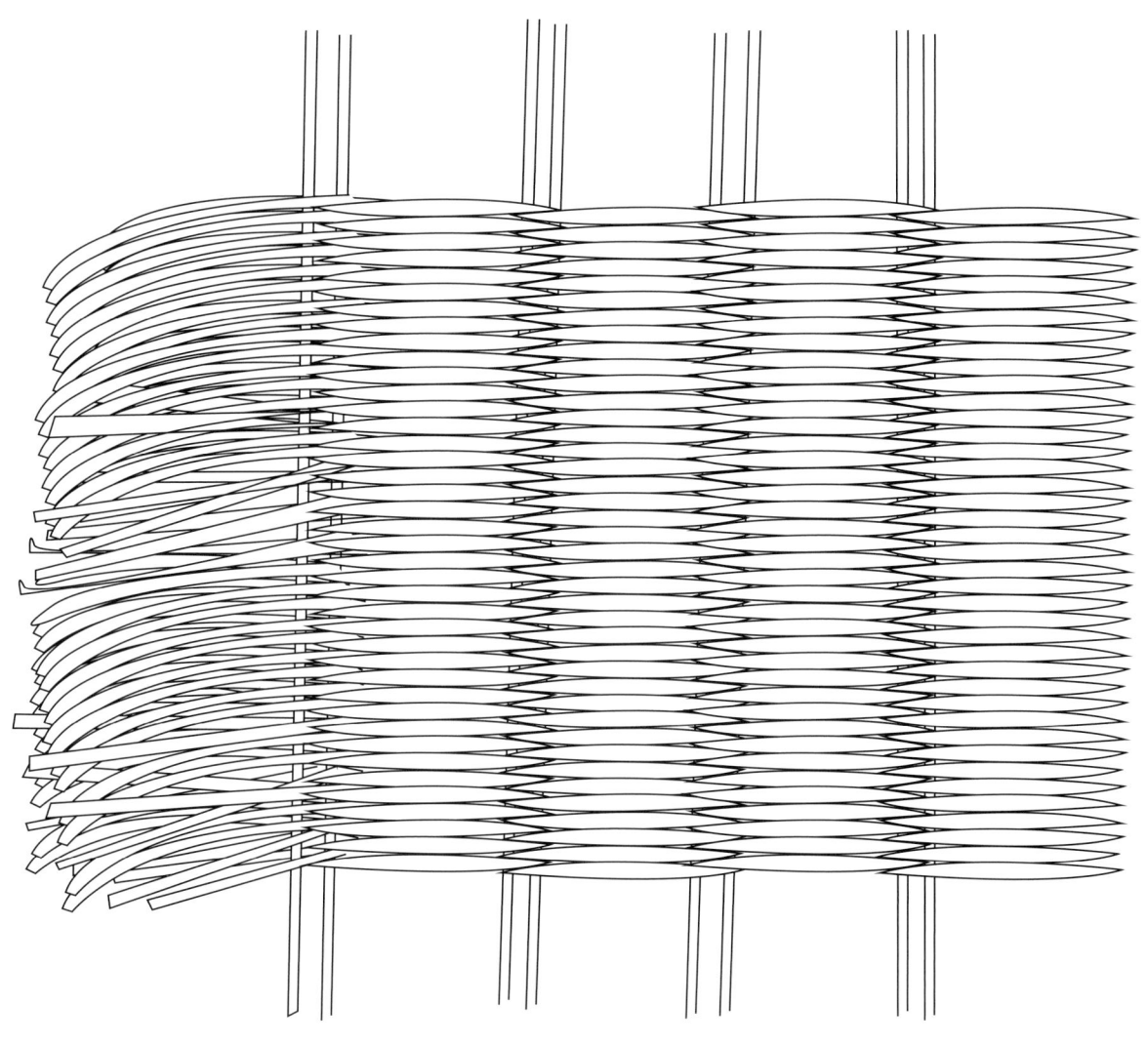

图六　仫佬族蔺草席编织技法分析图

仫佬族草编蒲扇

图一　仫佬族草编蒲扇主图

仫佬族草编蒲扇案例采集于广西罗城仫佬族自治县东门镇石围屯。蒲扇长55厘米、宽30厘米。受采访人韦嘉慧，仫佬族，25岁。

本案例是蒲草编织的工艺品，分为手把、梁、扇面三个部分。蒲扇的手把与梁为一体设计，尾部用绳索扎紧作为手把，中段自然散开作为受力的梁，前端折弯，作为经纬线，按照挑一压一的绞编法进行编织扇面。编织完后，回折草头收口完成蒲扇的制作。

本案例的造型比较奇特，扇面都在梁的下方，这与通常见到的圆形蒲扇有很大区别。这种奇特的造型与仫佬族的生活方式息息相关，仫佬族生火煮饭都使用地炉，这种扇面向下的结构就特别省力和实用。此外，晾晒食物时使用这种蒲扇驱赶蝇虫也十分方便。草编是仫佬族传统手工艺，也叫"依芒编织"。蒲草是多年生草本植物，生长于湖塘、水沟或池沼内。仫佬族居住的山水相依的环境，为蒲草编织提供了得天独厚的原材料。

图片来源
图一　郑静　摄影
图二至图五　郑静　制图

图二 仫佬族草编蒲扇尺寸图（单位：cm）

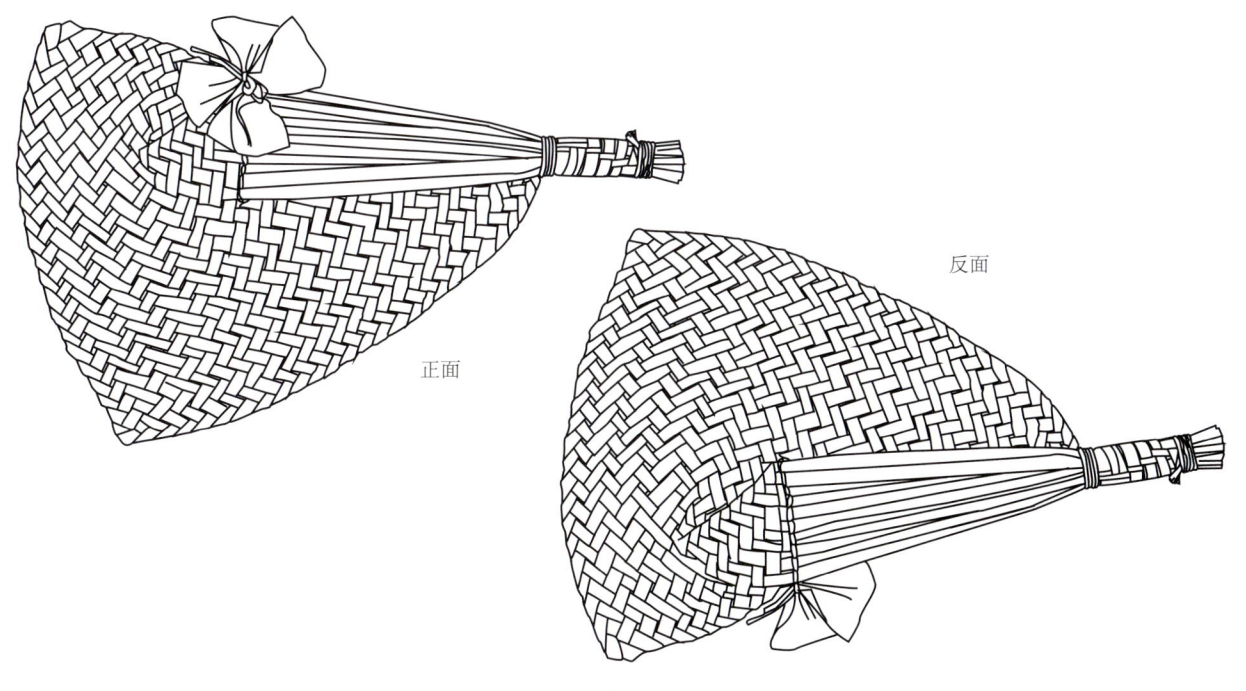

正面　　反面

图三 仫佬族草编蒲扇视角图

第六章　仫佬族传统手工艺

401

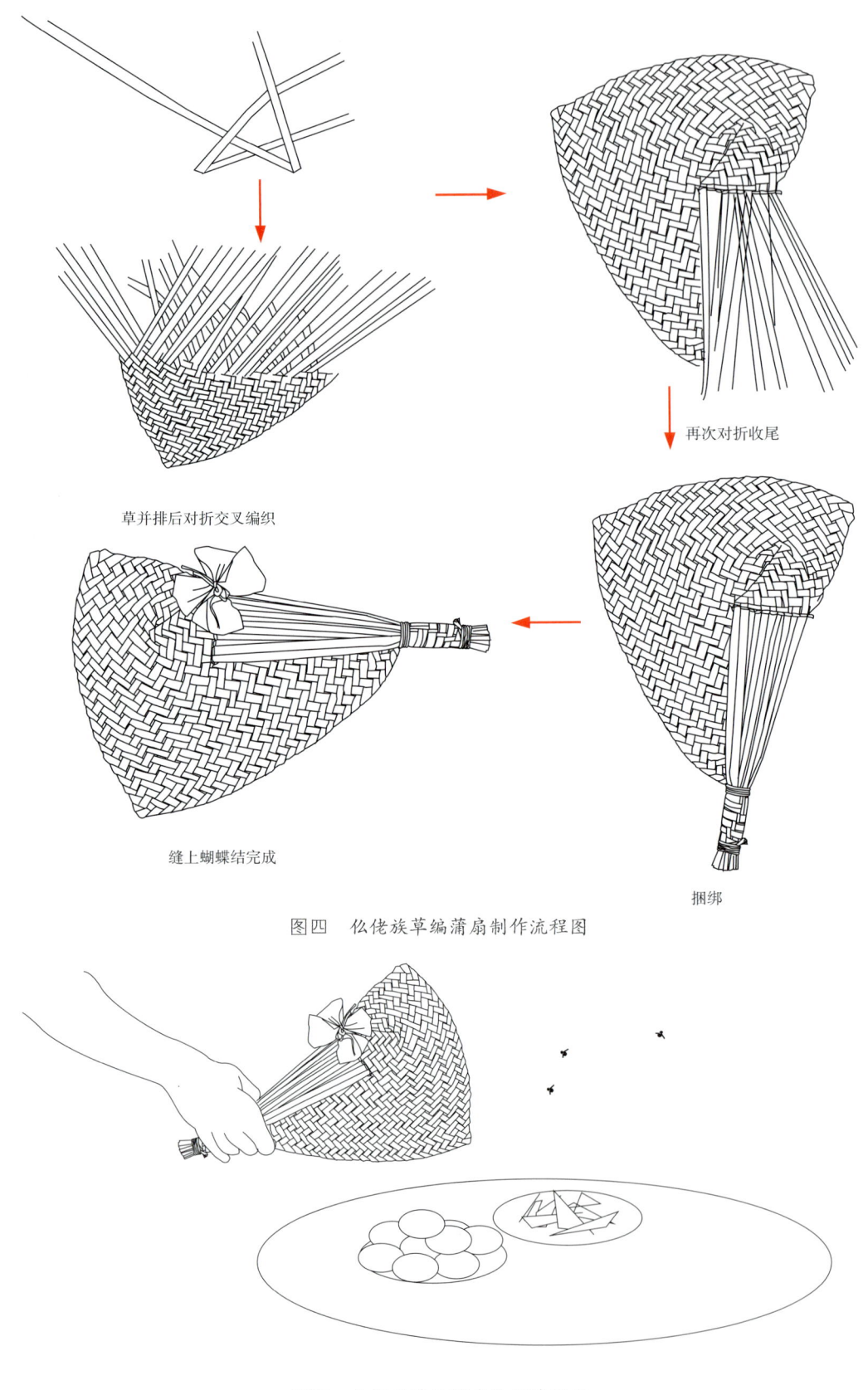

草并排后对折交叉编织

再次对折收尾

缝上蝴蝶结完成

捆绑

图四　仫佬族草编蒲扇制作流程图

图五　仫佬族草编蒲扇使用情境图

仫佬族草编花瓶

图一　仫佬族草编花瓶主图

仫佬族草编花瓶案例采集于广西罗城仫佬族自治县。花瓶共三只，分别高40.8厘米、宽16.8厘米；高41.7厘米、宽21.9厘米；高37.5厘米、宽16.8厘米。受采访人韦嘉慧，仫佬族，25岁。

本案例是蒲草编织的工艺品，造型复制陶瓷花瓶的形式。花瓶的编织需要使用相似造型的模具，从瓶底开始编织。首先在模具底部钉一颗钉子作为固定，然后环绕蒲草，划出底边的大小，按照挑一压一的绞编法进行编底。底部编织好后，再从底部根据花瓶的高度拉出经线，依照模具继续采用挑一压一的绞编法编织瓶身，为了需求变化隔行采用了挑一压二、挑二压二、甚至回压的方式编织。编织完瓶身后，取出模具，回折草头收口完成花瓶制作。本案例的编织手法灵活，挑一压二、挑二压二、回压的编织方式，使得花瓶表面肌理变化丰富，古朴雅致。

本案例是新出现的一个草编类型，采用了几种编织技法结合，造型工整，肌理效果新颖。草编在很多民族都有，在仫佬族很多人随身会携带草编材料，只要闲下来就会编织。所以，草编是仫佬族一项全民手工艺，几乎人人都会编织。这样深厚的群众基础，使得仫佬族草编常常有创新的技法和品种出现。

图片来源

图一、图六、图七　郑静　摄影
图二至图五　李珊珊　制图

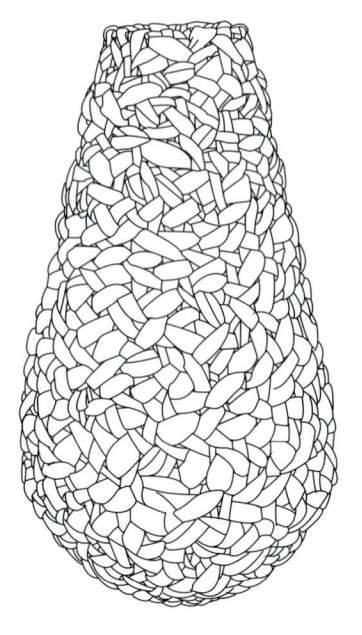

正视

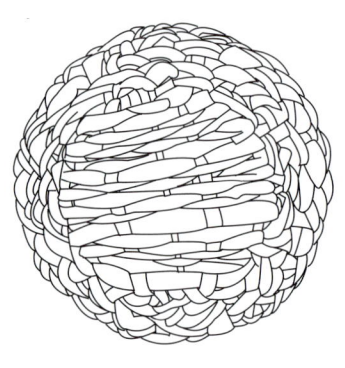

底视

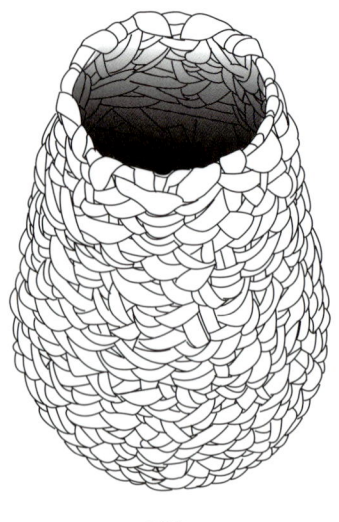

顶视

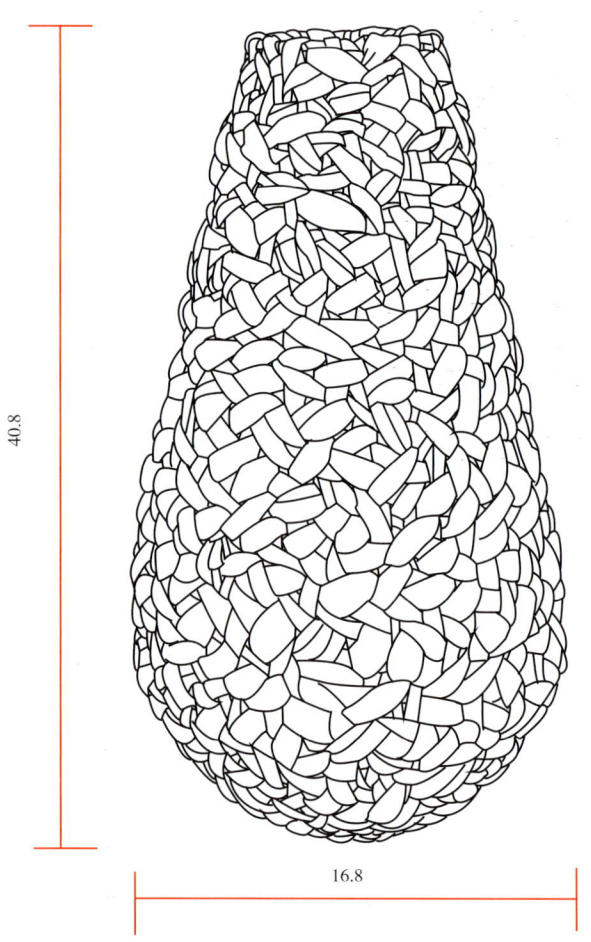

图二　仫佬族草编花瓶尺寸图（单位：cm）

图三　仫佬族草编花瓶三视图

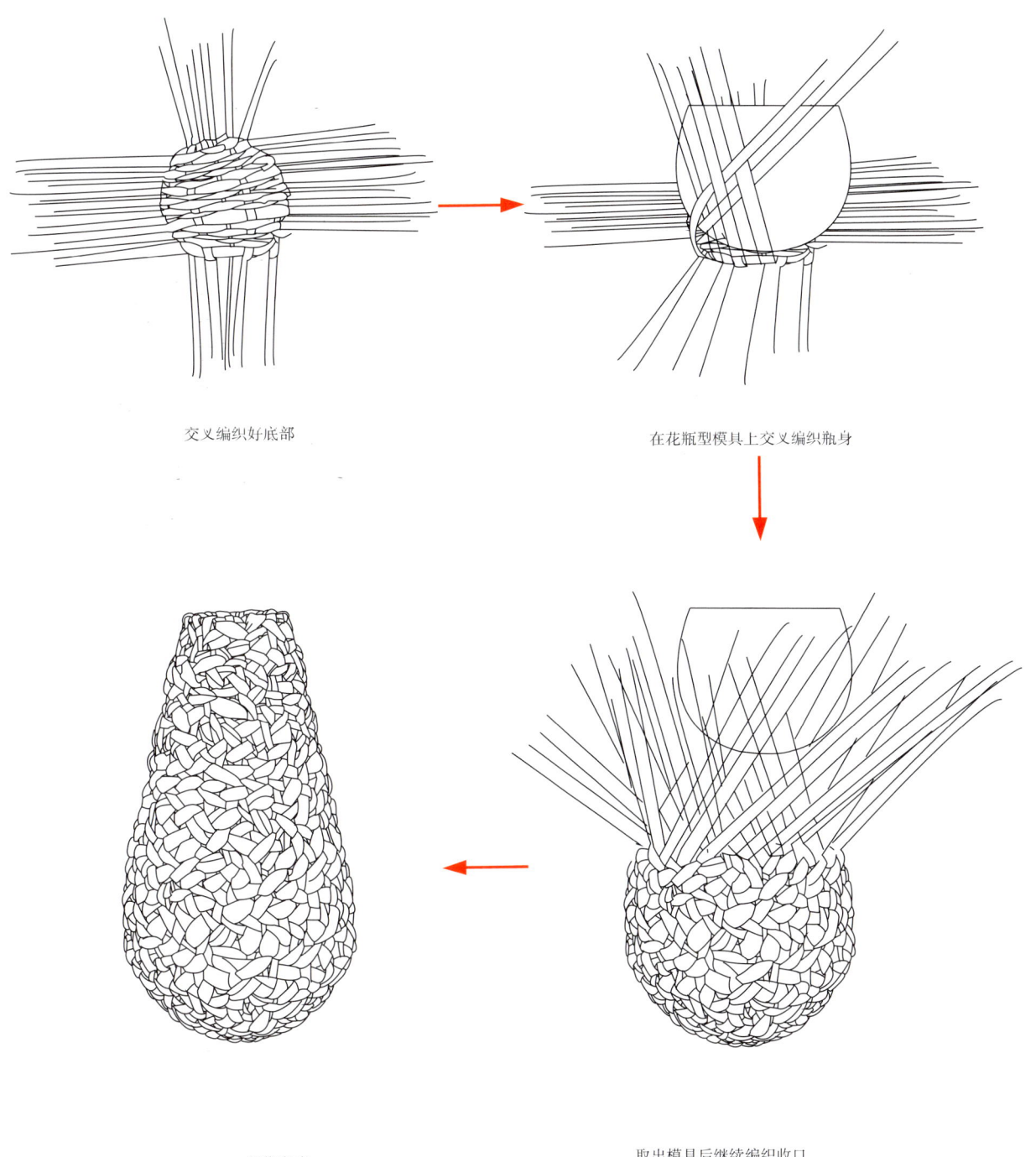

图四 仫佬族草编花瓶制作流程图

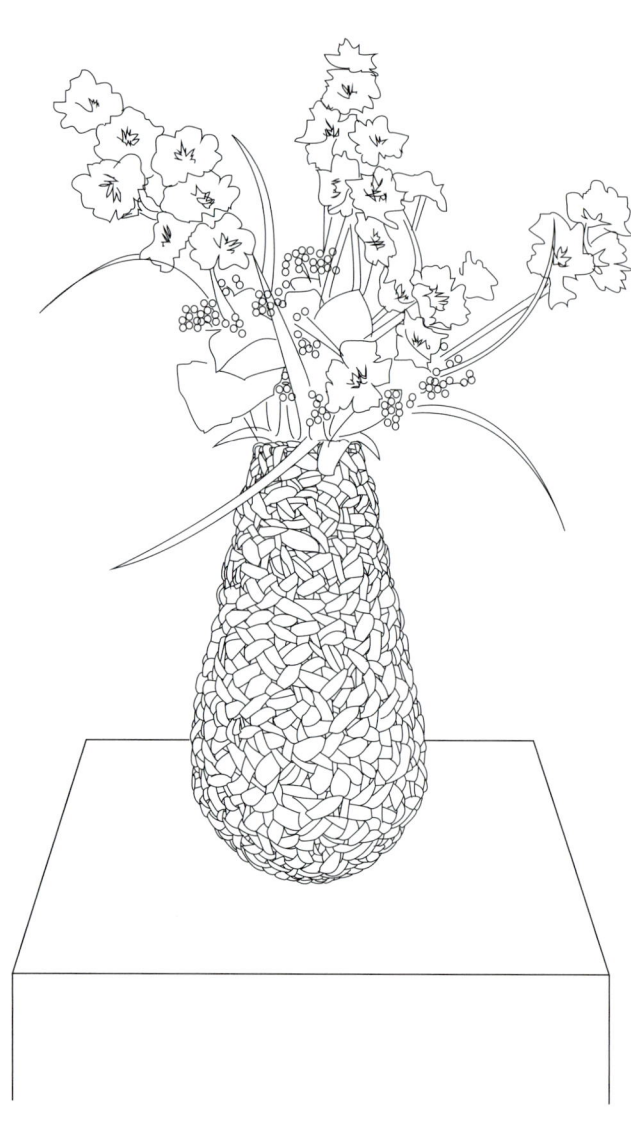

图五　仫佬族草编花瓶使用情境图

图六　仫佬族草编花瓶其他样式图1

图七　仫佬族草编花瓶其他样式图2

仫佬族草帽

图一　仫佬族草帽主图

仫佬族草帽案例采集于广西罗城仫佬族自治县东门镇石围村。草帽直径54厘米、高12厘米，帽筒直径18厘米。受采访人韦嘉慧，仫佬族，25岁。

本案例是稻草编织的工艺品，分为帽筒和帽檐两个部分。编织草帽的工艺比较简单，不需要特殊的工具。首先，用晒好理顺的稻草编织草绳；然后，环一个圆环作为起头，然后顺着圆环盘圆；当盘至直径17厘米时，往内收口，形成竖向的编织及帽筒部分；待帽筒编织好后，再次改变草绳的编织方向，向外延展，编织帽檐，然后折弯绳头收口。最后，再用棉线顺着编织的接口缝合一圈，使草帽结实耐用。

本案例是仫佬族地区生活的必备品。仫佬族生活的地区阳光炙热，出门为防止晒伤，一定要使用防晒用具。宽檐的草帽恰好可以提供遮阳的功能，戴在头上十分方便，又不妨碍干活。仫佬族地区大量的水稻种植，为草帽的编织提供了大量廉价的材料，使得草帽物美价廉。

图片来源
图一　郑静　摄影
图二至图五　郑静　制图

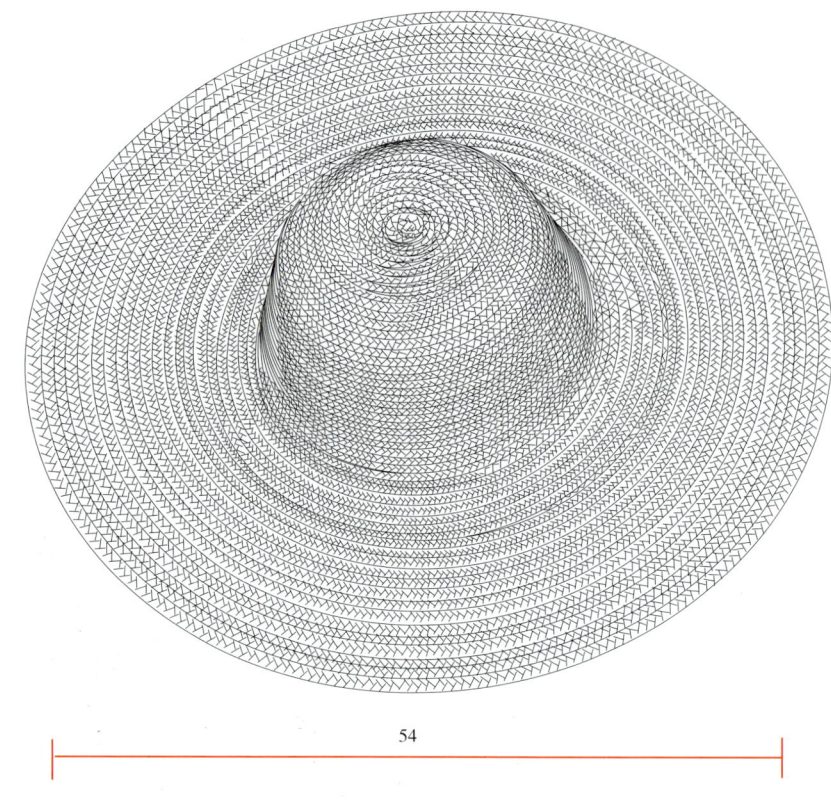

图二 仫佬族草帽尺寸图(单位：cm)

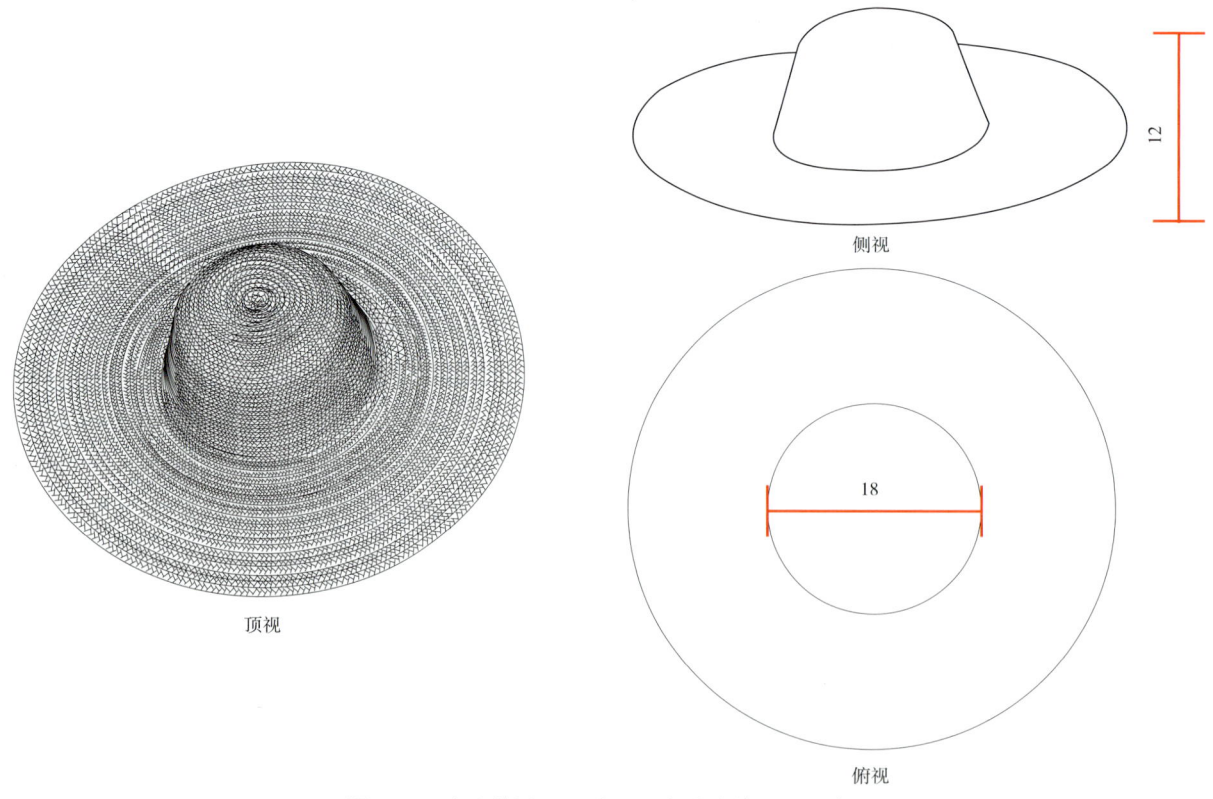

图三 仫佬族草帽三视图、尺寸图(单位：cm)

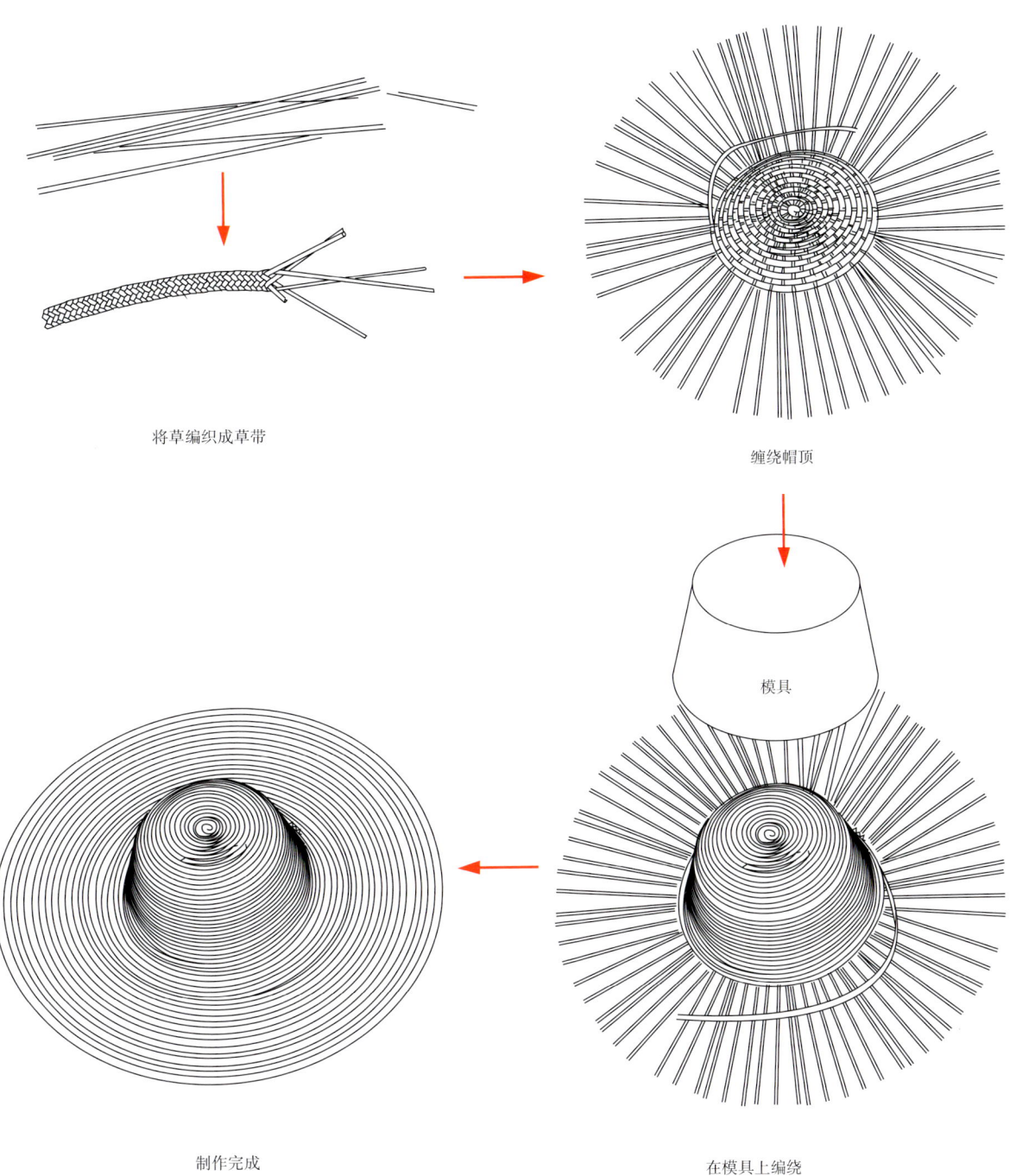

图四 仫佬族草帽制作流程图

图五　仫佬族草帽佩戴效果示意图

仫佬族竹编斗笠

图一　仫佬族竹编斗笠主图

仫佬族竹编斗笠案例采集于广西罗城仫佬族自治县四把镇双寨村中寨屯。斗笠高18厘米、直径64厘米。受采访人谢礼芳，女，56岁。

斗笠主要用竹篾夹油纸或竹叶棕丝等编织而成，有尖顶和圆顶两种形制。讲究的以竹青细篾加藤片扎顶绲边，竹叶夹一层油纸或者荷叶，笠面再涂上桐油。有些地方的斗笠，由上下两层竹编菱形网眼组成，中间夹以竹叶、油纸。这样的结构轻盈，还具有透气、隔热功能。斗笠的帽檐很宽，几乎和成年人的肩膀等宽，可以起到很好的防晒、防雨功能，非常适合外出劳作时穿戴。

本案例是一件普通的日常生活用具，是传统仫佬族人外出劳作的标配。它很好地解决了防雨、防晒的功能，解放了双手，提高了工作效率。斗笠的竹篾、荷叶等材料，以及扁圆的结构，十分符合现代设计对材料学的环保要求，也符合人体工程学的现代设计理念。

图片来源
图一　郑静　摄影
图二至图五　李珊珊　制图

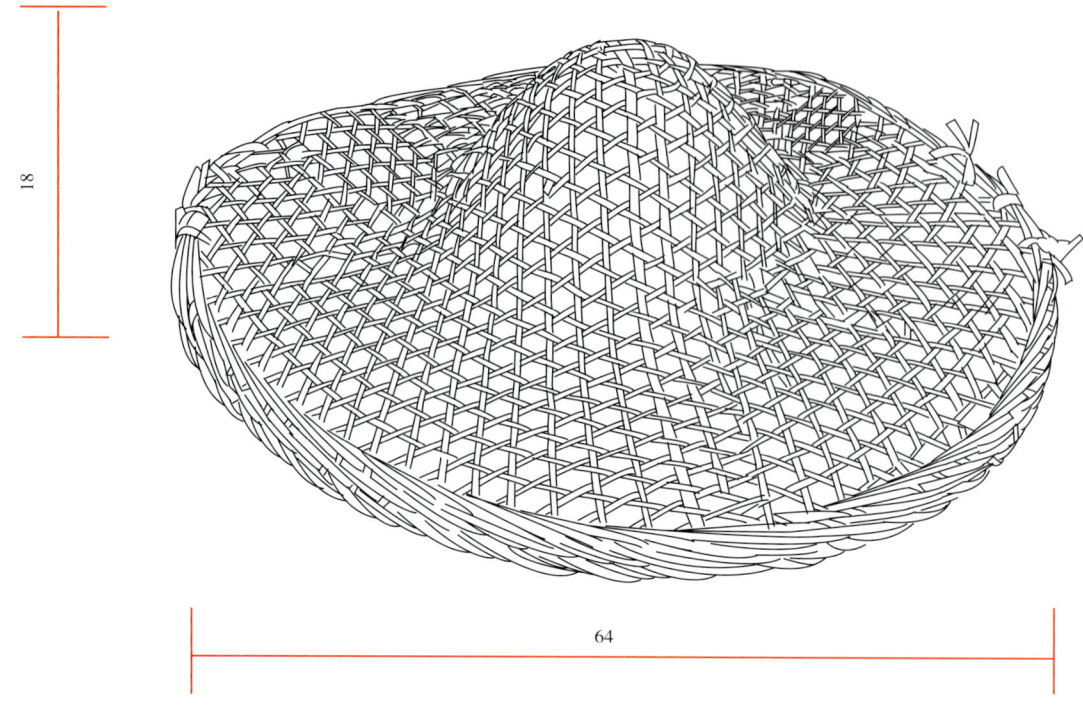

图二　仫佬族竹编斗笠尺寸图（单位：cm）

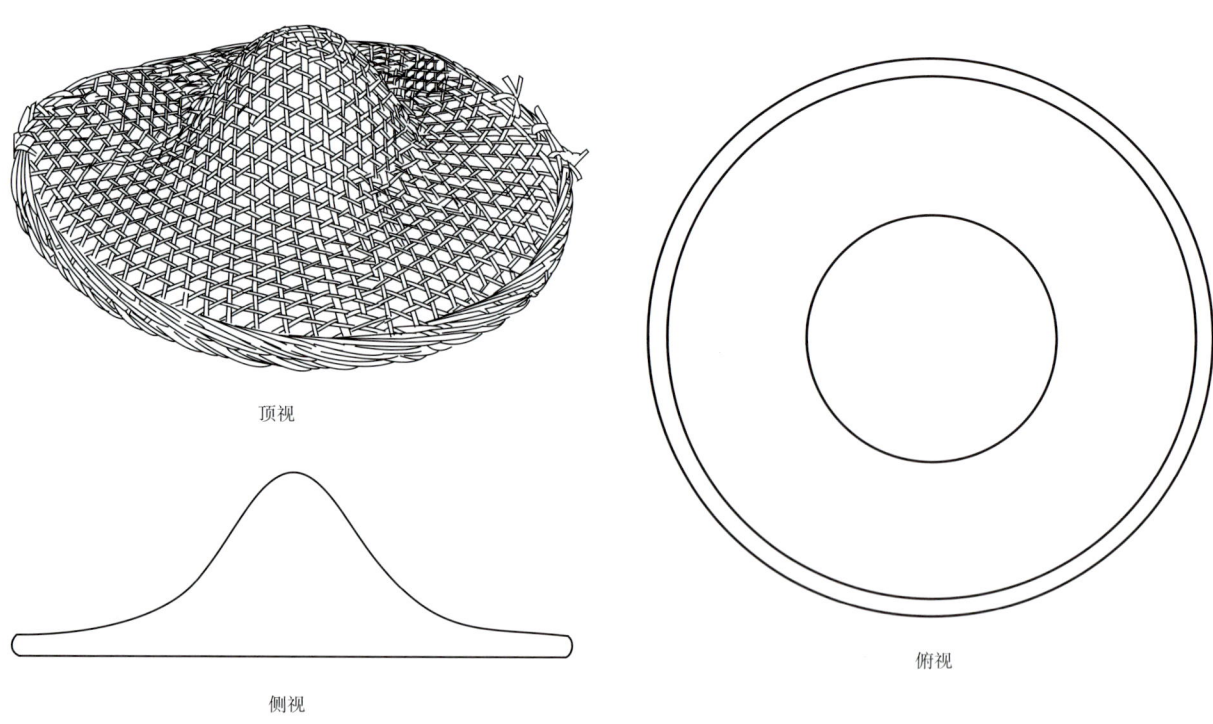

顶视

侧视

俯视

图三　仫佬族竹编斗笠三视图

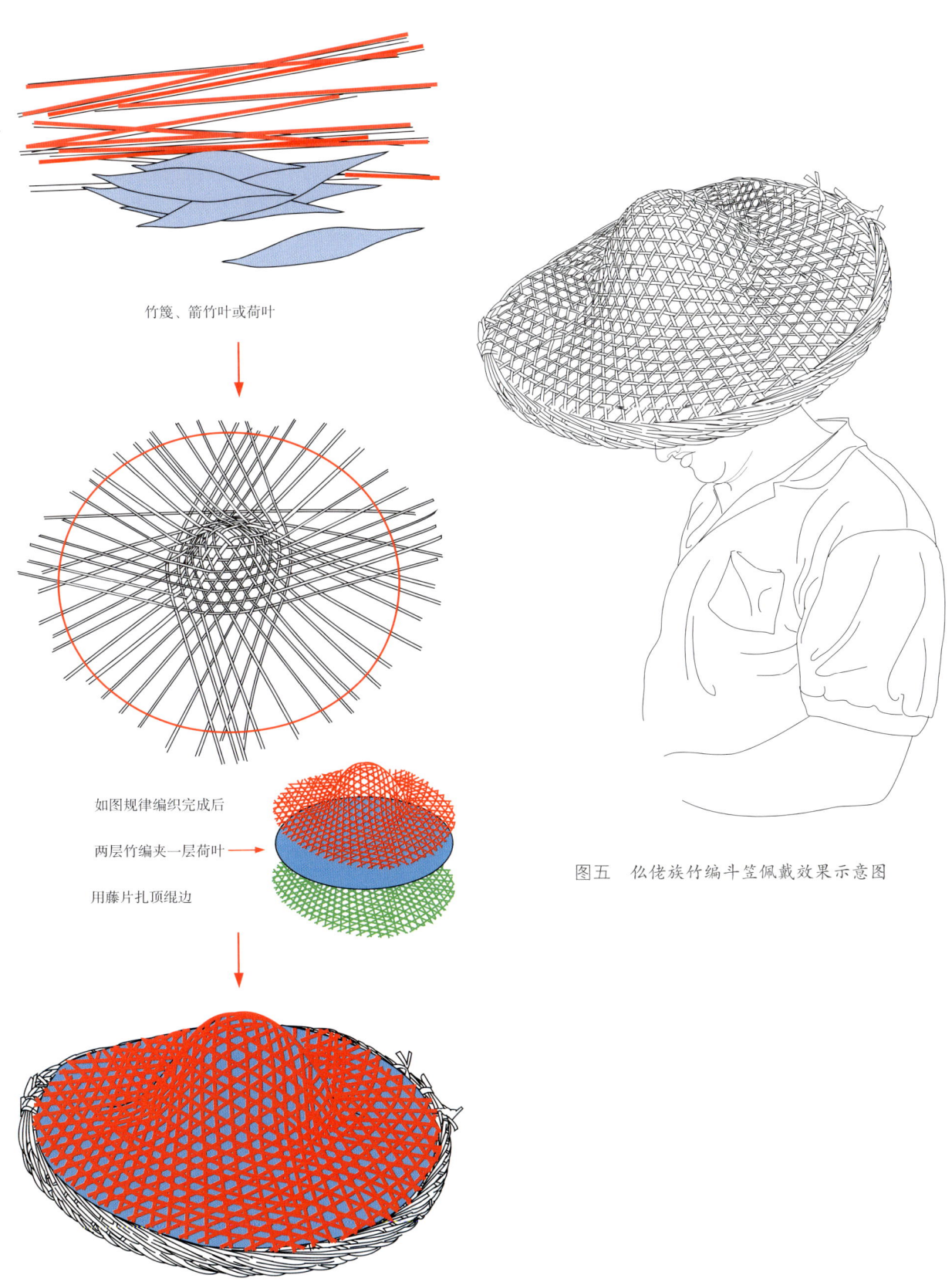

图四　仫佬族竹编斗笠制作流程图

图五　仫佬族竹编斗笠佩戴效果示意图

第六章　仫佬族传统手工艺

仫佬族竹编杨梅帽

图一 仫佬族竹编杨梅帽主图

仫佬族竹编杨梅帽案例采集于广西罗城仫佬族自治县四把镇双寨村中寨屯。帽高20厘米、直径38厘米。受采访人谢礼芳，女，56岁。

杨梅帽主要用竹篾编织而成，讲究的以竹青细篾编制，在帽檐加藤片扎顶绲边，笠面还要涂上桐油防腐。杨梅帽具有防晒、透气、隔热、防雨、耐用等多种功能，十分适合广西的炎热气候佩戴。由于帽子结构轻盈，佩戴舒适，防风稳固，帽型柔美，所以非常适合女性佩戴。在现代，它不仅是遮阳挡雨的劳动保护工具，更是时尚女性和钓鱼玩家的个性遮阳帽，还可作为舞台道具及家庭、饭店赏心悦目的挂件饰品，是很受世人欢迎的一帽多用的竹艺工艺品。

杨梅帽造型和越南斗笠十分相似，不过在工艺上有所区别。越南斗笠是用竹条作为骨架、做成圆锥形，之后用丝线把它固定起来。表面铺上葵丝、棕榈叶、竹叶等，然后使用针线固定。而仫佬族杨梅帽主要是竹编工艺完成，工艺性更高。

图片来源
图一　郑静　摄影
图二至图五　李珊珊　制图

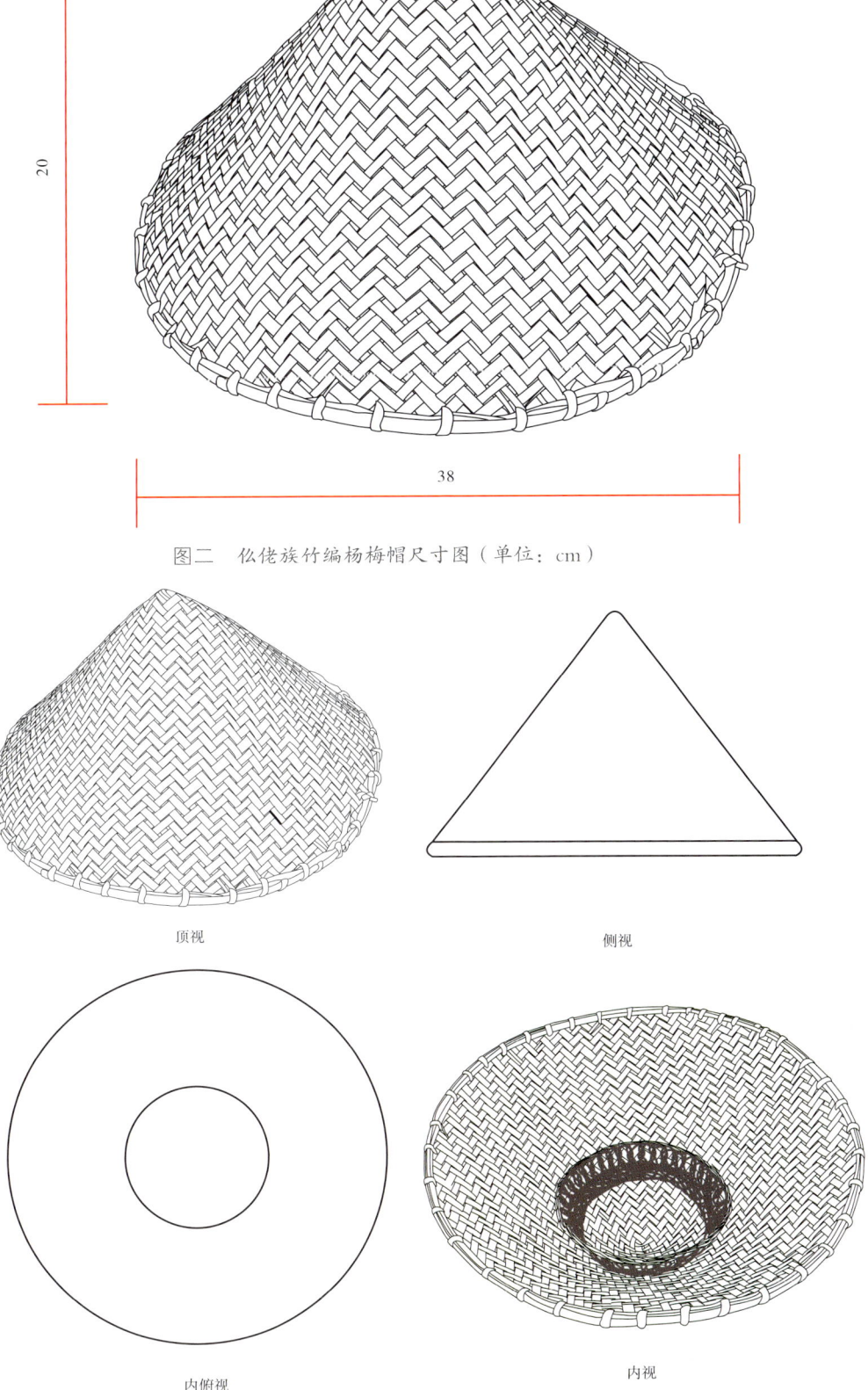

图二 仫佬族竹编杨梅帽尺寸图(单位:cm)

图三 仫佬族竹编杨梅帽四视图

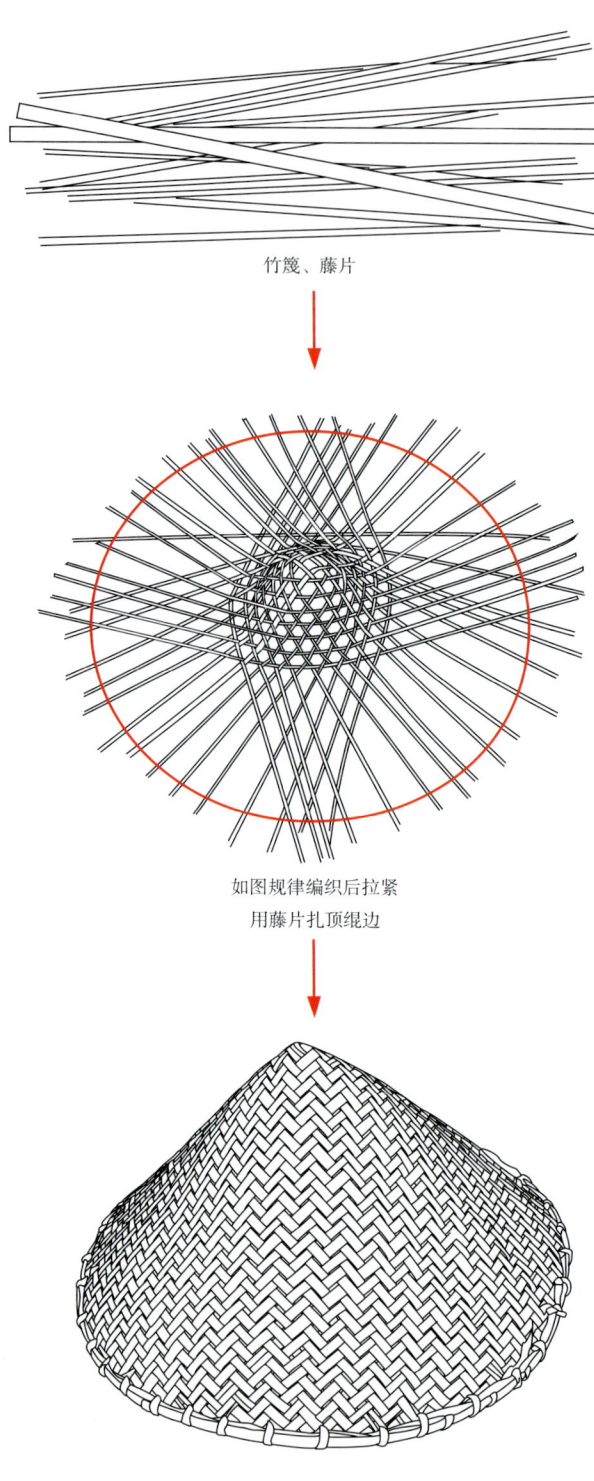

竹篾、藤片

如图规律编织后拉紧
用藤片扎顶绳边

图四 仫佬族竹编杨梅帽制作流程图

图五 仫佬族竹编杨梅帽使用情境图

第七章 仫佬族传统民俗和宗教造像

仫佬族依饭节

图一　仫佬族依饭节请圣主图

依饭节是仫佬族最重要的民族传统节日和宗教仪式，采集于广西罗城仫佬族自治县东门镇中石村大银屯。

依饭节是仫佬族人为了驱灾除难、祈求人畜平安、五谷丰登而过的节日。时间在立冬后的吉日，不是每年都做。仫佬族各个姓氏有着各自不同的过节年份。如谢姓做依饭是逢辰、戌、丑、未年，大梧村的吴姓则是逢亥、卯、未年，都是三年一次。中石村大银屯的银姓则每五年做两次。依饭节道场是过依饭的主要形式，一般要请三到五个道士操办两到三天。道士一般是梅山派道士，地点设在祠堂内。依饭节的仪式首先是请圣，也叫启坛。用红纸写上三十六位神灵的名字，上香、点红烛。由道士跪地一一念诵神灵的名字，同时上十二道素供品——"清筵"供品；第二步是点牲，用三十六只鸡，由道士宰杀一只，将红纸卷成纸筒点上火，以火点鸡及其他供品，在虚空中书写"超生度命"四个字，然后杀掉余下的鸡，内脏留给道士和族内长者，其他的在仪式结束后分给各家拿回去供奉祖先后食用；第三步是劝圣，主要是上十二道荤供品，称为"浊筵"；第四步是唱神，又叫"跳神"，这是依饭节的主要内容。道士穿着法衣,头戴神灵面具,脚踩"罡步",口中唱着神灵的功德和业绩,希望神灵保佑族人;第五步是团兵,又叫"合兵",是整个祭祀活动的高潮,由道士咬破公鸡的鸡冠,把血滴进五杯酒里,使血酒融合,意味着阴阳调和。合酒完毕,道士手执公鸡翻三十六个筋斗,然后把血酒洒在用红薯、芋头做成的水牛、黄牛以及用红绳扎好的稻穗上,待祭祀后将其带回家作为供品供奉神灵,可保人畜平安,五谷丰登;第六步是送圣,又叫"送梁九"。这是祭祀的最后一个程序,由道士挑两串纸钱,念着诸神的名号,将他们送回天上的各自府邸。从这时以至深夜,族内的女性和未成年人也纷纷回家,只留下小伙子们。这时,道士扮的梁九公出场了,手持竹棍,竹棍上绑着一只公鸡还有一个灌满水的猪尿泡,另外一只手拿着酒壶,装出醉醺醺的样子,以问答的方式给青年们普及性知识。最后,"梁九"给主持仪式的四位族老敬四杯酒,四位族老也回敬四杯酒。然后"梁九"迅速踩破猪尿泡,送走"梁九"。最后族人们拿着各自分得的供品回家,依饭节结束。

图片来源

图一至图九　罗城仫佬族自治县文化站

图二　仫佬族依饭节点牲、劝圣图

图三　仫佬族依饭节唱神图

图四　仫佬族依饭节团兵图

图五　仫佬族依饭节送圣图

第七章　仫佬族传统民俗和宗教造像

图六 仫佬族依饭节祭祀场景图

图七 仫佬族依饭节道士服装示意图

舞龙

盘龙

图六 仫佬族草编龙舞龙动态示意图

上香，舞草编龙前的祭祀仪式

拜街，舞草编龙的主要仪式

取福，舞龙结束后取草编龙的胡髯保存，谐音"取福"，寓意吉祥

涅槃，将草编龙舞到河滩上焚烧，寓意送龙归海，来年保佑风调雨顺

图七　仫佬族草编龙舞龙仪式示意图

仫佬族舞马

图一　仫佬族舞马主图

舞马是仫佬族传统节庆娱乐表演项目。马长200厘米、高120厘米，马头高80厘米、宽50厘米。本案例采集于罗城县"中国·罗城第二届仫佬族依饭文化节"。

舞马表演由引舞者和彩马构成，引舞者即舞马人，手拿木杖，起着引导马的动作和方向的作用。彩马分为马头和马身，马头为皮质，表面彩绘精美的装饰图案；马身为一块红褐色暗纹布，中间有黄色彩带，后面有马尾装饰。彩马由两个人舞动，前面的人手托马头领舞，后面的人弯腰披布，作为马身，跟随马首的动作而动。舞马表演在引舞者的指挥下做着奔跑、跳跃、翻转等动作，以及抗拒、闹别扭等幽默动作。

舞马表演与舞狮表演有着异曲同工之妙，仫佬族的舞马更具乡土特色，动作模拟马的动态，特别是马的抗拒、闹别扭等幽默动作，更显得人马和谐，其乐融融。仫佬族有马代牛耕的习俗，马是仅次于牛的牲畜，起着耕地、驮物的重任。所以，马对仫佬族人的生产、生活非常重要。由此仫佬族也对马产生了深厚的感情，舞马表演正是这种感情的一种表现，希望有个五谷丰登的好年景。

图片来源
图一、图七　郑静　摄影
图二至图六　李庆庆　制图

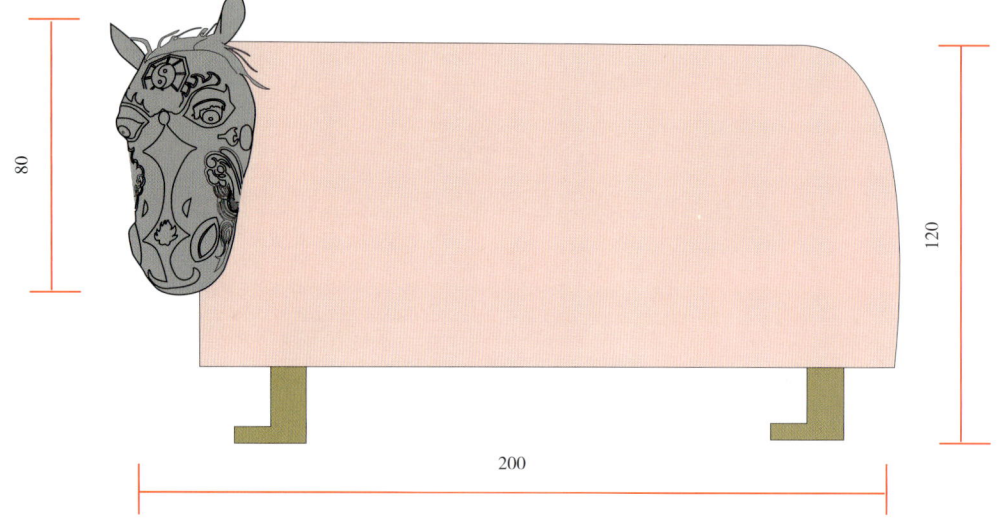

图二　仫佬族舞马尺寸图（单位：cm）

图三　仫佬族舞马色彩分析图

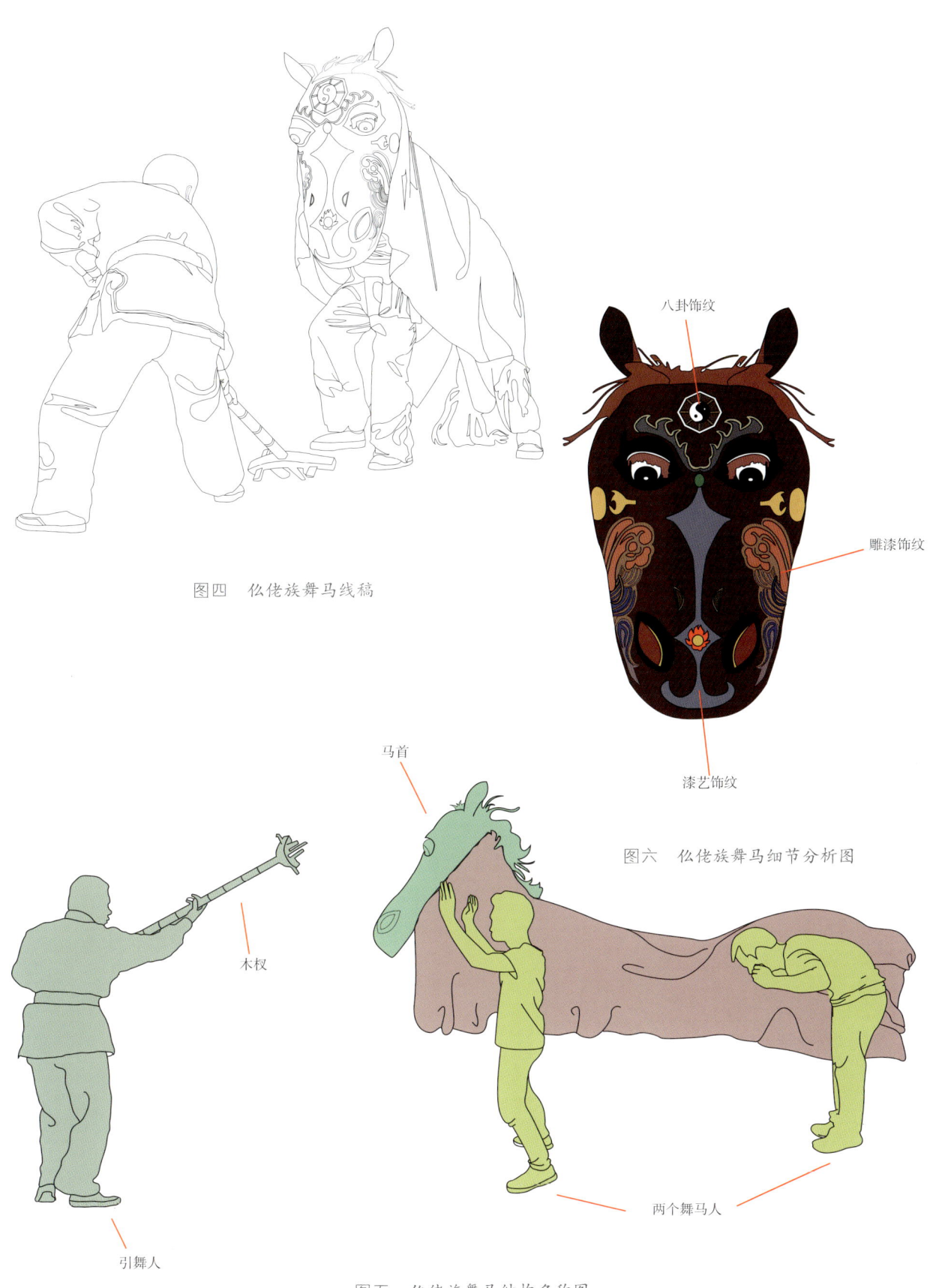

图四 仫佬族舞马线稿

图六 仫佬族舞马细节分析图
- 八卦饰纹
- 雕漆饰纹
- 漆艺饰纹

图五 仫佬族舞马结构名称图
- 马首
- 木杈
- 引舞人
- 两个舞马人

第七章 仫佬族传统民俗和宗教造像

431

图七　仫佬族舞马动态图

仫佬族花轿

图一　仫佬族花轿主图

仫佬族花轿案例采集于广西罗城仫佬族自治县黄金镇，现藏于罗城仫佬族博物馆。花轿高160厘米、宽80厘米。受采访人韦嘉慧，仫佬族，25岁。

本案例是仫佬族人婚嫁时用的花轿。全身用木材制成，造型呈宝塔顶形，有八仙过海、麒麟送子、和合二仙、金龙彩凤、喜上眉梢等喜庆吉祥的图案绘于其上，采用浮雕、透雕、贴金、涂银、朱漆等装饰手法，十分精美华丽。内部设有坐凳，其上铺以软垫，坐凳下方有用以摆放礼盒的木箱。使用时用圆形轿杠穿过花轿中部的方形孔洞，前后各有抬花轿者一人，周围有彩旗和蓝伞簇拥，场面十分热闹。

婚嫁是仫佬族女性一生中最重要的经历，而花轿又是婚嫁中极其重要的工具，因

而花轿的制作在许多方面都体现了工匠们的智慧及心血,具体表现在以下几个方面:
1.选材:一般选用香樟、梓木及银杏,使得花轿的使用在保证了耐久的基础上又最大限度地降低了整体重量。2.尺寸:仫佬族花轿的整体尺寸为高160厘米、宽80厘米,而我国西南地区成年女性的身高约为156厘米,因而新娘拥有足够舒适的内部空间,又不至于造成尺寸过大而导致材料的浪费和整体重量的增加。此外,花轿窗户的高度约为110厘米,我国女性的坐高约为100厘米,因而方便了新娘观察花轿外部的活动。在坐凳的尺寸设计上也有着工匠们细心的考量,我国女性坐着时臀部距离地面约为38.2厘米,臀宽约为34.4厘米,这与坐凳的尺寸十分吻合。以上几个方面的综合为乘坐花轿的新娘提供了最优的体验。然而不仅针对新娘,针对抬轿者也必须有细心的考量,才能保证其行动稳妥,不至于在拥挤的婚礼中发生意外,这集中体现在用以抬花轿的轿杠的设计上。它距离轿底的尺寸为100厘米,我国成年男性约为138厘米的肩高,只要稍微弯腰即可抬起轿子。

图片来源

图一至图三　郑静　摄影
图四至图十一　李珊珊　制图

图二　仫佬族花轿副图1

图三　仫佬族花轿副图2

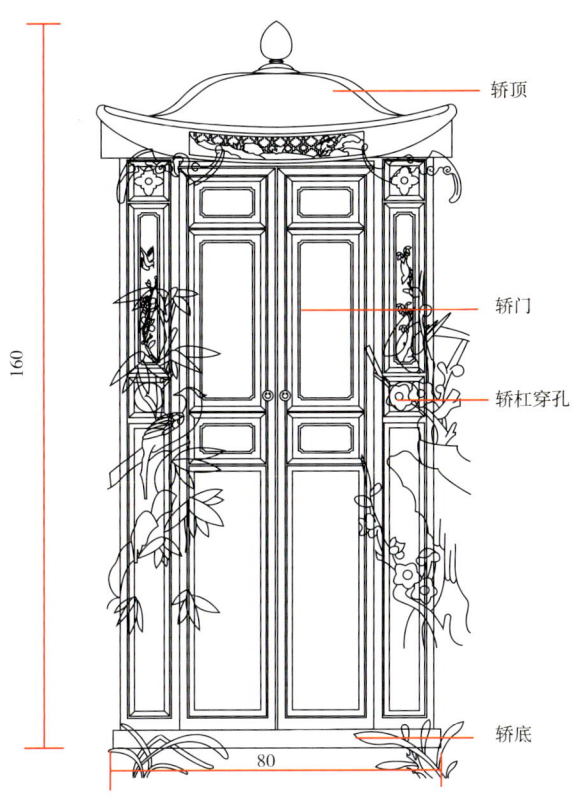

图四　仫佬族花轿尺寸图、名称图（单位：cm）

图五　仫佬族花轿左侧视图

图六　仫佬族花轿右侧视图

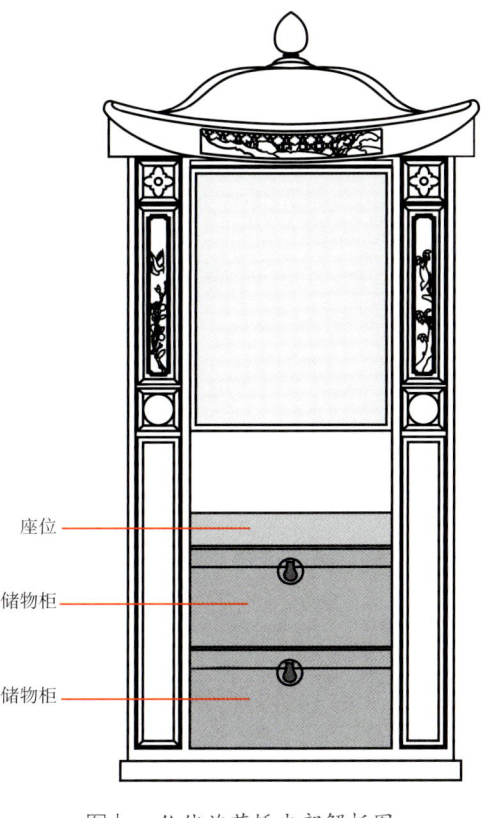

图七　仫佬族花轿内部解析图

第七章　仫佬族传统民俗和宗教造像

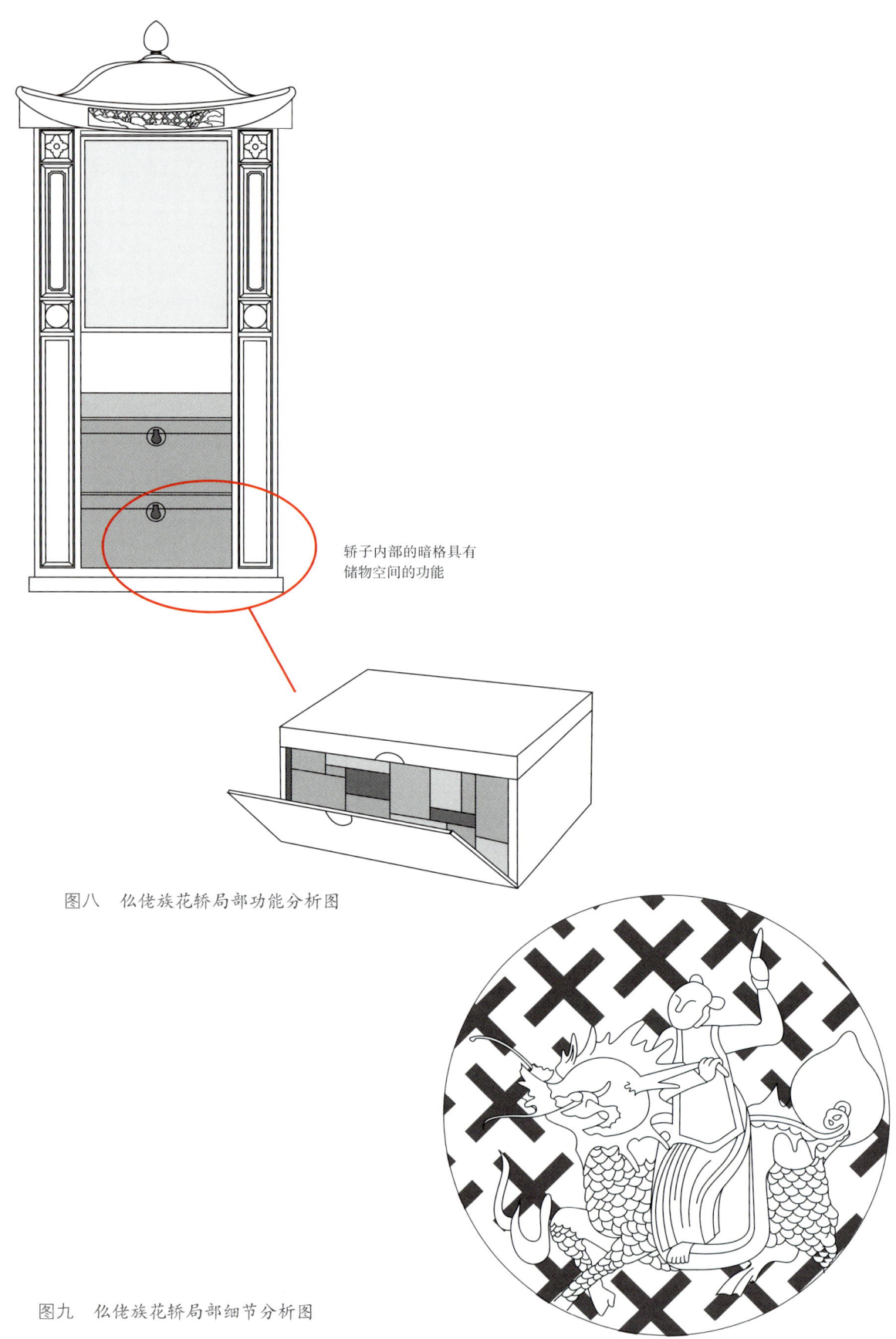

轿子内部的暗格具有储物空间的功能

图八　仫佬族花轿局部功能分析图

图九　仫佬族花轿局部细节分析图

图十　仫佬族花轿细节结构图　　　　图十一　仫佬族花轿使用情境图

轿杠穿连结构

声　明

　　本书编写时收入的个别图片，因条件所限，未能同相关著作权人取得联系，获得授权，敬请谅解。请相关著作权人及时与编者联系，以便奉上稿酬。谢谢！